汽车维修技能与技巧点拨丛书

# 汽车自动变速器维修技能与技巧点拨

刘春晖　殷海访　主编

机械工业出版社

本书结合一线汽车自动变速器维修工作实践，以汽车自动变速器维修实践操作及检测维修技能为核心、以解决实际问题为主线，详细解答了汽车自动变速器维修工作中经常遇到的技能操作与检测维修方面的问题，重点介绍了常见的汽车自动变速器维修中的新技术、新的诊断设备、新的诊断方法，以及新的维修理念。全书内容包括奔驰车系维修技能与技巧、宝马车系维修技能与技巧、大众车系维修技能与技巧、通用车系维修技能与技巧、丰田车系维修技能与技巧、本田车系维修技能与技巧以及其他车系维修技能与技巧七个方面。本书内容涉及面广，基本涵盖了汽车自动变速器维修工作的方方面面。

本书简明实用、通俗易懂、易学实用，内容均为汽车自动变速器维修所必须掌握的维修技能和故障检测、诊断的基本技巧。

本书主要供汽车维修工、汽车机电维修人员、汽车维修一线管理人员使用，也可供职业院校、技工学校汽车运用与维修、汽车检测与维修技术、汽车电子技术、汽车维修专业的师生学习和参考。

**图书在版编目(CIP)数据**

汽车自动变速器维修技能与技巧点拨/刘春晖，殷海访主编. —北京：机械工业出版社，2021.6

(汽车维修技能与技巧点拨丛书)

ISBN 978-7-111-68233-2

Ⅰ.①汽…　Ⅱ.①刘…②殷…　Ⅲ.①汽车－自动变速装置－车辆修理　Ⅳ.①U472.41

中国版本图书馆CIP数据核字(2021)第092338号

机械工业出版社（北京市百万庄大街22号　邮政编码100037）
策划编辑：连景岩　责任编辑：连景岩　章承林
责任校对：樊钟英　封面设计：马精明
责任印制：张　博
涿州市般润文化传播有限公司印刷
2021年7月第1版第1次印刷
184mm×260mm·15.5印张·382千字
0 001—1 900册
标准书号：ISBN 978-7-111-68233-2
定价：69.90元

| 电话服务 | 网络服务 |
|---|---|
| 客服电话：010-88361066 | 机　工　官　网：www.cmpbook.com |
| 010-88379833 | 机　工　官　博：weibo.com/cmp1952 |
| 010-68326294 | 金　　书　　网：www.golden-book.com |
| **封底无防伪标均为盗版** | 机工教育服务网：www.cmpedu.com |

# 前言

随着电子技术的快速发展以及人们对汽车舒适性要求的不断提高，汽车自动变速器已经成为汽车特别是现代轿车上的标配，汽车自动变速器的功能向着更加舒适、更加多功能的手自一体等方向发展，自动变速器的结构及控制系统变得越来越复杂，新的技术不断被应用到汽车自动变速器系统中，因此其故障变得更加隐蔽且不易排除。

广大维修人员在实际维修过程中渴望掌握一些相关的汽车自动变速器维修技能与技巧，以便能更加快捷地诊断故障，达到尽可能短时间排除故障的目的。编者正是基于这样的目的，结合多年的一线汽车自动变速器维修工作经验和多年的汽车自动变速器课程教学经验，将汽车自动变速器维修中的常用技能内容展现出来。本书密切结合汽车自动变速器维修一线的维修实际，以使一线的汽车自动变速器维修人员快速入门为切入点，内容全部来自一线的汽车自动变速器维修实践操作及检测维修方面，有很强的指导意义，是汽车机电维修人员特别是汽车自动变速器专业维修人员难得的学习资料。

本书以汽车自动变速器维修技能与技巧知识为重点，联系实际操作过程中经常遇到的一些重点、难点问题，重点强化维修人员对于汽车自动变速器实践操作及检测维修技能，同时采用较多篇幅介绍目前自动变速器维修方面的新技术、新的诊断设备、新的诊断方法以及新的维修理念，力求做到理论与实践相结合。本书从汽车自动变速器使用与维修的角度出发，介绍了汽车自动变速器的结构、使用、检测、维修方面的内容，重在强化维修人员的维修思路和维修操作技能，力求使维修人员在汽车自动变速器维修工作中能够举一反三。

“汽车维修技能与技巧点拨丛书”包括《汽车电工维修技能与技巧点拨》《汽车发动机维修技能与技巧点拨》《汽车底盘控制系统维修技能与技巧点拨》《汽车车身控制系统维修技能与技巧点拨》《汽车中控门锁与防盗系统维修技能与技巧点拨》《汽车空调系统维修技能与技巧点拨》《汽车车载网络系统维修技能与技巧点拨》《汽车自动变速器维修技能与技巧点拨》《汽车维修技能与技巧点拨》《新能源汽车维修技能与技巧点拨》十本。

本书由刘春晖、殷海访主编，参加编写工作的还有何运丽、刘玉振、方玉娟、吴云、陈明、张薇薇、王学军。

本书在编写过程中参考了大量的汽车维修资料，在此向维修资料的作者及编者深表感谢！由于各种原因不能将广大作者及编者一一注明，在此表示深深的歉意。由于编者水平所限，书中难免有疏漏和不当之处，恳请广大读者批评指正。

**编者**

# 目　录

前　言

# 第一章

# 奔驰车系

## 第一节　奔驰轿车

### 一、奔驰 S350 冷车升档迟缓

**故障现象**　一辆 2005 款奔驰 S350，装配 112.972 发动机和 722.644 变速器，行驶里程 18 万 km。驾驶人反映该车冷车 1 档升 2 档迟缓，车速达到 25km/h 以上才能升入 2 档，之后汽车行驶操纵一切正常。

**故障诊断**　变速器升档延迟的设计目的是在发动机起动后更迅速地将催化转换器预热至其工作温度，发动机控制单元通过传动系统控制器区域网络数据总线（CAN C）向变速器电子控制单元 N15/3 发出改变换档曲线的请求，在更高的车速或发动机转速下执行部分负荷换档（1－2 档、2－3 档），在冷却液温度小于 50℃、车速小于 53km/h 的情况下起动时，变速器升档延迟启用最多 160s。

接车后试车确认故障现象存在，连接专用诊断仪 STAR－DIAGNOSIS 对车辆做快速测试，结果所有系统均未存储相关故障码。变速器升档过迟的可能原因有冷却液温度传感器测量不准、节气门位置传感器异常、变速器主油路油压太高、调压阀油压太低、阀体故障、液力变矩器打滑、速控阀油路上的各处密封圈或密封环密封不严等。

首先将发动机控制单元和变速器控制单元升级，之后将车放置一段时间待冷却后起动，读取发动机系统冷却液温度传感器数据流，观察到冷却液温度传感器实际值随冷却液温度的上升不断变化。用万用表测量，20℃时电阻为 3090Ω、电压为 3.39V，80℃时电阻为 320Ω、电压为 0.89V，证明冷却液温度传感器没有故障。再检测节气门位置传感器，发现节气门开度随加速踏板的踩下在不断增加，也未发现问题。接着就是路试读取变速器系统 1－2 档电磁阀 y3/6y3 电流，在正常范围；系统工作压力、换档压力调节阀压力正常；1－2 档电磁阀电阻为 6.2Ω、供电电压为 12V，都属正常。由于是低速升档迟缓加之发动机、变速器中也没有什么影响因素，故拆下变速器更换了液力变矩器，重新装车后，试车故障依旧存在。连接专用诊断仪进行系统快速测试，仍未发现相关故障码，难道是阀体有问题或是2档的制动器B2及离合器K1、K3打滑所致？万般无奈之时只能再次拆解变速器，检查里面的离合器和制动器片及活塞，也未发现问题。拆开阀体总成并清洗各电磁阀及阀体油道，重新装复后试车，故障依旧。难道要更换整个变速器？

这时冷静下来重新对故障现象进行详细分析，推断应该不是变速器的问题，难道是发动机控制单元有故障？发动机控制单元确定暖机不仅依据冷却液温度还要参考机油温度，之后才会把发动机已经暖机、变速器升档条件已经满足的信号传至变速器控制单元，此时若是车速达到升档车速，变速器便升入2档。考虑到此，接上诊断仪试车，重点检查发动机冷却液温度传感器和机油液位传感器（机油温度由此传感器测量），由于此前已经确定冷却液温度传感器是完好的，接下来重点观察机油液位传感器，观察发现机油液位传感器在冷车时一直像“卡”在某个位置，但是随着发动机的温度上升此传感器又好了，读数和测量都变得正常，至此一切谜团都已解开。由于机油液位传感器在冷车时测量不灵敏，导致发动机控制单元认为发动机温度过低，于是变速器就启用延迟换档功能。

**故障排除** 更换机油液位传感器后试车，变速器升档正常，一个月后回访反映问题没有再出现，至此故障彻底排除。

**技巧点拨：**该车故障是冷车时升入2档迟缓，第一步怀疑发动机冷却液温度传感器信号失准，第二步怀疑自动变速器液压控制系统故障，第三步怀疑发动机冷却液温度传感器和机油液位传感器信号失准。三次因迷茫而自问“难道……”，最后检查出油面信号低于实际油面，更换机油液位传感器后故障排除。冷却液温度信号、机油温度信号如果低于正常值，是升档迟缓故障的其中两个原因。

## 二、奔驰S320冷车行驶不升档

**故障现象** 一辆2009年奔驰S320，搭载722.6自动变速器（5个前进档和2个倒档）。驾驶人反映车辆在冷车行驶时变速器不升档，大约行驶2km后，变速器突然冲一下升档，然后行驶正常。该故障持续了几个月，天越冷不升档时间越长，尤其是车辆停驻3h以上。

**故障诊断** 接车后首先怀疑变速器油，驾驶人称变速器油已更换，而且换的是奔驰专用的变速器油。拔油尺查看油的颜色，颜色为暗红色，变速器油较脏。于是决定为车辆进行控制阀体清洗，然后更换变速器油。在对控制阀体清洗的过程中发现有个别阀芯有轻微的卡滞现象，用800目的水磨砂纸轻轻打磨后阀芯不再卡滞，然后复装阀体，加油试车。换D档然后缓慢加速，发动机转速在2500r/min仍然不升档，继续加速，发动机转速在3500r/min时变速器仍然不升档，松加速踏板再加速，突然变速器冲了一下，由2档升至3档，发动机转速降到2500r/min左右，然后升4档，继续行驶升5档，减速时由5档依次降档，再试车就正常了。维修人员总感觉故障没有排除，但是驾驶人要求当天必须交车，维修站就让驾驶人把车开走了。第二天打电话向驾驶人询问情况，故障依旧，只是不升档的时间稍短一些。

车辆重新回站。清洗阀体解决不了问题，只有大修变速器。清洗控制阀体的时候观察变速器摩擦片没有烧坏迹象，变速器油脏是因为换油时没有彻底更换。咨询同事，有人分析可能是变速器内离合器的聚四氟乙烯环在冷车时老化缩小，冷车离合器泄压严重打滑导致不升档，但离合器内建立不起油压，因此不存在烧片情况。热车时聚四氟乙烯环恢复弹性就可以正常升档。维修人员接受了这个意见，通知驾驶人需要大修变速器，更换聚四氟乙烯环。

修理变速器前，应先分析一下是哪个离合器泄压导致车辆不升档。根据奔驰 722.6 变速器的换档元件（表 1-1）分析，很可能是离合器 K2 泄压。因为这款变速器在起动时一般是 2 档起步，2 档时制动器 B2 和离合器 K1 工作，3 档时制动器 B2 和离合器 K1 仍工作，只是又多了一个离合器 K2，实现了 3 档的升档。表 1-1 中，F1 为前部自由轮，F2 为后部自由轮，均能优化换档。

**表 1-1 奔驰 722.6 变速器的换档元件**

| 档位 | 传动比 | 内部元件 | | | | | | | |
|---|---|---|---|---|---|---|---|---|---|
| | | B1 | B2 | B3 | K1 | K2 | K3 | F1 | F2 |
| 1 | 3.59 | ◎③ | ◎ | | | | ◎③ | ◎ | ◎ |
| 2 | 2.19 | | ◎ | | ◎ | | ◎③ | | ◎ |
| 3 | 1.41 | | ◎ | | ◎ | ◎ | | | |
| 4 | 1 | | | | ◎ | ◎ | ◎ | | |
| 5 | 0.83 | | | | | ◎ | ◎ | ◎③ | |
| N | — | ◎ | | | | | ◎ | | |
| R① | -3.16 | ◎③ | | ◎ | | | ◎ | ◎ | |
| R② | -1.93 | | | ◎ | ◎ | | ◎ | | |

① 模式开关在“S”位置。

② 模式开关在“W”或“C”位置（取决于生产日期）。

③ 仅减速过程中才需用到换档元件。

拆解变速器总成，发现所有离合器的制动摩擦片都没有明显烧坏的痕迹，只是离合器和制动器的间隙稍大一些，间隙最大的超过 2mm。再检查离合器 K2 的聚四氟乙烯环，也没感觉老化，握在手里很柔软，任意卷曲都没有折断的迹象。把聚四氟乙烯环卡到环槽里没有卡滞发涩的现象，只是按到底感觉密封环比环槽稍低一点。

继续更换变速器所有的活塞密封圈、密封环、摩擦片，更换之后的摩擦片间隙变小，基本都在标准范围内。再清洗一遍控制阀体，装复变速器，加油试车，故障依旧。维修人员怀疑电磁阀有问题，于是更换电磁阀，结果没有改观，维修作业一时陷入僵局。维修人员考虑是否是变速器以外的问题。

连接诊断仪，奔驰 722.6 变速器是电控自动变速器，与全液压的 722.3/4 变速器不同，诊断仪检测显示出一系列故障信息（表 1-2）。判断是拆解变速器时产生的，重新复装，清除故障码，车辆一切正常。等到车熄火后再试车，仍然不升档，故障码显示为 18——变速杆信号错误。

**表 1-2 诊断仪检测显示的故障信息描述**

| 描 述 |
|---|
| 1-2 档/4-5 档换档电磁阀 Y3/6y3 电路故障 |
| 2-3 档换档电磁阀 Y3/6y5 电路故障 |
| 3-4 档换档电磁阀 Y3/6y4 电路故障 |
| PWM 电磁阀变矩器锁止离合器电磁阀 Y3/6y6 电路故障 |
| 变速杆信号错误 |
| 1-2/4-5 档换档电磁阀 Y3/6y3 偶发性电路故障 |
| 2-3 档换档电磁阀 Y3/6y5 偶发性电路故障 |

用诊断仪测试数据流，观察档位信号。因为这辆车的仪表板没有档位显示，只能通过诊断仪查看档位显示。在车辆行驶的时候，变速杆在 D 档，无相应档位显示；变速杆换到 1 档，显示为 1 档，换成 2 档也正常显示，并可以正常升档；继续行驶把变速杆换到 D 档，档位显示在 2 档；然后变成 3 档，升档正常。现在故障原因已明晰，是控制单元接收不到实际的档位信号，无法控制换档。

查阅该车的维修手册及线路图，维修手册说明该车的档位信号是一组电压数字信号，也就是在不同档位时，档位开关给变速器控制单元输入一组不同的高电平和低电平电压信号，可维修手册并没有具体说明各个档位的电压组合标准，这样在维修时就没有标准可以参照了。先根据线路图测量档位开关当前的电压信号组合，档位开关的 4、5、9、10、2 号端子是档位信号输出端子，分别与 N15/3 变速器控制单元的 25、26、27、28、3 号端子相连，在变速器控制单元的 3、25、26、27、28 号线束侧测量不同档位时的电压组合信号，其结果见表 1-3。

**表 1-3　不同档位时的电压组合信号**

| 控制单元端子号 | 档位 | | | | | | | |
|---|---|---|---|---|---|---|---|---|
| | P | R | N | D | 4 | 3 | 2 | 1 |
| 3 号 | 高 | 高 | 高 | 高 | 高 | 高 | 高 | 高 |
| 25 号 | 高 | 低 | 低 | 低 | 低 | 低 | 高 | 高 |
| 26 号 | 高 | 低 | 低 | 低 | 低 | 高 | 低 | 高 |
| 27 号 | 高 | 低 | 低 | 低 | 低 | 低 | 低 | 低 |
| 28 号 | 低 | 低 | 低 | 低 | 高 | 低 | 低 | 高 |

结果很明显，R 档、N 档、D 档 3 个使用频率最高的档位信号电压相通，这肯定是有问题的。这款变速器的档位开关位于变速杆的下面，并不在变速器上，拆下来需要花费很大的精力。档位开关是个组合为一体的总成（图 1-1），继续拆开发现里面有几个簧片和触点，触点有明显的锈蚀现象，找来水磨砂纸轻轻地对锈蚀的触点进行打磨处理，然后擦干净，重新复装，再插上插头后测量不同档位的电压组合信号，结果见表 1-4。

图 1-1　档位开关总成

**表 1-4　不同档位的电压组合信号**

| 控制单元端子号 | 档位 | | | | | | | |
|---|---|---|---|---|---|---|---|---|
| | P | R | N | D | 4 | 3 | 2 | 1 |
| 3 号 | 高 | 高 | 高 | 高 | 高 | 高 | 高 | 高 |
| 25 号 | 高 | 低 | 高 | 低 | 低 | 低 | 高 | 高 |
| 26 号 | 高 | 高 | 低 | 低 | 低 | 高 | 低 | 高 |
| 27 号 | 高 | 高 | 高 | 高 | 低 | 低 | 低 | 低 |
| 28 号 | 低 | 高 | 高 | 低 | 高 | 低 | 低 | 低 |

**故障排除**　复装后不同档位的电压组合信号不再重复，再用诊断仪查看档位显示数据流，在不同的档位全都有了相应的显示，档位开关完全正常。再重新安装档位开关及中央控制台，然后试车，并且用诊断仪观察档位显示，在 D 档时档位显示 2 档。奔驰变速器一般是 2 档起步，随着行驶速度提高依次升档，变速器正常，故障完全排除。

**技巧点拨：** 维修人员需要全面考虑车辆的情况。目前很多汽车维修企业对变速器的修理都非常专业，但是对于整车的变速器控制却不是很了解，维修人员仅根据故障现象去维修变速器总成还是比较困难的。

## 三、奔驰 E300 无法挂档

**故障现象**　一辆新款奔驰 E300，底盘号为 LE4213148，装配型号为 274 的发动机和 9 速自动变速器，行驶里程 1 万 km，因车辆无法挂档而进厂检修。

**故障诊断**　接车后试车验证故障现象，起动发动机，发动机顺利起动。踩下制动踏板，尝试推动变速杆，将档位换入 D 档或 R 档，操作虽然能够完成，但是档位会立刻跳回到 N 档，此外，自动变速器档位无法换至 P 档。

用故障诊断仪对车辆进行快速测试，读取到自动变速器控制单元内存储的故障码（图 1-2）：P07E400——未能进入驻车位置；P280600——驻车止动爪位置传感器未学习。查看自动变速器控制单元的实际值，发现自动变速器的档位一直处于 N 档（图 1-3）。根据故障现象结合故障码进行分析，判断可能的故障原因有：自动变速器阀体故障；驻车止动爪故障；驻车止动爪位置传感器故障。

**Y3/8n4 -** 9速变速器（VGS）的变速器控制　　-F

| | | |
|---|---|---|
| MB硬件对象号 | 000 901 50 00 | MB软件对象号 |
| MB软件对象号 | 000 902 26 37 | MB软件对象号 |
| 诊断标识符 | 000907 | 硬件版本 |
| 软件版本 | 14/49 000 | 软件版本 |
| 软件版本 | 16/44 000 | 启动软件版本 |
| 硬件供应商 | Bosch | 软件供应商 |
| 软件供应商 | MB | 软件供应商 |
| 控制单元变型 | VGSNAG3 VGSNAG3_000907 | |

| 故障码 | 文本 | 状态 |
|---|---|---|
| P07E400 | 未能进入驻车位置 | A+S |

| 故障码 | 文本 | 状态 |
|---|---|---|
| P280600 | 驻车止动爪位置传感器未学习 | A+S |

A+S= 当前和已存储

图 1-2　自动变速器控制单元内存储的故障码

首先对故障码进行引导性功能测试，故障引导提示需对驻车止动爪位置传感器进行学习。执行驻车止动爪位置传感器学习的前提条件为：发动机怠速运转，制动踏板保持在踩住状态，自动变速器处于 N 档或 P 档。在满足上述条件后，根据系统提示，单击“继续”按钮，执行驻车止动爪位置传感器学习，但系统提示学习不成功。维修人员又检查了自动变速器油，油质和液位均正常；尝试对自动变速器控制单元进行断电处理及升级后，故障依然存在。

接着用故障诊断仪对自动变速器的阀体进行冲洗。要执行自动变速器阀体清洗功能，需要发动机怠速运转，保持制动踏板处于踩下位置，将自动变速器档位挂入 N 档。起动冲洗过程后，系统依次执行10个冲洗过程，故障诊断仪上会显示冲洗过程的数量（图1-4）。冲洗完成后试车，故障依旧。

根据上述检查结果，结合故障现象及功能原理进行分析，判断驻车止动爪及自动变速器阀体都有出现故障的可能。由于该车处于三包期内，为了确保排除故障，向厂家技术部门发送报告寻求技术支持，厂家技术部门建议同时更换自动变速器阀体和驻车止动爪。

**故障排除** 按照要求更换自动变速器阀体和驻车止动爪后试车，故障排除。

**技巧点拨：** 该款自动变速器的一个新功能是，可多次操作电液执行器对所有电磁阀进行冲洗，从而能够在不拆除电磁阀的情况下清除造成阀体卡滞的细小碎片。

实际值

| 编号 | 名称 | 实际值 | 标准值 |
| --- | --- | --- | --- |
| 724 | 变速器油温度 | 53° C | ≤ 120 |
| 208 | 变矩器锁止离合器的状态 | 已打开 | |
| 316 | 选择范围滑阀的位置 | P | |
| 375 | 实际档位 | 档位N | |
| 941 | 目标档位 | 驻车止动爪 | |
| 942 | 发动机转速 | 704 r/min | |
| 042 | 涡轮转速 | 699 r/min | |
| 185 | 变矩器滑差转速 | 3 r/min | |
| 541 | 发动机转矩 | 0N·m | |
| 311 | 工作压力 | 1124mbar | |

图1-3 自动变速器数据流（$1bar=10^5Pa$）

相应的实际值状态

| 名称 | 实际值 | 标准值 |
| --- | --- | --- |
| 发动机转速 | 695.00 r/min | ≥ 400.00 |
| 实际档位 | 档位N | 档位N |
| 冲洗过程状态 | 允许 | |
| 冲洗过程数量 | 10 | |

提示

冲洗过程正在起动。 依次执行10个冲洗过程。

图1-4 执行自动变速器冲洗功能

## 第二节 奔驰越野车

### 一、奔驰GL350加速无力且手动换档拨片不能用

**故障现象** 一辆奔驰GL350，配置OM642.826发动机、722.903变速器，VIN为4JG1668241A××××××，行驶里程90240km。驾驶人反映发动机故障灯亮，车辆加速无

力，手动换档拨片不能用。手动换档拨片如图 1-5 所示。

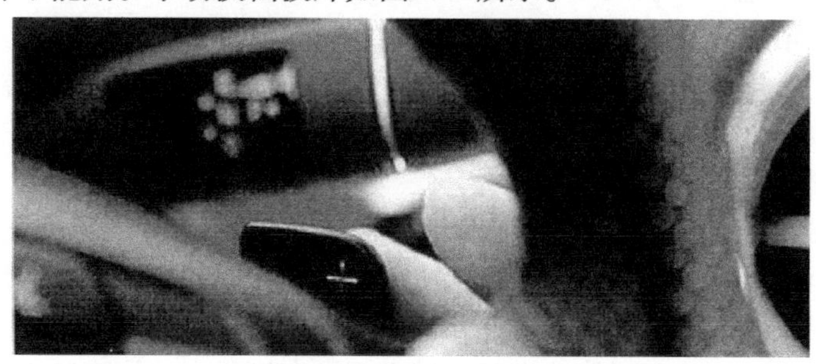

图 1-5 手动换档拨片

**故障诊断** 接到车辆后，根据驾驶人的描述进行车辆功能检查，通过路试发现车辆加速无力，操作换档拨片时车辆没有任何反应。接着维修人员连接奔驰专用诊断仪，读取相关的故障码，故障码信息：①废气涡轮增压器上游的温度传感器 B19/11 信号不可信；②微粒滤清器炭黑含量高；③与“变速器内油泵”的控制单元存在通信功能故障。

根据故障现象和故障码，维修人员首先检查涡轮增压器上游的温度传感器。查找涡轮增压器上游的温度传感器的电路图，进行测量检测，检查传感器到发动机控制单元的线路，无断路，无短路，正常。用同样方法测量 B19/11 的 2 号针脚到 B19/7 的 2 号针脚线路也正常，如图 1-6 所示。接着拆下涡轮增压器上游的温度传感器测量其电阻，发现电阻值无穷大，说

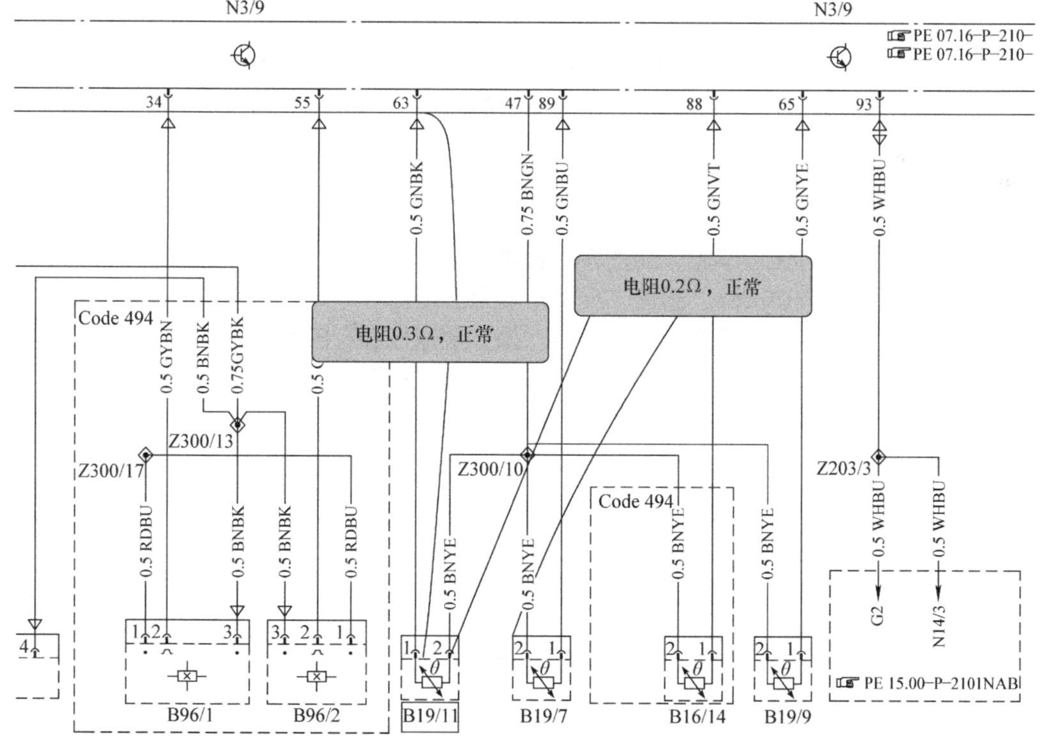


图 1-6 温度传感器的电路

B16/14—排气再循环温度传感器 B19/11—涡轮增压器上游的温度传感器 B19/7—催化转换器上游的温度传感器 B19/9—柴油微粒滤清器上游的温度传感器 B96/1—左侧进气道关闭霍尔式传感器 B96/2—右侧进气道关闭霍尔式传感器 Code 494—美国版本 G2—发电机 N14/3—预热输出级 N3/9—共轨柴油喷射（CDI）控制单元 Z203/3—局域互联网（LIN）信号发电机节点 Z300/10—传感器节点 Z300/13—传感器节点 Z300/17—传感器节点

明传感器内部断路。进一步查阅维修间资料系统（Workshop Information System，WIS），资料显示，废气涡轮增压器上游的温度传感器会引发微粒滤清器的相关故障。确定发动机故障灯报警由废气涡轮增压器上游的温度传感器损坏引起。更换新的涡轮增压器上游的温度传感器后，删除全车故障码，接着进行路试，故障灯不再点亮。但是车辆无力的故障和换档拨片不能用的故障依旧存在。

然后维修人员举升车辆，检查没有发现漏油、碰撞的痕迹，但是发现此车没有配置“变速器辅助电动油泵”，怀疑车辆加速无力受到变速器模块的编程设码数据的影响，接着对变速器及换档模块进行编程设码及初始化。编程设码后，故障码信息“与变速器内油泵”通信功能故障不再出现。然而，接着进行路试发现，车辆无力的故障和换档拨片不能用的故障依旧存在。

此时需要静下心来好好分析一下了。此车为柴油发动机，没有故障码，加速无力。那么应该读取发动机数据流实际值，然后维修人员查看涡轮增压压力实际值，发现了问题。无论是怠速还是路试急加速，涡轮增压压力传感器一直显示为200kPa。拆下涡轮增压压力传感器检查，传感器上有很多油污，其他没有发现异常，线路也正常。清理干净后，试车故障依旧。油污从哪里来的呢？会不会是涡轮增压器损坏造成的呢？结果在检查涡轮增压器时，发现涡轮同心轴间隙过大，涡轮增压器损坏。

**故障排除** 更换新的涡轮增压器，并对发动机控制单元编程设码后，车辆加速无力、手动换档拨片不能用的故障消失了。一个月后打回访电话，反馈得知没有再出现过以前的故障，至此故障得到排除。

**技巧点拨：**从故障现象来看与变速器工作存在一定的关系，但最后故障点却集中在涡轮增压器，这就是故障现象与故障点不一致的情况，应引起广大维修人员注意。

## 二、奔驰 GL350 无法挂档

**故障现象** 一辆奔驰 GL350，配置 642 发动机、722.9 变速器，VIN 为 4JGDF2EE1EA××××××，行驶里程 262km。驾驶人反映车辆无法挂档。

**故障诊断** 车辆起动之后突然无法挂档，操作变速杆没有任何反应，说明此车无法换档也就无法行驶。组合仪表显示故障如图 1-7 所示。造成故障的可能原因：①换档伺服模块损坏；②变速杆开关损坏；③前部熔丝盒 F58 故障；④线路故障；⑤CAN 线网络故障。

首先接上诊断仪诊断，诊断结果只是显示与很多控制模块未通信。仔细观察整个快速测试结果，发现都没有将智能伺服模块（ISM）检测出来，也就是 ISM 未通信。接下来把重点放在 ISM 上，查阅电路图。

首先拔下智能伺服模块上的插头，直接测量供电与搭铁，结果都在正常范围内。这样就排除前部熔丝盒 F58 与它到智能伺服模块 A80 之间的线路问题。其次通过诊断仪观察变速杆的档位实际值，结果正常，这样就排除变速杆开关故障。接下来就把问题的重点放在 CAN 线和智能伺服模块上。于是测量 CAN 线，测量低位 CAN 的时候电压为 2.3V，在正常范围内；测量高位 CAN 线路的时候发现没有电压，这就不正常了，正常情况下应该有 2.7V 左右的电压。于是使用 CAN－C 分配器测量 1 号针脚到智能伺服模块上的 2 号针脚之间是否断路，用万用表测量两者之间不通，说明存在断路。接下来的重点就是找出断路的地方。顺着线查看，发现在发电机上方线路存在异常，拨开线皮找到断路位置，如图 1-8 所示。确实是高位 CAN 线路断路。把该线路恢复正常，测试一切正常。

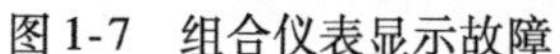

图 1-7　组合仪表显示故障

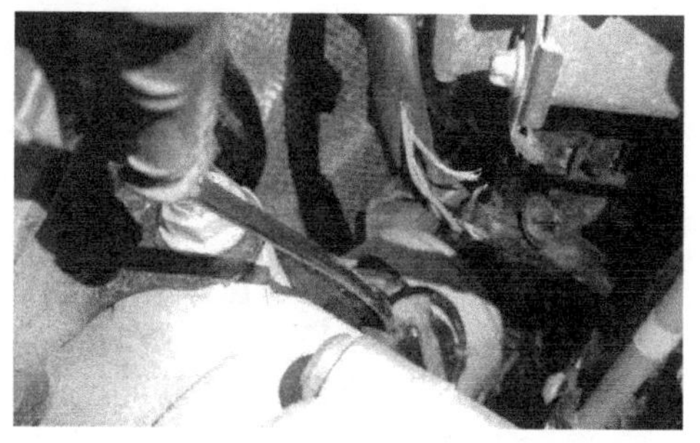

图 1-8　断路位置

**故障排除**　焊接高位 CAN 线路，然后试车，故障得到排除。

**技巧点拨：** 故障看似简单，此车是展厅需要销售的一部新车，正常来说不会存在这样的故障，对于那根导线为什么会断掉也不好妄下结论，也许是出厂的原因。这就需要维修人员严格按照故障诊断思路一步一步地进行，最终找出问题的根源。

## 三、奔驰 GLE400 变速器模式调节器故障

**故障现象**　一辆 2015 款奔驰 GLE400 4MATIC 越野车，行驶里程 4 万 km。驾驶人反映该车发动机故障灯常亮。

**故障诊断**　接车后，起动车辆，发现仪表台上的发动机故障指示灯一直点亮，且与车辆状态和冷热车等车况无关，发动机运转平稳，无异响等其他异常。询问得知该故障现象是在正常行驶中突然出现的，之前在其他 4S 店检修过该故障，并保修了阀体，但故障未解决。

用奔驰专用诊断仪（XENTRY）对车辆进行快速测试，结果发动机控制单元（ME）无故障码，但在变速器控制单元（Y3/8n4）中发现了两个故障码（图 1-9）：U113800——与控制单元“变速器中的电动油泵”的通信出现故障，状态为当前和已存储；U002800——与传动系 CAN 总线的通信出现故障，状态为已存储。

**N3/10 -** 用于内燃机“M276涡轮增压器” 的发动机电子设备“MED177V6LA”　-✓-

| | | | |
|---|---|---|---|
| MB硬件对象号 | 276 901 61 00 | MB软件对象号 | 000 904 10 00 |
| MB软件对象号 | 276 902 77 00 | MB软件对象号 | 276 903 12 03 |
| 诊断标识符 | 022452 | 硬件版本 | 12/14 00 |
| 软件版本 | 12/26 00 | 软件版本 | 15/48 00 |
| 硬件版本 | 17/19 00 | 启动软件版本 | 12/26 00 |
| 硬件供应商 | Bosch | 软件供应商 | Bosch |
| 软件供应商 | Bosch | 软件供应商 | Bosch |
| 控制单元变型 | M276LA_VC16 | | |

**Y3/8n4 -** 全集成变速器控制（VGS）　-F-

| | | | |
|---|---|---|---|
| MB硬件对象号 | 000 901 71 00 | MB软件对象号 | 000 000 00 00 |
| MB软件对象号 | 000 902 20 27 | MB软件对象号 | 000 000 00 00 |
| 诊断标识符 | 000805 | 硬件版本 | 13/08 01 |
| 软件版本 | 10/44 01 | 软件版本 | 15/23 00 |
| 硬件版本 | 04/82 00 | 启动软件版本 | 11/10 00 |
| 硬件供应商 | Continental | 软件供应商 | Continental |
| 软件供应商 | MB | 软件供应商 | MB |
| 控制单元变型 | VGS40_000805h | | |

| 故障码 | 文本 | 状态 |
|---|---|---|
| U113800 | 与控制单元“变速器中的电动油泵”的通信出现故障 | A+S |
| U002800 | 与传动系CAN总线的通信出现故障 | S |

S=已存储，A+S=当前和已存储

图 1-9　故障车快速测试结果

Y3/8n4 报故障码为何会导致发动机故障指示灯亮？为理解相互之间的关系，在 WIS 中查找 CAN 网络系统图，如图 1-10 所示。

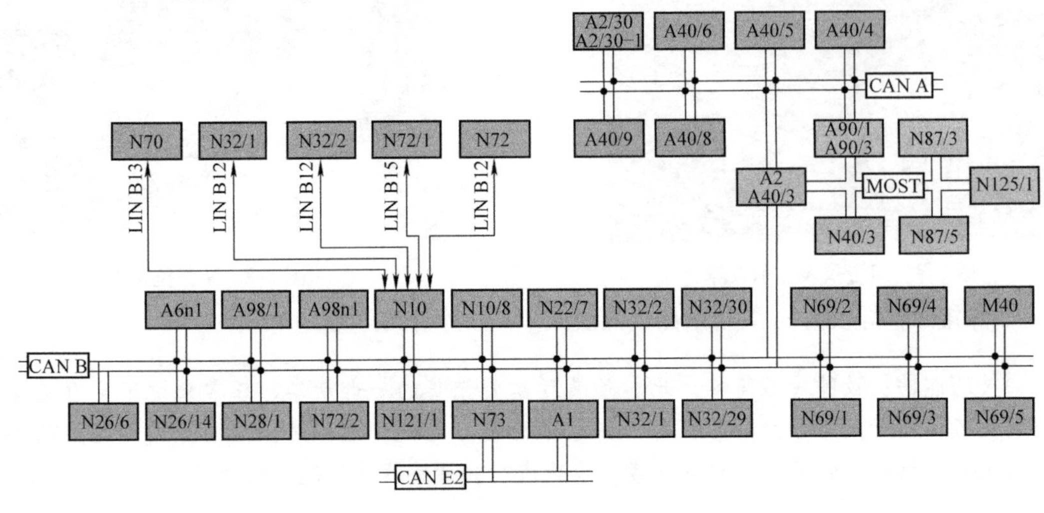


图 1-10　CAN 网络系统图

通过分析图 1-10，可获知如下信息：

1）CAN 总线传输具有双向性，即各控制单元可传送信息至 CAN 网络，同时又可从网络中接收信息。

2）N73 是网络的中央网关，对于不同 CAN 网络之间的通信，需要通过 N73 来确定信号的传输优先权和转换 CAN 信号类型，即 N73 是不同 CAN 总线的数据交换接口。

3）故障车的 CAN C 网络由 Y3/8n4、N118、A80、N89 构成，ME 是该网络的网关（可理解为子网关），即 CAN C 网络需要通过 ME 才能与其他 CAN 网络进行数据交换，这样，ME 将 Y3/8n4 的故障传送至仪表，仪表据此点亮发动机指示灯，从而警示驾驶人。

根据上述分析，结合故障码，检查方向应该从 Y3/8n4 的通信入手，而任何一个控制单元能够与外界通信的前提条件为控制单元自身、CAN 线、供电和接地均正常。为此，着手进行下述检查及分析：

1）故障码是当前存在的，而在此情况下 Y3/8n4 能顺利被 XENTRY 测试到，说明其供电、接地、CAN 线均正常。

2）执行故障码的引导测试，检查 Y3/8n4 的线路和插头，结果正常，进一步验证了上述判断。

3）对 ME 和 Y3/8n4 进行软件升级，结果均无新软件，排除软件因素，这样故障原因只剩下 Y3/8n4 自身硬件的可能。

4）鉴于故障车除了发动机故障指示灯常亮外，没有其他异常，在行驶过程中换档、提速等功能均正常，结合实际经验，判断此 Y3/8n4 是正常的，而且之前也更换过阀体，这样检查的思路应进一步延伸。

5）尝试在 WIS 中查找变速器控制系统的原理图，然后逐一分析图中的信号，结果大多数信号在车上是正常的，但对信号 24（变速器模式调节器状态）有疑义，操作该模式调节器，结果在仪表中没有显示变速器模式。

再次查看快速测试记录（图1-11），结果发现在N10控制单元中有故障码：U11A787——与下部控制板2的通信存在故障，信息缺失，状态为当前和已存储，且刚好与信号24相对应。

**N10 - 信号采集与驱动模块（SAM）**

| | | | |
|---|---|---|---|
| MB硬件对象号 | 166 901 07 03 | MB软件对象号 | 156 902 79 00 |
| 诊断标识符 | 02E609 | 硬件版本 | 13/19 00 |
| 软件版本 | 16/40 00 | 启动软件版本 | 13/23 00 |
| 硬件供应商 | Conti Temic | 软件供应商 | Conti Temic |
| 控制单元变型 | CBC_Rel30_02E609_Bolero_3M | | |

| 故障码 | 文本 | 状态 |
|---|---|---|
| U11A787 | 与下部控制板2的通信存在故障，信息缺失 | A+S |

A+S=当前和已存储

图1-11　故障车N10控制单元快速测试结果

变速器模式调节器（图1-12）安装在中控台上，鉴于以往的经验，此类开关容易进水，询问是否有过饮料或水洒在中控台上，驾驶人表示之前不慎将可乐倒在中控台和座椅之间。至此，诊断方向已经很明确。

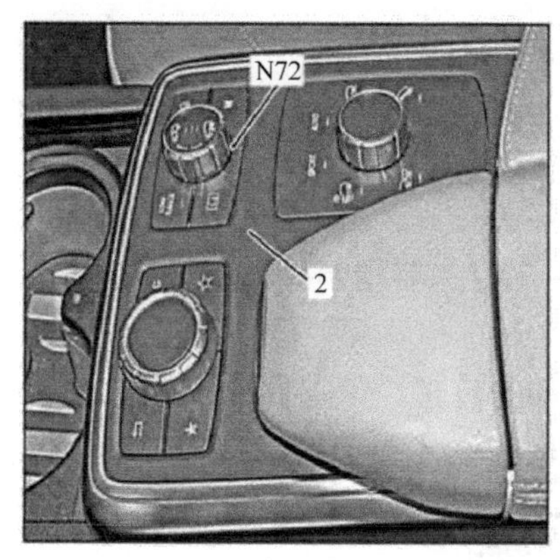


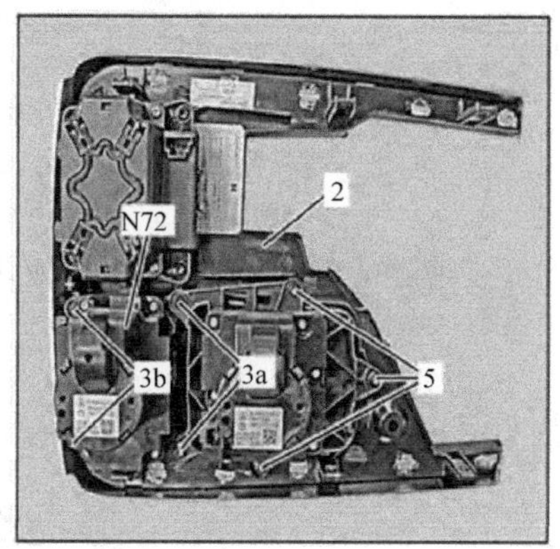


图1-12　变速器模式调节器位置及构造

2—护盖　3a—螺栓　3b—螺栓　5—螺栓　N72—下部控制面板控制单元

**故障排除**　拆开变速器模式调节器，结果表面有明显的腐蚀痕迹，解体后发现调节器内部电子芯片已存在烧蚀的痕迹。更换新的变速器模式调节器，该车故障被彻底排除。

**技巧点拨：** 进水问题是在维修过程中经常遇到的问题，进水初期可能不会出现故障，但是当进水一定时间后，引起内部相应金属腐蚀到一定程度，导致接触不良或断路，此时就会出现相应故障现象，导致某些功能缺失。

## 四、奔驰GLC260加速换档顿挫

**故障现象**　一辆奔驰GLC260，配置274发动机、725.0九速变速器，行驶里程23140km。驾驶人反映车辆行驶过程中，加速换档时顿挫感非常强烈。

**故障诊断**　接车后路试，车辆在正常行驶时2－3档、3－4档升档过程中顿挫感非常强烈，并且在降档过程中 3 –2 档顿挫感也非常强烈，在“S”模式下 2 –1 档顿挫感也非常强烈，并且在所有的档位中，急加速都有顿挫感。

连接诊断仪对电控系统进行快速测试，变速器、发动机未见相关的故障码，如图 1-13 所示。深入分析故障现象，认为故障点还是变速器，但是变速器又没有相关的故障码，那么可能原因就太多了，如变速器阀体故障、变速器内部机械故障、变速器控制模块故障、变速器控制模块软件故障、变速器油路故障、变速器油位不足也会引起同样的故障。奔驰 725. 0 九速变速器有 9 个前进档和 1 个倒档，4 组行星齿轮和 3 个离合器以及 3 个制动器。

| Y3/8n4 – 9速变速器的变速器控制系统（启动离合器油压传感器（VGS）） | | | -✓ |
|---|---|---|---|
| 梅赛德斯–奔驰硬件号 | 000 901 50 00 | 梅赛德斯–奔驰软件号 | 000 000 00 00 |
| 梅赛德斯–奔驰软件号 | 000 902 27 35 | 梅赛德斯–奔驰软件号 | 000 000 00 00 |
| 诊断标识 | 000907 | 硬件版本 | 15/30 000 |
| 软件状态 | 14/49 000 | 软件状态 | 16/29 000 |
| 软件状态 | 16/29 000 | 引导程序软件版本 | 14/49 000 |
| 硬件供应商 | Bosch | 软件供应商 | Bosch |
| 软件供应商 | MB | 软件供应商 | MB |
| 控制单元型号 | VGSNAG3_VGSNAG3_000907 | | |

| N3/10 – 内燃机'M274'的发动机电子设备'MED40'（ME—发动机电子设备） | | | -✓ |
|---|---|---|---|
| 梅赛德斯–奔驰硬件号 | 274 901 12 00 | 梅赛德斯–奔驰软件号 | 274 902 99 00 |
| 梅赛德斯–奔驰软件号 | 274 903 33 03 | 软件的梅赛德斯–奔驰件号（引导程序） | 270 904 07 00 |
| 诊断标识 | 02394F | 硬件版本 | 12/12 000 |
| 软件状态 | 16/03 000 | 软件状态 | 16/20 000 |
| 引导程序软件版本 | 12/11 000 | 引导程序软件版本 | 12/11 000 |
| 硬件供应商 | Bosch | 软件供应商 | Bosch |
| 软件供应商 | Bosch | 引导程序软件供应商 | Bosch |
| 控制单元型号 | MED40_VC15 | | |

图 1-13　无故障码

奔驰 725. 0 变速器的断面图如图 1-14 所示。变速器控制模块还是像 722. 9 变速器一样集成在阀体上，靠变速器油冷却。它仍然有 3 个转速传感器，分别是输入、输出和涡轮转速传感器，这 3 个传感器不间断地检测变速器内部的转速，变速器控制模块以此为根据对换档的选择和换档节奏进行控制，并且监测内部的机械状况，是否存在摩擦片异常磨损的情况。

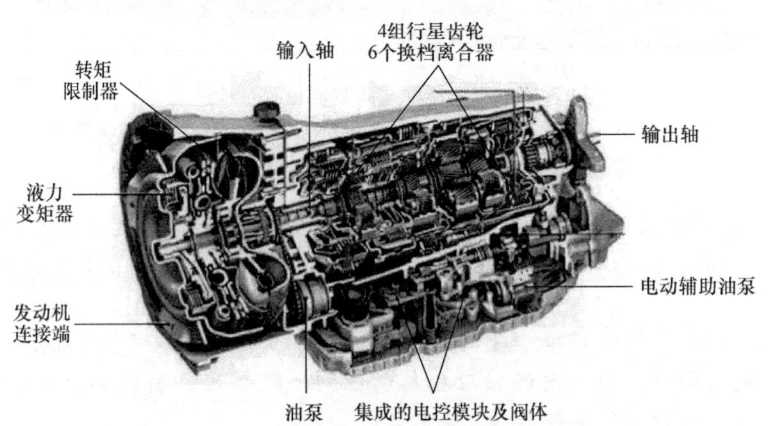


图 1-14　奔驰 725. 0 变速器的断面图

接下来按照常规的诊断思路，对变速器控制模块进行升级，升级后试车，故障依旧。由于该变速器不能查看其自适应值，因此不能给诊断带来大致的方向，只能对变速器进行静态的自适应值的匹配，匹配过后故障依旧，换档质量没有明显的改善。对发动机控制模块进行升级，故障依旧。仔细一想，既然控制模块没有报故障码，那么变速器的机械结构肯定是没有大问题的，那么现在的诊断方向就剩下变速器阀体和控制模块本身了，还有就是如果变速器油不够也会引起同样的故障，接下来先检查变速器的油位，该变速器的油位检查需要专用的检测工具，如图 1-15 所示。

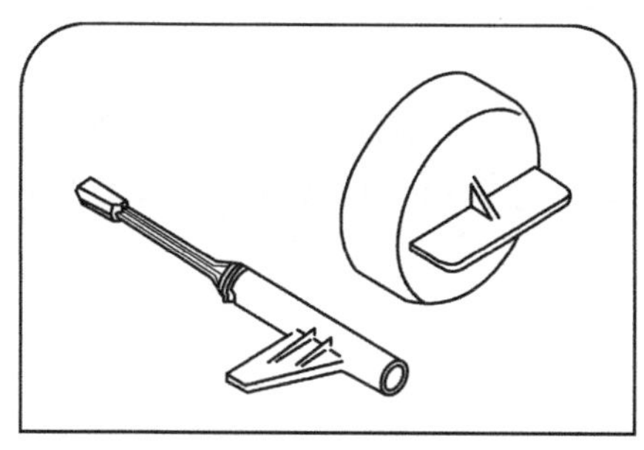
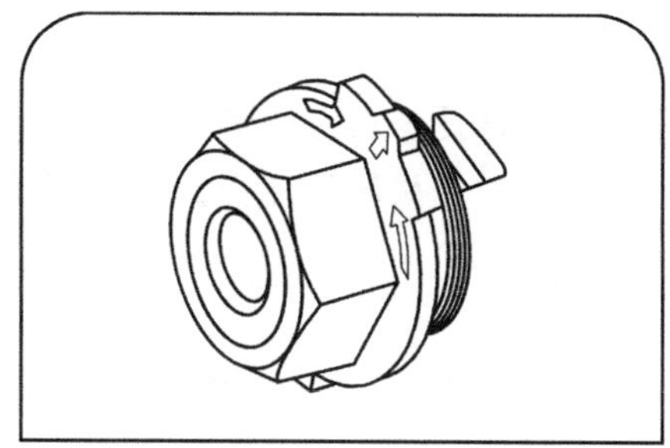

图 1-15　油位检测工具

放出变速器油后发现，原来是变速器油存在问题，变速器油已经成了乳白色的液体了，如图 1-16 所示。

乳白色的液体说明变速器里面进水了，因为 725.0 变速器油的吸水性非常强，所以平时保养时一定要小心谨慎，那么变速器里面的水又是从哪里来的呢？变速器上方有个通气孔，是非常容易进水的。检查发现，通气孔是好的，没有问题。接下来，就要考虑变速器的冷却系统了，变速器的冷却系统和涡轮增压器的冷却系统是共用一个冷却回路的，如图 1-17 所示。

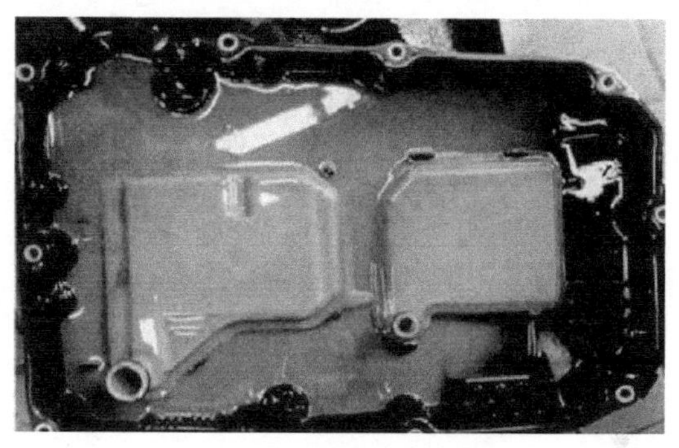

图 1-16　变色的变速器油

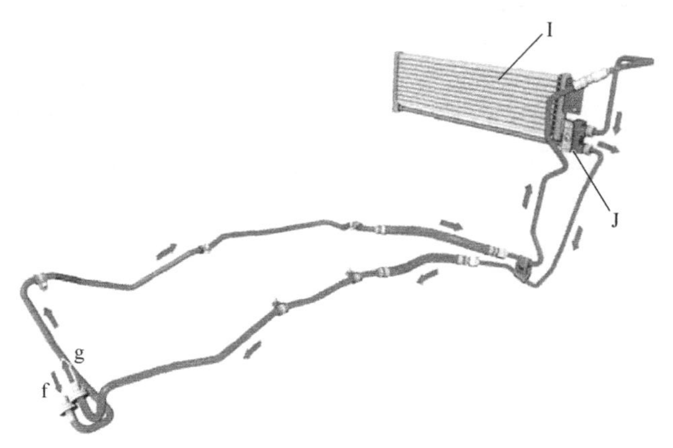


图 1-17　冷却回路

I—变速器冷却器　f—变速器油供油管路　J—变速器油节温器　g—变速器油回油管路

**故障排除**　变速器的冷却系统里面有个节温器，其开闭是有条件的：当变速器油温度低于 70℃时，变速器油是不经过冷却器的，而是通过节温器直接回到变速器；当变速器油温度高于 90℃时，变速器油才经过冷却器的散热器；在 70 ~ 90℃之间是处于半开状态的。了解了其功能原理后，再进一步分析就简单多了。对变速器冷却器加压，发现压力是不断下降的，说明内部有泄漏，更换冷却器，清洗变速器，故障消除。由于冷却器的冷却液泄漏到变速器油里面，导致变速器的摩擦片的摩擦系数改变，从而导致了换档冲击感强烈的故障现象。

**技巧点拨：** 这是一起十分有诊断意义的故障案例，它跳出了一般的诊断思维，故障诊断时，不仅要结合故障的部件，还要联想到和它有关的其他功能及其配套部件，思路一定要开阔。

## 五、奔驰 ML320 无法换档

**故障现象** 一辆奔驰 ML320，底盘号为 WDC166062，配置 276 发动机、722.9 自动变速器，行驶里程 17400km。驾驶人反映车辆无法换档，通过救援拖回维修。

**故障诊断** 接车后打开点火开关，仪表上立即出现“请勿换档，请去特许服务中心”的红色报警。尝试起动车辆，能够顺利着车，起动后踩住制动踏板挂档，但没有任何反应。连接诊断仪，读取故障码如图 1-18 所示。

故障码显示直接换档（DIRECT SELECT）备用系统已激活，存在对正极短路。此车装配的是直接换档开关，系统部件由换档开关、智能伺服模块、相关执行结构及传感器组成。

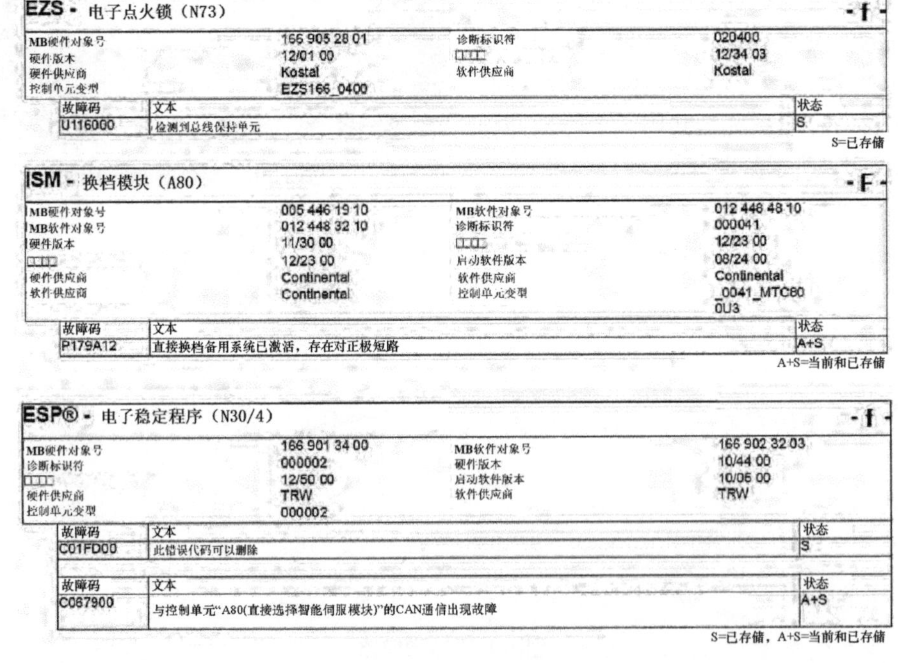

**EZS - 电子点火锁（N73）** - f -

| | | | |
|---|---|---|---|
| MB硬件对象号 | 166 905 28 01 | 诊断标识符 | 020400 |
| 硬件版本 | 12/01 00 | □□□□ | 12/34 03 |
| 硬件供应商 | Kostal | 软件供应商 | Kostal |
| 控制单元变型 | EZS166_0400 | | |

| 故障码 | 文本 | 状态 |
|---|---|---|
| U116000 | 检测到总线保持单元 | S |

S=已存储

**ISM - 换档模块（A80）** - F -

| | | | |
|---|---|---|---|
| MB硬件对象号 | 005 446 19 10 | MB软件对象号 | 012 446 48 10 |
| MB软件对象号 | 012 448 32 10 | 诊断标识符 | 000041 |
| 硬件版本 | 11/30 00 | □□□□ | 12/23 00 |
| □□□□ | 12/23 00 | 启动软件版本 | 08/24 00 |
| 硬件供应商 | Continental | 软件供应商 | Continental |
| 软件供应商 | Continental | 控制单元变型 | _0041_MTC80 0U3 |

| 故障码 | 文本 | 状态 |
|---|---|---|
| P179A12 | 直接换档备用系统已激活，存在对正极短路 | A+S |

A+S=当前和已存储

**ESP® - 电子稳定程序（N30/4）** - f -

| | | | |
|---|---|---|---|
| MB硬件对象号 | 166 901 34 00 | MB软件对象号 | 166 902 32 03 |
| 诊断标识符 | 000002 | 硬件版本 | 10/44 00 |
| □□□□ | 12/50 00 | 启动软件版本 | 10/05 00 |
| 硬件供应商 | TRW | 软件供应商 | TRW |
| 控制单元变型 | 000002 | | |

| 故障码 | 文本 | 状态 |
|---|---|---|
| C01FD00 | 此错误代码可以删除 | S |

| 故障码 | 文本 | 状态 |
|---|---|---|
| C067900 | 与控制单元“A80(直接选择智能伺服模块)”的CAN通信出现故障 | A+S |

S=已存储，A+S=当前和已存储

图 1-18　故障码

转向柱模块还会通过直通线路读入以下信号（根据车型配置不同而有所不同）：转向盘转角传感器信号（N49）、组合开关信号（S4）、定速巡航控制杆信号（S40/4）、转向柱调节开关信号（S59）、转向盘加热器开关信号。转向机构局域互联网（LIN）读入以下信号（根据车型配置不同而有所不同），并将其通过 LIN 线传送至转向柱模块：加热元件温度传感器（装配转向盘加热）、左侧多功能转向盘按钮组（S110）、转向盘换档机构降档按钮（S110/1）、右侧多功能转向盘按钮组（S111）、转向盘换档机构升档按钮（S111/1）。

为了保证换档，还需一个用于直接换档的智能伺服模块，安装在变速器壳体的左边（传动方向），驾驶人的驾驶要求 P、R、N、D 并非通过接杆（机械连接），而是通过电子连接（电线）由控制装置传送至变速器，此电子连接由直接换档变速杆开关和直接换档智能伺服模块组成，整个系统称为"线控换档"。

基本功能：直接换档智能伺服模块从角度传感器接收信号，角度传感器记录选档范围和偏心轴的实际位置，然后智能伺服模块控制主电动机和应急电动机。工作方式：通过驱动传动带和两个驱动传动带轮促动主电动机，使蜗杆转动，滑座移至要求的位置，实际位置由角度传感器来探测，然后通过传动系统控制器区域网络（CAN C）发送至全集成化变速器控制单元。

在电路 15 接通后，智能伺服模块将当前结合的档位范围信号发送至 ME 控制模块，ME 控制模块通过底盘控制器区域网络（CAN E）将该信号发送至电子点火开关控制模块（EZS），并进一步将该信号通过 CAN E 发送至仪表，仪表促动档位指示器，从而在仪表中显示当前档位。

在电路 15 断开且车辆静止时，一旦将遥控钥匙从电子点火开关控制单元上拔下，变速杆位置 P 或 N 即会接合。对于装配无钥匙起动功能的车辆，在电路 15 断开，并且车辆静止的情况下，一旦驾驶人车门打开，则立即发出变速杆位置 P 的请求。如果在电路 15 断开前接合变速杆位置 N，并且在电路 15 断开之后打开驾驶人车门，则变速杆位置 N 保持接合。

首先根据故障引导，并结合电路（图 1-19），拔掉 A80（直接换档智能伺服模块）上的插头，测量供电、搭铁及 CAN 线都正常，但在测量 3 号针脚时，发现有 7V 多的电压，这是不正常的。由电路图可以看出，3 号针脚为应急电源线，其供电端来自附加蓄电池，经过电子点火开关（EZS 控制模块），并受 EZS 控制模块控制，只在特殊情况下供电，使车辆回 P 档。

接着进入 A80 实际值，查看系统状态，发现系统已处于临时紧急运行模式（图 1-20）。实际值中显示在 P 位置紧急触发时的控制导线供电电压为 4V（图 1-21），换档锁处于"已激活"状态（图 1-22），因此不能进行换档操作。

**故障排除** 根据功能原理及故障现象，故障范围可以缩小到 EZS 控制模块故障，或 EZS 控制模块至智能伺服模块之间的线路故障。把 EZS 控制模块拆掉，把控制线从插头里挑出来，打车挂档均正常，说明故障点在于线路。查看线路走向，线路经过右前地毯下面到达智能伺服模块，于是准备拆掉地毯检查线路，在拆地毯时发现车内铺有地胶，拆掉地毯，发现地毯很湿，下面有很多水，进一步检查发现空调蒸发箱排水口脱落（图 1-23），估计是当时铺地胶碰到了排水口，没有及时装复，造成空调水无法排出，进而造成线路短路。把插头清洗吹干，重新装复，挂档正常，故障排除。

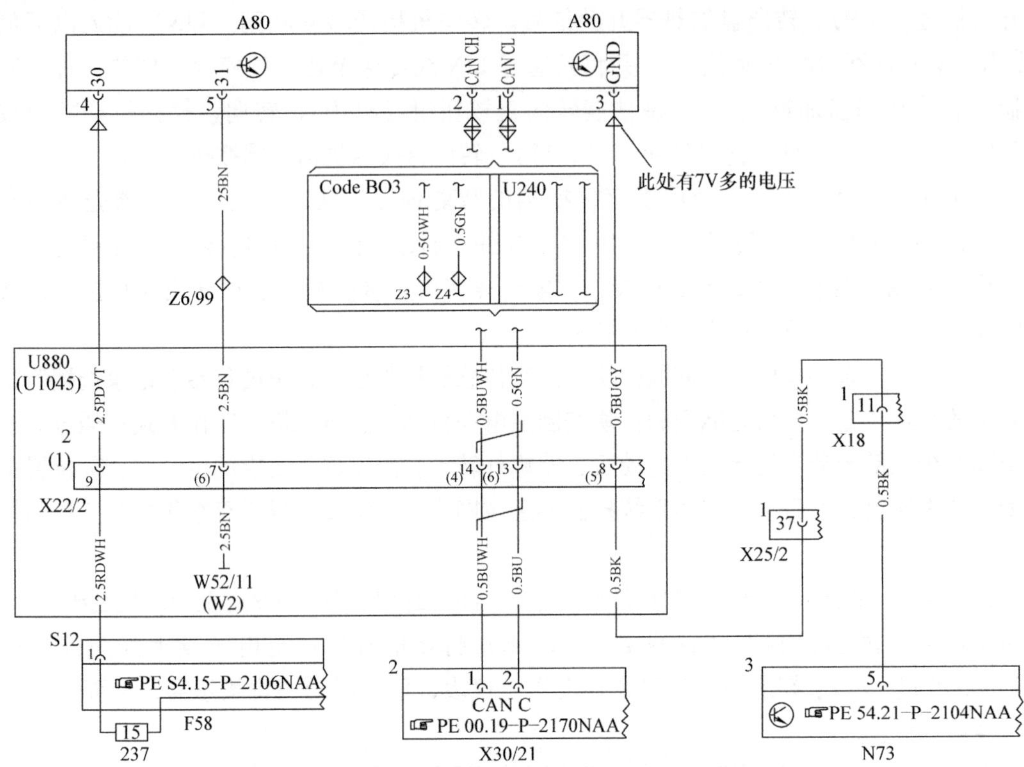


图 1-19　直接换档智能伺服模块 A80 的电路

状态
实际值

| 编号 | 姓名 | 实际值 | 标准值 |
|---|---|---|---|
| 815 | 硬件故障 | 否 | 否 |
| 061 | 校准 | 是 | 是 |
| 078 | 设码 | 是 | 是 |
| 180 | 允许起动 | 是 | 是 |
| 664 | 运输保护功能已解除 | 是 | 是 |
| 509 | P位置的紧急触发 | 否 | 否 |
| 241 | 电压过低 | 否 | 否 |
| 904 | 持续紧急运行 | 否 | 否 |
| 352 | 临时紧急运行 | 是 | 否 |
| 032 | 标准模式 | 是 | 是 |
| 244 | Slave模式 | 否 | 否 |
| 122 | 检测模式 | 否 | 否 |
| 131 | 促动马达电压过低 | 否 | 否 |

图 1-20　数据流 1

供电
实际值

| 编号 | 姓名 | 实际值 | 标准值 |
|---|---|---|---|
| 728 | 控制单元的供电电压 | 13.09V | [8.50 .. 15.00] |
| 161 | 在P位置紧急触发时的控制导线供电电压 | 4.00V | [0.00 .. 0.50] |

图 1-21　数据流 2

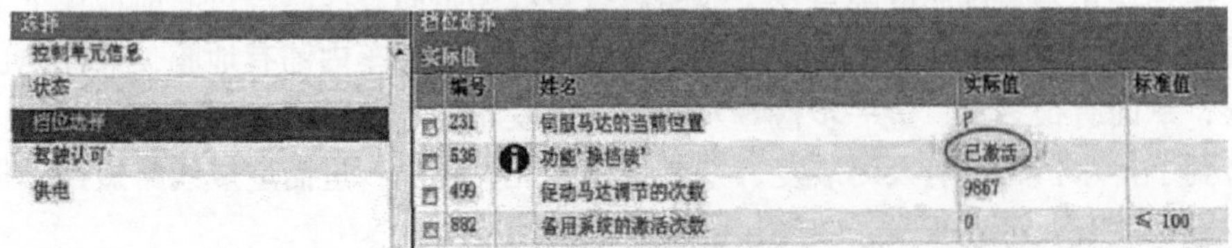
选择
控制单元信息
状态
档位选择
驾驶认可
供电

档位选择
实际值

| 编号 | 姓名 | 实际值 | 标准值 |
|---|---|---|---|
| 231 | 伺服马达的当前位置 | P | |
| 536 | 功能'换档锁' | 已激活 | |
| 499 | 促动马达调节的次数 | 9667 | |
| 882 | 备用系统的激活次数 | 0 | ≤ 100 |

图 1-22　数据流 3

图 1-23 空调蒸发箱排水口脱落

**技巧点拨：**换档开关是转向柱模块的一部分，位于多功能转向盘和仪表之间区域的右部。用于直接换档的变速杆开关保证驾驶人能够选择所需的换档范围，其开关信号通过局域互联网络（LIN）从转向柱模块读入，并且发送到 CAN C 上，一旦换档完成，变速杆开关在弹簧力的作用下，恢复到“0”位置。

## 六、奔驰 ML400 行驶过程中仪表显示“请勿挂档，去授权服务中心”

**故障现象** 一辆 2013 年奔驰 ML400 越野车，行驶里程 3505km。驾驶人反映车辆行驶过程中仪表显示“请勿挂档，去授权服务中心”报警信息。

**故障诊断** 试车或原地怠速，有时仪表会出现上述报警，故障不定时出现，即表现出偶发性特点。用奔驰专用诊断仪（XENTRY）对车辆进行快速检测，若干控制单元有故障码。从诊断仪检测结果来看，整车传动系控制器区域网络（CAN）存在功能故障，为了解该网络，在 WIS 中查找 CAN 网络，如图 1-24 所示。

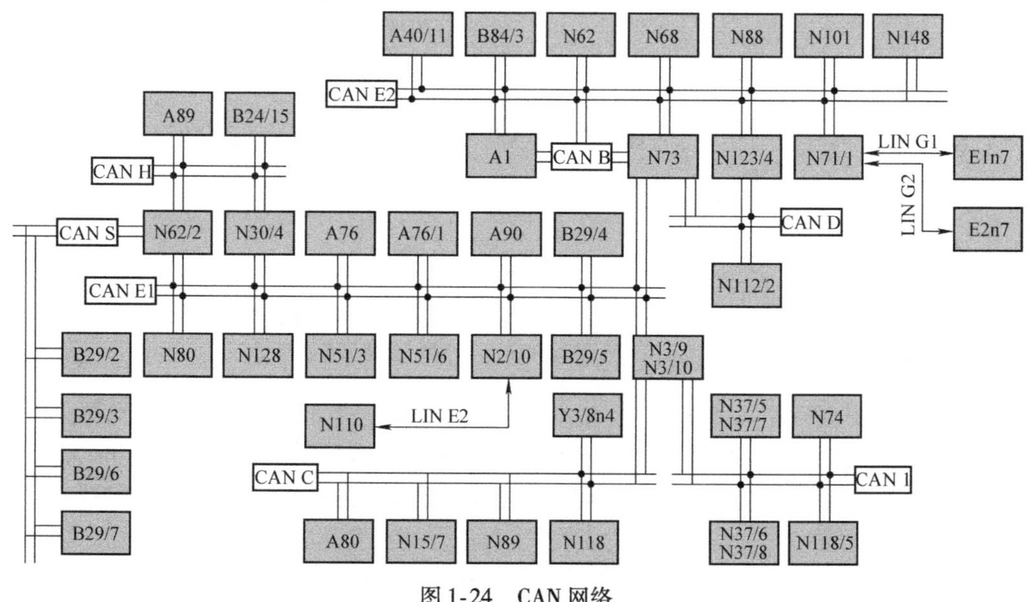


图 1-24 CAN 网络

此车型的 CAN C 由电子变速杆模块、变速器控制单元、变速器油辅助泵控制单元、燃油泵控制单元构成，ME 为 CAN C 的网关，即 CAN C 通过 ME 将数据传送至其他网络，同时接收数据。梳理快速测试结果，CAN C 网络的控制单元与其他网络通信存在故障，CAN C 网络内的控制单元之间的相互通信也存在故障，且主要是与电子变速杆模块、变速器控制单元的通信存在故障。另外，这两个控制单元的故障码都说明了 CAN C 总线存在故障，判断 CAN C 总线存在偶发性短路，应首先从 CAN C 总线入手检查故障。在 WIS 中查找 CAN C 分配器的电路（图 1-25），得知分配器为 X30/21 且位于前排乘客脚步空间处。

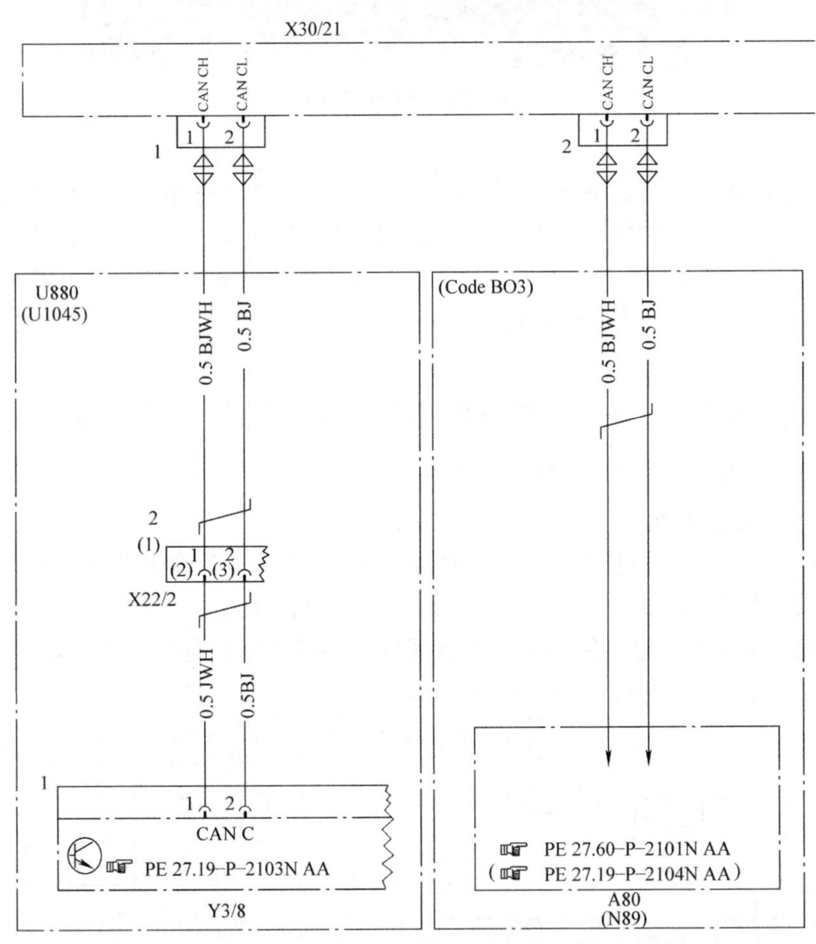


图 1-25　CAN C 分配器的电路

A80—智能伺服模块　Code BO3—ECO 起动/停止功能　X30/21—传动系 CAN C 分配器　U880—适用于发动机 642　U1045—不适用于柴油发动机 642　Y3/8—变速器控制单元

将奔驰原厂示波器连接到 X30/21 上，在怠速下测量 CAN C 网络波形（图 1-26），观察在故障出现时的变化情况，结果波形会从正常转变为对地短路时的形状，即 CAN 总线对地短路，这样，接下来应确定短路的具体位置是在电子变速杆模块还是变速器控制单元的 CAN 线上。

注意到仪表显示“请勿挂档”的信息，挂档由 A80 来完成，即档位 P、N、D、R 之间

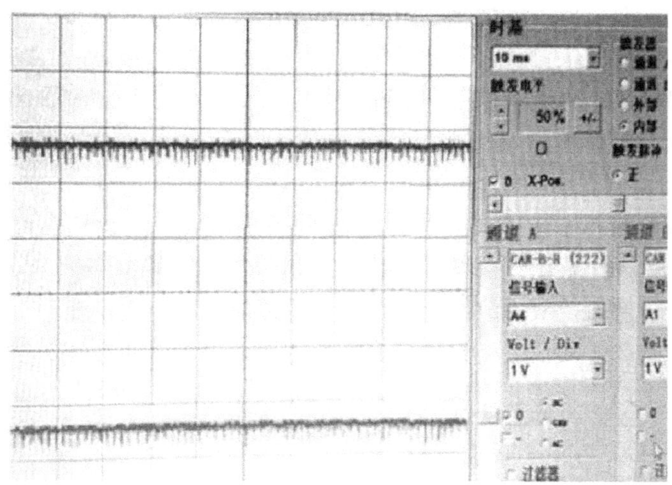


图 1-26 短路波形

的切换由 A80 执行，结合 A80 的故障码，判断短路位置在 A80 的 CAN 线路上。

**故障排除** 观察 CAN 线路走向，从车内的 X30/21 上沿着仪表台内部的防火墙、发动机舱布置连接到车辆底部变速器壳体侧面的 A80 上。这样，从肉眼容易看到的发动机舱线束开始检查，结果发现发动机后部的一个支架磨破了线束（图 1-27 和图 1-28），造成 CAN 线路偶尔搭铁。修复线束并重新布置线路的走向，然后试车，故障彻底排除。

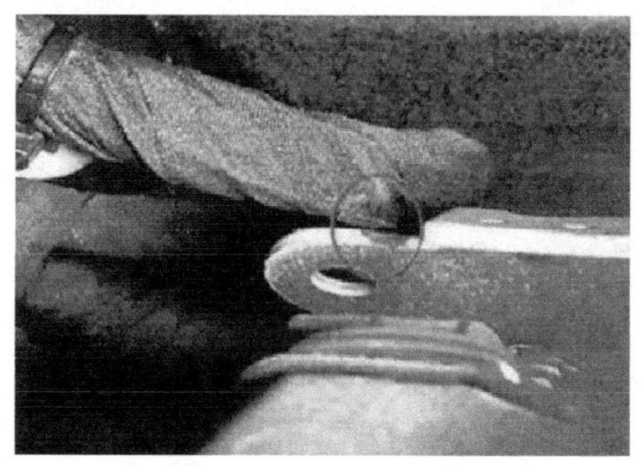

图 1-27 支架磨到线束

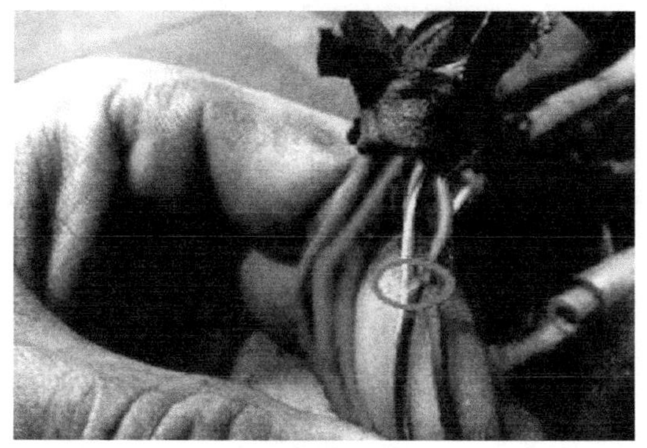

图 1-28 磨破的 CAN 线路

**技巧点拨：**无论什么时候出现什么样的问题，维修人员都应该从容面对，并且一定要具备科学的诊断思路，不要根据故障现象以及诊断出的一些故障信息断章取义，更不要盲目更换不该更换的部件。

## 七、奔驰 CL500 停放 2h 后挂档不走

**故障现象** 一辆奔驰 CL500，216 底盘，配置 273 发动机、722.9 七速变速器，VIN 为 WDD2163711A××××××，行驶里程 18235km。驾驶人反映车辆停放 2h 后，着车挂档不走。

**故障诊断** 接到车辆后，首先确认驾驶人反映的故障，上车起动发动机，挂档走车一切正常，并且仪表没有任何报警。进一步了解车辆的情况，车辆原来是由拖车拉过来的，说明驾驶人反映的故障现象是一定存在的。那只有进一步试车，在外试车 20km 回厂，正准备挂档倒车，突然车辆没有按照预定的档位行进，但是仪表没有任何的报警，档位显示也是正常的。

档位已经挂入了倒档，但是车辆就是不走，不仅是倒档，连前进档也是这样的现象。连接诊断仪，对电控单元进行快速测试，有相关传动系的故障码，它们之间都有信息的传递。进一步分析发动机和换档模块的故障码都指向了变速器控制单元，分析变速器的故障码，都来自于它需要的控制单元的信号，看来故障点很可能就是变速器本身。由于故障现象是偶发的，因此不能很快下结论是变速器的问题。看来只有一步步地诊断，进入变速器控制单元，按照故障码进行导向性测试，然而进入变速器控制单元后，故障码就只有如图 1-29 所示的内容。

控制器区域网络（CAN）总线断路，乍一看十分茫然，进一步导向检测如图 1-30 所示。

| 名称 | 当前值(第一个 / 最后一个) | 单位 |
| --- | --- | --- |
| 频率计数器 | 24 | |
| 在当前的点火过程中出现了故障 | 否 | |
| 上次点火过程以来所经过的时间 | 1436 \| 313 | sec |
| 出现故障时的里程数 | 18220 \| 18234 | km |
| 出现故障时的蓄电池电压 | 12.7 \| 13.7 | V |
| 出现故障时的齿轮油温度 | 94 \| 69 | ℃ |
| 出现故障时的实际档位 | 2 \| 3 | |
| 出现故障时的目标档位 | 3 \| 3 | |
| 出现故障时的输出转速 | 651 \| 811 | r/min |
| 出现故障时的涡轮转速 | 1866 \| 1560 | r/min |
| 出现故障时的选挡杆位置 | D \| 不可信 | |
| 出现故障时选挡范围滑阀的位置 | D \| D | |
| 仅用于研发 | 00DA0060012B \| 001C00600000 | |

图 1-29 变速器系统内故障码

控制器区域网络(CAN)总线断路

可能的原因和救助:
-不允许替换相关的控制单元。

i CAN故障码的提示:

总线断路故障:

-
如果控制单元不能发送一定数量的信息或不能完全发送到控制器区域网络(CAN)总线，那么总线断路故障码被设置。然后，该控制单元在短时间内被CAN总线关闭。
- 例如：控制器区域网络(CAN)总线控制器：控制器区域网络(CAN)总线断路

检查过程:
- 如果没有客户投诉，则应进行功能检查，并删除可能存在的故障码。

检查结束

图 1-30 导向检测

根据导向可知，由于某个控制单元不能发送相关信息了，因此就设置了此故障码。看来的确是有某个控制单元出问题了，才导致这个故障码的生成。要诊断偶发的故障，只有当故障出现时，测量故障时的信号，才能进一步明确故障点在哪里。由于报的是 CAN 的故障，因此供电和搭铁可以先暂时不用考虑，但是稳妥起见还是要测量的，变速器控制单元的电路如图 1-31 所示。

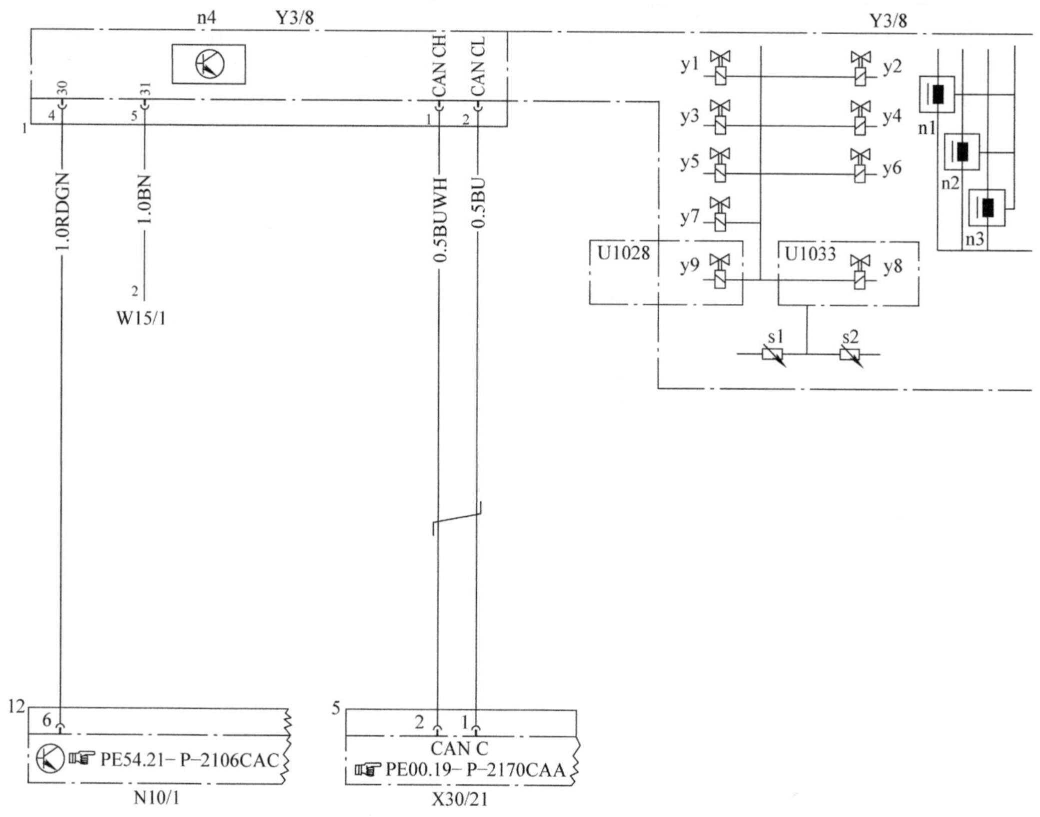


图 1-31 变速器控制单元的电路

这里要更正一个 WIS 电路中的错误，变速器控制单元的供电来自于底盘 87 继电器，因此这里的供电来自于 30 是错误的。底盘 87 继电器还给夜视系统供电，而电控测试中夜视系统是没有故障码的，这进一步说明故障来自于变速器控制单元更有依据了。这只是推测而已，测量供电、搭铁一切正常。诊断的重点主要放在了 CAN 总线系统上，变速器控制单元属于 CAN C 系统，CAN C 的 CAN 插头在驾驶人的后面，多次测试故障现象，最终当故障出现时在 CAN 总线的电压上找到了线索，如图 1-32 所示。

图 1-32 中的 3.4V 电压是 CAN－H 的电压，图 1-33 中的 3.0V 电压是 CAN－L 的电压，这是变速器控制单元的两条 CAN 总线电压，这是不正常的。正常的电压是 CAN－H 为 2.6V、CAN－L 为 2.4V。要判断是哪个控制单元出了问题，最简单的办法就是在 CAN 插头上一个个地拔掉上面的控制单元，因为上面只有发动机、换档模块和变速器控制单元，这是十分简单快速的办法，当拔掉其中一个时，CAN 总线电压恢复了正常，在进行快速测试发现变速器控制单元不能被找到，电控单元故障测试如图 1-34 所示。

**故障排除** 变速器控制单元是个感叹号，说明不能被检测到，并且也不能进入，前面已经检查了它的供电和搭铁，说明其本身是有问题的，控制单元出了问题反映在 CAN 总线电压是不正确的。发动机控制单元也和它有当前的故障码，在发动机控制单元里进行测试，也不能进入，说明变速器控制单元出问题了，更换变速器控制单元后故障排除。一个月后回访，驾驶人反映车辆一切正常，说明问题已解决。

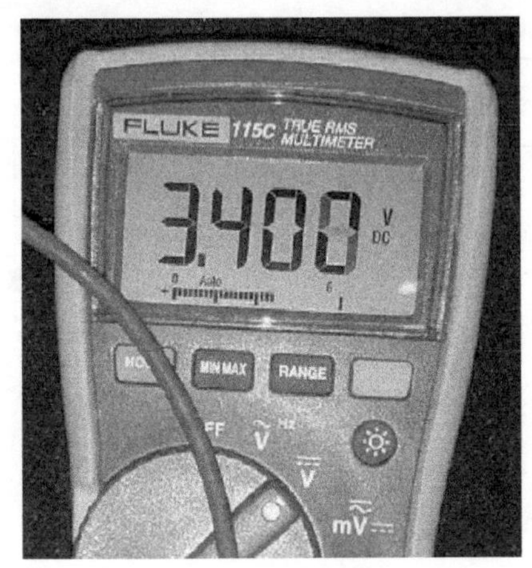


图 1-32　CAN 总线测量 1

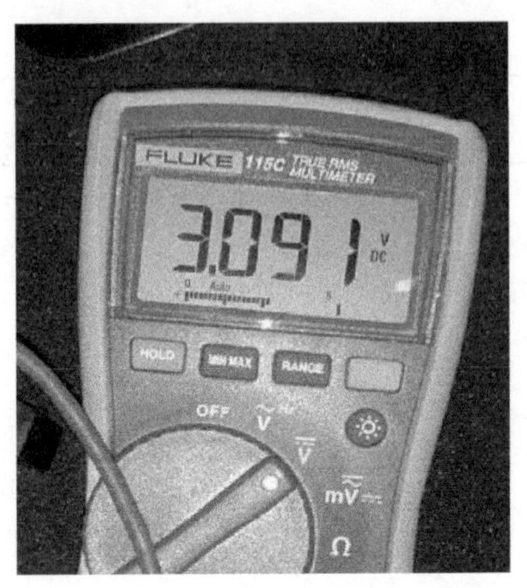


图 1-33　CAN 总线测量 2

| ME 9.7 - 发动机电控系统9.7 | | | | i |
|---|---|---|---|---|
| MB 号码<br>0034467040 | HW 版本<br>07.38 | SW 版本<br>06.40 | 诊断版本<br>10/17 | 插针<br>101 |

| FW 号码 | FW 号码(数据) | FW 号码(Boot-SW) |
|---|---|---|
| 0054487240 | 0044476540 | |

| 故障码 | 文本 | 状态 |
|---|---|---|
| 1405 | 未曾收到控制单元变速器的CAN信息。(U0101) | "当前"和"已存储" |

| 变速器 | | | | -!- |
|---|---|---|---|---|
| MB 号码 | HW 版本 | SW 版本 | 诊断版本 | 插针<br>101 |

| ISM - 智能伺服模块 | i |
|---|---|

图 1-34　电控单元故障测试

**技巧点拨**：故障的整个诊断思路，都是围绕先前的故障分析的，一步步抽丝剥茧而来，因此对一个故障刚开始的故障码进行分析是相当重要的，它能起到一个提纲挈领的作用。

## 第三节　奔驰旅行车

### 一、奔驰 B200 仪表显示“请勿挂档，请到特许服务中心检测”

**故障现象**　一辆奔驰 B200，车型为 WDB246243。驾驶人反映无法挂档行驶，并且仪表显示“请勿挂档，请到特许服务中心检测”。

**故障诊断**　维修人员接到车辆后，根据驾驶人的描述进行车辆检查，发现仪表有报警，并且无法挂档行驶，确认驾驶人所反映的故障现象。接着维修人员连接奔驰专用诊断仪读取相关故障码，发现在发动机控制单元中报有故障码：U002888——与传动系 CAN 总线的通信存在功能故障，总线关闭；U002887——与传动系 CAN 总线的通信存在功能故障，信息缺失；还有其他一些与传动系 CAN 总线控制单元的通信故障。详细故障码如图 1-35 所示。

然后维修人员查看发动机控制单元的电路（图 1-36），结合故障码和驾驶人反映的情况分析，得出故障的可能原因：①CAN 分配器 X30/21 损坏；②发动机控制单元 N3/10 损坏；③发动机控制单元 N3/10 到分配器 X30/21 的线束或插针故障。

根据所列的可能原因，维修人员首先找到分配器 X30/21（图 1-37），断开发动机控制单元 ME 插头和其他插头，测量 CAN C 分配器 X30/21 的电阻为 60Ω，正常。测量完毕重新连接好插头后，发现车辆功能一切正常了，然后维修人员尝试升级变速器控制单元和发动机控制单元 ME 软件到最新版本。做长距离车辆测试，试车一段时间后故障再次出现。

诊断… > N3/10 - 内燃机'M270'的发动机电子设备'MED40' (ME (发动机电…　12.0V　点火开关ON

| 故障代码 | 说明 | 状态 |
| --- | --- | --- |
| U002888 | 与传动系CAN总线的通信存在功能故障。总线关闭 | 当前 |
| U000200 | 传动系统控制器区域网络（CAN）总线关闭故障 | 当前 |
| U000288 | 传动系统控制器区域网络（CAN）总线关闭故障 该部件未配置。 | 已存储 |
| U002800 | 未知的故障代码 | 当前 |
| U0028F1 | 与传动系CAN总线的通信存在功能故障。 | 已存储 |
| U002886 | 与传动系CAN总线的通信存在功能故障。存在一个错误的信号。 | 已存储 |
| U002887 | 与传动系CAN总线的通信存在功能故障。信息缺失。 | 当前 |

图 1-35　详细故障码

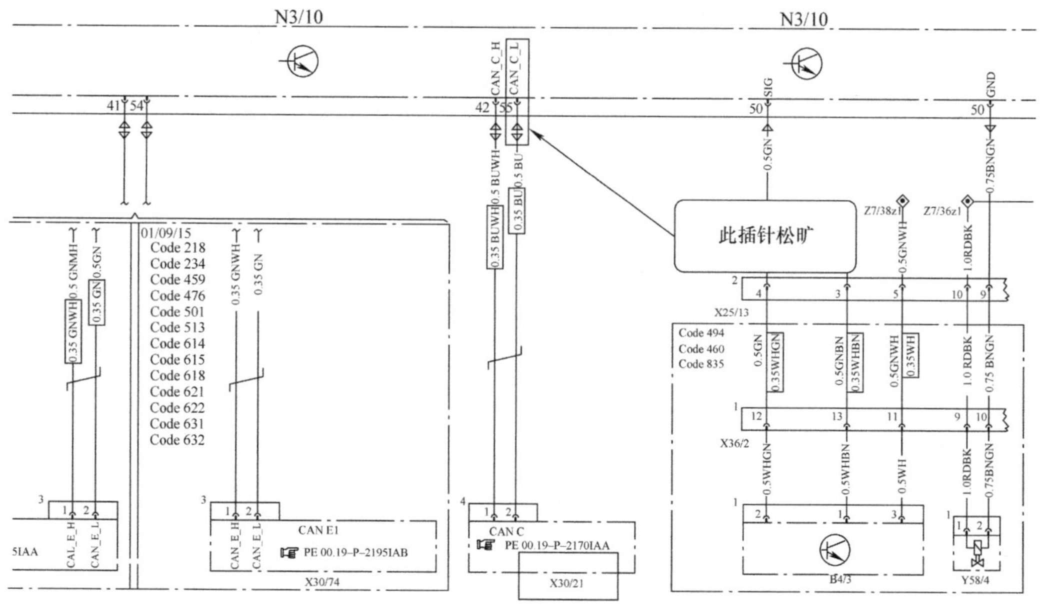


图 1-36　发动机控制单元的电路

维修人员担心故障会再次消失，立刻用示波器测量传动系 CAN C 的波形，发现波形图异常，如图 1-38 所示。然后维修人员用“插拔法”，挨个拔下分配器 X30/21 上的插头，当拔下连接发动机控制单元上的 CAN C 插头后，波形正常了，如图 1-39 所示。用标准插针测

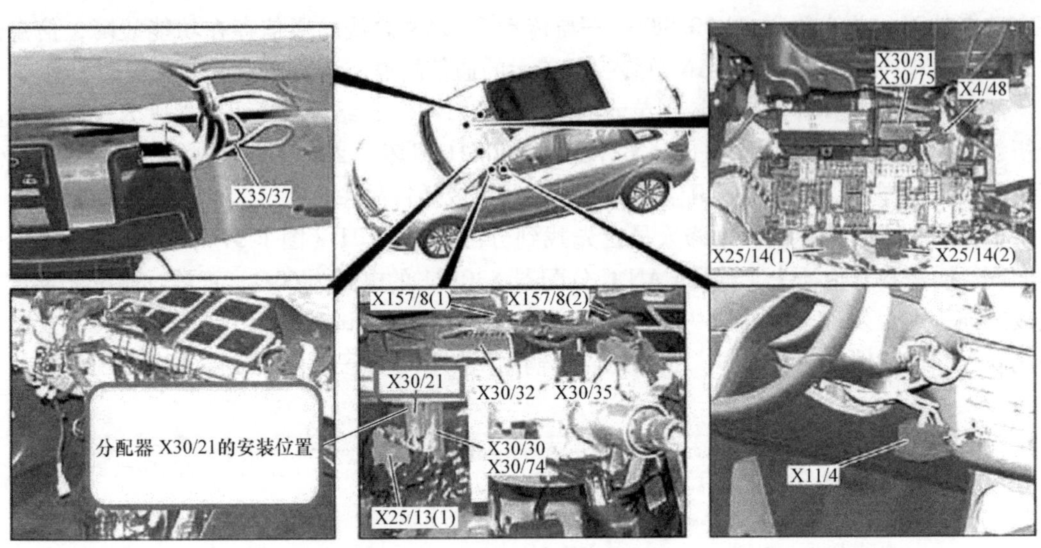


图 1-37　分配器 X30/21 的安装位置

量发现，发动机控制单元 F 插头的 CAN C 的 CAN L 插针松旷，位置如图 1-40 所示。

**故障排除**　按照 WIS 标准，修复发动机控制单元 F 插头的 CAN C 的 CAN L 松旷的插针。一个月后打回访电话，反馈得知没有再出现过以前的故障，至此故障得到排除。

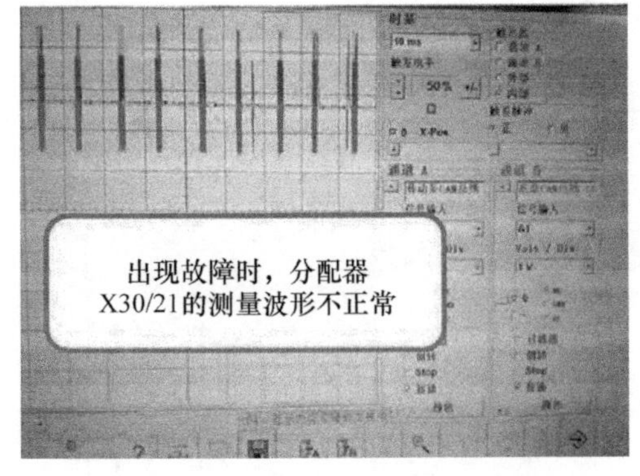


图 1-38　CAN C 的不正常波形

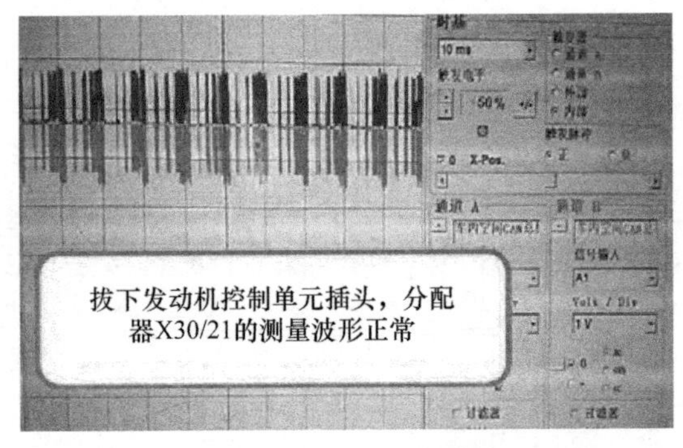


图 1-39　CAN C 的正常波形

**技巧点拨：**根据测量发现的问题，应该是发动机控制单元 N3/10 到分配器 X30/21 的线束或插针故障。测量线束，没有发现断路、短路和对正极短路。那就很奇怪了，从电路中也没有发现中间有插头，那么确认线束没有问题，此时就应考虑是不是插针有问题。

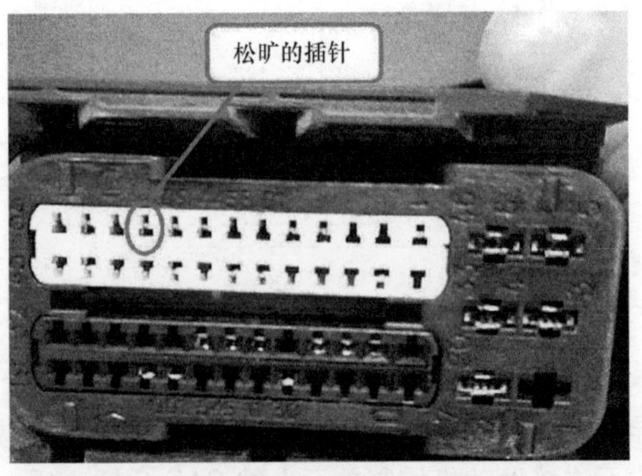


图 1-40　发动机控制单元 F 插头

## 二、奔驰新款 C 级 Coupe 偶尔无法换档

**故障现象** 一辆奔驰新款 C 级 Coupe，底盘号为 W205326，搭载 M274 发动机和 725.0 自动变速器，行驶里程 8000km，因切换直接换档（DIRECT SELECT）变速杆偶尔无法换档而进厂维修。

**故障诊断** 接车后首先试车验证故障现象，接通点火开关，起动发动机，发动机顺利起动；踩下制动踏板，切换直接换档变速杆，发现可以进行任何档位的切换，无异常。询问得知，故障的出现具有一定的偶发性。于是维修人员试着来回多次切换直接换档变速杆，故障现象终于出现，同时组合仪表上发动机故障灯点亮。连接故障诊断仪读取故障码，转向柱控制单元（N80）内存储有 2 个故障码：U040400——接收到来自电子变速杆模块的不可信数据；P172A15——直接换档（DIRECT SELECT）变速杆存在故障，存在对电源短路或断路。记录并尝试清除故障码，故障码无法清除。在切换直接换档变速杆时，用故障诊断仪读取 N80 相关数据流（图 1-41），直接换档变速杆（S16/13）的实际值显示为“错误”（正常情况下，应显示为向前或向后）；踩下制动踏板，读取 ESP 控制单元相关数据流（图 1-42），制动灯开关的实际值显示为“接通”，正常。

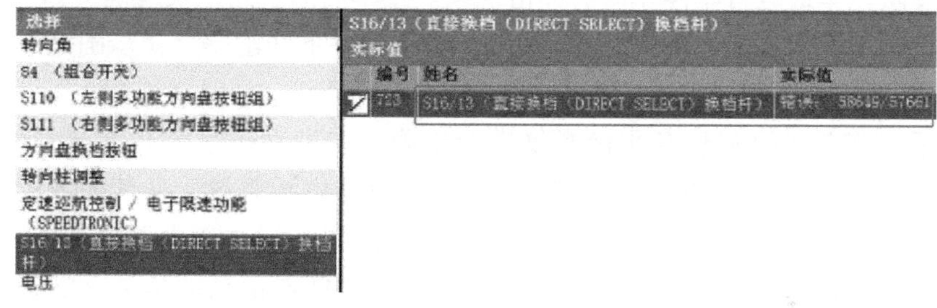


图 1-41 N80 相关数据流

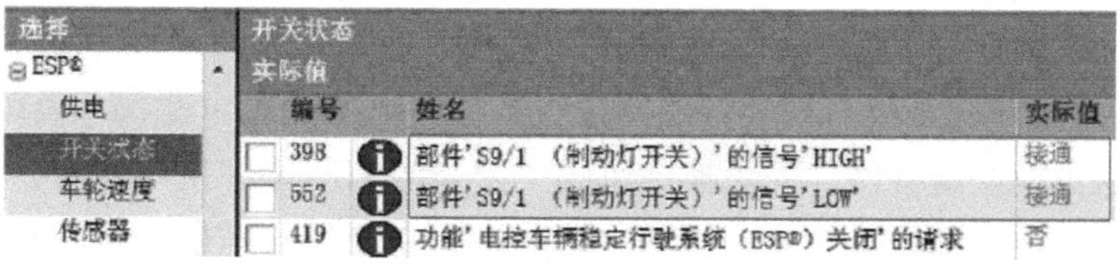

| 选择 | 开关状态 | | |
|---|---|---|---|
| ESP® | 实际值 | | |
| 供电 | 编号 | 姓名 | 实际值 |
| 开关状态 | 398 | 部件'S9/1 （制动灯开关）'的信号'HIGH' | 接通 |
| 车轮速度 | 552 | 部件'S9/1 （制动灯开关）'的信号'LOW' | 接通 |
| 传感器 | 419 | 功能'电控车辆稳定行驶系统（ESP®）关闭'的请求 | 否 |

图 1-42 ESP 控制单元相关数据流

查阅换档操作电气功能原理图（图 1-43）得知，在发动机运转条件下，踩下制动踏板，切换直接换档变速杆，直接换档变速杆将所选的档位信息通过 LIN 总线传送给 N80，N80 将该信号传送至底盘 Flex Ray，该信号由传动系统控制单元（N127）记录并通过传动系统控制器区域网络 CAN C1 传送至变速器控制单元（Y3/8n4），随后 Y3/8n4 接合相应的档

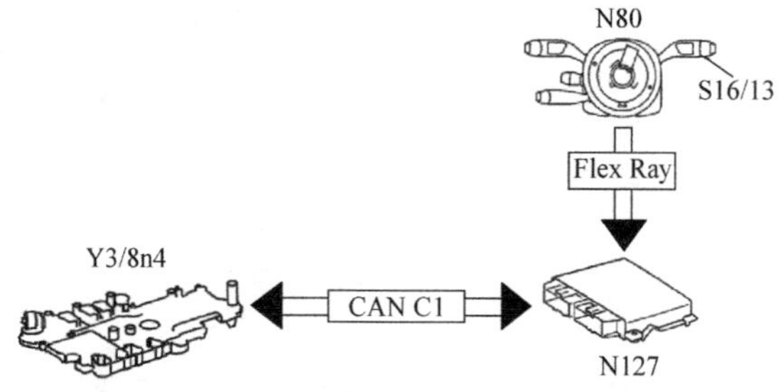


图 1-43 换档操作电气功能原理图

N80—转向柱控制单元 N127—传动系统控制单元
S16/13—直接换档变速杆 Y3/8n4—变速器控制单元

位，组合仪表上显示接合的档位。

结合换档操作原理及上述检测结果进行分析，推断造成故障的直接原因为 N80 无法接收直接换档变速杆的档位信号，可能原因有：N80 的供电或搭铁故障；N80 损坏。

首先用故障诊断仪对 N80 进行软件更新，发现没有更新的软件。断开蓄电池负极电缆对控制单元进行复位操作，重新连接蓄电池负极电缆后试车，故障依旧。检查 N80 的供电和搭铁，均正常，由此推断 N80 损坏。

**故障排除** 更换 N80 后试车，反复切换直接换档变速杆，均能正常换档，至此故障排除。

**技巧点拨：**无法换档的问题最后以更换转向柱控制单元（N80）而解决，由此可见，在进行维修时，要拓宽思维，找准问题切入点。

## 三、奔驰 R500 变速器换档冲击

**故障现象** 一辆 2008 款奔驰 R500 商务旅行车，搭载奔驰第五代 722.9 型 7 速自动变速器。驾驶人反映该车最近行车停车时有冲击现象。接车后通过路试发现确实如驾驶人所反映的那样，车停下来变速杆还在前进档位置 2s 内就会有一下冲击感，初步确定故障应该定义为2－1档冲击。

**故障诊断** 首先利用奔驰专用诊断仪进行检测，在发动机故障存储器中读出故障码：P20EE（P2810）——读变速器故障存储器。进入变速器电控系统，从其故障存储器读出故障码：2810——元件 Y3/8Y1 故障（工作压力控制电磁阀 VGS 内部电器检查失败）。

根据故障码的解释含义进行故障分析，既然故障存储器记录的是关于电磁阀的故障信息，那么就说明故障的范围应该围绕在：①电磁阀（图 1-44）本身；②电磁阀所控制的液压范围；③控制模块本身等（由于控制模块与电磁阀间无连线，因此不必考虑线路问题）。

从简单情况入手，先更换了一套电磁阀（当然是旧的，不过每个电磁阀位置是不可随意变更的），结果故障码及故障现象依然存在，这样基本排除是电磁阀本身的问题。为保险起见，不敢轻易更换全新备件，先更换一块同一型号的旧阀体（带电磁阀），结果故障现象还是一模一样。这样又基本排除了是阀体的故障，看来该车的问题应该就是控制模块故障。更换的控制模块如图 1-45 所示。

图 1-44 奔驰 722.9 电磁阀（包括 Y3/8Y1 电磁阀）

图 1-45 更换的控制模块

订购全新控制模块进行控制模块的更换和编程。在更换控制模块过程中发现先前更换的自动变速器油（ATF）已严重变质并有煳味（变速器内部应该有烧损元件），但驾驶人一再坚持先更换控制模块，为尊重驾驶人的意见，安装全新控制模块然后编程并再次更换了原厂专用 ATF 后进行试车。结果原来的停车冲击故障现象得以解决，同时故障码也没有再次重现，这说明原来的故障就是在控制模块上。但前进档的起步及低速档打滑的现象依然存在。

图 1-46　低速档元件

解体变速器后发现低速档元件的摩擦片已烧损，同时发现该离合器鼓也有轻微的磨损，直接更换低速档元件总成（图 1-46），同时对变矩器也进行了解体维修，发现该变矩器锁止离合器的摩擦片也已烧损（图 1-47），重新更换了以上元件装车后故障基本排除。

经过长时间路试发现热车时低速档还是有点打滑迹象。对所有元件都进行了分解检查，结果发现低速档的元件中有一个密封圈轻微损坏，如图 1-48 所示（这种问题不应该发生，也是完全可以避免的）。

图 1-47　烧损的变矩器锁止离合器的摩擦片

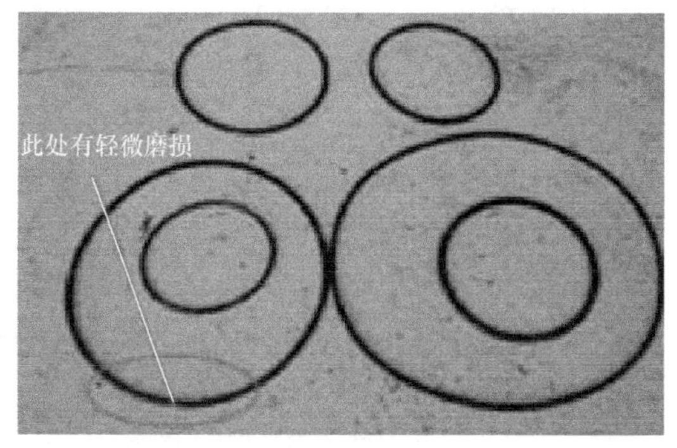


图 1-48　低速档元件密封圈

**故障排除**　重新更换了一套修理包，故障彻底排除。

**技巧点拨：**该变速器反反复复维修了多次，其实最重要的是：第一，当发现问题后，不应该让驾驶人带着问题继续使用，导致更换控制模块前损坏了机械元件；第二，在维修机械部分时应该严格按照大修标准进行，但维修人员并没有这样执行，如果在第一次的解体维修中直接更换所有密封元件，也不至于再次解体变速器。由此可见规范作业的重要性。

# 第二章

# 宝 马 车 系

## 第一节　宝 马 轿 车

### 一、宝马 750Li 行驶中跳档并自动熄火

**故障现象**　一辆宝马 750Li，配置 4.8L 发动机，行驶里程 269584km，VIN 为 WBAHN81056D××××××。驾驶人反映车辆在行驶时会突然跳成空档后熄火，但等会儿又能正常起动。

**故障诊断**　陪同驾驶人进行路试。车辆在行驶中突然失去动力，自动跳成空档后熄火，等会儿又能起动，驾驶人反映属实。

连接故障诊断仪，检测到系统储存的故障信息见表 2-1。

**表 2-1　检测到的故障信息**

| 故障码 | 故障内容 | 故障码 | 故障内容 |
|---|---|---|---|
| 2EBD | DME 发电机 BSD 信号缺失 | 2E31 | DME 气缸 2 喷射阀控制 |
| 2EA0 | DME 机油状态传感器 | 2EF5 | DME 电子节温器控制 |
| 2EBC | DME 机油状态传感器 BSD 信号缺失 | 2A80 | DME 进气 VONAS 控制 |
| 2CA0 | DME 废气催化转换器前氧传感器加热 | 2A85 | DME 排气 VONAS 控制 |
| 2C53 | DME 废气催化转换器前氧传感器 | 2D14 | DME 空气质量计修正信号 |
| 2B5C | DME 曲轴位置传感器信号 | 2A8C | DME 排气 VONAS 限位调校 |
| 2D0F | DME 空气质量计信号 | 2A8D | DME 排气 VONAS 限位调校 |
| 2E30 | DME 气缸 1 喷射阀控制 | 2A91 | DME 排气凸轮轴 2 相对曲轴位置错齿 |
| 2E33 | DME 气缸 4 喷射阀控制 | 2A8D | DME 进气 VONAS 限位调校 2 |
| 2E32 | DME 气缸 3 喷射阀控制 | | |

以上故障码均为历史故障，清除后试车，发生熄火现象后再次检测，故障全部再现。查阅相关资料，如图 2-1～图 2-4 所示。

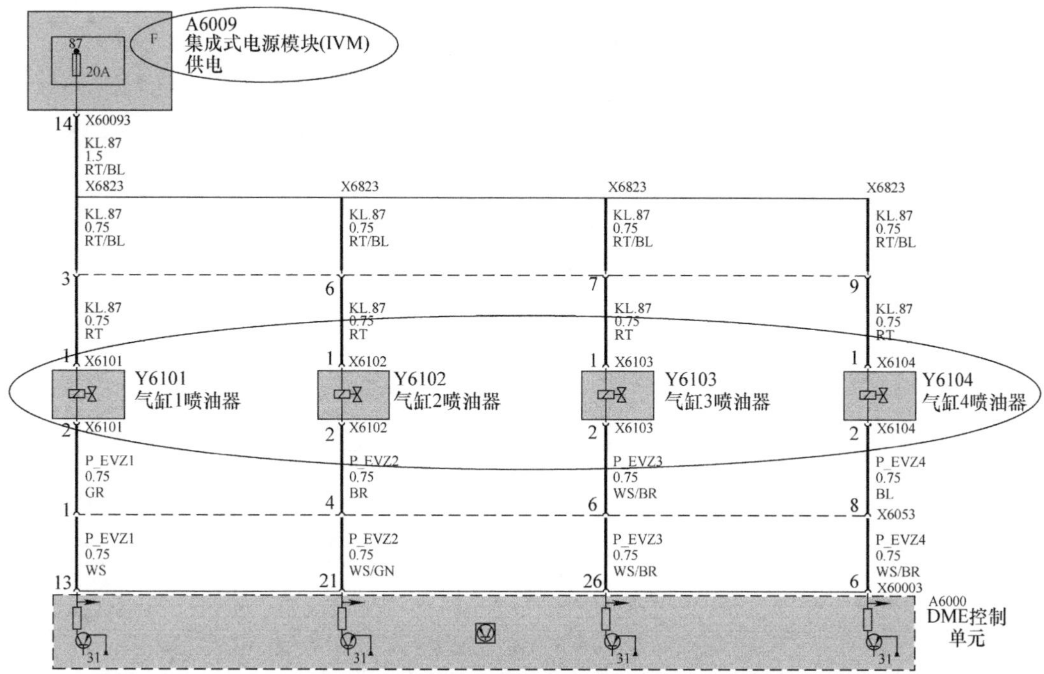


图 2-1 喷油器控制电路

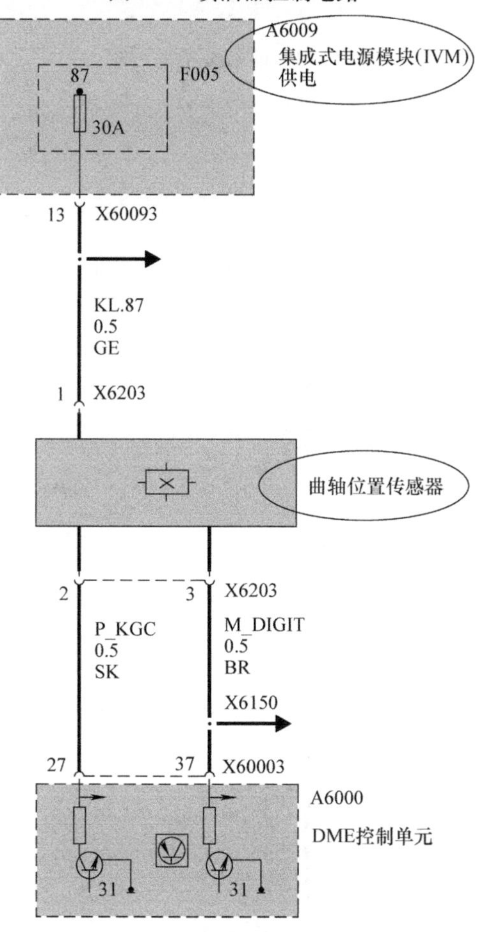


图 2-2 曲轴位置传感器电路

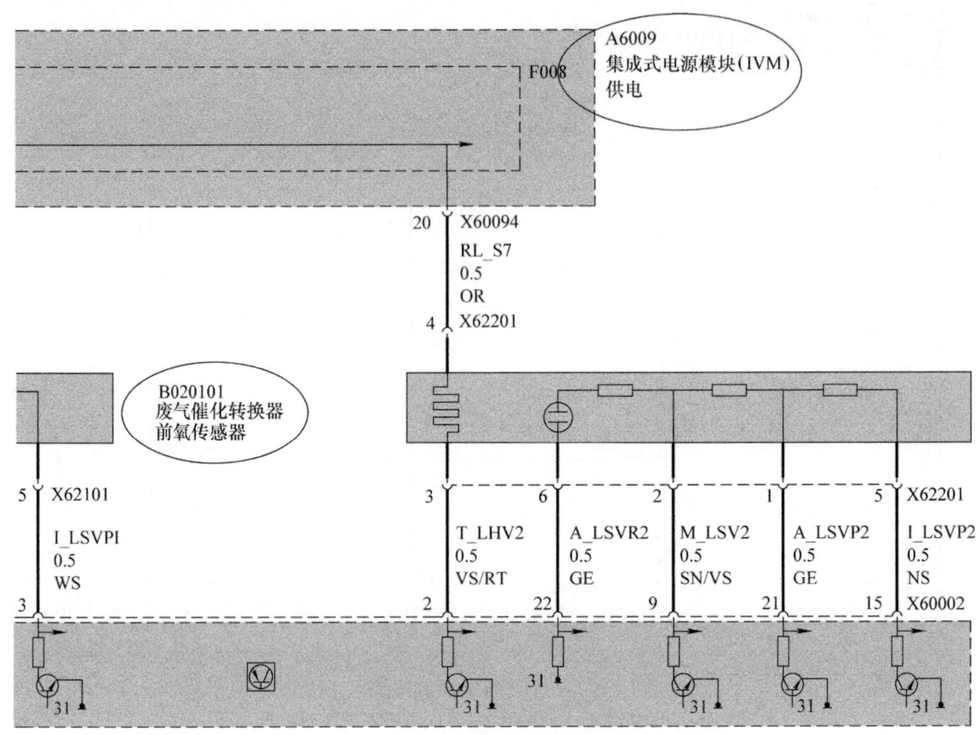


图2-3　前氧传感器电路

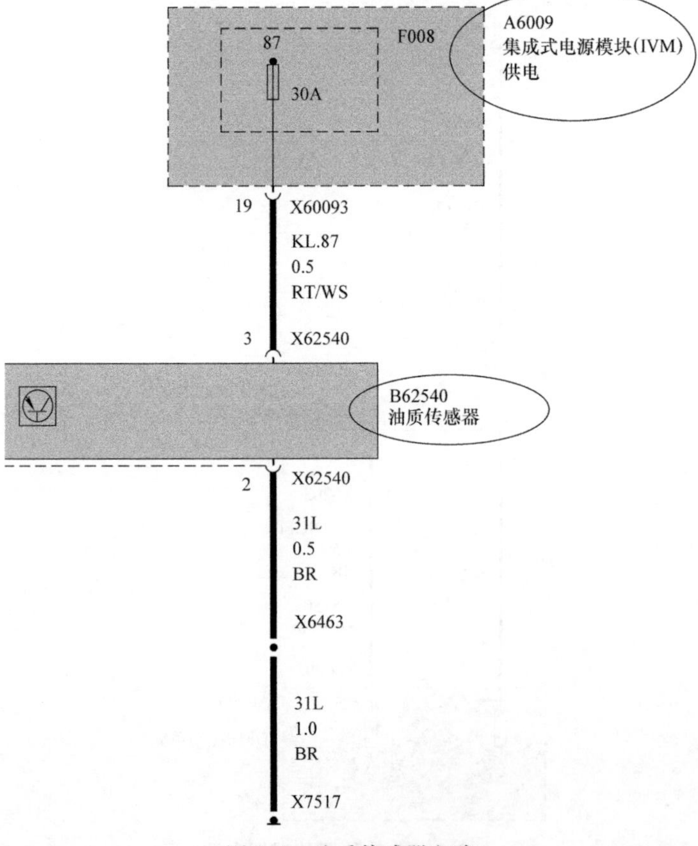


图2-4　油质传感器电路

故障检测均为历史故障码，根据清除故障码后试车的情况，可认定为间歇性故障。维修人员分析，曲轴位置传感器信号是最可能导致发动机熄火的原因，重点检查曲轴位置传感器线路，正常；更换曲轴位置传感器试车，故障依旧。读取节气门升程位置和 VANOS 可变气门正时位置数据流，均在正常范围，如图 2-5 和图 2-6 所示。

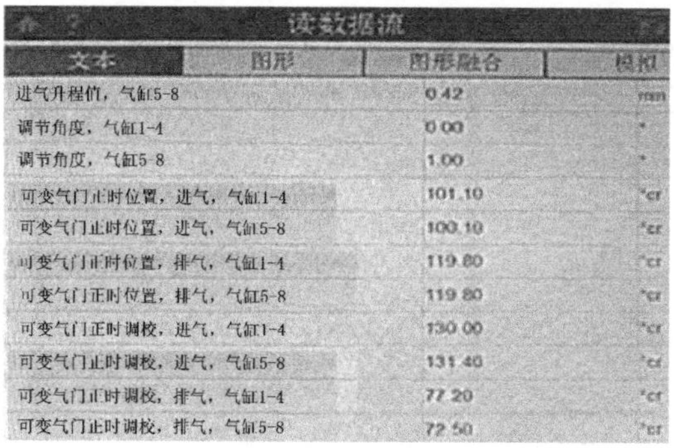

读数据流

| 文本 | 图形 | 图形融合 | 模拟 |
|---|---|---|---|
| 进气升程值，气缸5-8 | | 0.42 | mm |
| 调节角度，气缸1-4 | | 0.00 | ° |
| 调节角度，气缸5-8 | | 1.00 | ° |
| 可变气门正时位置，进气，气缸1-4 | | 101.10 | °cr |
| 可变气门正时位置，进气，气缸5-8 | | 100.10 | °cr |
| 可变气门正时位置，排气，气缸1-4 | | 119.80 | °cr |
| 可变气门正时位置，排气，气缸5-8 | | 119.80 | °cr |
| 可变气门正时调校，进气，气缸1-4 | | 130.00 | °cr |
| 可变气门正时调校，进气，气缸5-8 | | 131.40 | °cr |
| 可变气门正时调校，排气，气缸1-4 | | 77.20 | °cr |
| 可变气门正时调校，排气，气缸5-8 | | 72.50 | °cr |

图 2-5　数据流 1

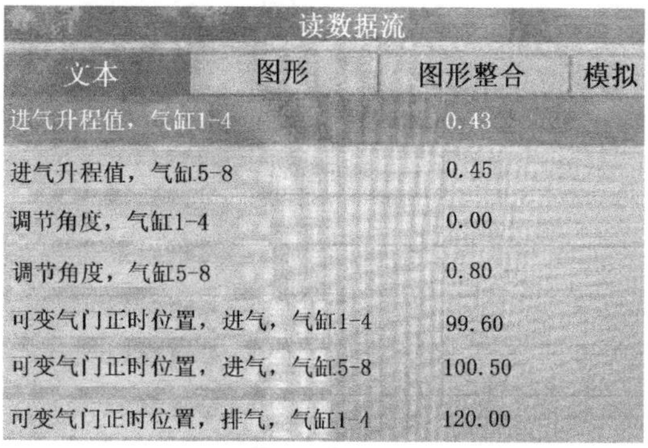

读数据流

| 文本 | 图形 | 图形整合 | 模拟 |
|---|---|---|---|
| 进气升程值，气缸1-4 | | 0.43 | |
| 进气升程值，气缸5-8 | | 0.45 | |
| 调节角度，气缸1-4 | | 0.00 | |
| 调节角度，气缸5-8 | | 0.80 | |
| 可变气门正时位置，进气，气缸1-4 | | 99.60 | |
| 可变气门正时位置，进气，气缸5-8 | | 100.50 | |
| 可变气门正时位置，排气，气缸1-4 | | 120.00 | |

图 2-6　数据流 2

**故障排除**　维修人员再次对电路图进行分析，发现一个带有共性的现象，相关部件均由集成式电源模块（IVM）供电。是不是因电源模块导致多个部件同时出现供电故障？随即用万用表检查集成电源模块，结果供电正常，接地可靠。维修人员判断可能是集成电源模块内部有瑕疵，导致间歇性故障。更换集成电源模块（该模块更换不用编程设码）后试车，确认故障排除。

**技巧点拨：**行驶中变速器自动跳空档，但无相关故障码的原因是发动机熄火后，变速器控制单元失去发动机转速信号后自动跳到空档。

该车故障均为历史故障，清除后再次出现又成为历史故障码，可以认为是故障消除后的间歇性故障。最可能导致熄火的相关故障码一般认为是曲轴位置信号，但很多故障码同时出现时，应该寻找出现故障码相关部件的共同点（供电、接地）。同一模块全部输出的供电间歇性异常，应该先确认模块本身外部供电是否有间歇性故障，然后考虑模块内部故障。同一模块部分多路输出的供电间歇性异常，应该优先考虑模块本身故障。

## 二、宝马 740Li 行驶中档位跳空档

**故障现象**　一辆 2012 款宝马 740Li，车型为 F02，配置 N54 发动机，行驶里程 400km。驾驶人反映车辆行驶中过颠簸路面或有时转向盘向一侧打死时档位会自动跳到空档，并且档位跳档之前发动机故障灯会短暂地亮一下，之后车辆又可以挂档前进。

**故障诊断**　接车后连接诊断仪进行检测，读取故障内容见表 2-2。

删除故障存储进行路试，试车过程中过一段减速带时，发动机的故障灯突然点亮，然后发动机的转速突然升得很高，档位又跳到空档了。再次连接诊断仪进行检测，读取的故障内容和前面的一致。

执行检测计划，把上面的故障内容分为两大类。第一类为 CAN/FlexRay 的总线系统分析：信息丢失；第二类为 CAN/FlexRay 的总线系统分析：接口故障信息“信号无效”。当接

收控制模块未接收到发送控制模块发送的信息时，接收控制模块就记录“信息丢失”故障，此类故障主要在参与的控制模块之间的物理连接受到干扰时出现，可能的原因：①总线导线接地短路；②总线导线对供电电压短路；③总线导线之间短路；④断路（导线断裂）；⑤存在损坏、腐蚀、脏污的触点接头；⑥控制模块故障（例如插头连接损坏，此为极少数情况）；⑦加装不正确（总线连接）。

表 2-2　读取故障内容

| 故障码 | 故障信息 |
| --- | --- |
| D02D58 | 信号（电动机 1 车轮转矩，41.3.4）无效，DME/DDE 发射器 |
| D01557 | 信息（电动机 1 车轮转矩，41.3.4）缺失，接收器 ICM，发射器 DME/DDE |
| D01558 | 信息（电动机 2 车轮转矩，41.3.4）缺失，接收器 ICM，发射器 DME/DDE |
| D0156D | 信息（电动机 3 车轮转矩，61.3.4）缺失，接收器 ICM，发射器 DME/DDE |
| D01570 | 信息（电动机 4 车轮转矩，40.3.4）缺失，接收器 ICM，发射器 DME/DDE |
| D01B3F | 信息（电动机 5 车轮转矩，40.3.4）缺失，接收器 ICM，发射器 DME/DDE |
| D01A08 | 信息（电动机 6 车轮转矩，61.3.4）缺失，接收器 ICM，发射器 DME/DDE |
| D01646 | 信息（加速踏板拉杆角度，40.1.4）缺失，接收器 ICM，发射器 DME/DDE |
| D018E1 | 信息（曲轴 1 转矩，40.1.4）缺失，接收器 ICM，发射器 DME/DDE |
| D76F02 | 信号（车轮标准转矩，40.3.4）无效，DME/DDE 发射器 |

计算信息缺失最有可能的故障原因，检测步骤将通过对故障记录的自动分析把故障限定在确定的范围以内（概率计算）。检测计划显示如下：发射器缺失的信息 DME－－－＊＊＊－－－－－（8/16）。

从可能性最高的控制模块区域开始查找故障。若有必要，继续在可能性第二高的控制模块区域查找故障。出现故障的可能性与显示的星号（＊）的数量相对应。＊＊＊＊＊：高可能性；＊：低可能性。

另外，在括号中显示所存储的故障以及最大可能的故障数量。例如“5/46”，说明对于相应的控制模块总共有 46 个可能的故障，其中存储了 5 个故障。在大多数情况下，有许多信息故障的控制模块并未将所有可能的故障都列出，因为信息故障与相应的车辆功能相连接。对于不同的控制模块、不同的车辆型号和不同的特殊装备，最大可能的故障数量各不相同。当相应的控制模块存在很少信息故障时，以分式形式表达的值特别有意义，例如“2/2”。如果另一个控制模块的故障份额概括显示为“23/65”，则应该在查找故障时专注于前一个控制模块区域。

特殊情况：在特殊情况下，一个接收控制模块可能会记录不同的信息故障，尽管该接收控制模块本身不会在（故障）概况中出现，因为其他控制模块根本不需要该接收控制模块的信息。

例如，如果在概述中有多个故障出现可能性低的控制模块，则应该额外检查故障数据。如果此处一直为相同的接收器，则继续在该控制模块范围内进行故障查询。

故障存储中都和 DME 有关联，检测计划分析也认为 DME 的故障可能性要高于其他控制模块。接下来检查 DME 的供电、接地和端子连接情况，检查结果正常，因此分析认为是 DME 内部有故障。车辆行驶中遇到颠簸的路面或者在左右极限转动转向盘时，DME 突然不能向总线上正常传输发动机的转矩输出信息，变速器控制模块得不到信息后就立刻自动跳转到空档。

**故障排除** 更换DME控制模块，对车辆进行编程设码，反复进行路试，故障现象没有再次出现，故障排除。

**技巧点拨：**针对缺失信息的系统分析涉及偶尔发生的故障。如果存在持续的系统故障，则应该在车辆测试时就识别到该故障（执行供电测试）。

## 三、宝马740Li自动变速器间歇性无法升入高速档

**故障现象** 一辆宝马740Li，底盘型号为E38，发动机型号为M62。驾驶人反映该车前期因浸水而进行过自动变速器大修，当时车况恢复，使用一个月后，在车辆行驶过程中，发现自动变速器有时无法升入高速档。

**故障诊断** 反复进行路试，当故障出现时，在手动换档模式下和自动换档模式下，自动变速器都无法升入4档和5档，仪表板没有出现自动变速器故障信息，说明自动变速器电控系统没有进入故障保护工作状态。连接诊断仪进行自诊断，选择E38底盘车型，单击“快速测试”按钮，对全车电控系统进行扫描，完成后查询自动变速器电控系统故障信息，没有故障码。选择“诊断应答”功能菜单，查看自动变速器工作数据，结果正常。进行路试，当故障出现时，重新使用诊断仪查看自动变速器工作数据，发现自动变速器油温度为110℃。用红外线温度测试仪测量自动变速器油底壳温度，为80℃，说明自动变速器油温传感器有可能存在性能不良问题。为了找到原因，在自动变速器油温传感器导线上串联一个500Ω的电阻，观察自动变速器工作数据，当自动变速器油底壳温度为80℃时，自动变速器油温为83℃。进行路试，故障现象消失。打开自动变速器油底壳，测量自动变速器油温传感器电阻，并且与标准值进行对比。自动变速器油温传感器的电阻实测值与标准值见表2-3。

**表2-3 油温传感器实测值与标准值**

| 油温/℃ | 电阻实测值/Ω | 电阻标准值/Ω |
|---|---|---|
| 20 | 964 | 962 |
| 40 | 1210 | 1116 |
| 60 | 1298 | 1290 |
| 80 | 2330 | 1486 |

从表2-3中的数据可以看出，自动变速器油温度越高，自动变速器油温传感器电阻值偏移量越大，说明自动变速器油温传感器性能不良。

该车配置ZF5HP-24型电控自动变速器（A5S440Z型电控自动变速器）。该自动变速器电控系统具有自动换档功能、手动换档功能、动力换档功能。自动变速器控制模块（EGS控制模块）具有完善的故障监控功能，当自动变速器出现故障时，将启用故障保护工作模式，自动变速器处于锁档工作状态，同时仪表板将显示“Trans Program”故障信息。

自动变速器油温传感器属于正温度系数热敏传感器，温度越高，阻值越大。根据自动变速器电控系统工作原理，自动变速器控制模块通过CAN总线接收发动机控制模块（DMW控

制模块）的冷却液温度传感器信息，并将该信号与自动变速器油温信号进行对比，以判断车辆实际运行状况，进而对换档点进行控制。例如，当冷却液温度没有到达热车工况温度时，自动变速器控制模块将控制换档范围；当自动变速器油温过高时，自动变速器控制模块将抑制自动变速器升入高速档，以防止自动变速器出现过热现象。

**故障排除** 更换自动变速器油温传感器，故障彻底排除。

**技巧点拨：**对于本例故障而言，由于自动变速器油温传感器只是性能出现偏差，没有完全损坏，因此自动变速器无法检测到故障，没有设定相关故障码。在这种情况下，应重点查看自动变速器工作数据，分析各项数据是否正常，进而找到故障原因，排除故障。

## 四、宝马 530Li 档位开关故障

**故障现象** 一辆 2007 款宝马 530Li，车型为 E60，行驶里程 7 万 km。驾驶人反映车辆行驶中变速器报警，车辆停下后挂入 P 档，再次挂档，却无法从 P 档中移出。熄火后钥匙无法从钥匙孔中拔出，并且车辆无法再次起动。

**故障诊断** 车辆拖回维修店后通过诊断仪进行检测，读取故障内容：5F2F——DSC 变速器控制接口；5088——EGS 变速器换档开关传感器有故障。维修人员根据经验判断直接建议更换了变速杆总成，更换变速杆总成后故障依然存在。自动变速器控制系统概览如图 2-7 所示。

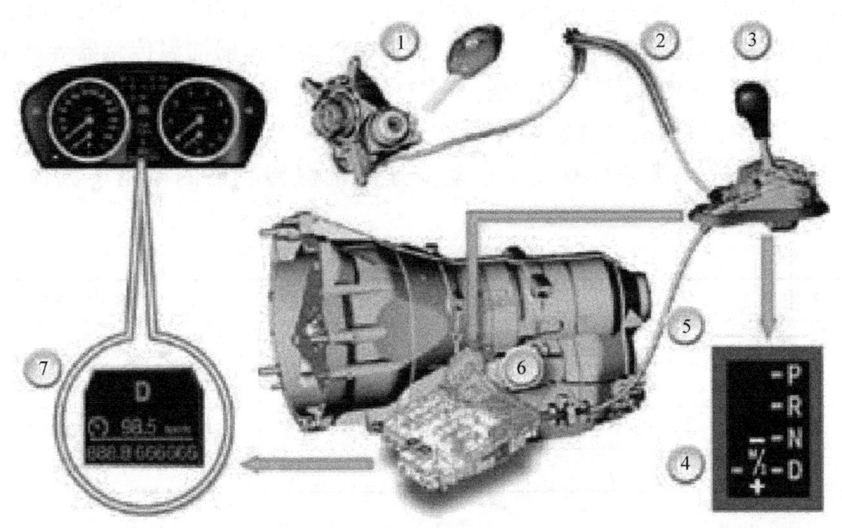


图 2-7 自动变速器控制系统概览

①—点火开关 ②—用于拔出锁止的拉索（互锁） ③—变速杆 ④—变速杆上的换档示意图照明
⑤—用于行驶档开关和驻车锁止器的拉索 ⑥—机械电子装置模块 ⑦—组合仪表中的显示

机械电子装置模块是液压换档机构和电子变速器控制模块的组合（EGS）。它安装在油底壳里。机械电子装置模块包含了变速器控制系统的机械组件，如电磁阀和减振器，它们作为执行元件。电子变速器控制系统包含了整个变速器控制模块。电子变速器控制系统采用了焊接密封，可在 140℃以下正常工作。行驶档（P、R、N 和 D）开关在机械电子模块里。它

由变速杆通过拉索动作，行驶档开关的滑块嵌在液压选择滑阀上。行驶档开关和液压选择滑阀一起由变速杆通过拉索动作。行驶档开关由一个带固定磁铁和4个霍尔式传感器的滑块组成。行驶档开关的电信号在机械电子装置模块里进行分析处理并用于控制电磁阀和燃油压力调节器。

顺序换档（手动）在电气上则通过变速杆机构上的开关进行，变速器控制模块所需要的换档数据，例如喷射时间、发动机转速、节气门角度、发动机温度和发动机干预，由PT_CAN总线传输到变速器控制模块内。电磁阀和压力调节器的控制直接由机械电子装置模块完成。通过PT_CAN总线将信号发送到EGS控制模块以及从EGS控制模块发送到其他控制模块。变速器控制系统电路如图2-8所示。

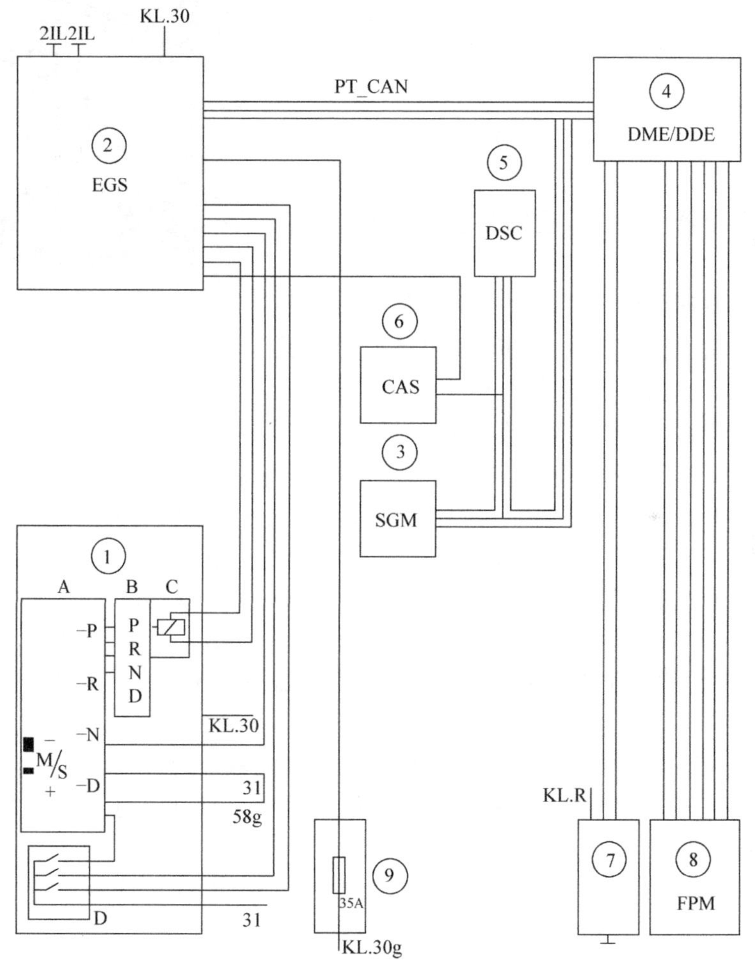


图2-8 变速器控制系统电路

①—变速杆装置 ②—电子变速器控制模块（EGS） ③—安全和网关模块（SGM） ④—数字式发动机电子伺服控制系统（DME） ⑤—动态稳定控制（DSC） ⑥—便捷进入及起动系统（CAS） ⑦—制动信号灯开关 ⑧—加速踏板模块（FPM） ⑨—后配电器上的熔丝 A—开关示意图，挂入的行驶档照明 B—换档示意图背景照明滑动触点 C—变速杆锁（换档自锁功能） D—顺序换档开关

变速杆锁有换档自锁功能，它可防止在未踩下制动器时变速杆在行驶档P和N中动作。

该功能通过变速杆上的电磁锁实现。拔出锁止装置有互锁功能，在变速杆和点火开关之间有一根拉索。只有当变速杆在P位置时才能拔出点火钥匙。

在变速杆饰板中有换档示意图，如图2-9所示。挂入的行驶档在换档示意图上通过背景照明显示。背景照明的控制通过变速杆上的滑动触点进行。在自动换档模式下，当变速杆位于D位，将在EGS程序框架内自动换档。在组合仪表上显示档位，组合仪表上的显示信号来自机械电子装置模块。在手动换档模式下，将变速杆从D位转到S位，组合仪表上显示当前档位，通过向前或向后点动变速杆激活手动换档模式向高一档或低一档换档。由于变速杆只能从位置D转到手动换档，因此“手动换档”的信号只允许与“位置D”的信号同时识别。用于切换到高一档或低一档的+或-信号只允许在手动换档模式下识别。出现故障时将记录在故障码存储器里并且S程序和手动换档模式退出工作。

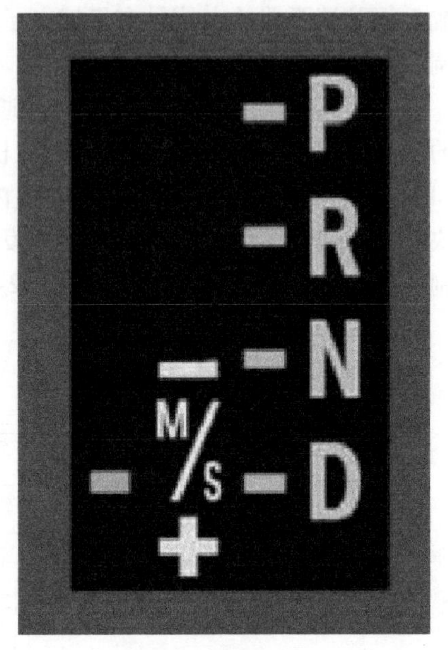

图2-9　换档示意图

通过上述的原理分析，可以推断出故障点很有可能在电子装置模块上，且不说车辆行驶中自动变速器报警的故障现象，单从车辆停下后挂入P档，再次挂档却无法从P档中移出；熄火后钥匙无法从钥匙孔中拔出，并且车辆无法再次起动的故障现象就和机械电子装置模块有很大的关联。由图2-8所示系统电路图可以看出，变速杆上的锁档电磁阀由机械电子装置模块控制，档位无法从P档位置处移出是机械电子装置模块对变速杆上的锁档电磁阀控制出了问题。熄火后钥匙无法从钥匙孔中拔出，也可能是变速器的档位没有在真正的P档位上。第一次的经验判断则错误地认为变速杆就是换档开关，变速杆上虽然有一个换档开关，但是这个开关只是顺序换档（手动模式）的换档触点开关，即变速杆位置开关（S227），故障存储中的5088——EGS变速器换档开关传感器则在机械电子装置模块中。

接下来还是先通过ISID诊断仪进行检测，读取到的故障内容和原来一模一样。选择故障内容执行检测计划，ISTA系统分析如下：存储的故障为5088，可能的故障原因是导线损坏或选择开关损坏。

测试步骤中将检测L导线的电压，在P档和D档之间来回移动变速杆，并同时观察状态变化。

◆导线L1：High（高）

◆导线L2：High（高）

◆导线L3：Low（低）

◆导线L4：High（高）

根据检测计划的要求，在P档和D档之间来回移动变速杆，观察L导线的状态电压，发现有时可以快速地跟着变化，有时则无变化。如果L导线的电压状态能够随着变化则分析确定检测过的组件目前没有故障，如果L导线的状态不能够随着变化，则需要检测变速杆位置开关（S227）和档位显示照明（E82）间的导线。如果部件没有确定故障，导线和插头连接正常，则是电子装置模块故障。

**故障排除** 检测计划也建议检查机械电子装置模块，和原理的推断结果一致，更换机械电子装置模块，删除故障存储，然后对车辆进行设码，多次路试，故障现象没有再次出现，故障排除。

**技巧点拨：**维修过程思路清晰，方法得当，尽管有些小的曲折，最终还是较为顺利地排除了故障。

## 五、宝马 530Li 在 3 档降 2 档时冲击严重

**故障现象** 一辆 2007 款宝马 530Li 轿车，搭载 3.0L 自然吸气发动机和采埃孚生产的 6 速 6HP19 变速器。驾驶人反映该车变速器大修后，仅使用了 3 个月后出现 3 档降 2 档冲击现象，更换全新机电控制单元后，冲击现象依然存在。

3 个月前是因为自动变速器时常锁档故障而进行了大修，当时具体的故障现象是 3 – 4 档变速器打滑随即锁档且加速无力，同时控制单元记录关于“3 – 4 档传动比错误”以及“E 离合器打滑监控过大”的故障码。初次拆解发现问题所在：E 离合器（4、5、6 档离合器）供油油路中的定子轴轴套出现严重磨损，导致来自液压模块的 4 档供油出现泄漏，最终导致 E 离合器因供油压力不足，造成打滑并被控制单元所监控和记录。由于打滑量超出控制模块允许范围值，从而出现了锁档。更换定子轴铜套，同时更换了机电控制单元总成。

**故障诊断** 该车大修后变速器运转一切良好，可是仅仅使用了 3 个月该车再次返厂，驾驶人描述变速器换档时闯档。试车确认是 3 – 2 档冲击，在确定外围没问题的情况下，将原车机电控制单元换上（因为考虑内部机械方面不可能出现故障）。可是故障现象没有任何改变，最后没有办法只能将变速器再次解体。解体变速器发现 C 组制动器（2/6 档制动器）的活塞卡簧崩出来了（图 2-10），在检查卡簧槽时并没有发现磨损，重新组装并进行元件的加压试验后装车。装车路试过程中故障现象似乎没有大的改变，再次将曾使用 3 个月的全新机电控制单元总成换上，但结果还是一样。

既然更换两块控制单元现象都是一样的，难道是 C 组制动器本身的问题？带着这种疑问再次将变速器从车上抬下来进行解体。解体变速器后发现 C 组制动器的活塞卡簧又出来了。那么又是什么原因能够导致这个卡簧频繁出来呢？仔细检查发现双面鼓（D/C 鼓）的 C 组制动器活塞卡簧内侧与 B 组离合器（3/5/R 档离合器）定位支撑接触处的铝套已经严重磨损（图 2-11）。这样 3/5/R 档离合器在这个支撑座上就会形成过大的摆动偏差，特别是离合器在旋转过程中，由于 C 组制动器瞬间将其制动，力与力的作用就很容易导致卡簧出来。

**故障排除** 更换 D/C 鼓（D 组制动器和 C 组制动器为一个整体）后故障彻底排除。

**技巧点拨：**该机械故障给我们留下很多的思考，目前一些高端车型自动变速器的机械部件故障确实很多，但一些维修人员在维修中检查不到。大家忽略了机械部件的作用和原理，其实机械部件磨损，我们能够看到，关键是缺少对磨损原因的分析。自动变速器故障检修注重的就是细节。

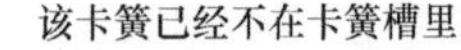


图 2-10　C 组制动器（2/6 档制动器）的卡簧位置

图 2-11　严重磨损的 C 组制动器上的铝套

## 六、宝马 530 挂 P 档时变速杆振动

**故障现象**　一辆宝马 530，车型为 E39，配置 M54 发动机，行驶里程 10 万 km。驾驶人反映挂 P 档时，手放在变速杆上会感觉振动，并且打死方向时转向盘会振动。

**故障诊断**　接车后起动发动机验证故障现象，确实如驾驶人所述，同时发现仪表上安全气囊指示灯也一直在闪烁，更为奇怪的是闪烁频率跟变速杆振动的频率是一样的。根据故障现象初步判断可能是同一个原因引起的。首先接上 ISID 诊断仪读取故障码，如图 2-12 所示。

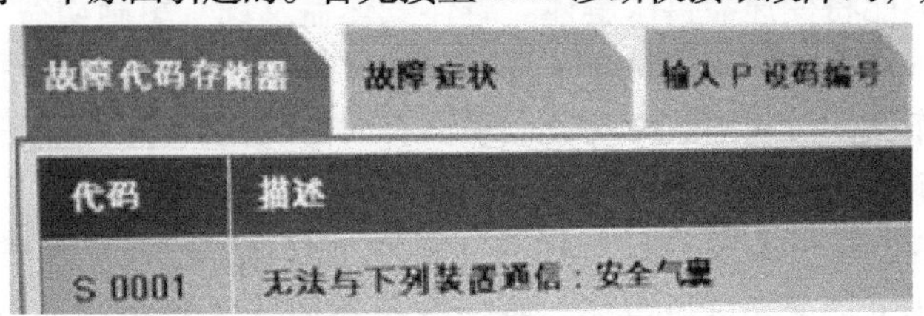


图 2-12　故障码

看到此故障码，心里疑惑，为什么只有气囊系统一个故障码呢？为什么安全气囊指示灯闪烁的频率跟变速杆振动的频率一样呢？它们之间有什么联系？首先查看 WIS，对杂物箱里面的 F42 安全气囊熔丝电源进行检查，未发现异常，检查锁在气囊控制模块旁边的接地线也没问题，那会是哪里的问题呢？

接下来开始检查振动的变速杆，如图 2-13 所示。图中所指示的是宝马换档机构中的换档自锁机构，其功能主要是防止发动机起动且在未踩下制动器时变速杆离开 P 档位置，通过变速杆上的电磁锁实现。只有对点火开关信号和制动踏板信号进行分析，条件满足才允许脱开 P 档位置或 N 档位置。

当发动机运转且车辆静止不动时没有识别到制动信号，则变速杆被锁止。为在需要时（例如在冬天）可以进行自由摆动，换档时要有 0.5s 的延迟。制动信号灯开关是接 12V 电源的常闭开关，制动信号灯测试开关是接地的常闭开关。变速杆被变速杆开关上的提升磁铁锁止。

从电路图中可以看出，换档自锁功能是由变速器控制模块提供信号的。会不会是变速器控制模块出问题了呢？由于变速器其他功能都正常，无法准确地检查变速器控制模块内部故障。为了准确地验证问题，维修人员置换了一个 E39 事故车变速器控制模块，试车，故障依旧。

问题检查到这步就显得比较被动，同时也比较茫然。为什么故障码只有一个安全气囊无法通信，为什么没有有关变速器或其他模块的故障码了？是不是还是安全气囊控制模块出问题了？这么多问题出现会不会是供电出现问题呢？想到这么多为什么，理理思路，又回头对安全气囊进行检查。重新对安全气囊控制模块主电源进行测量，其电压只有 9.99V，如图 2-14 所示。

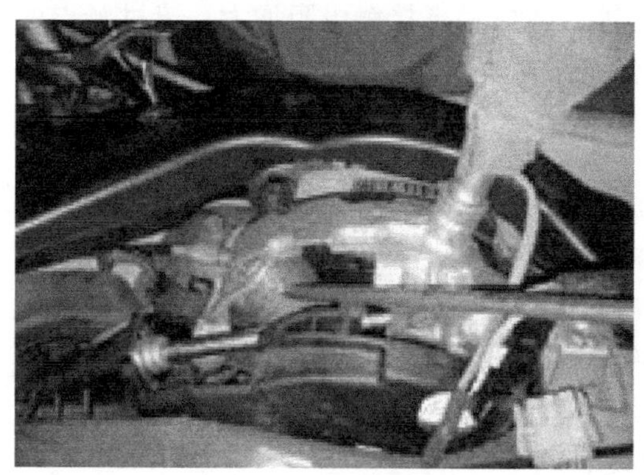

图 2-13　变速杆位置

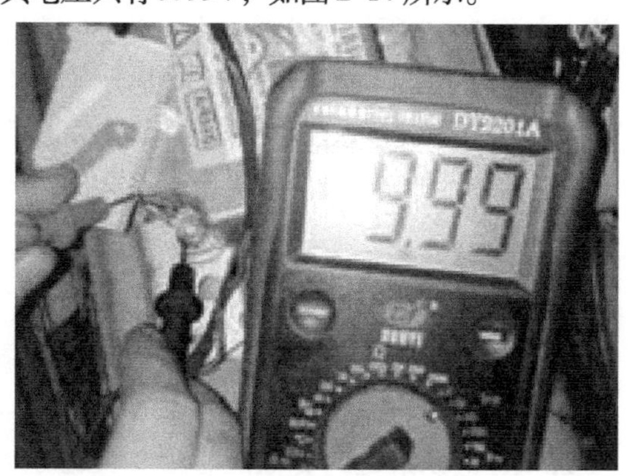


图 2-14　电压测量

测量到这里，感觉这个电压不正常，又对原车蓄电池进行测量，其电压达 12V 多。这就更充分地证明这个电压不正常，但是哪里出现压降了呢？首先对气囊熔丝进行测量，发现电压也是 9V 多，偶尔会到 11V 以上。再对其他熔丝进行测量，发现其他熔丝电压达 12V 多，只有 F37 到 F45 之间的熔丝电压比较低。查看 WIS，发现这几个熔丝多是由点火开关控制的，如图 2-15 所示。

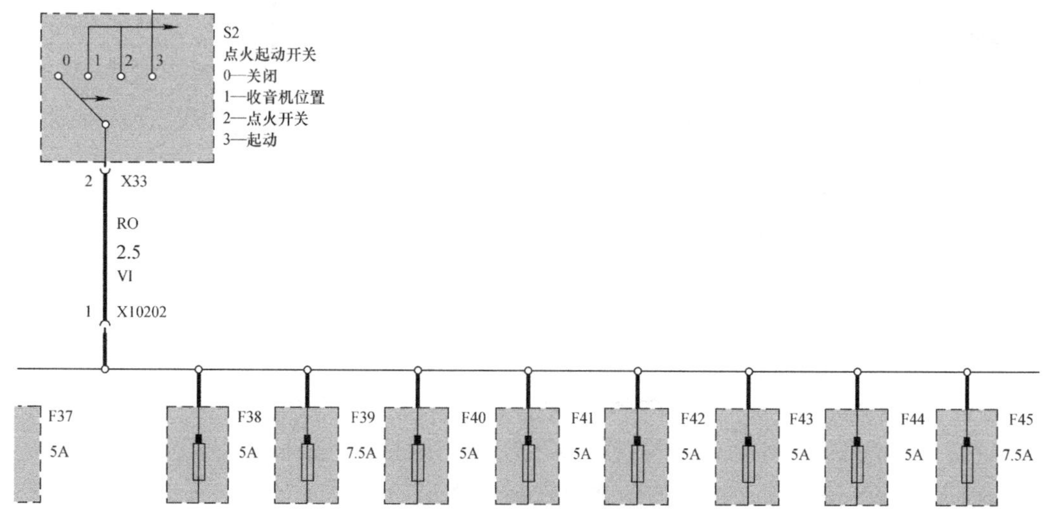


图 2-15　点火开关控制电源电路

于是拆掉转向柱的上、下部饰板开始检查点火开关输出导线的电源，当点火开关在第1档时输出导线的电源电压将近10V，看来问题出在点火开关上。为了验证故障，直接安装了一个新的点火开关，输出导线电压达12V多，正常。试车，发现挂P档时手放在变速杆上不会感觉到振动了，仪表里气囊灯也熄灭了，方向打死也不会抖动了。为了搞清楚点火开关内部是什么问题引起的故障，于是分解了点火开关，如图2-16所示。发现点火开关中有一触点烧蚀，造成触点接触电阻增大，流过触点的电流变小，使得换档互锁电磁阀得不到足够的工作电压，表现出振动的不正常现象。

图2-16 点火开关内部

**故障排除** 更换点火开关后故障彻底排除。

> **技巧点拨：** 在本案例中同时出现的几个故障现象，同属于电源系统故障引起，在检测时只注重了有没有电源，而忽视了电压的高低。在遇到类似多系统同时出现故障的情况下，一般会有两种情况：一种是公用电源故障，另一种是总线系统故障。以后遇到类似问题应多从这两方面出发。

## 七、宝马530i有时无法起动

**故障现象** 一辆2003款宝马530i，车型为E60，行驶里程10万km。驾驶人反映车辆有时无法起动，晃动几下变速杆有时就可以起动，维修人员陪同驾驶人试车证实了故障现象。

**故障诊断** 故障发生有一定的偶然性，故障发生的时候起动机没有反应，测得蓄电池的电压正常，初步判断为起动机或者其控制的线路发生了故障。于是在发动机完全无法起动时检查车辆的起动系统，其控制电路如图2-17所示。起动时检查起动机X6510无信号(S_50)，测量车载电压为14.5V，正常；测量起动机X6510信号线起动时的电压为0V，根据电路图依次查找S_50的信号。

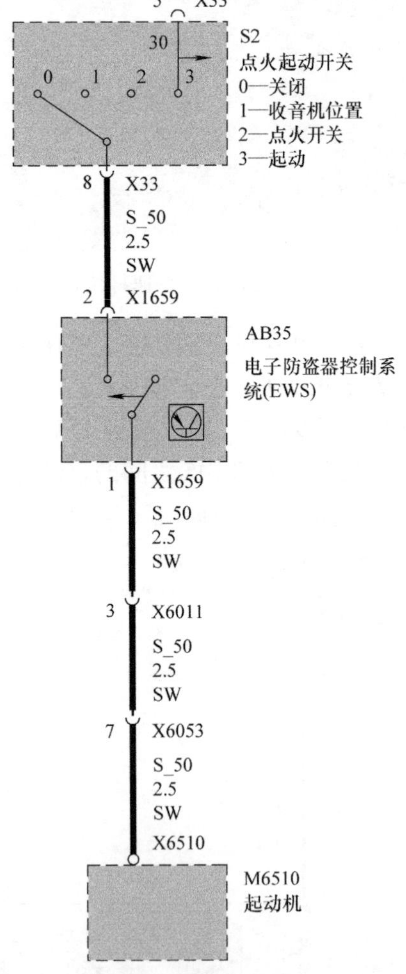


图2-17 起动机控制电路

首先从点火开关处测量，起动时X33的8脚有电压信号12V，证明点火开关正常，再往下就是EWS的X1659的2脚也有电压信号12V。但是测量X1659的1脚却没有电压。EWS用于宝马汽车的防盗熔丝和允许起动。钥匙将数据传送给EWS控制模块，如果数据正确，EWS通过在控制模块内部的一个继电器允许起动机工作，此外通过 DME 的一根数据导线发出一个设码的允许起动信号，EWS 控制模块与插在点火开关内的钥匙进行通信，如果通信过程正常，且钥匙将所有识别和允许起动所需的数据发送给了控制模块，那么控制模块就能识别钥匙是否有效且能使用。如果有效且能使用，则控制模块内的起动机继电器可以工作，并通过 DME 的一根数据导线发出一个设码允许的起动信号。对于带有自动变速器的汽车，只有当变速杆在 P、N 位置时才能通过 EWS 允许起动车辆，EWS 控制模块接收到两次关于变速杆位置信号：通过导线；通过 K 总线。

接下来通过 ISID 诊断仪进行测试，读取故障内容为 AGS 空档安全开关（P0705）、IKEEGS 信号线受到干扰。执行检测计划，操作变速器换档开关，依次挂入 P/R/N/D 档，变速杆位置在 P/N 档有时不能正确起动的故障显示出来，检查变速杆拉索调整正常。根据检测计划提供的电路（图 2-18），检查变速器 X70004 的 31 号导线的供电正常，为 12.8V，检查 X70004 至 X8532 所有导线，均正常。继续执行检测计划，检查变速器换档开关的导线信号 S－GL1/GL3/GL4，当变速杆在 P 档时 L1、L2 应该是车载电压 12V，L3、L4 应该是 0V，但是在 P 档测量的实际值是 L2 为 0V，N 档也是 0V，R/D 档显示正常。脱开变速器上的 X8532 所有导线都能显示为断开状态。连接适配器，在 S－GL1、S－GL2、S－GL3、S－GL4 所有导线都供上蓄电池电压，每个开关的信号线都能识别到蓄电池电压，因此最后判断为变速器换档开关内部故障。

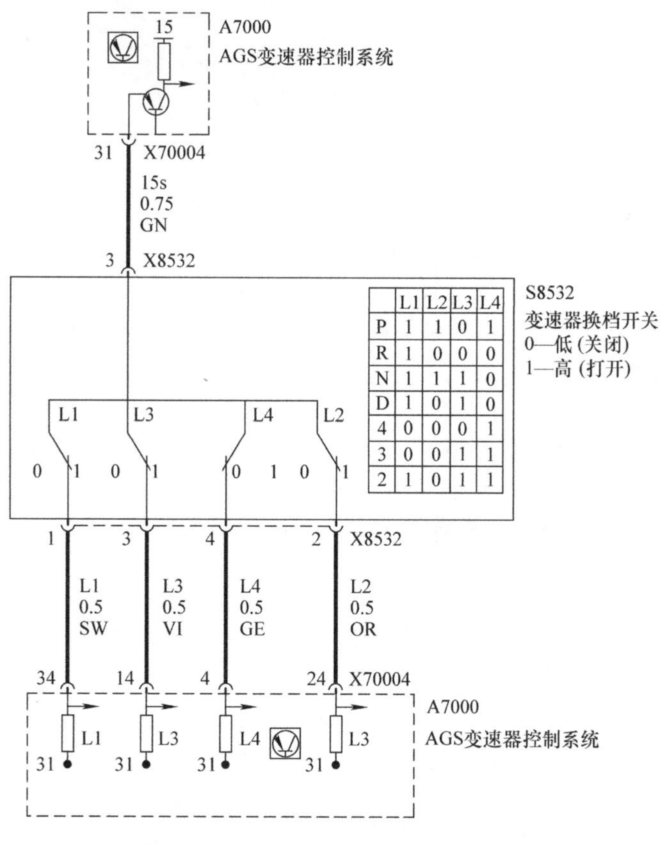


| | L1 | L2 | L3 | L4 |
|---|---|---|---|---|
| P | 1 | 1 | 0 | 1 |
| R | 1 | 0 | 0 | 0 |
| N | 1 | 1 | 1 | 0 |
| D | 1 | 0 | 1 | 0 |
| 4 | 0 | 0 | 0 | 1 |
| 3 | 0 | 0 | 1 | 1 |
| 2 | 1 | 0 | 1 | 1 |

图 2-18　AGS 变速器控制系统电路

**故障排除**　更换变速器换档开关后故障彻底排除。

**技巧点拨：** 变速器换档开关不能正确地输出信号，致使档位不能正确地显示出来，EWS无法接收到P/N档的信号，就不允许起动机起动车辆。

## 八、宝马320i行驶中突然加速无力后无法行驶

**故障现象** 一辆2011年宝马320i，车型为E90，行驶里程2万km。驾驶人反映车辆行驶中突然加速无力，然后完全无法行驶。车辆的左前部冒烟，底部泄漏很多油液。

**故障诊断** 车辆拖回维修店后进行基础检修，举升车辆后发现发动机左前端散热器下部有一根油管在快速接头位置已经熔化断开，检查发现这个油管是自动变速器散热器的回油管，如图2-19所示，自动变速器油就是从这个位置泄漏掉的，最终导致车辆无法行驶。

图2-19 回油管断开

接下来连接ISID诊断仪进行检测，读取自动变速器控制系统故障码：004EFB——EGS变速器温度过高。选择故障内容执行检测计划，系统显示4EFB变速器温度过高，当前没有故障，故障频率为1次。建议检查变速器控制系统故障码存储器是否记录了其他故障。检测结果显示自动变速器控制系统没有存储其他故障。分析可能故障原因如下：

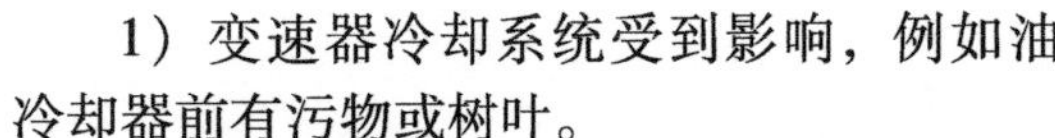

1）变速器冷却系统受到影响，例如油冷却器前有污物或树叶。

2）高负荷运行，例如大负荷长时间上坡行驶。

3）极端和长时间追求速度的驾车方式。

当自动变速器内部的温度达到一限值时，车辆会报警并进入应急模式，限制车辆的加速性能和速度。从分析来看，变速器回油管路的快速接头部分本身可能存在质量问题，否则即使高温也不会导致回油管路直接熔化断开。从变速器的油底壳底部放掉剩下的油液，发现油液已经变质。

**故障排除** 更换自动变速器散热器和进、回油管路，变速器油，变速器油底壳（变速器油液已经被高温变质，变速器油滤清器已经污染，变速器油底壳和变速器滤清器制成一体），然后进行各种工况的路试，没有出现变速器高温报警的故障现象，车辆行驶一直比较正常，故障排除。

**技巧点拨：** 这款车除了发动机的散热器之外，自动变速器也有一个独立的散热器，在该散热器低温区域内的冷却液与主散热器之间不直接连接，而是在散热器中安装调节套管，以在散热器内隔出一个用于变速器油冷却的低温区域。自动变速器车辆的调节套管较长，手动变速器车辆的调节套管较短。变速器散热器由一个油水换热器和一个小型节温器单元构成。在节温器内装有一个蜡制元件，变速器油围绕该元件流动。变速器油温度达到92℃时，节温器就会打开。因此，变速器油的温度控制着节温器的开启时间以及冷却液流过换热器的情况，这样即可达到很好的调节特性。

## 九、宝马 320Li 挂 D 档自动跳入 P 档

**故障现象**　一辆宝马 320Li，车型为 F35，配置 N20 发动机，行驶里程 49935km，VIN 为 LBV3M2100FM××××××。驾驶人反映车辆挂 D 档行驶，只要车辆往前行驶几米档位就自动挂入 P 档。

**故障诊断**　车辆经拖车进店，试车，挂 D 档行驶后马上自动跳入 P 档，第一反应感觉就是驾驶人侧车门没关好导致跳档，电子档位杆车型以驾驶人侧车门触点信号来识别车门是否关闭。如果没关闭会把档位自动切换到 P 档（如果车速大于 15km/h 会自动跳入 N 档），来保证车辆和人员的安全，但是仪表状态显示是关闭的。

在测试故障时发现前照灯有时开时关的动作，而且右前 FEM 模块内部继电器有一会吸合一会断开的声音，仪表伴随继电器吸合断开报警限速功能失效，用 ISTA 诊断仪检测有故障码，如图 2-20 所示。

| | | | |
|---|---|---|---|
| CAAC0D | CAS / FEM 接口(中控锁和风门状态，0x2FC)：信号无效 | 49924 | 否 |
| 8040BD | 总线端 KI. 30F 复位或关闭 | 49924 | 未知 |
| 1B5202 | 电源，总线端 KI. 15N_1：对地短路 | 49924 | 否 |
| 1B5402 | 电源，总线端 KI. 15N_3：对地短路 | 49924 | 否 |
| 1B5302 | 电源，总线端 KI. 15N_2：对地短路 | 49924 | 否 |
| 030410 | 多功能方向盘 (MFL)：LIN 副控制单元缺失 | 49281 | 否 |

图 2-20　故障码

执行多个检测计划，发现故障码与跳档故障好像没有直接的联系，都是一些发动机方面的检测计划，而且在故障时是一直存在的，首先需要隔离故障。

系上驾驶人安全带后发现行驶档位不跳档了，测试车辆能正常行驶，为什么会这样？找一辆正常车试验，只要系上驾驶人的安全带，不管左前门关或者没关，档位都不会跳入 P 档。宝马车辆控制的逻辑思路首先是以左前车门触点信号为准，但是只要驾驶人系上安全带，此时就以安全带系上为准了。总之，确保驾驶人在车上就不会自动跳入 P 档。

此时限速和前照灯闪烁的问题还是存在，FEM 模块内部继电器还是有吸合和断开的声音，0x8040BD 总线端 KL. 30F 复位或关闭。此故障码引起了维修人员的重点关注，查询相关电路图，发现 SZL 和前照灯开关都是由 30F 供电，测量了 SZL 和前照灯开关的供电电压，在继电器断开的瞬间是没有电压的，如图 2-21 所示。

那么问题来了，首先抛开安全带系或未系，左前门触点信号到底是不是正常呢？进入 FEM 模块，开关车门读取车门触点信号，能正常显示，在跳档的一瞬间车门触点信号显示一直是关闭的。因此判断应该是 FEM 模块内部问题导致瞬间的信息缺失从而无法采集到左前门触点信号，而数据流是无法正常体现车门触点信号的，导致跳入 P 档。

**故障排除**　更换 FEM 模块并编程后故障排除。

**技巧点拨：** 排除故障时首先要对整个系统比较了解，如果一直按照诊断仪的诊断检测计划可能就会跑偏。逻辑思路要清晰，对于故障的确认一定要仔细，没有观察到的故障现象可能对解决问题很重要，另外隔离故障对准确解决故障能提供一个更有力的支持。

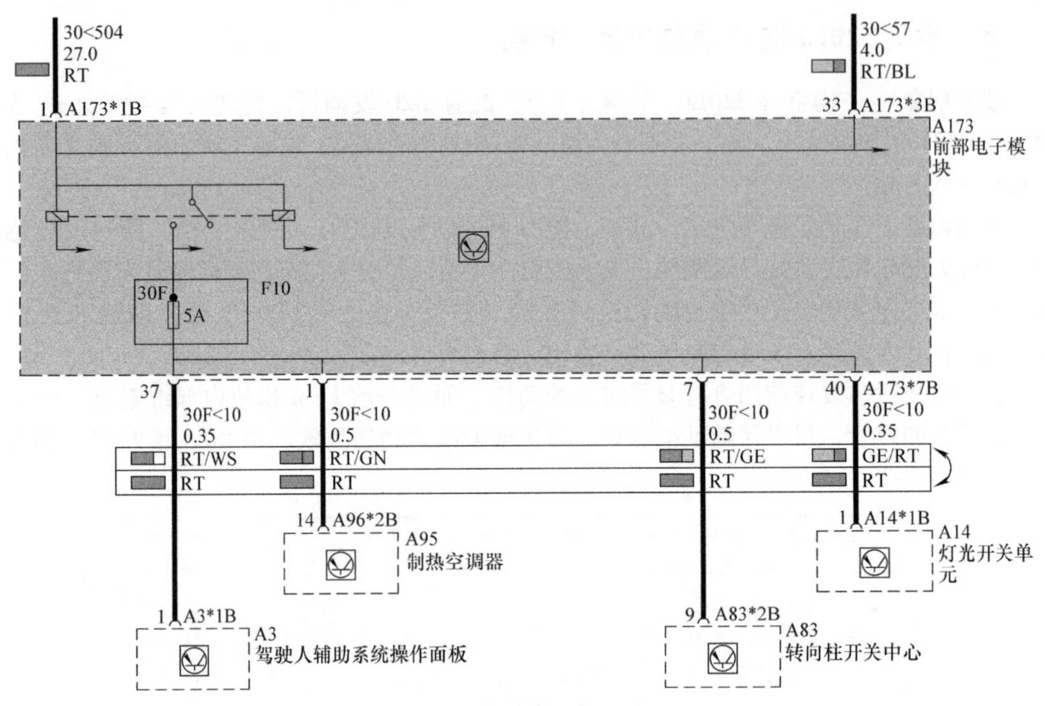


图 2-21　FEM 控制电路

# 第二节　宝马其他系列

## 一、宝马 X3 多个系统故障灯点亮报警，无法挂档行驶

**故障现象**　一辆 2016 年宝马 X3，车型为 F25，行驶里程 5 万 km。驾驶人反映车辆停放后再次起动时，车辆多个系统故障灯点亮报警，并且无法挂档行驶。

**故障诊断**　接车后发现车辆的故障现象当前存在，仪表中变速器故障警告灯、DSC 故障警告灯、RPA 故障警告灯、EMF 故障警告灯、PDC 故障警告灯点亮报警，中央信息显示屏提示“变速器控制系统失效、动态稳定控制系统失效”，车辆可以正常起动着车，却无法挂入档位，仪表中没有档位显示，变速杆 GWS 背景灯可以点亮。验证车辆，虽然显示驻车制动系统（EMF）、自动距离报警系统（PDC）失效，但实际测试功能使用正常。连接 ISID 诊断仪，存储有 EGS 不能通信和 EGS 总线故障（PT_CAN 和 PT_CAN2）及多个信息缺失等故障码，且 EGS/PT_CAN 通信故障的状态为当前和已存储。

根据诊断的故障码和现象初步判断为：①变速器阀体故障；②PT_CAN 线路故障；③变速器供电、接地问题；④GWS/ZGM 等相关模块通信故障。执行检测计划，调出变速器控制单元 EGS 的控制电路图，如图 2-22 所示，目测检查 EGS 插头没有松脱的现象。

首先进行基础检查，测量自动变速器控制系统供电 Y21＊1B 的针脚 13 电压为 12.45V，正常；测量自动变速器控制系统唤醒 Y21＊1B 的针脚 9 电压为 12.05V，正常；测量自动变速器控制系统接地 Y21＊1B 的针脚 14 对地导通良好。接下来测量总线的信号电压，具体如

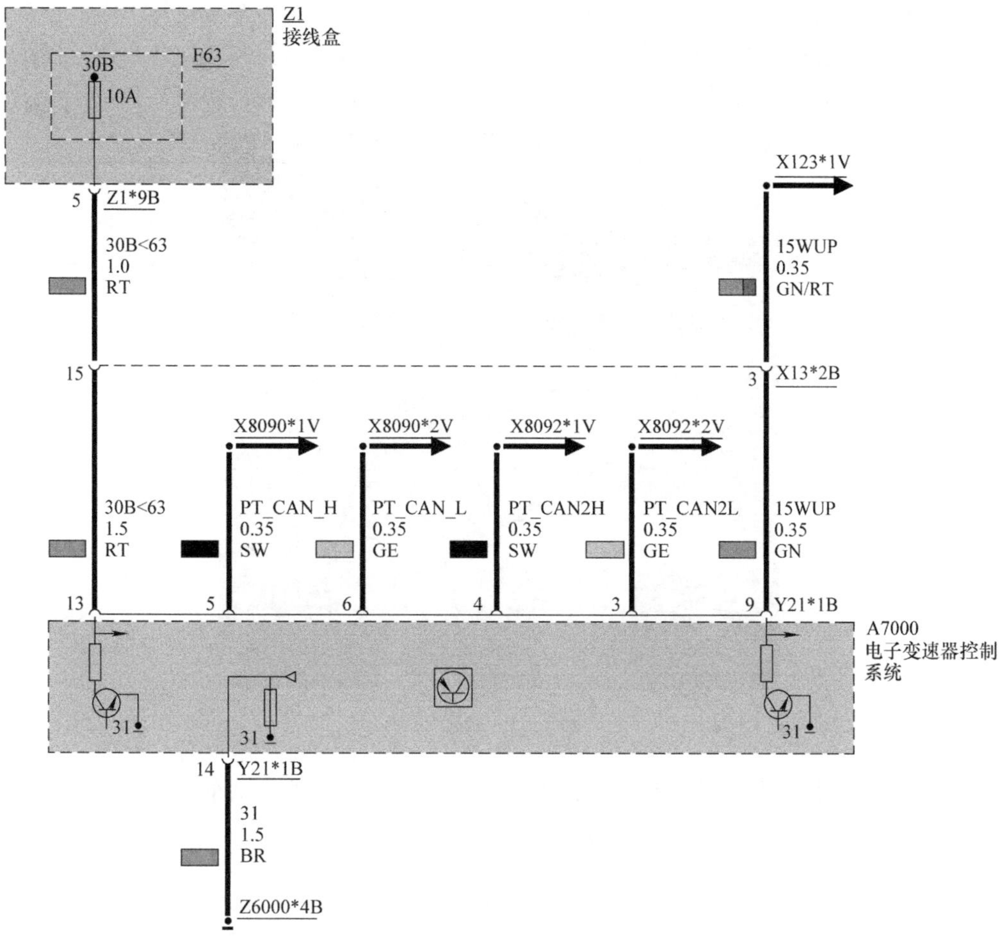

图 2-22 电子变速器控制系统电路

下：①PT_CAN_H 信号电压为 2. 60V；②PT_CAN_L 信号电压为 2. 40V；③PT_CAN2H 信号电压为 2. 64V；④PT_CAN2L 信号电压为 2. 39V。

然后进行波形测量，总线的信号电压都在正常范围之内。进一步检查 PT_CAN 总线线束，线束表面未见破损的现象，检查车身及变速器区域的接地线束良好。故障分析排查至此，自动变速器的供电、接地、总线均显示正常，最后可能存在故障点的就是自动变速器的控制单元 EGS 了。

更换完控制单元 EGS，试车后故障还是出现。寻求厂家的技术支持，回复检查自动变速器的供电。继续检查供电，自动变速器控制单元的供电是由前部接线盒控制单元提供的。由于特殊的工作条件（在这些条件下使用不同的系统功能），在车内安装了多个配电器，从而确保在所有工作范围内都能有足够的供电。熔丝位于前部配电器中。除了熔丝之外，还有一些继电器插在或钎焊在电路板上。如果有一个钎焊的继电器损坏，则必须更换整个前部配电器。根据车型系列和车辆装备，前部配电器的电路板上装配有不同的继电器。另外，熔丝布置也取决于车型系列和车辆装备。在前部配电器中实现了接线盒电子装置（JBE）的内部插头连接。在组装的状态下，配电器和接线盒电子装置组成一个单元，称为接线盒。

直接测量自动变速器控制系统的供电熔丝 F63 的供电，电压为车载电压 12V，正常。但是在检查自动变速器控制系统的 F63 熔丝时，却发现 F63 熔丝插孔和其他几个熔丝插孔上另外连接有其他外部导线，很显然不是原车设计的，属于非原厂加装，如图 2-23 所示。

图 2-23　接线盒

**故障排除**　直接断开加装的导线，还原安装并拆卸相关部件，试车测试，故障现象竟然没有再现。彻底拆除加装的导线，故障排除。

**技巧点拨：**分析可能是加装的部件在工作过程中对自动变速器控制系统造成了干扰，引起了车辆相关系统的报警，造成变速器系统不能挂档行驶。

## 二、宝马 MINI 不升档，手动换档功能失效

**故障现象**　一辆 2005 款宝马 MINI 轿车，配备 1.6L 四缸发动机和 6 速手自一体无级变速器。驾驶人反映车辆行驶过程中，不小心碰坏了变速器油底壳，变速器油漏完了。驾驶人及时发现后拖到修理厂，更换了油底壳。试车发现该车出现不能换档问题，手动换档功能也失效。

**故障诊断**　当车速达到 60km/h 的时候，转速表显示转速已达 4500r/min 左右，同时变速器警告灯闪烁。使用诊断仪进入变速器系统，发现无任何故障码储存。

宝马 MINI 车无级变速器主要靠主、从动轮和金属带来实现速比的无级变化。换档控制主要取决于节气门位置传感器和车速传感器的信息。通过读取数据流得知，节气门位置信息、车速传感器信息皆正常。

试车，怀疑是由于液压控制单元损坏而使离合器压力供应不足或者是链条将液压缸磨损所引起的故障。于是将液压控制单元、阀体拆下，查看链条和主轴，发现都没有磨损现象，同时油底壳里也没有金属屑。对阀体进行气压测漏试验，未发现漏气现象。

液压控制单元的主要作用有三点：控制换档，控制钢带张紧的力度，同时还控制离合器

的接合。最后更换了液压控制单元，但故障依旧。考虑到此变速器只是漏油，而电器元件良好，并且漏油之后没有继续行驶，所以变速器控制单元（TCU）不可能损坏。于是通过查阅相关资料和咨询宝马4S店的维修人员得知，在蓄电池断开、更换变速器油、更换总成、更换变速器控制单元（TCU）等部件后都需要进行自学习，自学习之后变速器才能正常执行换档功能，学习步骤如下：

1）清除调适值（图2-24），在档位显示前面会多出一个字母“X”（图2-25）。

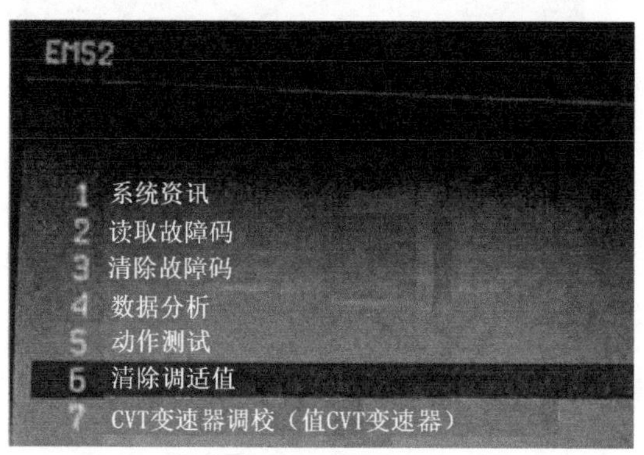


图2-24　清除调适值

图2-25　档位显示前面多了一个字母“X”

2）进入CVT调适（图2-26），然后起动车辆进入离合器调校（图2-27），踩住制动踏板，挂到N档10s，再换到D档10s，之后挂回D档10s，然后挂入R档10s，最后挂入P档。此时P档前面出现字母“X”。

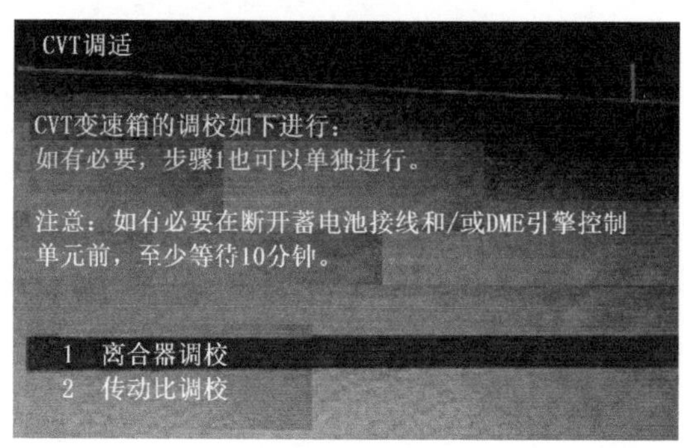


图2-26　进入CVT调适

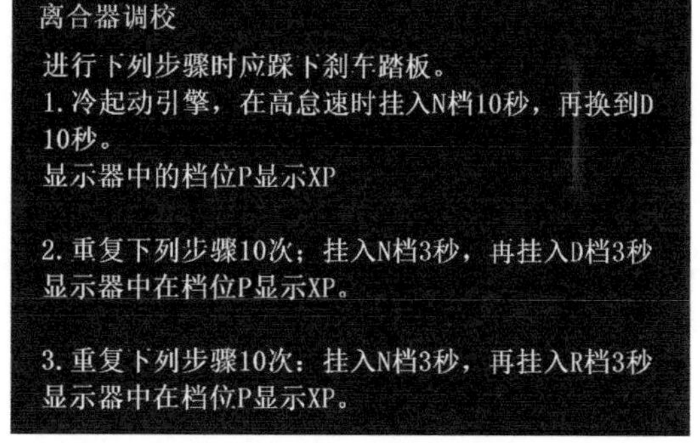


图2-27　进入离合器调校

3）挂N档3s，再挂D档3s，重复10次。

4）挂N档3s，再挂R档3s，重复10次。

5）进入传动比调校（图2-28），让车速达到80km/h，松开加速踏板，让车滑行（不能踩制动踏板），直到车子停下，然后重复第2）步，直到档位前面的“X”消失（图2-29），匹配完成。

**故障排除**　做完以上设定后，重新起动车辆试车，发现车辆恢复正常。注意在油温过高或者过低的情况下都不能完成匹配。未完成匹配的时候，警告灯一直闪烁，完成匹配之后警告灯熄灭。

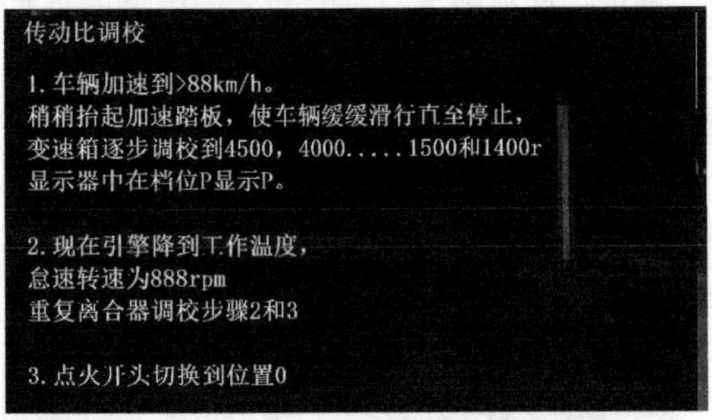

传动比调校

1. 车辆加速到>88km/h。
稍稍抬起加速踏板，使车辆缓缓滑行直至停止，
变速箱逐步调校到4500，4000.....1500和1400r
显示器中在档位P显示P。

2. 现在引擎降到工作温度，
怠速转速为888rpm
重复离合器调校步骤2和3

3. 点火开头切换到位置0

图 2-28　进入传动比调校

图 2-29　档位前面的“X”消失，匹配完成

**技巧点拨**：本案例在日常的维修中属于常见故障，它提醒广大的维修人员在诊断之前需要先了解故障相关系统的工作原理及该系统的具体运行流程、标准规范等。这样可以避免原本没有故障的车辆当成故障车辆修理，小病大医，浪费了时间，甚至会对相关系统造成二次损伤。

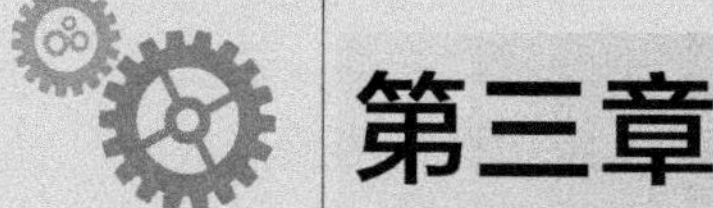

# 第三章

# 大 众 车 系

## 第一节 奥 迪 轿 车

### 一、奥迪 A7 行驶中自动变速器故障灯报警伴随异响和振动

**故障现象** 一辆奥迪 A7 车，发动机型号为 CGW，行驶里程 6.9 万 km。驾驶人反映行驶中自动变速器故障灯点亮，并伴随有金属的尖锐异响且全车剧烈振动。

**故障诊断** 此车为事故车，更换了自动变速器中壳、中央差速器、传动轴及后桥等部件。事故维修后上路试车，仅行驶 3km，仪表盘上的自动变速器故障灯便开始报警，同时伴随有金属的尖锐异响，将车速提到 30km/h 时，全车剧烈振动，但车速超过 30km/h 后车辆恢复正常。

连接故障诊断仪，读取自动变速器控制单元的故障存储，存储的故障是“与 ABS 控制单元相关的车速信号不可靠（静态）”，试着清除故障码后试车，故障依旧。按照故障诊断仪引导性故障查询，指示要求行驶中读取自动变速器输入转速与发动机输出转速之间的偏差，由于该车异响比较严重，无法上路行驶，故决定首先排除异响故障。举升车辆空跑，发现自动变速器尾壳处异响明显，拆检发现轴承已经损坏。更换轴承后试车，异响故障排除，但自动变速器故障灯依然点亮，振动依然存在，看来故障与异响无关。

分析故障码含义，自动变速器与 ABS 的车速信号不可靠，即自动变速器控制单元得出的车速与 ABS 得出的车速不一致。首先分析自动变速器和 ABS 是如何获得车速信号的。此车装备湿式 7 速双离合自动变速器，内有 2 个输入转速传感器，分别为自动变速器输入转速传感器 1 和 2，各装于离合器 1 和离合器 2 上，无输出转速传感器。自动变速器控制单元通过输入转速与当前档位便可计算出当前输出转速，前后差速器速比一定，故可以计算出当前车速。而 ABS 控制单元通过 4 个轮速传感器便可得出当前车速。造成 2 个车速不一致的可能原因有自动变速器输入转速传感器故障；档位传感器故障；自动变速器档位速比不对；前后桥速比不对；轮速传感器故障。

由于此车为事故车，自动变速器虽受伤但只是更换了中壳，试车中升降档平顺，档位显示正常，因此自动变速器内部的齿轮机构和换档机构应该不会有问题，排除档位传感器故障和自动变速器档位速比不对的故障可能。读取自动变速器动态数据流，发动机转速与自动变速器输入转速的误差在合理范围内，排除变速器输入转速传感器有故障的可能；在 ABS 控制单元内读取的轮速传感器信号都正常，可以排除轮速传感器有故障的可能；后差速器在事故中撞坏但已更换，安装时配件号已比对无误，排除前后桥速比不对的可能。难道还有别的什么原因？重新整理思路，首先从更换过的部件入手，着重怀疑后差速器。将车辆举升并低速空跑，同时读取 4 个车轮轮速传感器的数据，发现 2 个后轮的速度比 2 个前轮的速度略快，问题可能就在这里。分解后差速器检查，发现其内部齿数确实与原车的不一样，从而导致前、后轮有转速差。

**故障排除**　换上正确的后差速器后试车，自动变速器故障灯不再报警，振动故障也消失，故障彻底排除。

**技巧点拨：**该故障为安装了错误传动比的后差速器引起的一系列故障。首先自动变速器故障灯报警方面，自动变速器输出的转速是正确的，通过中央差速器将动力传递给前后桥，但由于安装了错误的后差速器，理论上讲，后轮要比前轮转得快，但车辆在道路上行驶时 4 个车轮的转速必然是一致的，这样就必须通过中央差速器将后轮多出来的转速匀到前轮上，从而造成 ABS 控制单元计算出的车速比自动变速器控制单元计算出的车速快，故存储“与 ABS 控制单元相关的车速信号不可靠”的故障提示。其次振动方面，正常安装有中央托森差速器的奥迪四驱车，只有在前后桥有速度差的时候才会工作，但此车只要行驶其中央差速器就工作，且传递动力不平顺，从而造成刚提速时全车振动故障。

## 二、奥迪 A6L 正面撞击引起的变速器故障

**故障现象**　一辆 2014 年一汽奥迪 A6L（C7）轿车，该车搭载 2. 8L 发动机，同时匹配第二代新款 DL501 型（0B5）7 速湿式双离合器变速器。

因为是一起事故引起的故障，事故后车辆出现前进档和倒档均不能行驶的故障现象。由于驾驶人过度紧张，因此前后描述的事故过程不一致。一开始他说该车正在向前行驶时车速并不快，对面一辆大货车迎面相撞且推行十多米远才停下来，然后他又说该车本来是在停车状态，对面大货车直接撞击且推行十多米远后才停下来（车辆维修后才把真正的事故经过恢复原状，因为不同的经过会对变速器产生不同的伤害，所以经过变速器故障的维修及驾驶人后来状态的变化，才真正得到这样的事故经过：车辆的行驶速度并不快，正常以前进档行驶过程当中，被对面行驶过来的大货车形成正面撞击且推行十几米距离才停下来。驾驶人在慌乱中不仅踩制动踏板同时还把变速杆挂入了 P 档位置，即便这样也未能阻止车辆被推行数米远）。

**故障诊断**　接车并走完碰撞保险定损流程后开始检查变速器的问题，经诊断仪检测电控系统记录两个故障码（图 3-1），删除故障码后试车时得到的实际故障现象是挂前进档有接

合感觉但车辆不能行驶，加速时也不能动，挂倒档后可以行驶一点距离但要加大节气门才能动，此时两个故障码还会出现，这时所有档都不能行驶了。举升车辆进行变速器外围检查，车辆在撞击过程当中仅仅是前面保险杠、冷却器等部件受到伤害，而变速器一点都没伤着，那为什么前进档有接合感觉却一动都不动呢？变速器控制单元为什么总是报这两个码呢？

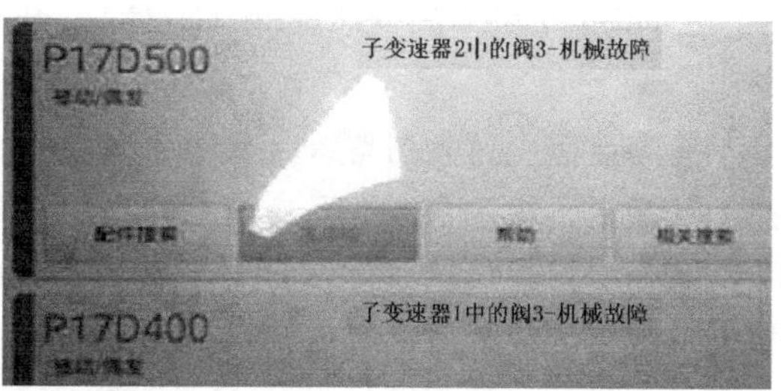

图 3-1　故障码

子变速器 2 是指偶数档部分，而阀 3 则是指 N439 控制离合器 K2；子变速器 1 是指奇数档部分，而阀 3 则是指 N435 控制离合器 K1。这就是两个故障码同时出现时前进档和倒档都不能行驶的原因。删除故障码后倒档表现得也不好，是因为控制单元一旦记录这两个故障码后直接切断离合器的供油，但又是什么原因让控制单元同时记录这两个故障码？针对 0B5 变速器来说，离合器的轻微烧蚀通过观察润滑油颜色，可以说几乎是看不出来的，它不像传统的自动变速器一旦烧片，润滑油的颜色立即发生变化同时气味也非常明显。当把变速器拆下来分解双离合器后发现两组摩擦片均有不同程度上的烧蚀情况（图 3-2 和图 3-3），而且离合器 K2 烧蚀的要稍微严重一些。很显然是因为离合器烧蚀而导致变速器控制单元记录故障码后起动了应急切断功能，切断了两个离合器的供油最终导致车辆不能行驶。

图 3-2　烧蚀的离合器 K1 摩擦片

图 3-3　烧蚀的离合器 K2 摩擦片

既然变速器都拆下来了还是要彻底解体检查一下，因为在试车时还发现变速器内部有异响。继续分解变速器确实又有了新的发现，那就是 P 档驻车机构发生了损坏（图 3-4），再细心检查其他部件时并未发现异常情况，看来车辆不能行驶且报电磁阀机械故障的原因是离合器摩擦片烧蚀了，而异响问题应该就是驻车机构损坏带来的。

图 3-4　驻车机构损坏情况

**故障排除**　更换全新双离合器总成，

同时更换了驻车机构的损坏部件（旧件），装车后经过重新匹配学习，故障彻底排除。

**技巧点拨：**该案例留给我们思考的是什么？是对故障形成的分析，首先车辆在正面撞击过程中，对于双离合器变速器来说，能够对变速器哪些部件带来损伤，其次就是在撞击过程中，车辆在推行过程中如果挂入 P 档，又会对哪些部件带来损伤。由于是正面撞击，车辆选择的又是前进档，因此推行过程中受伤的一定是离合器，推行力矩大于车辆前行力矩时，摩擦片自然因过度摩擦而短时间内就会烧蚀。从该变速器实际情况看，开始撞击时应该是偶数档，然后又降至奇数档，否则不会导致两组离合器都存在烧蚀。同时车辆在被推行过程中，如果变速杆由前进档位置挂入 P 档位置时，由于车辆在移动而非静止状态，因此驻车机构一定受到强有力的驱动，本身来说是通过驻车机构使车辆保持停止状态的，但推行力矩过大从而导致驻车机构部分机械元件损坏。

还有值得我们思考的是对故障码的分析，不要因为撞击引起的故障，就盲目认为是机电单元的故障，当然车辆在发生剧烈碰撞事故时，有可能会导致控制单元电子部件损坏。同时对于故障码的解释及所涉及的范围，大家应该认真对待，特别是针对控制离合器的电磁阀的机械故障，一定不要排除与离合器本身有关。两个故障码所涉及的电磁阀的管控如图 3-5 所示。

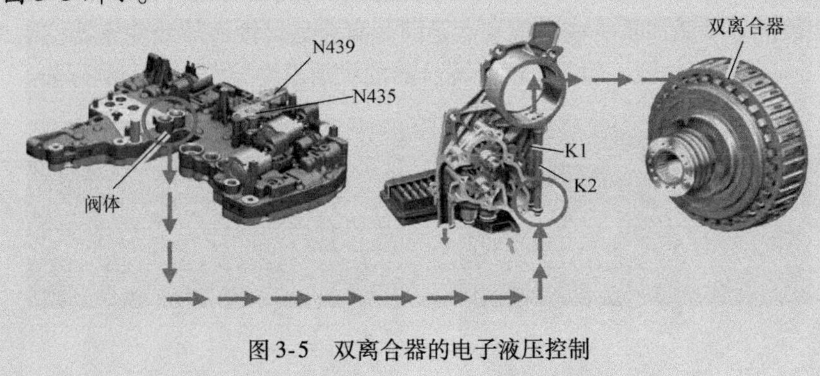


图 3-5　双离合器的电子液压控制

## 三、奥迪 A6L 变速器维修困难

**故障现象**　一辆 2008 年一汽大众奥迪 A6L 轿车，该车搭载 2.4L 发动机和 01T 型链传动无级变速器。驾驶人反映该车为一家综合修理厂接修，后来判断为变速器机械故障，将变速器拆下后送至一家变速器专修厂解体维修。

**故障诊断**　变速器专修厂维修人员将变速器彻底解体后，发现整个链传动部分严重磨损，前进档离合器间隙稍微大一些，同时阀体内的滑阀也有轻微磨损。在这种情况下，只能大修变速器了。

专修厂在大修变速器过程中，更换了主动链轮轴总成、从动链轮缸、从动链轮面板、全新链条、再制造阀体、前进档和倒档摩擦片各一套、修理包以及内外滤清器等。链传动部分除链条外均为旧件。大修组装完毕后，专修厂将变速器交付给综合修理厂。

随后综合修理厂维修人员反馈说，变速器大修前车辆还能行驶，可是现在前进档和倒档均没有动力输出，车辆已经无法行驶。而且，变速器故障灯点亮，检测到 1 个故障码：

P1777——液压压力传感器 2（G194），如图 3-6所示。

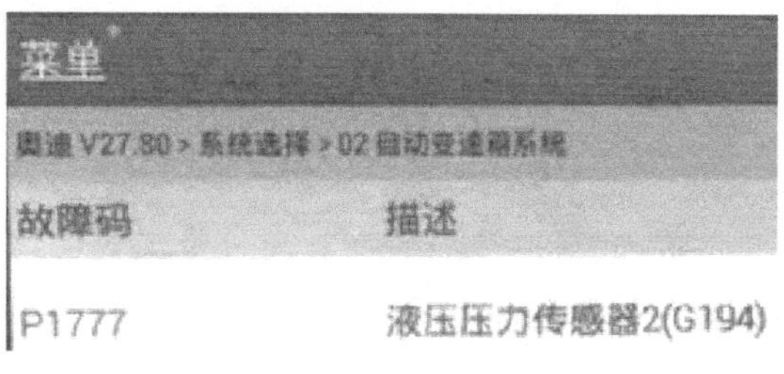


图 3-6　故障码

专修厂维修人员在跟对方确认变速器油加注量没有问题后，怀疑有可能是更换的再制造阀体有问题（注：国内很多再制造部件其实就是简单地进行修理，质量很难把控）。再次给对方快递过去一块阀体，可是对方换完阀体后车辆还是不能行驶。出于驾驶人的抱怨以及问题的复杂性，专修厂的维修人员决定带着相关配件前往现场处理。

到达现场后，专修厂维修人员先对车辆换档拉索、传动半轴以及变速器油量等进行了检查，在确定没有问题情况下，连接故障诊断仪进行电控系统动态检测。因为故障灯一直在亮着，所以首先得到的就是故障码：P1777——液压压力传感器 2（G194），不过故障码可以删除。但换到动力档后，仪表板上的故障灯再次点亮，依然检测到 P1777 故障码，而且只要有这个故障码，车辆就不能行驶。

值得思考的是，前进档和倒档都不能行驶，是主动问题还是被动问题。主动问题是变速器控制单元接收到错误信息后，起动了“安全切断”模式，导致车辆不能行驶；被动问题则是，变速器控制单元发出行驶指令后，执行元件无法完成动力传递。

观察相关数据流时发现，第 18 组数据中链条夹紧力（接触压力）信息偏大（图 3-7），而其他信息基本正常。因为这一压力信息就是压力传感器 G194 计算得来的，一旦压力超出极限值，那么变速器控制单元就会设置 P1777 故障码，同时通过安全阀执行了“安全切断”功能，因此导致车辆不能行驶。

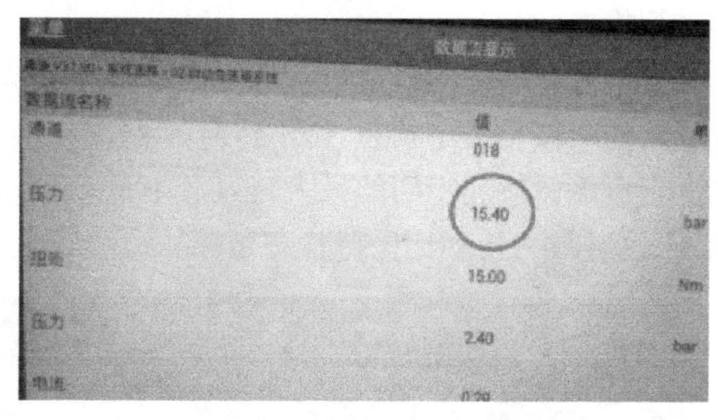


图 3-7　链条接触压力信息

为什么链条接触压力那么高呢？是真实压力高还是压力传感器 G194 计算错误呢？要知道，变速器在没有大修之前是没有这个问题的，很显然这个问题是修出来的。所以，G194 的故障可能性不大，而 G194 集成在变速器控制单元上，所以变速器控制单元不应该有问题。大家还是认为阀体或液压方面存在问题，因为阀体输入链轮缸的主油压就是接触压力，这个压力过高就会被 G194 监测到，因此决定再换一块阀体试试。

可是更换完另一块阀体后，夹紧力（接触压力）变得更大了（图 3-8）。既然更换多块阀体问题都差不多，而且又是同一个故障码，因此阀体的问题基本可以被排除。那么为何变速器控制单元读到的接触压力会那么大呢？如果阀体提供的压力是正常的，难道真的是变速器控制单元（G194 传感器）坏了？因为一直考虑变速器里面不存在装配上的问题，所以决定还是先换变速器控制单元试试，结果更换变速器控制单元后故障依旧。

通过故障码 P1777 的内容解释，以及链条接触压力信息的反馈，说明故障还是与 G194 所提供的压力信息不正确（过高）有关。从之前的维修情况来看：首先，G194 压力传感器所提供的压力信息是准确的，也就是说，变速器控制单元没有问题；其次，阀体所提供的接

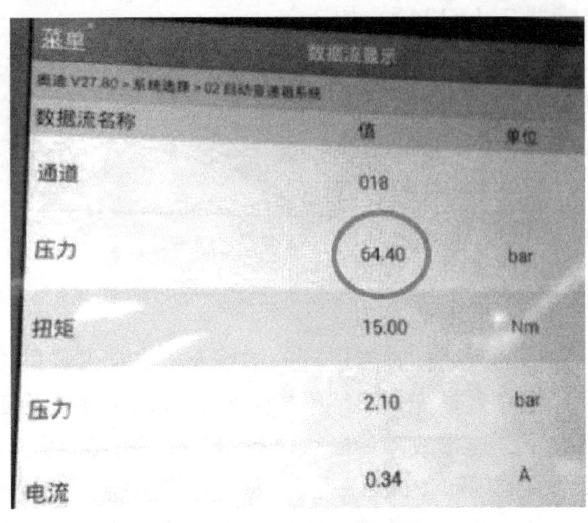


图 3-8　更换阀体后的链条接触压力

触压力应该也没有问题，毕竟更换多块阀体后都是一样的；最后还有一种可能，就是链轮缸内的转矩传感器活塞位置不正确，把去往冷却系统的泄油孔关闭，导致 G194 得到了过高的接触压力。从目前的情况来看，维修人员也无法分析出更多的可能，于是决定再次拆解变速器进行检查。

拆下变速器中间壳体后发现，主动链轮和从动链轮的工作半径不对。正常情况下，主动链轮轮径应该是最小状态（图 3-9），而从动链轮轮径应该是最大状态（图 3-10）。也就是说，它应该保持起步档的最大传动比状态。在变速器没有建立任何油压状态下（关闭发动机），这种最大传动比保持状态是靠从动链轮缸内的螺旋弹簧来实现的。

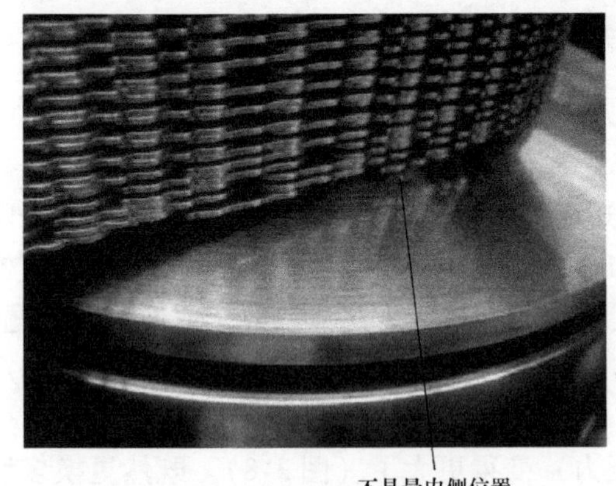


图 3-9　主动链轮缸状态

不是最外侧位置

图 3-10　从动链轮缸状态

变速器控制单元设置 P1777 故障码的真实原因找到了。因为主动链轮缸活塞位置存在问题，当阀体正常给链轮缸接触压力缸充油时，由于活塞位置问题导致充油时间变短，再加之泄油孔位置的变化，因此 G194 就会计算一个高油压的信息。所以问题就有可能出现在更换的旧主动链轮轴总成上。

继续分解变速器，把主动链轮轴单独拆下来做重点检查，结果发现在自由状态时，主链缸位置不正确（最小才对）。用手按压到最小位置后，一松手会反弹回来，而原车换下来的主动链轮轴则不是这样的，说明问题就在这里。

继续分解主动链轮前面的转矩传感器部分，同时也对原动链轮进行分解，当把链轮缸控制接触压力的转矩传感器活塞拿下来对比时，一切都明朗了。原来 2 个活塞的高度大不一样（图 3-11），大修更换的主动链轮轴上安装的活塞要比原车的高一些，因此当活塞太靠近链条侧时，相当于把泄油孔关闭，导致链轮缸内油压增高。而变速器控制单元通过 G194 获得的链条接触压力过高，记录 P1777 故障码的同时，也起动了“安全切断”功能，从而造成车辆不能行驶的故障。

图 3-11　主动给链轮可移动侧位置

**故障排除**　将主动链轮轴前端的转矩传感器活塞换上，再次装车试车后，故障彻底排除，同时数据也都已正常（图 3-12）。

| 数据流名称 | 值 | 单位 |
|---|---|---|
| 通道 | 018 | |
| 压力 | 3.70 | bar |
| 扭矩 | 15.00 | Nm |
| 压力 | 2.60 | bar |
| 电流 | 0.27 | A |

图 3-12　故障排除后的正常数据

**技巧点拨：** 该变速器故障案例纯属人为导致的，正常换件维修绝不会出现这种比较特殊问题的可能。但从该故障现象到故障码再到动态数据综合分析来看，前面的维修可以说在诊断方面还存在很多不足。

## 四、奥迪 A6L 仪表变速器档位偶尔出现红色报警，挂档无法走车

**故障现象** 一辆 2007 年奥迪 A6L，VIN 为 LFV4A24F373××××××，行驶里程 24 万 km。驾驶人反映该车仪表变速器档位偶尔出现红色报警（图 3-13），挂档无法走车。关闭点火开关后重新起动车辆，又能恢复正常，可以继续行驶。

**故障诊断** 读取车辆故障码：P1701——停用变速器控制单元（图 3-14），间歇性故障，故障频率显示为 35，遗忘计数器/驾驶周期为 -1。表示该故障共计出现了 35 次，上次点火循环内未出现故障，所以减 1 次，表示故障频率较高。

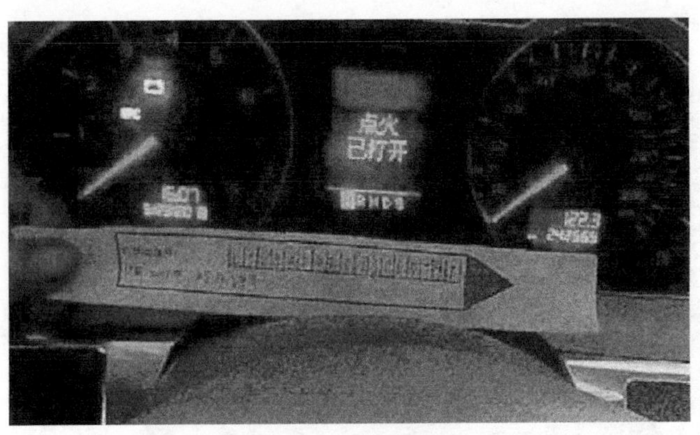


图 3-13 仪表显示

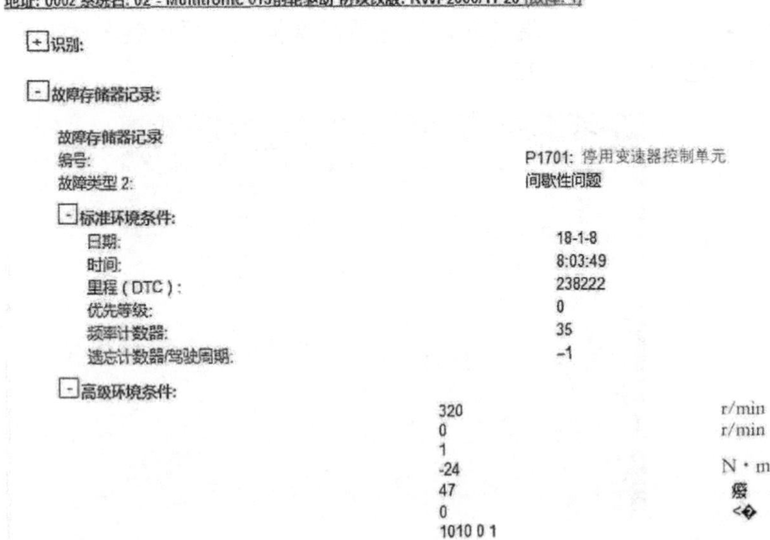

地址: 0002 系统名: 02 - Multitronic 01J前轮驱动 协议改版: KWP2000/TP20 (故障: 1)

[+] 识别:

[-] 故障存储器记录:

| | |
|---|---|
| 故障存储器记录 | |
| 编号: | P1701: 停用变速器控制单元 |
| 故障类型 2: | 间歇性问题 |
| [-] 标准环境条件: | |
| 日期: | 18-1-8 |
| 时间: | 8:03:49 |
| 里程（DTC）: | 238222 |
| 优先等级: | 0 |
| 频率计数器: | 35 |
| 遗忘计数器/驾驶周期: | -1 |

[-] 高级环境条件:

| | |
|---|---|
| 320 | r/min |
| 0 | r/min |
| 1 | |
| -24 | N·m |
| 47 | |
| 0 | |
| 1010 0 1 | |

图 3-14 故障码

通过引导性故障查询计划反映该故障为更换防盗相关控制单元后，启用防起动锁没有完成，需重新匹配防起动锁。但实际没有更换防盗组成单元。为排除故障还是重新匹配了防起动锁，在没找到故障根源的前提下，还是继续往下检查。

接着引导性故障查询提示：传动系数据总线或舒适系统数据总线上的故障会导致故障条目“变速器控制单元停用”。扫描全车控制单元发现无其他相关故障码，变速器控制单元连接通信正常，传动系和便捷系统数据总线的CAN通信目前无故障。

因诊断仪的引导性故障查询功能指引有限，决定按故障原理和经验分析排查故障，该故障原因可能为以下几点：

1）更换防盗相关控制单元后，启用防起动锁没有完成，需重新匹配防起动锁（前面已执行）。

2）遥控钥匙的防盗锁止信息不完整。使用的钥匙不是此车的或者钥匙不是由未正规的服务站匹配的。

3）变速器控制单元与防盗系统主控单元J518偶尔失联。供电电源、CAN总线连接通信等是否正常。

4）变速器控制单元本身是否工作正常。

因此车未更换防盗相关控制单元且启用防起动锁已重新匹配（前面已排查）。直接进行第2）步，即检查遥控钥匙，推荐4种检查方法：① 观察钥匙是否带原厂件号；② 与驾驶人确认钥匙是否为原车钥匙；③ 诊断仪读取钥匙的ID是否与主控单元J518中存储的钥匙ID一致；④ 用钥匙与本车做一遍防盗元件保护解除流程。

经检测确认遥控钥匙信息正常。交替使用两把钥匙时均出现过该故障，说明该故障与遥控钥匙无关。继续检查变速器控制单元工作条件，如供电电源、蓄电池电压、变速器CAN总线连接和防盗系统的通信均正常（图3-15），无断路、短路、腐蚀等情况，读取变速器控制单元总线数据正常。

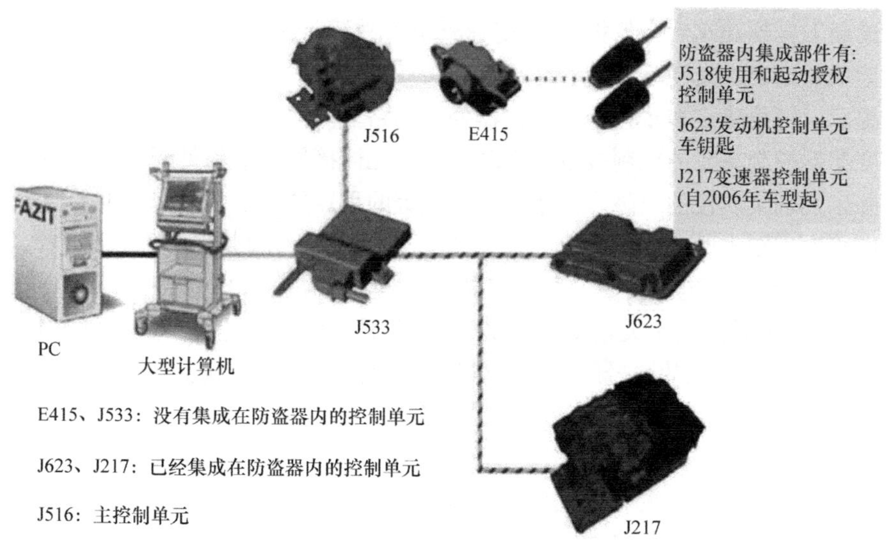


图3-15　第4代防盗控制

以理论和经验分析，如果变速器控制单元有电气方面的故障，那么其他CAN总线联网的控制单元也会存储变速器通信方面的故障码，实际扫描全车其他控制单元等并无变速器相关故障。读取变速器控制单元防盗匹配状态正常，未见明显异常。至此，故障诊断陷入两难的境地。

通过前期排查和理论分析推理，其他影响因素已排查，防盗组成系统内没有其他故障码，CAN 总线联网的其他控制单元也会未存储变速器有关的故障码，只是变速器控制单元自身存储多次故障码；P1701——停用变速器控制单元，间歇性地停用。说明此故障根源还是在变速器控制单元自身，定义为内部软件不稳定，导致防盗锁止信息不完整。要想彻底解决此故障必须先更换变速器控制单元。建议先更换变速器控制单元。

**故障排除** 由于变速器控制单元内部软件不稳定，导致防盗锁止信息不完整，进而导致仪表间歇性报警。更换编码变速器控制单元，匹配防起动锁，D/R 自适应匹配。现客户行驶 5000km 后，此故障未再出现。

**技巧点拨：**建议针对间歇性故障诊断，应先对间歇性故障进行分类，用定性/定量法分析故障范围，尽量模拟故障发生时的条件，让故障再现，灵活运用诊断设备捕捉和记录运行数据。在故障现象出现的第一时间查找到故障根源，一次性彻底修复故障。

## 五、奥迪 A6 挂入 D 档不走车

**故障现象** 一辆 2005 年奥迪 A6，搭载 01J 型 CVT 无级变速器，行驶里程 22 万 km。驾驶人反映该车在起步阶段，偶尔会出现挂入 D 档位后变速器不工作的故障。

根据驾驶人反映，该车在之前维修中发现过故障码，当时的维修人员按照故障码的提示更换了变速器控制单元。起初故障现象确实消失了，但车辆使用 3 个月后，同样的故障再次出现。

**故障诊断** 接到此车后，依据 CVT 变速器电气故障诊断程序，首先用诊断仪对变速器控制单元读取故障码，发现系统存储有故障码“P1757——电源部分开路”，为偶发性故障码。根据提示，把故障点初步锁定在变速器外围电路上。

检查变速器控制单元的控制线束，发现控制单元插接器的塑料外壳已经破损，但经过仔细检查，并未发现实质性的故障点。于是，将检查的重点放在了熔丝和继电器部分。

查阅电路原理图中的电源部分电路（图 3-16），变速器控制单元 J217 有 2 个电源插脚，分别是 8 号脚（接 15 号电源）和 9 号脚（接 30 号电源）。分析电源路径，15 号电源是经过熔丝 S231 送至变速器控制单元的 8 号脚；30 号电源是经过继电器 J64（图 3-17）和熔丝 S199 送至变速器控制单元的 9 号脚。检查熔丝及继电器，仍然未能发现任何问题。

认真观察电路图后注意到，对于控制单元 30 号电源的电源路径而言，比 15 号电源多出了继电器 J64。那么继电器 J64 的作用是什么呢？带着这个疑问查阅相关资料得知，J64 为延时继电器，它的作用是当点火开关关闭后，继续为变速器控制单元提供时长为 15s 的 30 号电源。目的是使得变速器控制单元有充分的时间来保存有关的数据。在这段时间里，控制单元中的部分程序仍在运行。

分析继电器 J64 的电路得知，该继电器有 4 个端脚，分别是 15 号电源端、31 号搭铁端、30 号电源端和 87 号输出端。15 号电源出现后，继电器触点便会闭合。继电器中设有延时控制电路，当 15 号电源取消后，延时控制电路便开始计时。此时继电器的触点由延时电路来控制，继续保持闭合，15s 后触点才释放。打开点火开关，测量变速器控制单元 9 号脚的电

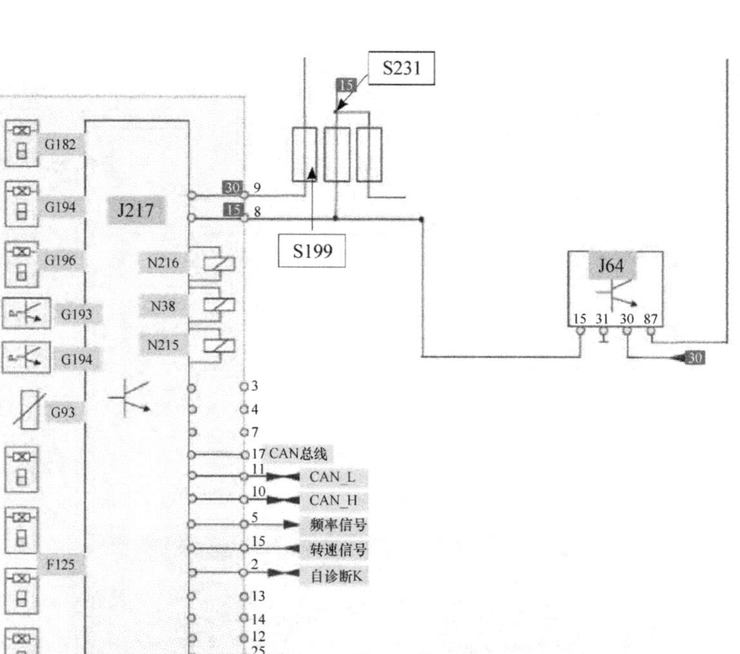


图 3-16　电源部分电路

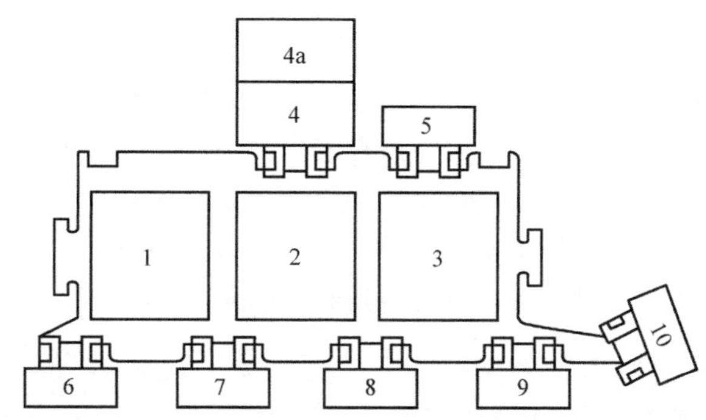


图 3-17　点火切断延时继电器 J64

压，正常电压为 12V。关闭点火开关，电压继续保持，15s 后电压变为 0，说明延时继电器工作正常。通过分析和测量，对变速器控制单元电源部分的结构特征已基本掌握，剩下的问题便是等待故障的出现。

经过反复试车，故障终于再现。此时发现变速器控制单元 9 号脚原本应延时 15s 的 30 号电源，却随着点火开关的关闭而立即消失，这说明延时继电器内部存在故障。为进一步确认故障点，将该车的延时继电器替换到正常车上，反复试车后，同样的故障也出现了。

**故障排除**　更换延时继电器，该车故障被彻底排除。

**技巧点拨：**通过对 CVT 变速器典型案例分析可以看出，在 CVT 变速器电气故障诊断中，建立一个故障诊断程序可帮助我们快速厘清故障排除的思路。结合电路图对影响变速器工作的相关电路及电器元件要进行严谨的分析和判断。对那些稍纵即逝的故障现象，只有在预先做好充分准备的前提下，才能迅速地捕捉到故障点。此外，当遇到一些特殊故障时，不要盲目更换一些贵重零件。

## 六、奥迪 A6L 仪表经常出现变速器报警且 P 档无法移出

**故障现象** 一辆奥迪 A6L（C7），配置 1.8T 发动机（CYYA）、0CK 变速器，VIN 为 LFV3A24G3J3××××××，行驶里程 9356km。驾驶人反映，在行驶过程中仪表经常出现变速器警告灯点亮，之后挂入 P 档后无法再次移出，警报信息如图 3-18 所示。

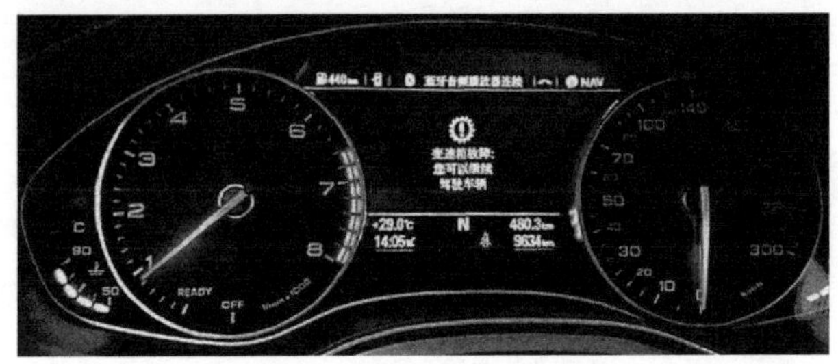


图 3-18 仪表变速器警报信息

**故障诊断** 用诊断仪检查 02 变速器控制单元内有故障码：P090400——Tiptronic 开关，电路电气故障（主动/静态）；P093000——换档锁止电磁阀控制电路，对地短路（主动/静态）（图 3-19）。根据引导性测试计划需要检查 J587 上的供电、搭铁以及和变速器控制单元 J217 之间的通信线路是否正常。经检查 J587 和换档锁止电磁阀上没有 15 号供电电源，进一步检查位于 SF2－ST4 的 7.5A 供电熔丝烧毁（图 3-20）。查阅相关电路（图 3-21）发现 J587 和 N110 共用 1 个熔丝 SF2－ST4，中间没有插接器。

控制单元 结果

[UDS/ISOTP/4G0927153AA/0001/H05/

| 故障代码 | SAE代码 | 故障文本 |
| --- | --- | --- |
| 05134 [20788] | P090400 | Tiptronic开关，电路电气故障 |
| 05136 [20790] | P093000 | 换档锁止电磁阀控制电路，对地短路 |

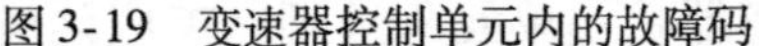

图 3-19 变速器控制单元内的故障码

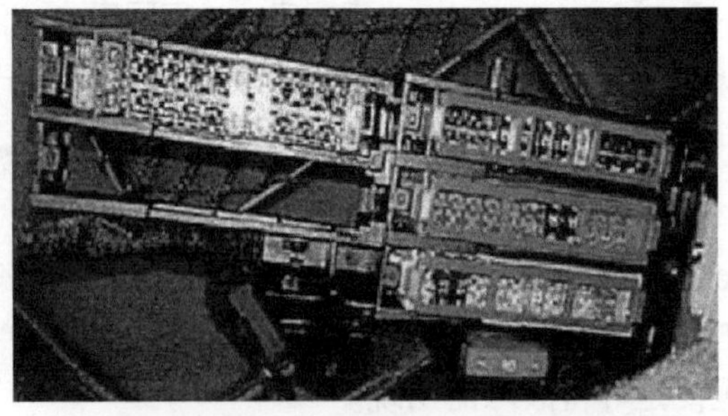

图 3-20 位于行李舱右侧烧毁的熔丝

综上分析，该熔丝用电器只有两个 N110 和 J587，对于电气元件出现故障一般是静态的。根据以往维修经验也没有发现过 N110 和 J587 出现故障，所以初步确定是线路中存在间歇性对地短路导致的。

**故障排除** 为一次解决问题，决定对相关供电导线全部检查一下。当查到右后座椅靠背

时，发现供电线在此处被座椅靠背钢板划伤，已露出铜线（图3-22。图3-23）。修复受损导线，将座椅靠背棱角明显的地方用双层布胶带粘贴处理。试车后故障排除。

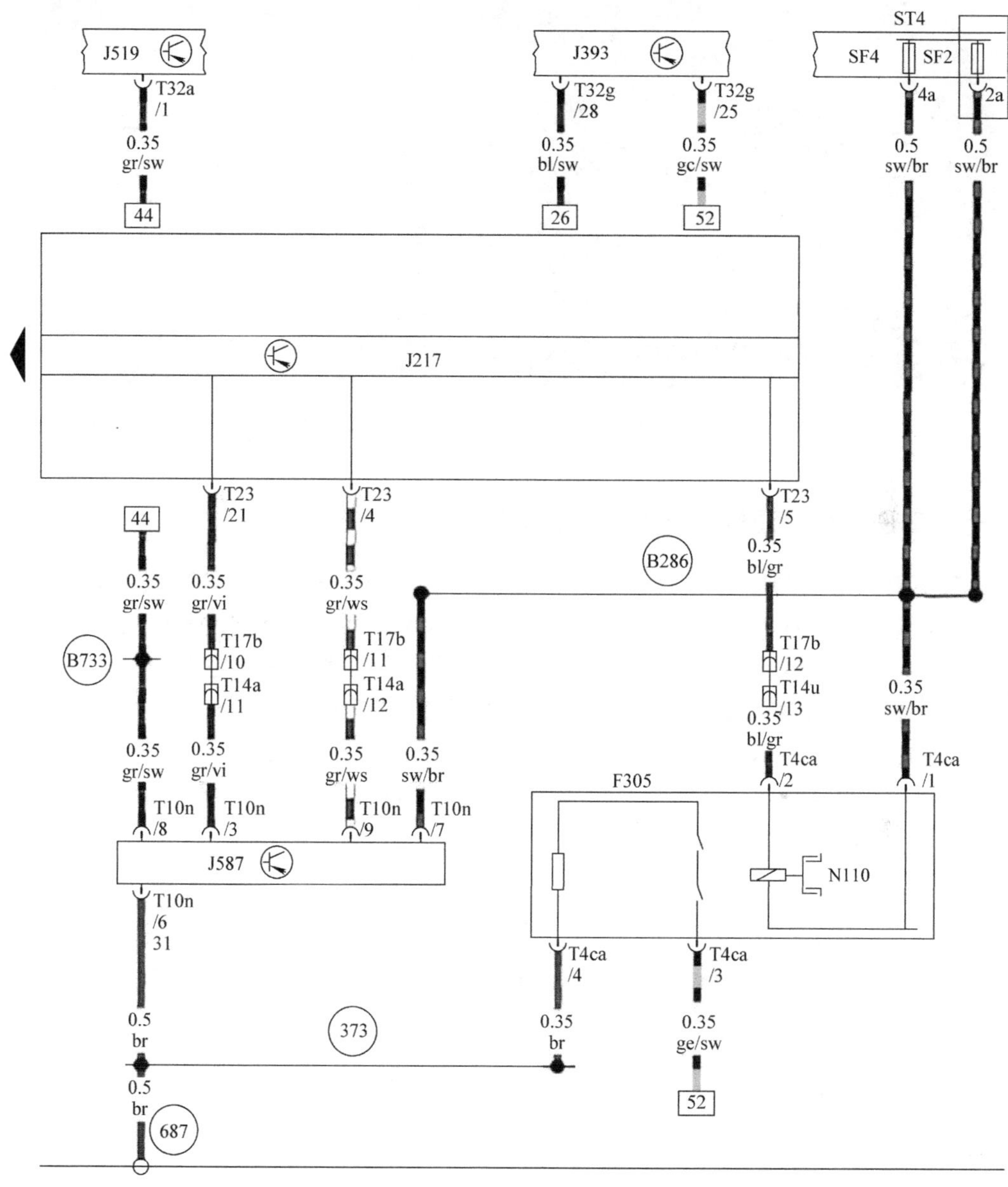


图3-21 J587和N110的电路

J217—自动变速器控制单元 J393—舒适/便捷系统的中央控制单元 J519—车载电网控制单元
J587—变速杆传感器控制单元 N110—变速杆锁磁铁 SF2—熔丝架F上的熔丝2
SF4—熔丝架F上的熔丝4 ST4—熔丝座4

**技巧点拨：** 该故障电路比较简单，但由于是偶发给维修增加了一定的难度。综合汽车维修中碰到的故障，细致的常规检查仍是迅速排除故障原因的基础。切不能将常规检查放在一个次要位置，否则会走更多的弯路。

图 3-22　J587/N110 供电线路被划破绝缘皮

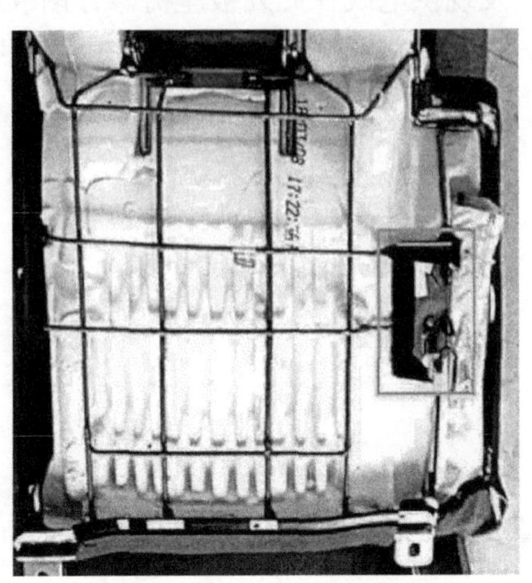

图 3-23　座椅与线束接触处

## 七、奥迪 A4L 行驶中变速器故障灯点亮

**故障现象**　一辆 2013 年一汽奥迪 A4L 车型，配置 2.0T 发动机（CDZ）、0AW 变速器，行驶里程 86241km，VIN 为 LFV3A28K6D3××××××。驾驶人反映，该车在 4S 店因事故更换过后车门、下边臂及轮辋后，在第二天行驶过程中变速器故障灯点亮。

**故障诊断**　使用诊断仪检查 02 变速器内有故障码：P070600——行驶档位传感器，不可信信号（被动/偶发）（图 3-24）。对于奥迪这款变速器，变速器内所有传感器和控制单元集成为一体（图 3-25）。从原理上分析，该故障最大可能是变速器控制单元故障，因其行驶档位开关 F125 集成在变速器控制单元上。

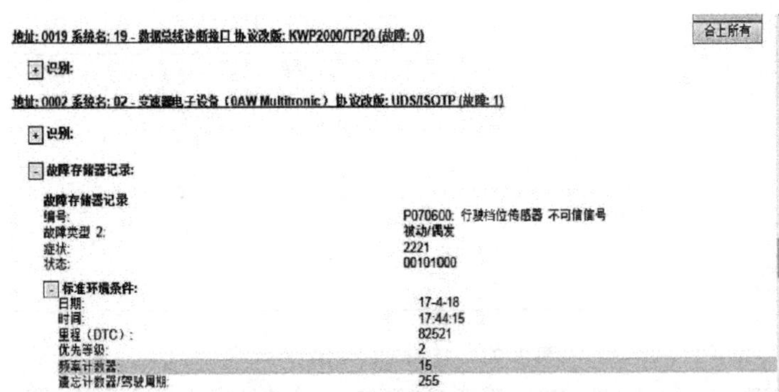


图 3-24　变速器控制单元内的故障码

在拆下变速器控制单元准备更换时，为提高一次修复率，同时检查了位于变速杆上的多功能行程开关 F125 的信号磁铁（图 3-26）。

**故障排除**　检查发现，该磁铁有一个明显的裂痕（图 3-27），更换变速杆总成后故障排除。

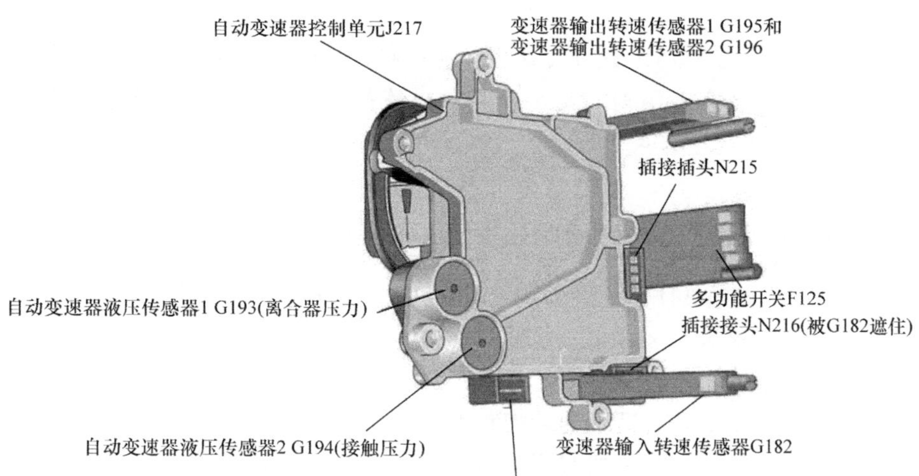


图 3-25　变速器控制单元 J217

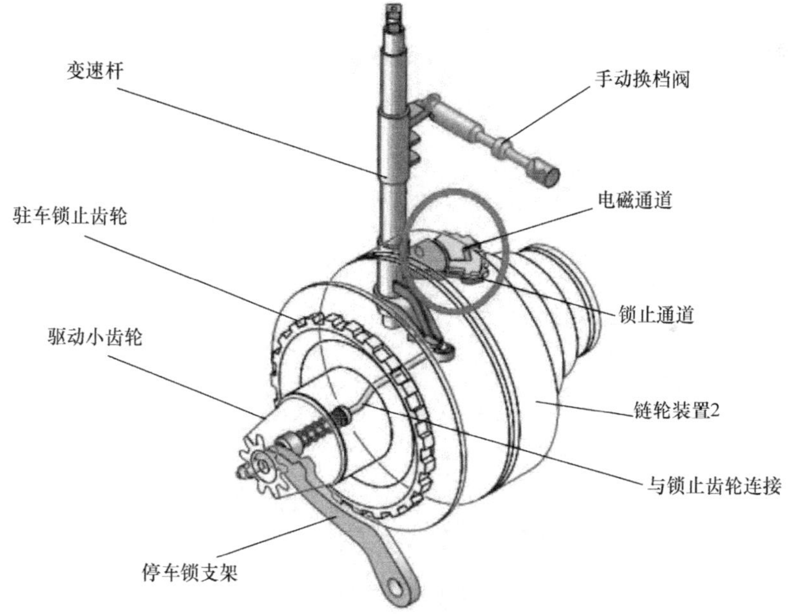


图 3-26　位于变速杆上的信号磁铁

图 3-27　档位行程传感器磁铁开裂

**技巧点拨：** 对于装配0AW这款变速器，其行程开关的电磁铁开裂在售后维修中是一个常见故障，在维修相关故障时一定要检查该磁铁是否开裂。这样可避免小病大修，提高一次修复率。

## 八、奥迪A4L变速器换电磁阀后警告灯点亮

**故障现象** 一辆奥迪A4L，配置2.0T CDN发动机和0AW变速器，行驶里程39822km，VIN为LFV3A28K2D3××××××。驾驶人反映，该车变速杆电磁阀失效，更换该电磁阀后出现变速器警告灯点亮。

**故障诊断** 用诊断仪检查02变速器控制单元里有故障码，如图3-28所示，根据引导性故障测试计划提示，需检查J587和J217之间的通信线路或是检查J587是否损坏。首先，在J217里读取测量值块，如图3-29所示，发现Tiptronic加减信号可以被J217识别到。

地址: 0002 系统名: 02 - 变速器电子设备 ( 0AW Multitronic ) 协议改版: UDS/ISOTP (故障: 1)

[+] 识别:

[-] 故障存储器记录:

故障存储器记录

| | |
|---|---|
| 编号: | P189000: Tiptronic信号线 电气故障 |
| 故障类型 2: | 被动/偶发 |
| 症状: | 4323 |
| 状态: | 00101100 |

[-] 标准环境条件:

| | |
|---|---|
| 日期: | 18-1-29 |
| 时间: | 16:57:44 |
| 里程 ( DTC ): | 39822 |
| 优先等级: | 2 |
| 频率计数器: | 7 |
| 遗忘计数器/驾驶周期: | 255 |

[-] 高级环境条件:

| | | |
|---|---|---|
| 发动机转速 | 790.0 | r/min |
| 变速器输入转速 | 319 | r/min |
| 变速器输出转速 | 23 | r/min |
| 发动机转矩 | 48 | Nm |
| 变速器油温度 | 29 | ℃ |
| 加速踏板位置 | 0.0 | % |
| 离合器状态 | 9 | |
| 动态环境数据 | 20 96 28 10 26 12 | |
| 根据OBD的未学习计数器 | 40 | |
| Occurence_counter_over_length_of_life | 18 | |

图3-28 故障码

[-] 检测步骤: 读取测量值块

测量值:

| 名称: | 值: | 额定值: | 识别: |
|---|---|---|---|
| 变速杆位置 | 手动 | | I001_TIP_INFO Signal |
| 挡位 | D | | H002_Automatic Transmission Driving Position |
| Tiptronic，状态 / Tiptronic- | 未激活 | | M003_State Tiptronic |
| Tiptronic，状态 / Tiptronic+ | 未激活 | | M003_State Tiptronic |
| Tiptronic，状态 / Tiptronic方向盘+ | 未激活 | | M003_State Tiptronic |
| Tiptronic，状态 / Tiptronic方向盘- | 未激活 | | M003_State Tiptronic |

图3-29 Tiptronic信息数据块

尝试消除故障后试车，发现在过减速带后变速器警告灯再次点亮。故障信息仍是"Tiptronic信号线，电气故障"。查阅该车与J587相关的电路如图3-30所示。

**故障排除** 经检查发现，J587的搭铁线存在虚接现象，进一步检查搭铁点688位于中央通道右侧，位置如图3-31所示。该搭铁点紧固螺栓明显松动，按标准力矩紧固后故障排除。

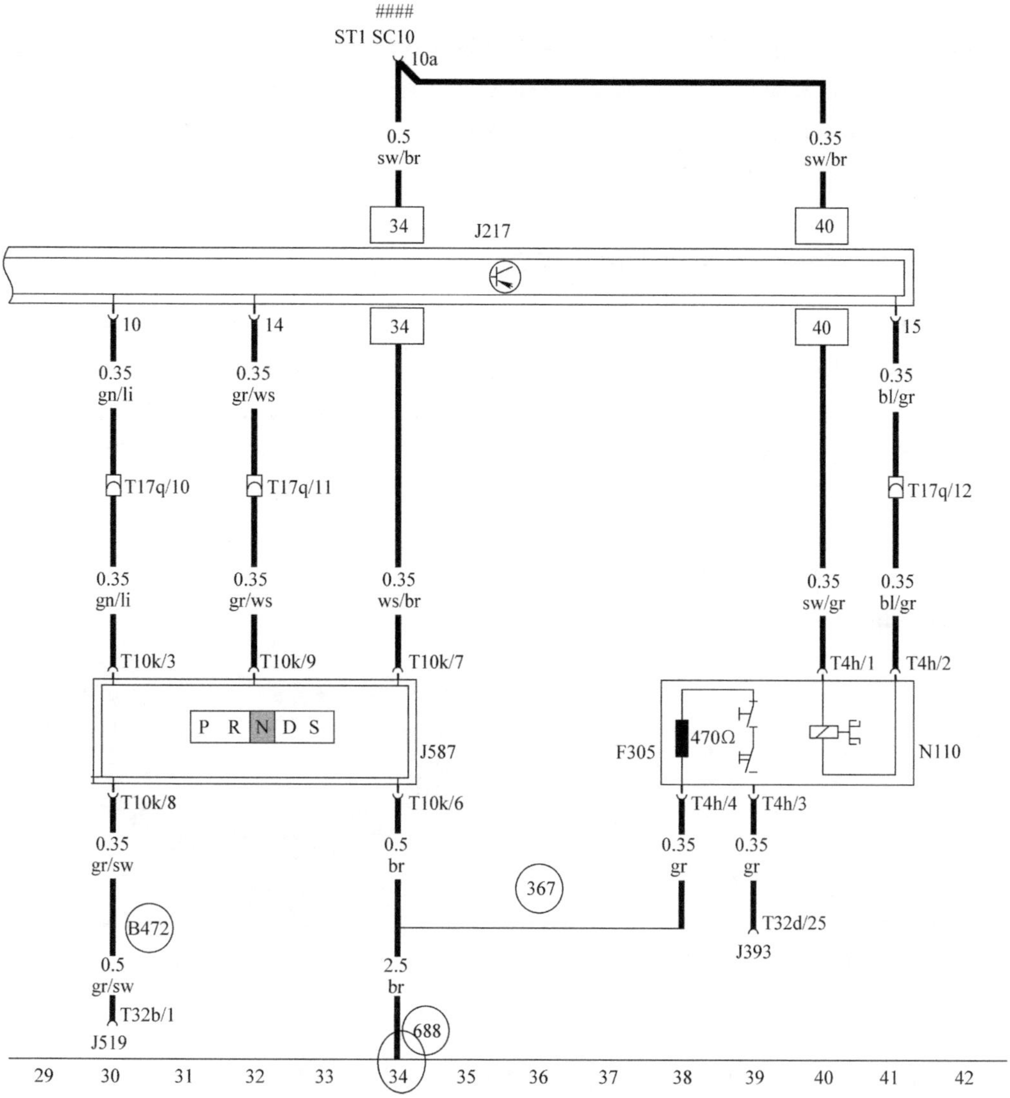

图 3-30 与 J587 相关的电路

F305—变速器位置 P 开关 J217—自动变速器控制器 J393—舒适/便利功能系统中央控制器
J519—车载电网控制器 J587—变速杆传感器控制器 N110—变速杆锁电磁阀 SC10—熔丝架 C 上的熔丝 10

图 3-31 搭铁点位置

**技巧点拨：**该车原来位于中央通道右侧的搭铁线没有紧固到位，更换变速杆电磁阀时拉动了线束导致故障产生。维修人员的误区在于主要考虑是否由于更换电磁阀而损坏了 J587，没有从故障的本质出发详细检查相关线路。在日常检修工作中，按部就班的常规检查往往是被人忽视的，但也是故障原因产生最多的地方。

## 九、奥迪 A6 无级变速器大修后闯车

**故障现象** 一辆 2003 款一汽奥迪 A6 轿车，搭载 2. 8L 发动机，同时配备使用早期不带“S”档位的型号为 01J 型钢链式无级变速器。变速器大修后仅仅使用了一个月后驾驶人反映低速换档时有明显的冲击现象，这样又先后更换了输入离合器、新型叶片泵式阀体、变速器总成、外部滤清器、发动机散热器以及全新变速器控制单元等，故障现象大为减轻（一般来说一般人是试不出来有故障现象的），但时速在 50km/h 的轻微耸动有时偶尔还会出现且频率极低。

**故障诊断** 由于变速器是其他维修厂送过来的，初期的维修中由于车辆突然不能行驶，该维修站直接把变速器拆下来进行了简单的解体，并发现导致车辆不能行驶的真正原因是传动链条断了，于是委托维修专家参与后期的整个维修过程。维修专家接手后首先要找到链条断的真正原因，否则即便重新更换新的链条也恐怕还会继续断掉。通过彻底的拆检终于找到了断链条的原因，那就是主动链轮轴上的机械液压式转矩传感器滑轨架的花键槽将主动轴上的花键槽磨得相当严重，已经磨光三分之二了（图 3-32），仅剩下三分之一在继续工作（转矩传感器的作用是根据输入转矩的大小以及传动比的大小来改变链轮缸内的链条接触油压）。当变速器进行换档时（轮径变化来改变传动比时），主动轴上的可移动链轮缸在换档活塞的驱动下沿轴上移动，此时一旦转矩传感器滑轨架在主动轴花键槽上也在移动时（改变链条夹紧力的），由于磨损原因而导致发卡现象的出现，那么链轮缸内的接触压力会瞬间升高并导致链条断掉。

图 3-32 磨损严重的主动链轮轴上的花键槽

这样，根据变速器损坏情况，在维修中更换了全新的主动链轮轴总成、链条、从动链轮缸、阀体以及前进档离合器摩擦组件，同时更换的部件还有内、外部滤清器。

维修后的变速器进行路试，一切正常。正常使用一个月后，驾驶人反映变速器再次出现换档冲击的故障现象。经维修站技术人员进行路试，变速器确实出现了低速档位的换档冲击，同时车速在 50 ~ 80km/h 时松加速踏板后再次加速也有轻微的耸动或颤抖现象。这样根据维修站的信息反馈（没有故障码）仅凭故障现象判断应该是离合器问题引起的。于是派了两个维修人员带上全新的输入离合器总成到该维修站进行更换。

更换输入离合器总成后故障现象确实暂时消失了，通过长时间试车后也没有试出任何问题，这样两个维修人员就回来了。可是车刚交到驾驶人手里就试出来故障了。再次派出具有

诊断能力的维修人员前往该维修站进行检修。

维修人员在没有试车时就发现了变速器的不正常数据，那就是前进档和倒档的离合器自适应匹配控制电流比较低，已经快达到下限且显示没有匹配成功的状态，匹配正常后数据显得更低了（图 3-33）。另外就是随车故障数据的记录和捕捉，在故障现象出现时首先验证确实是离合器打滑形成的（图 3-34中的第 7 组数据），但由图 3-33 中第 12 组数据可知离合器是正常的（第 12 组数据中的第一项电流值减去第二项电流值远远大于 65mA，没有满足更换或修理前进档离合器的条件），而由图 3-34 中的第 1 组数据可知离合器出现打滑时车速已经达到72km/h；再就是由图 3-34 中的第 18 组数据可知故障现象出现的节点是小节气门开度或松加速踏板后的离合器低电流低转矩下形成的，同时值得关注的是链条的夹紧力和转矩在上下数据对比时似乎不成比例（这肯定是一处疑点）。这样问题的焦点就在为什么匹配后的离合器电流值会那么低？如果找到电流值低的原因故障点也就找到了。

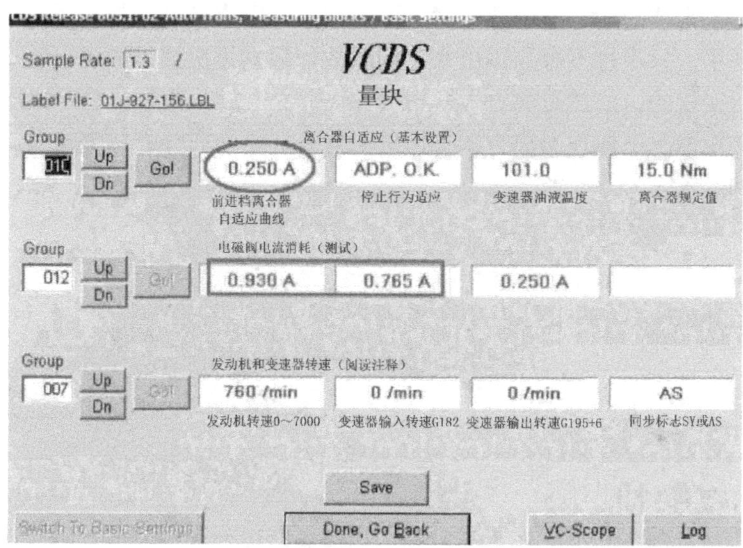


图 3-33　前进档离合器匹配成功后的数据

| | | | | | |
|---|---|---|---|---|---|
| | 1.74 | 1320 | 1320 | 630 | SY |
| | 4.36 | 1520 | 1280 | 600 | AS |
| 1 | 6.98 | 1360 | 1360 | 620 | SY |
| | 9.58 | 1240 | 1240 | 600 | SY |
| | 0 | 18.1 | 189 | 7.7 | 0.665 |
| | 2.6 | 6.7 | 60 | 3.3 | 0.365 |
| | 5.22 | 17.9 | 243 | 9.3 | 0.755 |
| | 7.84 | 5.1 | 39 | 2.5 | 0.31 |
| | 0.88 | 制动灯开 | 蓄电池关 | 已挂入选 | 77 |
| | 3.48 | 制动灯开 | 蓄电池关 | 已挂入选 | 72 |
| | 6.1 | 制动灯开 | 蓄电池关 | 已挂入选 | 74 |
| | 8.7 | 制动灯开 | 蓄电池关 | 已挂入选 | 73 |



图 3-34　初期的故障现象出现时的数据

离合器本身肯定不用考虑，虽然故障现象看似来自离合器的打滑过程。咨询该维修站初次维修后匹配完毕的离合器电磁阀的自适应电流值确定在 0.290A，而用了仅仅一个月后就变成了 0. 250A 了。难道是之前更换的液压阀体有问题？于是更换了叶片式油泵的更新型阀体（匹配 2005 年之后的车型），结果装车后故障现象确实短时间消失了，同时匹配完毕后的电流值也上来了，达到标准要求（图 3-35）。但对于新型叶片式油泵的阀体来说，由于结构及软件匹配原因其设定基础电流要比早期装有齿轮式油泵的阀体车辆的匹配电流值要高一些，一般都会在 0. 300 ~ 0. 320A 之间，而当前的 0. 285A 虽然满足该款变速器的使用要求，但似乎还是存在问题。如果是齿轮泵阀体的话，这个数值肯定不用怀疑可以直接交车就行了。结果在后来的路试中故障又出现了，只不过不容易试出来，同时故障数据再次被采集到（图 3-36），但从数据上看还是有所变化的，依然是离合器打滑带来的，从第 18 组数据看要比原先好得多，它是在相同输入转矩情况下体现出离合器打滑的。看来还是与离合器控制有关，如果这样交车肯定还是达不到要求。

| | | | |
|---|---|---|---|
| 0.285 | 匹配正常 | 77 | 15 |
| 0.285 | 匹配正常 | 77 | 15 |
| 0.285 | 匹配正常 | 77 | 15 |
| 0.285 | 匹配正常 | 77 | 15 |
| 0.285 | 匹配正常 | 77 | 15 |
| 0.285 | 匹配正常 | 77 | 15 |
| 0.285 | 匹配正常 | 77 | 15 |
| 0.285 | 匹配正常 | 77 | 15 |
| 0.285 | 匹配正常 | 77 | 15 |
| 0.285 | 匹配正常 | 77 | 15 |

图 3-35　更换新型阀体后的匹配数据

| | | | | |
|---|---|---|---|---|
| 63.66 | 1480 | 1480 | 390 | SY |
| 66.28 | 1720 | 1640 | 450 | AS |
| 68.9 | 1760 | 1760 | 510 | SY |
| 16.1 | 159 | 6.6 | 0.635 | |
| 16.3 | 171 | 7.3 | 0.645 | |
| 16.8 | 177 | 6.9 | 0.67 | |

007组

018组

图 3-36　更换新型阀体后故障数据

**故障排除**　最早链条断了导致不能行驶，而链条断掉的真正原因是转矩传感器花键槽的磨损，那么磨损下来的那么多的颗粒都去哪里了？除了变速器内部、外部滤清器，还有就是冷却系统，最后通过仔细询问才知道，原来冷却系统在维修后根本没有做过清洁处理，这样终于明白了为什么修好的变速器仅仅用了一个月又出现了问题，随后更换冷却器及外部滤清器，故障彻底排除。

**技巧点拨：**这个案例告诉我们，企业与企业间的对接业务服务在沟通细节方面还不够。维修后的变速器再次出现故障是技术问题，还是配件质量问题？其实都不是，是因为健康的变速器得不到绿色的生存环境，久而久之导致再次生病。

## 第二节　奥　迪　SUV

### 一、奥迪 Q7 偶尔无法挂档和行驶

**故障现象**　一辆奥迪 Q7，配置 CJT 发动机、0C8 变速器，行驶里程 49760km。驾驶人

反映，正常行驶中车辆偶尔无法挂档和行驶。

**故障诊断** 读取02 自动变速器无故障码，如图3-37 所示。读取01 发动机控制单元有故障码，如图3-38 所示。读取19 数据总线诊断接口有故障码，如图3-39 所示。

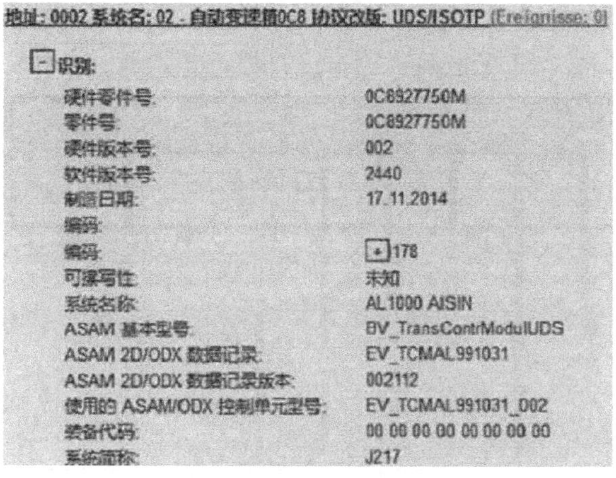

地址: 0002 系统名: 02 - 自动变速箱0C8 协议改版: UDS/ISOTP (Ereignisse: 0)

识别:

| | |
|---|---|
| 硬件零件号: | 0C8927750M |
| 零件号: | 0C8927750M |
| 硬件版本号: | 002 |
| 软件版本号: | 2440 |
| 制造日期: | 17.11.2014 |
| 编码: | |
| 编码: | 178 |
| 可擦写性: | 未知 |
| 系统名称: | AL1000 AISIN |
| ASAM 基本型号: | BV_TransContrModulUDS |
| ASAM 2D/ODX 数据记录: | EV_TCMAL991031 |
| ASAM 2D/ODX 数据记录版本: | 002112 |
| 使用的 ASAM/ODX 控制单元型号: | EV_TCMAL991031_002 |
| 装备代码: | 00 00 00 00 00 00 00 00 |
| 系统简称: | J217 |

图3-37 无故障码

地址: 0001 系统名: 01 - 发动机电子设备 协议改版: KWP2000/TP20 (Ereignisse: 3)

识别:

故障存储器记录:

故障存储器记录
编号: P1559: 节气门控制单元 基本设置中的故障
故障类型 2: 间歇性问题
标准环境条件:
高级环境条件:

故障存储器记录
编号: U0101: 变速器控制单元 无通信
故障类型 2: 间歇性问题
标准环境条件:
高级环境条件:

故障存储器记录
编号: U1017: ABS制动器控制单元 请读取故障码
故障类型 2: 间歇性问题
标准环境条件:
高级环境条件:

图3-38 故障码1

地址: 0019 系统名: 19 - 数据总线诊断接口 协议改版: KWP2000/TP20 (Ereignisse: 3)

识别:

故障存储器记录:

故障存储器记录
编号: VAG02256: 无负载电流
故障类型 1: 超出上限
故障类型 2: 间歇性问题
标准环境条件:

故障存储器记录
编号: VAG03041: 能量管理启动
故障类型 2: 间歇性问题
标准环境条件:
高级环境条件:

故障存储器记录
编号: VAG01315: 变速器控制单元
故障类型 1: 无信号/通信
故障类型 2: 间歇性问题
标准环境条件:
高级环境条件:

图3-39 故障码2

读取 02 自动变速器控制单元无故障码，而 01 发动机控制单元和 19 数据总线诊断接口控制单元及其他控制单元有自动变速器控制单元无通信故障码，分析可能原因是自动变速器偶发不通信而引起的故障。

故障原因分析：①自动变速器控制单元故障；②自动变速器控制单元供电及线路故障；③19 数据总线诊断接口控制单元故障；④线路故障；⑤其他。自动变速器控制单元电源电路和控制电路如图 3-40 和图 3-41 所示。

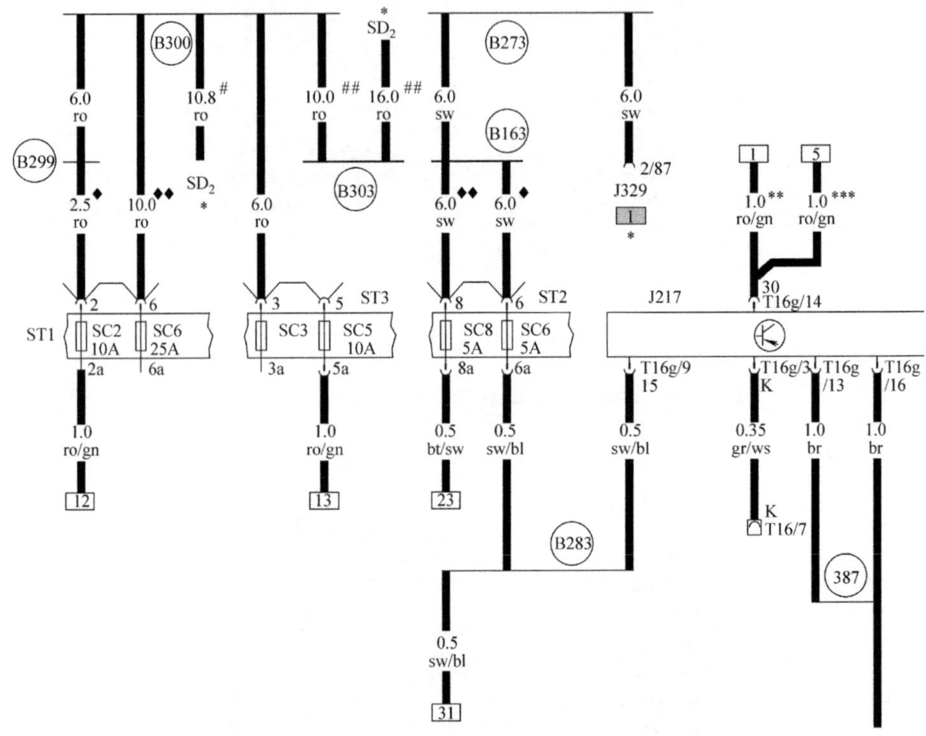

图 3-40　电源电路

首先检查自动变速器控制单元供电情况，T16g/14 为 30 号端子，T16g/9 为 15 号端子，T16g/13、T16g/16 为接地，T16g/2、T16g/6 为 CAN 通信线，检查后均未发现异常。由于相关线路已检查，车辆故障又为偶发，不好捕捉车辆故障现象。将正常车辆上自动变速器控制单元替换到该车，交给驾驶人使用故障依然存在。将正常车辆上网关与该车替换试车一段时间故障又出来了，说明该车硬件都正常。

在了解完整个维修过程后，将重点放在线路检查上。仔细对自动变速器控制单元供电线路再次检查，当测量 T16g/9 端子时有 12V 电压，但是当晃动线束时电压有波动。拆卸地毯检查线路，发现地毯下面已进水，自动变速器控制单元的电源线受到腐蚀，如图 3-42所示。

**故障排除**　修复相关受损线束后试车，故障排除。

**技巧点拨：** 偶发故障多数发生在线路上，要对线路进行仔细检查和模拟试验。

## 二、奥迪 Q5（2013 款）换档冲击

**故障现象**　一辆 2013 款一汽奥迪 Q5，搭载 2.0T 涡轮增压发动机，匹配 8HP－55A

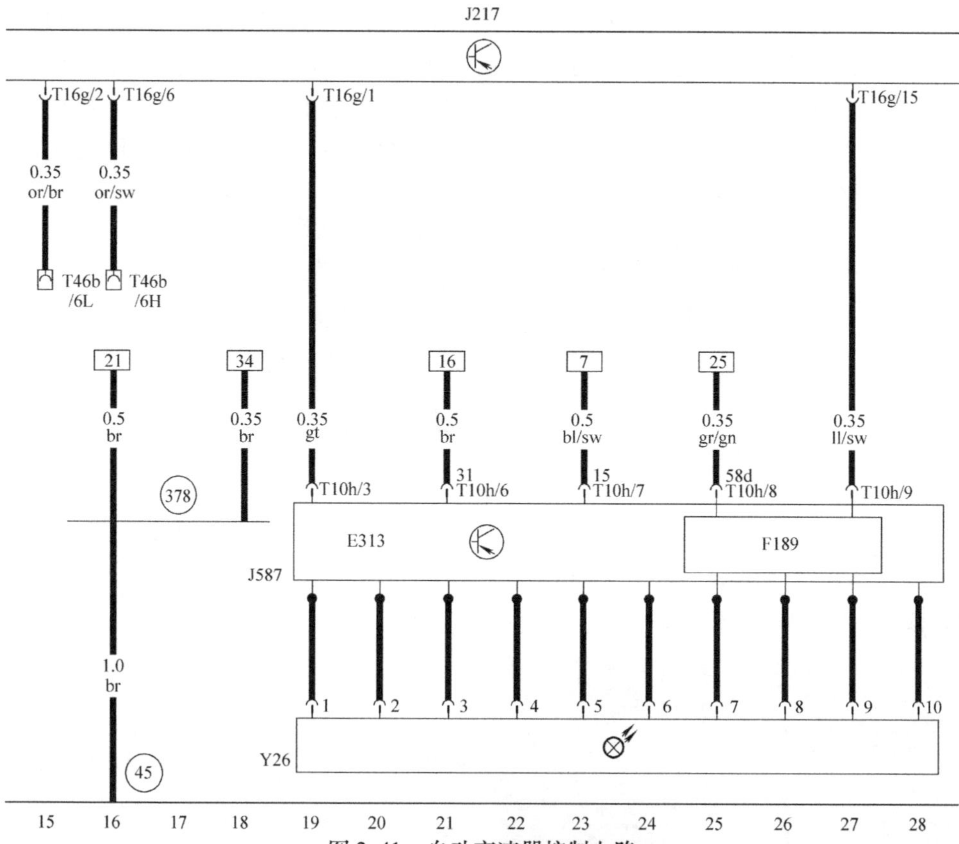


图 3-41　自动变速器控制电路

（0BK）型 8 速自动变速器。驾驶人反映车辆停放 3h 后再次上路，变速器出现故障，一会儿升档、一会儿不升档，前拉后拽的感觉很明显，松开加速踏板，车辆就有很明显的后拉感（就像发动机制动功能）。

图 3-42　受到腐蚀的线束

**故障诊断**　改用手动模式，勉强挂入高一档位，但是车辆也是显得“极不情愿”。当车速接近 80km/h 左右时，在档位自动模式下变速器勉强升至 6 档（平常至少已经到达 7 档），改用手动模式可以升至 8 档，可是将变速杆从手动模式拉回自动模式后，变速器又立即降回到 6 档。尝试破坏性地大节气门加速行驶，结果在一阵猛烈的前拉后拽中仪表点亮了两个警告灯（图 3-43），两个故障灯分别是电子制动系统警告灯和防侧滑警告灯，此时车速在 50km/h左右，变速器处于 6 档。

图 3-43　点亮的故障灯

靠边停稳车辆后首先关闭发动机，等一会儿再次起动发动机，此时仪表中出现“电脑行车稳定程序：有故障！请见驾驶人手册”的提示（图3-44），同时还出现“停车制动故障”的字样（图3-45），不过一会儿，这些警示文字又自动消失。但上述两个故障灯依然还在点亮。根据文字提醒：可能是电控行车稳定控制系统或者电子制动系统出现故障了，而变速器并非真正存在故障，有可能是这两个系统的故障所引起的“表象”故障。

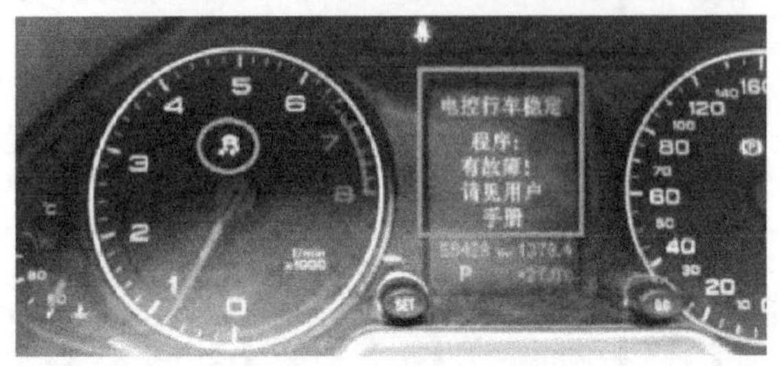


图3-44 显示的警示文字1

第二天利用诊断仪进行检测，结果在相关系统都读到关于发动机转矩信号A不可靠的故障码，特别是在自动变速器电控系统也存有这样的故障码（图3-46）。看来问题有点清晰了，问题矛头都指向发动机部分。

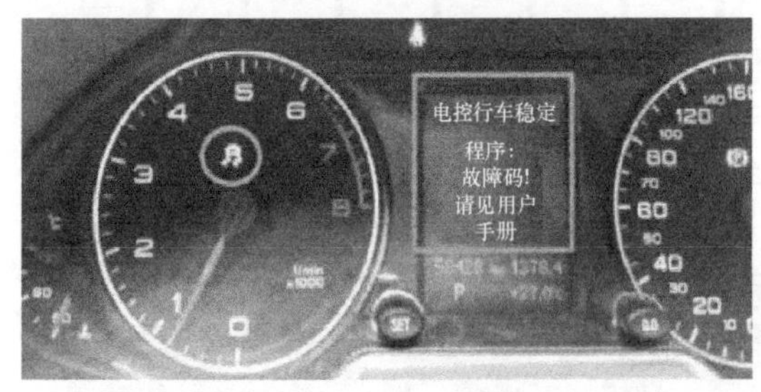


图3-45 显示的警示文字2

图3-46 在变速器电控系统读到的故障码

发动机怎么会无缘无故地出现故障了呢？咨询奥迪4S店答复是发动机进气系统有漏气的地方，并且问是不是车辆底盘系统出现过剐碰情况，导致进气系统漏气，造成发动机转矩不足从而产生故障码，并影响相关系统的正常工作。原来昨晚停车时曾撞到路边一个水泥台阶，记得当时下车看了一下保险杠并无大碍。此时赶紧重新检查撞击部位，原来被撞击的部位并不是保险杠正前方，而是偏下部位置（图3-47），同时顺着撞击部位往里看，结果发现涡轮增压器前端的中冷器被撞坏了（图3-48）。

图3-47 前保险杠受撞击部位

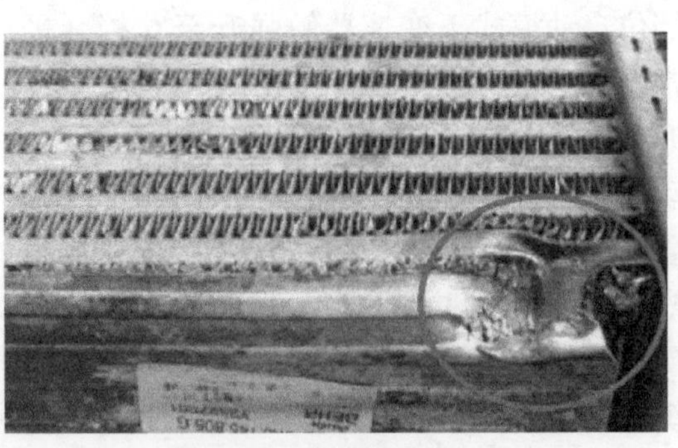

图3-48 被撞坏的中冷器

**故障排除** 更换新的中冷器（图3-49）并删除所有故障码，故障彻底排除。

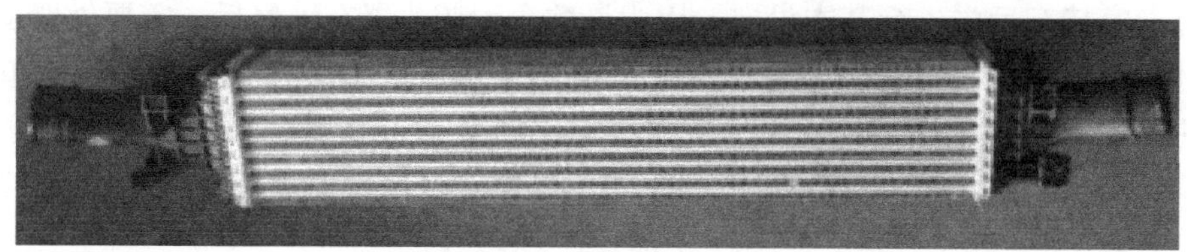

图3-49 更换新的中冷器

当前新型车辆系统与系统之间的相互影响是相当大的，特别是发动机系统问题对其他系统的影响。本案例中，故障现象是表现在变速器的换档品质方面，而真正的故障原因却源于发动机的进气系统。其实分析起来是比较容易理解的，当发动机进气不足时首先会引起发动机的动力不足，也就是其转矩不足，而制动及车身稳定系统均需要足够的真空度，那么真空源在哪里？所以难怪这两个故障灯首先点亮。虽说变速器故障灯并未点亮但其电控系统早已通过网络信息得知发动机当前状况，因此在变速器系统中记录了发动机相关转矩信息的故障码，正是由于发动机转矩不足，一定会影响到换档时间，包括禁止升入超速档（7档和8档），同时由于自动变速器在正常换档时还需要发动机进行减转矩控制，本来发动机的转矩都受到限制，因此出现了换档品质变差的现象。

**技巧点拨：** 在实际维修中往往得到的就是一个现象，而形成这种现象的可能原因及机理才是要分析的主要内容，最终通过逐一排查而锁定故障点，只有这样才能做到有的放矢、少走弯路。

## 三、奥迪Q5（2012款）换档冲击

**故障现象** 一辆2012款一汽奥迪Q5，搭载2.0TFSI发动机，配备8HP－55（0BK）型8速手自一体变速器。驾驶人反映该车在其他修理厂维修后出现换档冲击。

该车早晨首次起动车辆时，没有预热直接加速起步，突然听见“嘎巴”一声响，随后前进档和倒档均无法行驶了。熄火后重新起动车辆，将要再次挂档起步时听见变速器内部有严重异响，直接呼叫救援，拖到修理厂进行维修。

**故障诊断** 修理人员将变速器解体后，仅发现一组离合器摩擦片轻微烧蚀（图3-50），其他元件良好。更换过新的离合器摩擦片后，重新将变速器装车进行路试，结果前进档和倒档恢复正常，挂档时变速器无任何异响了。

图3-50 轻微烧蚀的摩擦片

但新的问题出现了，在换档时，无论升档或降档都略有冲击感，而且没有规律性，无法确定冲击在哪个特定换档点上。有时3－2档冲击、有时2－1档冲击、有时2－3档冲击、有时3－4档也有冲击，该修理厂

经过多番研究，也没发现问题所在。

维修专家接车后先进行基本设定。因为该款车型变速器在维修后，需要做匹配和自适应调整才可达到最佳运行状态。利用大众专用诊断仪 5054 对该变速器原自适应值进行删除，并进行变速器相关设置，同时又按照维修手册要求进行道路自适应调整。通过匹配和自适应调整后，该车换档感觉有明显好转。但偶发性、不确定性的个别档位冲击问题仍然存在。

经查询该变速器相关数据，发现该变速器所用软件不是最新版本。于是又通过专用设备直接将该变速器软件从 02A011 版本升级到 10 版本。升级后相当于把原来的自适应值又删除了，完成升级处理后又进行了道路试验，但换档冲击感仍然存在，丝毫没有得到改善。

在反复试车都不见好转的情况下，怀疑是不是液压控制阀体出现了问题。根据该车年限和行驶里程来说，该元件不可能出现问题，但对于一个新产品来讲，也有可能存在一些小问题。于是拆卸阀体进行解体检查。当分解该变速器阀体时发现，该阀体跟 6HP 系列的变速器相似，阀体中间隔板垫是带密封胶的一次性垫子，不可重复使用。

经仔细检查终于发现问题点，就是在阀体中间隔板上有被单向阀明显冲击出的痕迹（图 3-51）。这充分说明严重的冲击痕迹是由于系统压力不稳定而造成的，在过去，只有行驶里程达到一定程度后，阀体隔板才可能出现这种“严重冲击痕迹”的现象。

**故障排除** 更换机电控制模块总成（图 3-52），经过在线编程、基本设定后路试，故障得到彻底排除。

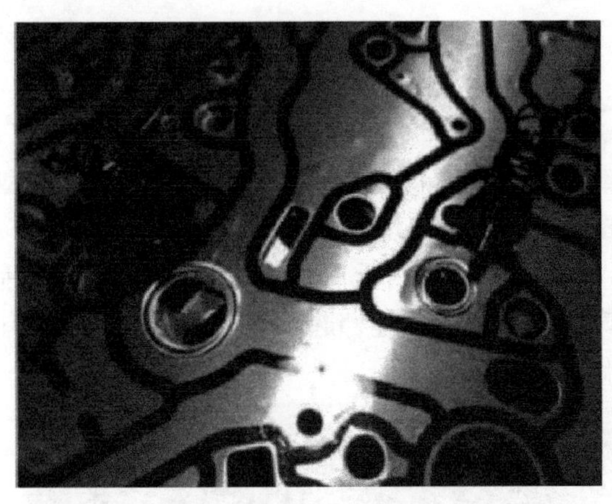

图 3-51 阀体中间隔板

图 3-52 机电控制模块总成

**技巧点拨：** 对于变速器维修，要善于抓住一些有用信息，做好进一步突破，只有这样才能在短时间内找到故障点，排除故障。

## 四、奥迪 Q5 冷起动后变速器进入应急模式

**故障现象** 一辆奥迪 Q5，配置 2.0T CUHA 发动机和 0BK 变速器，VIN 为 LFV3B28R5G3××××××，行驶里程 5056km。驾驶人反映该车在正常更换左前翼子板和

仪表台隔声棉后，在第二天早上起动后出现仪表变速器和 EPC 报警。仪表提示变速器故障可继续驾驶，当前前进档只有 D3。仪表报警如图 3-53 所示。

图 3-53 仪表报警

**故障诊断** 诊断仪检查 02 变速器内有故障码：U000100——驱动系数据总线，损坏（被动/偶发），发动机控制单元里有故障码：U010100——变速器控制单元，无通信（被动/偶发）。故障码详情如图 3-54 所示。该故障码在重新熄火起动后即可消失，一天之内不会再出现。根据引导性测试计划检查，检查结果是当前驱动总线无故障。由于是偶发故障，在故障不出现时相关系统工作是正常的，因此无法从引导性测试计划中得到帮助。

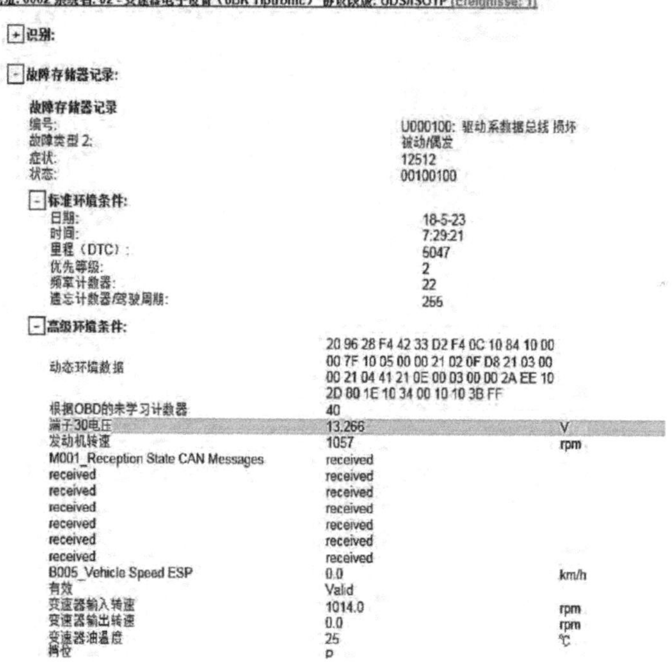

地址: 0002 系统名: 02 - 变速器电子设备（0BK Tiptronic） 协议改版: UDS/ISOTP (Ereignisse: 1)

[+] 识别:

[-] 故障存储器记录:

故障存储器记录

| | | |
|---|---|---|
| 编号: | U000100: 驱动系数据总线 损坏 | |
| 故障类型 2: | 被动/偶发 | |
| 症状: | 12512 | |
| 状态: | 00100100 | |
| **[-] 标准环境条件:** | | |
| 日期: | 18-5-23 | |
| 时间: | 7:29:21 | |
| 里程（DTC）: | 5047 | |
| 优先等级: | 2 | |
| 频率计数器: | 22 | |
| 遗忘计数器/驾驶周期: | 255 | |
| **[-] 高级环境条件:** | | |
| 动态环境数据 | 20 96 28 F4 42 33 D2 F4 0C 10 84 10 00 00 7F 10 05 00 00 21 02 0F D8 21 03 00 00 21 04 41 21 0E 00 03 00 00 2A EE 10 2D 80 1E 10 34 00 10 10 3B FF | |
| 根据OBD的未学习计数器 | 40 | |
| 端子30电压 | 13.266 | V |
| 发动机转速 | 1057 | rpm |
| M001_Reception State CAN Messages | received | |
| received | received | |
| received | received | |
| received | received | |
| received | received | |
| received | received | |
| received | received | |
| B005_Vehicle Speed ESP | 0.0 | km/h |
| 有效 | Valid | |
| 变速器输入转速 | 1014.0 | rpm |
| 变速器输出转速 | 0.0 | rpm |
| 变速器油温度 | 25 | ℃ |
| 档位 | P | |

图 3-54 变速器控制单元内的故障码

从故障码出现的前后来看，变速器总是先于其他控制单元报故障信息“驱动系数据总线，损坏”，之后其他控制单元才会报“变速器控制单元，无通信”。从这一点来分析变速器的供电和搭铁不应该存在问题，重点可能是驱动总线存在虚接、间歇性断路或是变速器控制单元本身存在质量问题。

基于上面的分析，维修人员检查了变速器 J217 到网关 J533 的所有插接器，并重新处理了相关针脚，但故障在第二天早上仍然出现。该车之前一直没有这个故障现象，本次更换左前翼子板和仪表台隔声垫后故障就出现了。

**故障排除** 根据描述并结合故障现象，分析认为是本次维修拆装不当导致线束受到挤压所致。对本次拆装过的所有项目重新检查，过程中发现在仪表台左侧，仪表台内的线束（该线束去往网关）被挤压在仪表台骨架和车身之间。线束内有多条线都被压扁，且驱动总线绝缘导线也被压破（图3-55和图3-56）。将该线束重新修复后故障彻底排除。

**技巧点拨：** 本故障是典型的人为操作不当所致，驱动总线被挤压和搭铁之间形成偶发短路。

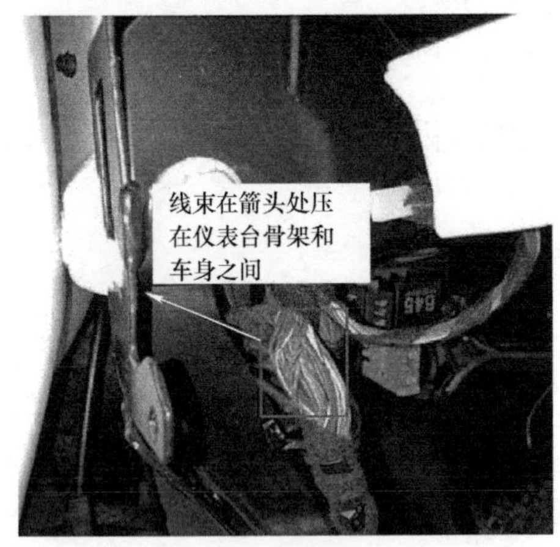


图3-55 线束被挤压的位置

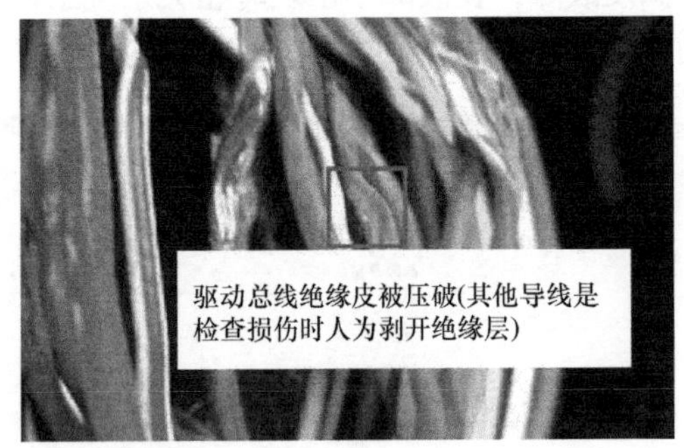


图3-56 驱动总线被压破绝缘皮

# 第三节 迈 腾 系 列

## 一、迈腾02E DSG自动变速器换档冲击

**故障现象** 一辆2009款大众迈腾1.8T轿车，行驶里程79000km，搭载了02E DSG自动变速器。该车因自动变速器存在换档冲击的故障而进厂维修。该车在热机行驶过程中由3档升至4档时存在换档冲击现象，由5档降至4档时也存在顿挫感。此外，在行驶过程中还能听到自动变速器内有“咔咔”的响声。

**故障诊断** 换档冲击产生的原因可从以下两个方面分析。

1）离合器交替接合的定时问题。如图3-57所示，如果离合器K1释放过慢，或离合器K2接合过快，都有可能导致两个离合器的重叠时间过长，形成干涉和冲击；而如果重叠时间太短或K1和K2力矩增减不匹配，则会造成转矩波动或动力传递中断，这同样会在车辆换档时形成冲击和振动。

2）离合器摩擦力的问题。离合器是通过摩擦力矩来传递动力的，而离合器摩擦力矩的大小与摩擦片的静摩擦系数及离合器油缸工作压力有关。随着摩擦片使用磨损后的间隙增大和静摩擦系数的变化，离合器的接合力矩也会变化，再加上油液黏度、油道密封性等因素的影响，造成油压波动，使离合器接合的平顺性受到干扰，便可能产生换档冲击。

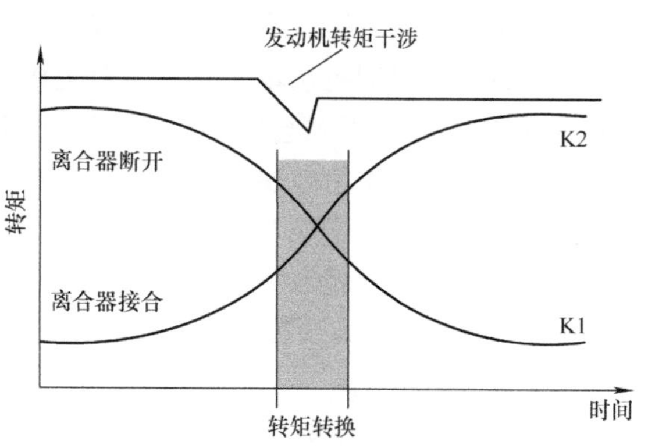

图3-57 离合器交替工作过程

根据换档冲击产生的原因分析可知，自动变速器工作过程中影响K1和K2接合或释放定时、导致油缸压力变化和离合器接合摩擦力矩变化的原因或部位，就是换档冲击的主要原因。因此，对于换档冲击这类故障，其故障原因可系统归纳为以下三个方面。

1）电控系统故障，包括传感器信号失真、执行器工作不灵敏或失效、电控单元及线路故障等。考虑到故障主要出现在3档升4档时，因此应重点检查与3档、4档工作相关的传感器和执行器，如换档电磁阀N88，档位调节位移传感器G487和G488等，此外还有可能是电控单元故障。

2）换档油路压力异常，主要涉及相关的油路、滑阀，包括多路转换器、档位调节器、离合器（K1和K2）等，可能存在泄漏、堵塞及卡滞等现象。

3）机械传动零件磨损，如K1和K2工作间隙太大和换档拨叉位移不准确等。

诊断时应遵循由外到内、由简到繁的原则。首先检测自动变速器是否存在电控系统故障，再检查油路控制阀体的油路控制（包括油路的清洁性和密封性）及滑阀、档位调节器等是否灵活、到位等，最后拆卸自动变速器进行离合器间隙和自动变速器内部齿轮啮合情况的检查。

连接诊断仪VAS6150，进入自动变速器控制单元读取故障码。没有故障码存储。为了排除自动变速器控制单元数据错乱或不匹配的影响，维修人员按照相关技术要求对自动变速器控制单元软件进行了升级。升级完成后试车，发现故障症状无明显改善。这时将档位换至N档进入“引导性功能”，读取车辆自动变速器控制单元的数据流，初步观察发现相关传感器数据并无明显异常。考虑到离合器和滑阀箱的系统油压和控制油压对换档情况的影响比较大，选取相关压力控制等主要参数进行动态观察，并和正常车辆进行比较。

在对正常车辆进行检测时，车内人数为2人，负荷保持在15%～35%，让车辆在平直路面上行驶，观察车辆由1档逐步向5档变换时各主要参数的变化情况。对于正常车辆，主压力阀N217的电流基本稳定在0.816～0.835A，K1和K2的离合器调节阀N215和N216的工作电流一般在0.45～0.56A变动，当换档时，N215的工作电流减小，N216的工作电流增加。两者增减变化都比较平滑。经过多次试验，偶尔才会在K1和K2交替切换重叠时，K2的离合器调节阀N216的控制电流会升高到0.85A。在上述条件行驶时，K1或K2的压力大多在0～3.81bar（1bar=100kPa）变动。如果路面不平整，车辆负荷或节气门开度变大，均会造成K1或K2的压力值升高。注意到各个换档执行器的数据普遍高于规定值，这并非故障现象，如果不进行对比试验，则容易造成误判。

对比进行故障车辆的检测，在车辆由 3 档换至 4 档时，可观察到 N217 的控制电流波动范围较大，说明控制单元在较大范围内调整系统油压；N216 的控制电流也经常在 035～0.85A 变动，偶尔会达到 1.236A，说明电控单元在不断调节 K2 的实际压力，使其值尽量维持在正常值范围内。据此分析在 3 档向 4 档变换时，系统油路压力可能存在泄漏的情况（热机情况下油液变稀则更为明显），压力不足造成 4 档的换档执行器未能正常工作，换档拨叉位移不能到达预期的位置或到达的时间滞后，自动变速器控制单元通过 G488 的信号确认拨叉位移不足，于是通过闭环控制功能增大主油路压力，以使档位拨叉能动作到位。

但由于主油路压力增大，而且时间滞后，会影响到 K1 和 K2 的滑差控制与动力切换控制，从而产生换档动力传输的干涉，造成换档冲击，同时过大的油压造成 4 档拨叉工作时产生异响。另外，K2 接合时，由于切换时间滞后产生干涉，也在离合器部位产生“咔咔”声。再查询系统油路（图 3-58），造成 4 档换档执行器油路压力下降的原因除滑阀箱内部油路泄漏、堵塞或部件卡滞等故障外，还可能是换档执行器（换档拨叉油缸）活塞磨损等，但由于换档执行器的拆卸工序较复杂，于是决定先更换滑阀箱。

**故障排除** 更换滑阀箱后试车，故障排除，说明故障确实是由于滑阀箱内部油路泄漏、堵塞或部件卡滞等引起的。

**技巧点拨：** 02E DSG 自动变速器内部的油路循环如图 3-58 所示，其工作过程如下：

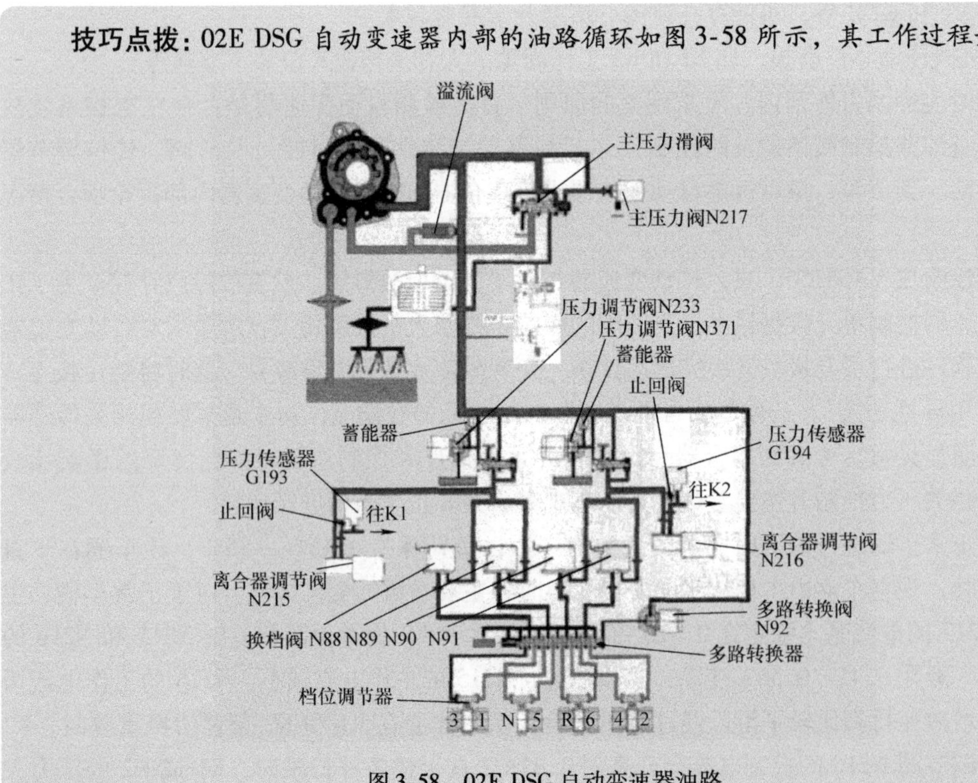


图 3-58 02E DSG 自动变速器油路

当离合器K1接合时，可将动力传递给1档、3档、5档和R档；当离合器K2接合时，可将动力传递给2档、4档和6档。K1和K2由自动变速器控制单元控制，且只能有一个接合传递动力，另一个必须断开。以3档换4档的过程为例，参照图3-58可知，自动变速器处在3档时，K1由离合器调节阀N215控制而处于接合状态，发动机的转矩通过3档齿轮传递给主减速器。当需要升至4档时，换档阀N90通电打开，油压到达多路转换器的4档和R档所对应的油道口。此时多路转换阀N92也通电打开，主油路的油压经过多路转换阀到达多路转换器的右端，并克服多路转换器弹簧的预紧力，使多路转换器的活塞向左移动，此时通过换档阀N90将作用在多路转换器4档上的油路通道接通，4档调节器在油压作用下推动4档拨叉移动，从而带动4档同步器的滑套，使4档齿轮和输出轴2接合，实现档位的变换，但此时K2还没有接合，动力仍未实现4档传递。自动变速器控制单元控制离合器调节阀N216逐渐打开，同时控制离合器调节阀N215逐渐关闭，最终使离合器K2的压力逐渐增大到完全接合，而离合器K1的压力则逐渐减小到完全断开，从而在不中断动力传递的情况下实现档位变换（图3-57）。

## 二、迈腾09G变速器大修后入D档冲击

**故障现象** 一辆2008年大众迈腾，装配09G变速器（AQ250），VIN为LFV3A23C78××××××××，行驶里程98000km。该车变速器因驱动后行星轮架的离合器K2的活塞损坏，进行了大修。大修过程中更换了K2的活塞及大修包中的摩擦片，翻新了变矩器。大修后出现变速杆挂入D档时有冲击，而且行驶中5档降4档时有冲击。

**故障诊断** 09G变速器的传动简图如图3-59所示。这款变速器的行星齿轮传动机构分为前后两组行星排，属于“Leplletier（莱佩莱捷）”式结构。变速器各档位元件动作见表3-1。

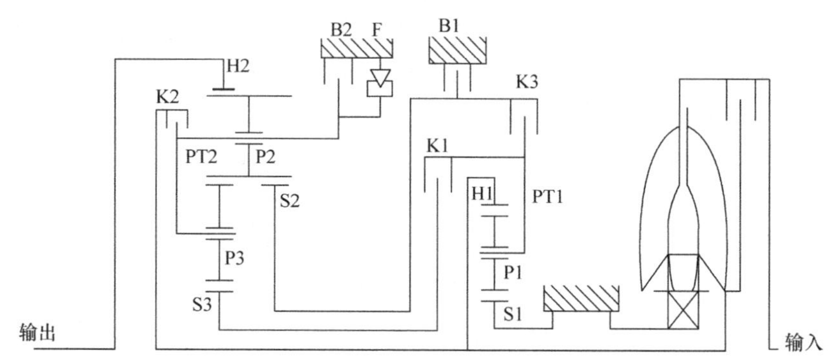


图3-59 09G变速器的传动简图

PT1—前行星轮架 P1—前行星轮 S1—前太阳轮 H1—前齿圈 PT2—后行星轮架
P2—长行星轮 P3—短行星轮 S2—大太阳轮 S3—小太阳轮 H2—后齿圈（输出元件）
K1、K2、K3—离合器 B1、B2—制动器 F—单向离合器

**表 3-1　变速器各档位元件动作**

| 档位 | 电磁阀 | | | | | | | | 执行元件 | | | | | |
|---|---|---|---|---|---|---|---|---|---|---|---|---|---|---|
| | N88 | N89 | N92 | N282 | N90 | N283 | N93 | N91 | K1 | K2 | K3 | B1 | B2 | F |
| P | | | 通电 | 通电 | 通电 | 通电 | 通电 | | | | | | | |
| R | | | 通电 | 通电 | | 通电 | 通电 | | | | | | | |
| N | | | 通电 | 通电 | 通电 | 通电 | 通电 | | | | | | | |
| 1 | T | T | | 通电 | 通电 | 通电 | 通电 | | 动作 | | | | | 动作 |
| 2 | | | | 通电 | 通电 | | 通电 | 通电 | | 动作 | | 动作 | | |
| 3 | Z | T/Z | | 通电 | | 通电 | 通电 | 通电 | 动作 | 动作 | 动作 | | | |
| 4 | Z | T/Z | | | 通电 | 通电 | 通电 | 通电 | 动作 | 动作 | | | | |
| 5 | Z | T/Z | 通电 | | | 通电 | 通电 | 通电 | | 动作 | 动作 | | | |
| 6 | Z | | 通电 | | 通电 | | 通电 | 通电 | | 动作 | | 动作 | | |

注：T—Tiptronic 手动换档时动作；Z—换档时动作。

从上述的结构简图及元件动作可以看出，在变速杆挂入 D 档时，变速器切换到 1 档，切换的执行元件是 K1 及单向离合器 F，而 F 是非用油元件。在行驶中 5－4 档时，切换的执行元件是 K1。由此可见，入 D 档冲击及 5－4 档冲击，这两种冲击现象很可能是由于执行元件 K1 有故障造成的。

通过元件动作可以看出：电磁阀 N92 控制 K1 的工作。冲击现象很可能是 K1 接合速度过快造成的。造成离合器接合速度过快的原因有：变速器系统工作油压过高，离合器间隙过小或电磁阀 N92 控制有问题。

结合本车的实际情况，因变速杆挂入 R 档以及行驶过程中其他档位切换均正常，可以初步排除系统工作油压过高的可能。

首先考虑变速器控制单元对 N92 电磁阀工作电流的控制是否有问题。尤其是大修了变速器，各用油执行元件的摩擦片间隙都发生了变化，应该对变速器控制单元的学习值进行清除及重新学习。于是，按照标准流程进行了节气门基本设置、强制降档设置，以及在原地及行驶中进行了变速器控制单元的自适应学习。结果是冲击现象得到明显改善，但还是存在。尤其是在车辆停放一段时间后，再次起动运行时，仍有强烈的冲击现象。

通过诊断仪 VCDS 读取 N92 控制电流的动态变化如图 3-60 所示。从图 3-60 中可以看出，变速杆从 N 位置移到 D 位置的过程中，N92 的控制电流在一段时间内是阶梯变化的，体现出了控制单元对各充油阶段的有效控制。对比其他正常车辆，未见异常。

由此可以排除控制单元及电磁阀有问题的可能性。该款变速器设有 K1 的油压测试孔，利用压力传感器及示波器，测量 N－D 过程中“K1 的实际工作油压”的变化过程，如图 3-61 所示。通过 K1 的压力变化过程可以看出，充油时间是 1.805s，时间过短。由此可以推断：大修过程中 K1 的间隙可能调得太小。

**故障排除**　重新拆解变速器总成，检查发现 K1（图 3-62）的间隙是 0.5mm，正常工作间隙是 1.2mm。重新选配 K1 的摩擦片，间隙调整到正常值，装车后故障排除。此时 K1 的实际工作油压在 N－D 过程中的变化如图 3-63 所示。调整间隙后，K1 的充油时间是 2.151s，比未处理前长了 0.346s，就是这个时间差造成了如此严重的冲击。

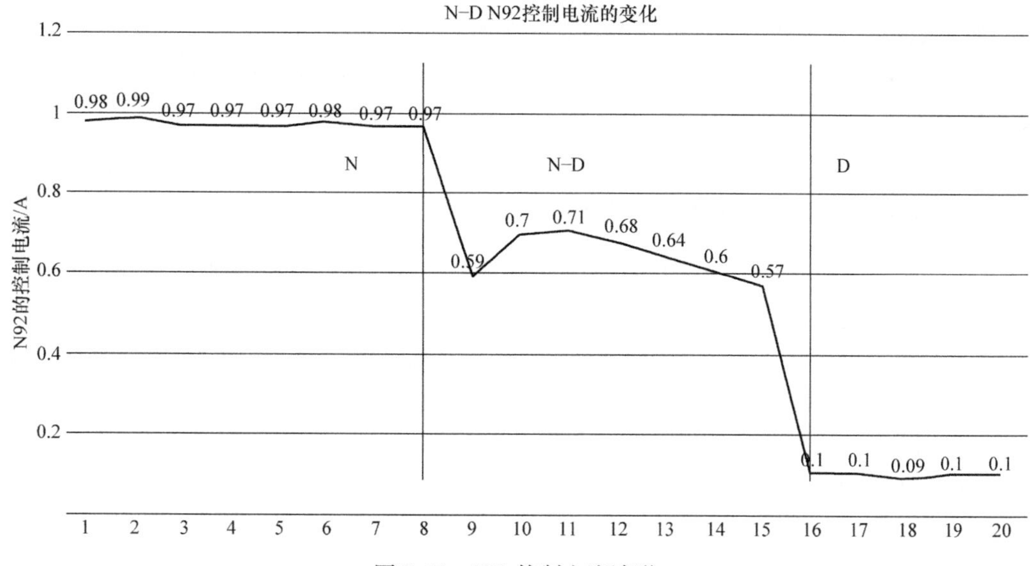


图 3-60　N92 控制电流波形

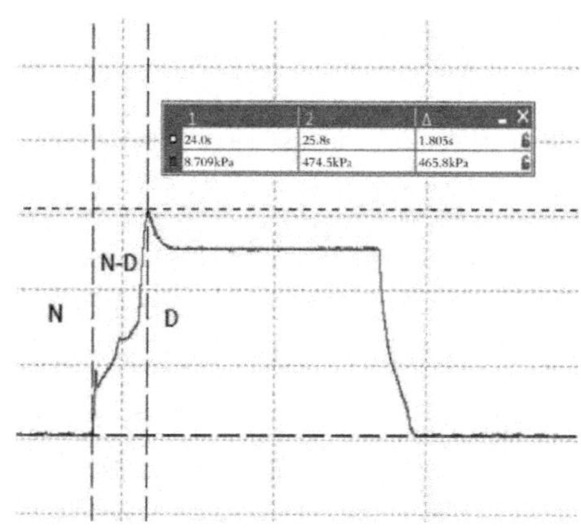


图 3-61　油压及波形测量

图 3-62　离合器 K1

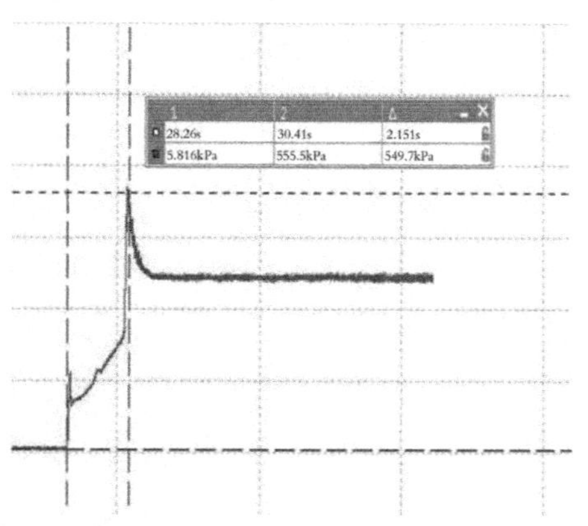


图 3-63　油压和波形（正常）

**技巧点拨：** 多档位自动变速器对执行元件摩擦片的间隙要求较高，在维修过程中要给予充分重视。虽然变速器控制单元有自学习功能，但偏差超过一定范围后，控制单元也无能为力。

## 三、迈腾 09G 自动变速器升档慢

**故障现象** 一辆一汽大众迈腾轿车，行驶里程 11 万 km，搭载 2.0TSI 发动机和 09G 自动变速器。据驾驶人反映，该车自动变速器升档慢，且油耗较高，发动机噪声很大。

**故障诊断** 接车后，查看仪表发现该车百千米平均油耗为 15L，而正常情况下该车型在市区行驶百千米平均油耗应为 10L 左右，由此可见油耗确实偏高。

连接诊断仪 VAS5052A 对车辆进行检查，无故障码存储。查看空气流量传感器、节气门开度、燃油高低压压力、喷油脉宽、氧传感器及废气涡轮增压器的数据，均在正常范围内。由于数据分析并未发现异常，于是对车辆进行路试检查，发现发动机动力性能正常，但自动变速器升档较慢，尤其是 D4 档，当发动机转速为 4000r/min，车速达到 80km/h 时才能换入 D4 档。使用手动模式行驶时，车辆能够正常行驶。正常行驶时由 D 档挂入 N 档，再挂回 D 档，档位会升入较高档位，然后慢慢回到低档。根据该现象判断油耗高的原因是行驶中自动变速器升档慢，车辆总是以低速档行驶，发动机转速较高，噪声就会增大。

影响自动变速器换档的主要因素有发动机转速、发动机转矩、节气门开度、加速踏板位置、自动变速器输出转速和车速等。之前已对发动机部分进行了大致的检查，发动机动力性能也都正常，因此决定将检查重点放在自动变速器部分。

检查自动变速器油，油质和油位均正常；放出自动变速器油并拆检滤网，均未发现异常；更换自动变速器油后试车，故障依旧。考虑到手动模式换档正常，说明故障应该不在机械传动部分，应将检查重点放在电控部分。对车辆进行试车，并用诊断仪 VAS5052A 读取自动变速器实时数据流（图 3-64），发现不论车辆行驶在上坡路段还是下坡路段，数据块 004

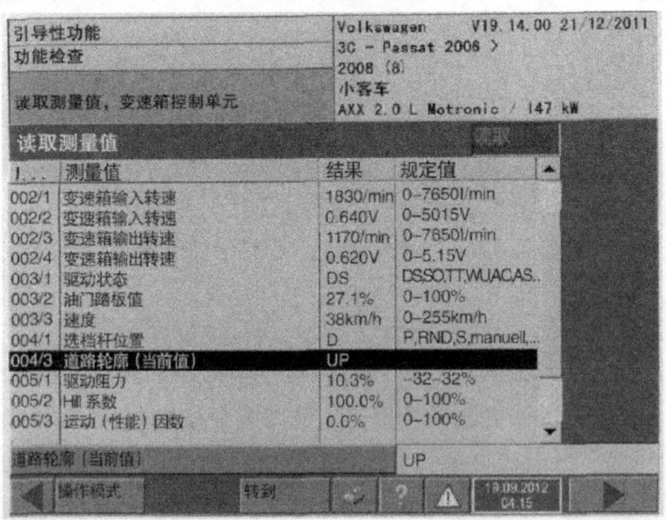


图 3-64 自动变速器实时数据流

组第3区的“道路轮廓”一直显示为“UP”，即上坡模式；数据块005组的第2区“Hill（坡度）系数”一直在60%～100%变化。正常车辆的这2组数据应该会随着路面实际情况变化而变化。

根据上述检测结果分析可知，自动变速器升档慢是由于自动变速器控制单元识别到车辆一直处于爬坡状态（爬坡状态下，自动变速器会降低档位以增加发动机的转矩）。那么自动变速器是如何识别车辆行驶状态的呢？据资料所知，当代车辆的自动变速器主要依靠发动机的输出转矩来进行判断。发动机的输出转矩是通过加速踏板位置信号、节气门开度信号、发动机转速和车速等间接反映的。然而，从数据流可以看出，这些数据均在正常范围内。因此怀疑是自动变速器控制单元本身有问题。尝试更换自动变速器控制单元后试车，故障依旧。

维修至此陷入僵局。仔细思考后，应该搞清楚自动变速器控制单元一直判断车辆处于上坡状态的原因。为此，必须搞清楚这款车计算道路坡度的具体方法，不能想当然。翻阅了相关技术资料后得知，自动变速器判断道路坡度的方法主要有两种，大部分车辆根据输出转矩来判断；而另一种则根据纵向加速度来判断。根据纵向加速度来判断道路情况的车辆需要两个信号值，一个是纵向加速度信号，另一个是车辆加速度信号。迈腾车标配ESP功能，纵向加速度传感器集成在电子制动控制单元（J540）内，读取J540的数据（图3-65），怀疑纵向加速度传感器（G251）信号不正确，由于并无该传感器的标准数据，于是尝试断开J540的导线连接器，试车发现，自动变速器换档正常了，说明故障就是由G251引起的。

| 测量值 | 结果 | 规定值 |
|---|---|---|
| 切断电流，左侧，达到 | 17.900 A | |
| 切断电流，右侧，达到 | 17.300 A | |
| 制动器功能状态和故障指示灯 | 灯打开 | |
| 故障指示灯EPB状态 | 灯断开 | |
| 按钮灯EPB状态 | 灯打开 | |
| 自动保持指示灯状态 | 灯断开 | |
| 换档锁指示灯状态 | 灯断开 | |
| 横向加速度传感器-G200原始数值 | 0.00 m/s2 | |
| 横摆角速度传感器-G202原始数值 | -0.31 ?s | |
| 纵向加速度传感器-G251原始数值 | 0.778 m/s2 | |
| 左后制动器操作计数器 | 3508 | 0 - 65500 |
| 右后制动器操作计数器 | 3508 | 0 - 65500 |
| 发动机电压，左侧/电源电压，左侧 | 13.1 V | 10.5 - 14.5 Volt |
| 发动机电压，右侧/电源电压，右侧 | 13.1 V | 10.5 - 14.5 Volt |
| 电压总线端30 | 13.3 V | 10.5 - 14.5 Volt |
| CAN端子15状态 | 端子15接通 | |
| EPB按钮-E538状态 | 未操作 | |
| -自动保持-按钮E540状态 | 未操作 | |
| 制动灯开关-F-状态 | 制动灯开关接通 | |
| 驾驶员请求制动 | 未操作 | |
| 离合器踏板行程 | - | 0 - 250 |
| 倒车灯 | 关闭 | |
| 驾驶员侧车门 | 车门开启 | |
| 安全带锁 | 安全带：'否' | |
| 至ABS的数据总线的连接状态 | ABS 1 | |
| 数据总线与安全气囊连接的状态 | 安全气囊1 | |

图3-65 J540的数据

**故障排除** 更换 J540 后试车，换档恢复正常，用诊断仪 VAS5052A 读取实时数据流（图 3-66），也正常。至此，故障彻底排除。

**技巧点拨**：该车辆的自动变速器主要采用纵向加速度来判断道路坡度，纵向加速度传感器故障，采集了错误的坡度信号，造成自动变速器换档推迟。当断开 J540 时，自动变速器控制单元无法通过纵向加速度传感器的信号判断坡度，只能改用输出转矩来计算坡度，因此换档正常。

## 四、迈腾 0AM 双离合变速器 D 位时有较大冲击

**故障现象** 一辆一汽大众迈腾，配置 CFB 1.4T 发动机、0AM 7 速 DSG 变速器，VIN 为 LFV2A23C2B3××××××，行驶里程 7 万 km。驾驶人反映车辆向前起步，变速杆移到 D 位时有较大冲击。行驶过程中换档也有冲击，驾驶舒适性差。

**故障诊断** 检查各电控系统，无故障码存储。变速器控制单元自诊断信息如图3-67所示。该车最初因起步抖动，更换了双离合器总成。在此之后无法完成变速器的基本设置，试车就出现上述故障现象。维修人员反复三次更换、调整离合器总成，均无法排除故障。

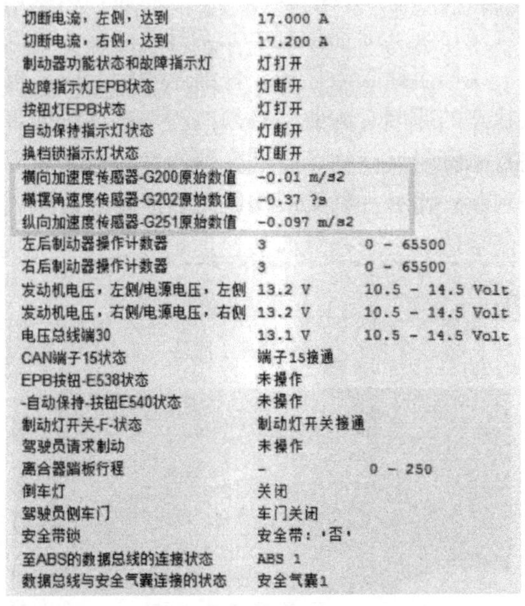

| | | |
|---|---|---|
| 切断电流，左侧，达到 | 17.000 A | |
| 切断电流，右侧，达到 | 17.200 A | |
| 制动器功能状态和故障指示灯 | 灯打开 | |
| 故障指示灯EPB状态 | 灯断开 | |
| 按钮灯EPB状态 | 灯打开 | |
| 自动保持指示灯状态 | 灯断开 | |
| 换档锁指示灯状态 | 灯断开 | |
| 横向加速度传感器-G200原始数值 | -0.01 m/s2 | |
| 横摆角速度传感器-G202原始数值 | -0.37 ?s | |
| 纵向加速度传感器-G251原始数值 | -0.097 m/s2 | |
| 左后制动器操作计数器 | 3 | 0 - 65500 |
| 右后制动器操作计数器 | 3 | 0 - 65500 |
| 发动机电压，左侧/电源电压，左侧 | 13.2 V | 10.5 - 14.5 Volt |
| 发动机电压，右侧/电源电压，右侧 | 13.2 V | 10.5 - 14.5 Volt |
| 电压总线端30 | 13.1 V | 10.5 - 14.5 Volt |
| CAN端子15状态 | 端子15接通 | |
| EPB按钮-E538状态 | 未操作 | |
| -自动保持-按钮E540状态 | 未操作 | |
| 制动灯开关-F-状态 | 制动灯开关接通 | |
| 驾驶员请求制动 | 未操作 | |
| 离合器踏板行程 | - | 0 - 250 |
| 倒车灯 | 关闭 | |
| 驾驶员侧车门 | 车门关闭 | |
| 安全带锁 | 安全带：'否' | |
| 至ABS的数据总线的连接状态 | ABS 1 | |
| 数据总线与安全气囊连接的状态 | 安全气囊1 | |

图 3-66 更换 J540 后的实时数据流

维修专家接手该车后，首先对比检查双离合器的特性曲线，图 3-68 所示为匹配该款 1.4T 发动机（96kW/5000r/min、220N·m/1750~3500r/min）的车型双离合器特性曲线。采集故障车辆的自诊断数据，绘制两个离合器的工作特性曲线，如图 3-69 所示。

地址: 0002 系统名: 7速双离合器变速器0AM 协议改版: KWP2000/TP20 (Ereignisse: 0)

[-] 识别:

| | |
|---|---|
| 硬件零件号 | 0AM927769D |
| 零件号 | 0AM300050D |
| 硬件版本号 | 043 |
| 软件版本号 | 9032 |
| 制造日期 | 10.07.2013 |
| 编码 | 20 |
| 可擦写性 | 可刷新 |
| 系统名称 | GSG DSG AG7 431 |

图 3-67 自诊断信息

离合器 K1 与离合器 K2 的匹配点 $P_4$ 均未达到 220N·m 的标准转矩值，离合器 K2 的匹配点 $P_3$ 位置也不在正常范围之内。初步分析故障原因是：变速器控制单元中存储的“离合

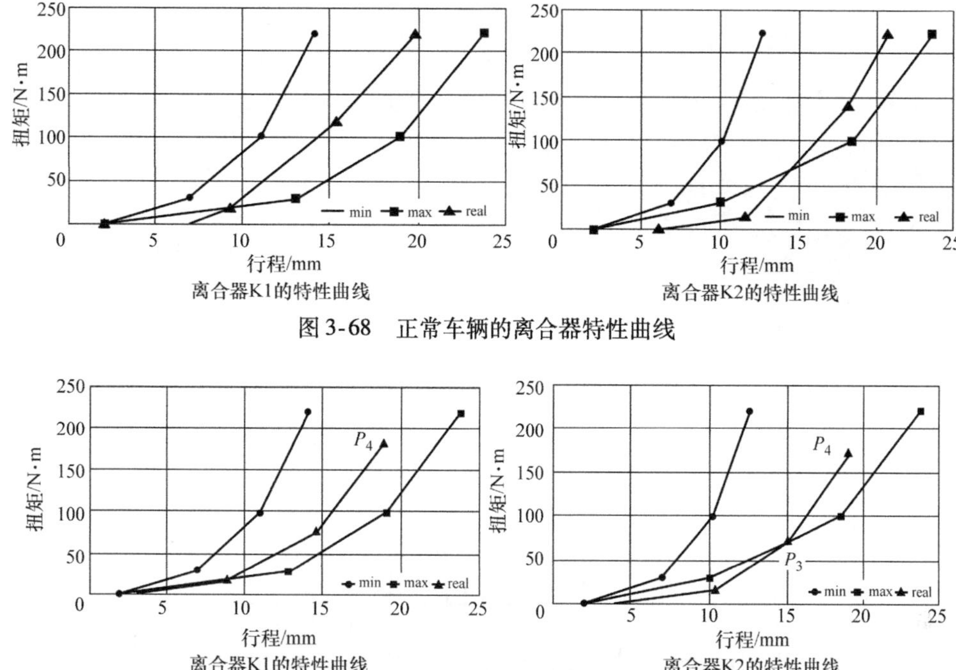


图 3-68　正常车辆的离合器特性曲线

图 3-69　故障车辆的离合器特性曲线

器接合位置，传递转矩”关系不正常。换档时，K1 与 K2 交替“接合”及“分离”过程中，发动机与变速器不能协调配合，引起换档“冲击”，造成驾驶舒适性下降。

变速器基本设置程序如果不能完成，控制单元会将程序中止原因以“中止代码”的形式提供给维修人员。本车的基本设置中止代码信息如图 3-70所示。

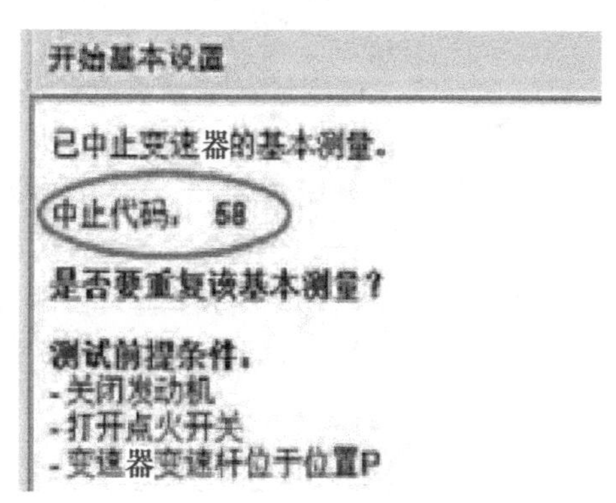


图 3-70　基本设置中止代码信息

查询相关维修资料，得知“中止代码：58”的含义原文：“挂档 G6，挂入位置失真，超时”。中止代码 58 设定条件原文：“测量挂档行程：档位调节器行程 G6 不稳定或者未处于 1.5mm < 档位调节器行程 < 20mm 之间（到默认空档的距离等于 0mm）”。

进行基本设置时，主要有两个步骤。首先是打开点火开关时发动机不运转，变速器控制单元指令各换档拨叉进行动作，学习、记录各换档拨叉的工作位置。其次是在发动机怠速运转的情况下，指令两个离合器操纵杆动作，学习、记录其位置及离合器传递的转矩。本车执行基本设置过程中，变速器控制单元发现“6 档同步器”在接合过程中出现异常，拨叉的行程位置不正确或同步器接合的过程超时。变速器控制单元为确保机械部件的安全，中断了基本设置过程，因此变速器控制单元没有机会正确存储两个离合器的特性曲线。0AM 变速器换档拨叉的结构如图 3-71 所示。

故障点指向 6/R 档换档拨叉及 6 档同步器等部件。试车过程中采集各换档拨叉数据，对比 6/R 换档拨叉及 5/7 档换档拨叉在行驶中的数据变化曲线，如图 3-72 所示。

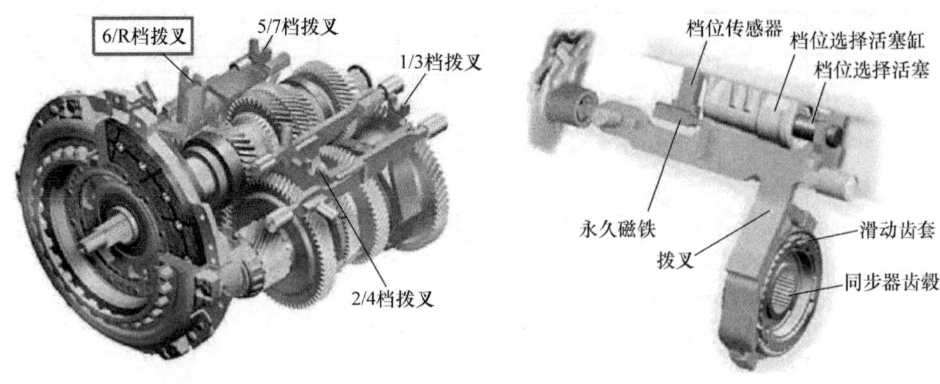


图 3-71　换档拨叉结构

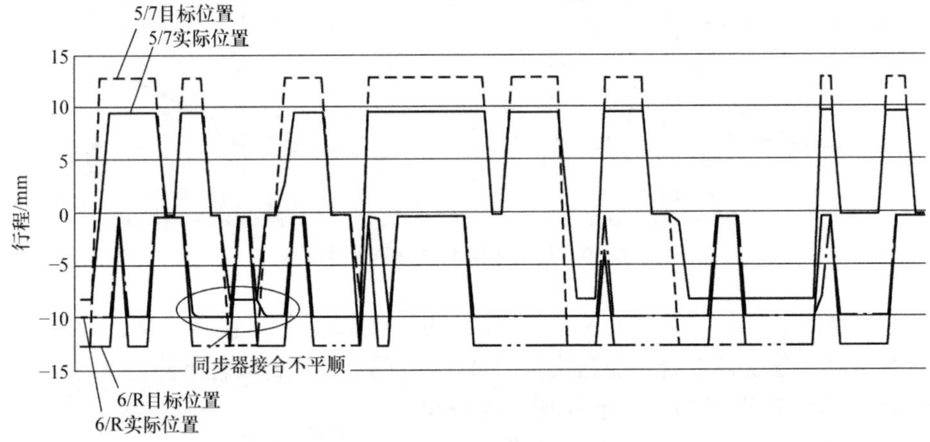


图 3-72　6/R、5/7 档换档拨叉位置数据

根据图 3-72 中 6/R 换档拨叉行程数据，6 档同步器接合时的行程为 -10mm，而其他换档拨叉的行程数据在 -8.5 ~ +8.5m 范围之内。对比 5/7 换档拨叉的行程数据可知：6/R 换档拨叉接合 6 档同步器时行程过大，而且同步器接合过程不平顺。由此，进一步验证了基本设置中止代码 58 的指向是正确的，即 6 档同步器接合过程异常。

拆下机电控制单元，检查换档拨叉，如图 3-73 所示。对比其他各换档拨叉，检查 6/R 换档拨叉时发现两点异常：①用手扳动 6/R 换档拨叉挂 6 档时，有明显的卡滞，不顺畅；②径向推拉拨叉，比较松旷，间隙明显大于其他拨叉，可达到 3mm 左右。

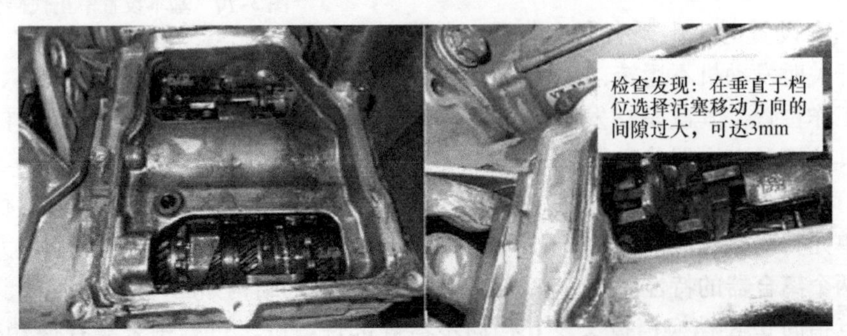


图 3-73　检查换档拨叉

**故障排除** 进一步检查发现，换档拨叉轴的滚珠轴承有较大磨损，更换变速器总成之后，故障彻底排除。

**技巧点拨：** 本案例中换档拨叉轴与双离合器总成，看似没有什么关联的两个部件，却在特定的条件下产生了相互影响。只有了解这款变速器的结构及控制原理，才能避免出现头痛医头、脚痛医脚反复更换同一部件的思维困境。

# 第四节 帕萨特系列

## 一、帕萨特 DSG 变速器工作反复无常

**故障现象** 一辆2013年上海大众新帕萨特轿车，该车搭载1.8T发动机同时匹配使用DQ200（0AM）型7速干式DSG变速器。据驾驶人描述该车在正常使用中仪表中的扳手灯（故障灯）突然出现频闪情况，随即出现挂档冲击、起步加速冲击及换档冲击等现象，严重时还会出现前进档和倒档均不能行驶的情况。

**故障诊断** 车辆进厂后维修人员并没有急于去进行路试，而是先连接故障诊断仪进行电控系统的检测，通过诊断仪读到图3-74所示的多个故障码。考虑到这四个故障码均是偶发性的，因此先删除故障码然后进行路试。在试车时并没有任何故障征兆的情况下，仪表故障灯就开始闪烁，此时变速器还能行驶（行驶在4档上），但明显感觉是不正常的。经仔细试车发现变速器奇数档（1档、3档、5档、7档）全部失效，仅能以2档、4档、6档行驶。再次读取电控系统故障存储器，结果记录了“0185——5档无法挂接”的故障码。当再继续试车时却又出现了发动机动力彻底中断的情况，且偶数档部分也失效了，因此停车后无论挂前进档还是倒档时车辆均不能行驶，重新起动后只能暂时使用偶数档开到维修厂。

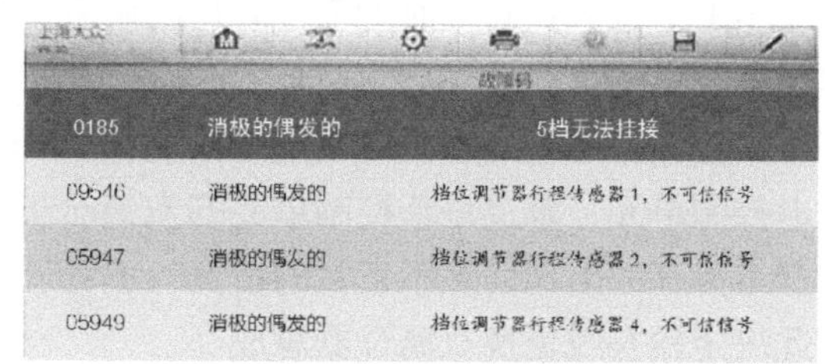

图3-74 车辆进厂后读到的故障码

从故障现象来看应该是变速器控制单元起动了故障应急模式：一个是切断奇数档离合器的工作，另一个是连带偶数档离合器的工作一起被切断。单从“0185——5档无法挂接”的故障码以及实际试车情况来分析，当变速器执行4档时，正常情况下5/7档同步器要被控制单元切换至5档侧，以做好预选档的准备，如果控制单元通过5/7档行程传感器没有获得5档的位置信息，那么控制单元在记录0185故障码的同时奇数档离合器K1的供油将被切断，此时故障灯点亮的同时奇数档部分将彻底被关闭，动力传递只能以偶数档变速器来实现。因此，就该故障码来说（因为开始时是单独出现的），形成故障的可能性就会有：首先是传感器或控制单元存在故障，其次是电磁阀及阀体输出至5/7档同步器的压力不足导致无法挂接，最后就是5/7档同步器磁铁上面存有过多的金属屑，造成5档位置信号不明确，当然目前来看同步器机械故障的可能性还不大。对于另外3个故障码来说几乎不可能存在同时出现

故障的可能，它们分别是指1/3档同步器位置信息、2/4档同步器位置信息及6/R档同步器位置信息都是不可信的，所以通过这一点来分析应该是变速器的J743机电控制单元损坏了。

利用诊断仪进入变速器电控系统的56－58组数据通道，看是否记录相应的FID码信息。通过检测确实在56组数据流中发现了4个FID码（图3-75），分别是70、39、40、42。那么通过对4个FID码的查询其对应的解释及解决方案是，70：变速器控制单元尝试挂入5档的次数超出允许范围，关闭分变速器1（奇数档）并紧急运行分变速器2（偶数档），其对应的SAE码就是P073A/21070 5档不可调，解决方案是更换变速器总成（注：可能早期确实没有其他很好的解决办法）；39、40、42：换档执行器（同步器）1/3档的行程传感器、2/4档行程传感器及6/R档行程传感器信号不可信，控制单元会关闭相应的奇数档或偶数档，并以紧急的偶数档或奇数档来运行，解决方案是更换J743机电控制单元，如大于20万km则更换变速器总成。

根据FID的解释及解决方案要求，不可能直接去更换一个变速器总成，结合故障码内容的分析再加上FID码的信息，应该先去更换J743机电控制单元也许就能够排除故障。可是没有想到的是，更换新的控制单元后又出现了“05999——离合器2不经意闭合”的故障码（图3-76），同时变速器偶数档位全部失效仅能以奇数档位来行驶。此时56组数据流也仅记录一个117号FID码，而117号FID的解释却是K2离合器额定信息与实际信息进行比较，出现未分离情况或处于自动接合，此时记录05999故障码的同时偶数档被切断，仅能以奇数档位来行驶。对应的解决方案却还是更换J743机电控制单元，要知道更换的确实是全新的机电控制单元，难道是新控制单元与双离合器中K2离合器的实际信息不匹配？还是K2离合器本身真的出现信息不正常的情况？不管怎么说至少变速器原有的故障码再没有出现过，因此决定检查或更换双离合器总成。

| | |
|---|---|
| □ 53-2 状态，齿轮盘 | 2 |
| □ 53-3 状态，离合器 | 2 |
| □ 53-4 状态，离合器路径 | 2 |
| □ 56-1 错误内存，输入 1 | 70 |
| □ 56-2 错误内存，输入 2 | 39 |
| □ 56-3 错误内存，输入 3 | 40 |
| □ 56-4 错误内存，输入 4 | 42 |
| □ 57-1 错误内存，输入 5 | 65535 |
| □ 57-2 错误内存，输入 6 | 65535 |

图3-75　FID码

图3-76　更换全新J743机电控制单元后读到的故障码

拆下变速器后重点检查K2离合器间隙，但并没有发现明显问题，所以决定更换一个全新的双离合器总成（图3-77）。调整双离合器间隙装车后在匹配过程当中K2离合器还是通不过，故障码还是05999，同时FID码依然是117。

在这种情况下大家又把旧的J743机电控制单元重新装车，但装车后还是出现0185的故障码，而且FID依然是70。为了区分是控制单元故障还是阀体故障，又把原车控制单元和另一块阀体进行组合，结果安装后还是报0185故障码，通过这种排除法基本可以判定全新的J743机电控制单元中的控制单元极有可能存在问题。由于全新的J743机电控制单元配件商不允许对其分解，后来又把一辆迈腾车的没有问题的阀体与原车控制单元再一次进行组合，最终还是报0185故障码。维修人员还进行了新旧J743机电控制单元的离合器推杆长短的比较，长短尺寸一样没有任何问题（注：新旧款离合器推杆长短是不一样的），在这种情况下也只能通过配件商再重新提供一个J743机电控制单元（图3-78）。

图3-77 更换的全新双离合器总成

图3-78 更换的J743机电控制单元

**故障排除** 最后重新更换一个新的J743机电控制单元进行重新编程，装车后做基本设定顺利通过，经过长时间试车故障彻底得到解决。

**技巧点拨：** 众所周知，目前大众0AM干式双离合器DSG变速器问题依然不断，虽然厂家在软硬件方面不断进行升级和优化，但一些普遍性的问题还会经常出现。新的不代表就是好的，而旧的不代表就是坏的。当然全新的配件存在问题毕竟概率不高。对于大众0AM干式双离合器DSG变速器来说，市场当中所谓的全新配件不一定就是达到出厂合格标准的，极有可能就是下线产品或稍有缺陷的产品，所以配件的采购渠道也是非常重要的。

## 二、帕萨特DSG变速器基础设定报中断代码“40”

**故障现象** 一辆全新帕萨特1.8T，配备型号为NPE的最新DSG变速器，行驶里程29519km。因倒档加速行驶时，车辆会出现一次较为严重的冲击，经判断为变速器机电控制单元故障，对其更换新机电单元，基础设定时报出中断代码“40”，设定不能成功。

**故障诊断** 经查阅资料得知，中断代码“40”的具体含义为：“档位调节器2、4行程未处于区间-0.8～+0.8mm之内或者不稳定”，即2/4档拨叉没有在0±0.8mm之内。图3-79所示为各档位置传感器及档位调节器相关位置。

更换新机电单元时，设定前需将变速器内各拨叉位置置于空档位置（通过专用诊断仪进行空档设置），为了确保位置的正确性以及拨叉能顺利入档，维修人员检查了各档同步器工作情况，未发现异常后按要求装配新的机电单元。此时按要求测量新机电单元各档档位调节器推杆顶端到调节器端面的距离为25mm（图3-80）。

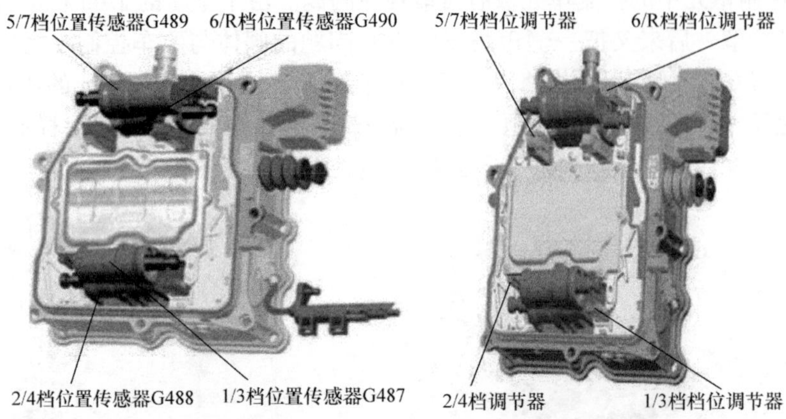


图 3-79　各档位置传感器及档位调节器相关位置

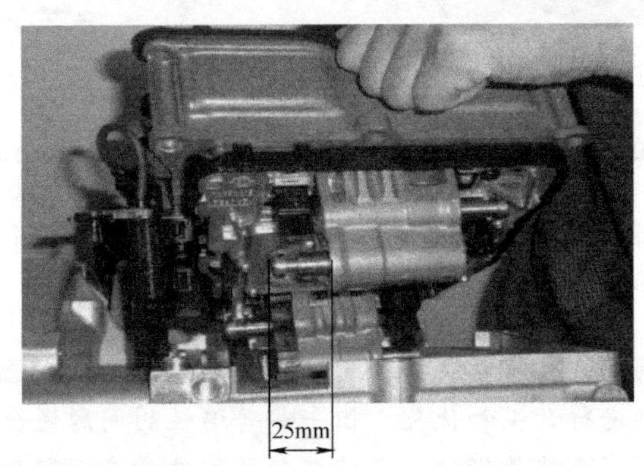


图 3-80　各档档位调节器推杆顶端到调节器端面的距离

所有步骤装配完成后，进行基础设定报出中断代码“40”，即2/4档位置不正确。因自信装配位置不可能出现问题，于是再从库房倒换一新机电单元，装配后设定，同样报出中断代码“40”，这其中又有什么原因呢?

为了能找到其中出错的原因，维修人员调取了一正常车辆设定后的数据进行了对比(表3-2)。

**表 3-2　G487、G488 数据流对比**

| G487 数据流对比 | 故障车辆 | 正常车辆 |
|---|---|---|
| 130 组 1 区 | 12. 8mm | 12. 8mm |
| 130 组 2 区 | 8. 2mm | 8. 7mm |
| 130 组 3 区 | 2690 | 2695 |
| 130 组 4 区 | 2885 | 2956 |
| G488 数据流对比 | 故障车辆 | 正常车辆 |
| 140 组 1 区 | 0 | -0. 1mm |
| 140 组 2 区 | -0. 65mm | -0. 1mm |
| 140 组 3 区 | 1376 | 2674 |
| 140 组 4 区 | 1005 | 1130 |

虽没能找到有关DSG数据的具体含义资料，但从上面对比情况来看，还是可以清楚地看到：对1/3档位置传感器G487，故障车辆和正常车辆数据基本一致，相差无几；而2/4档位置传感器G488的数据偏差太大，2/4档位置出错肯定无疑。而各档调节器和传感器均集成在机电单元内，机电单元已连续更换两个，那么调节器和传感器出现故障基本不可能，难道问题会出在变速器内？当问题分析到这里其实已经逐步接近故障点，此时共同排除故障的维修人员之一恍然大悟，因为第一次拆卸机电单元是由他来完成的，他回忆当时拆开机电单元时，有一小块磁铁从里面掉出，他并没在意，而是随手将掉出的磁铁块按原位装回了（图3-81）。

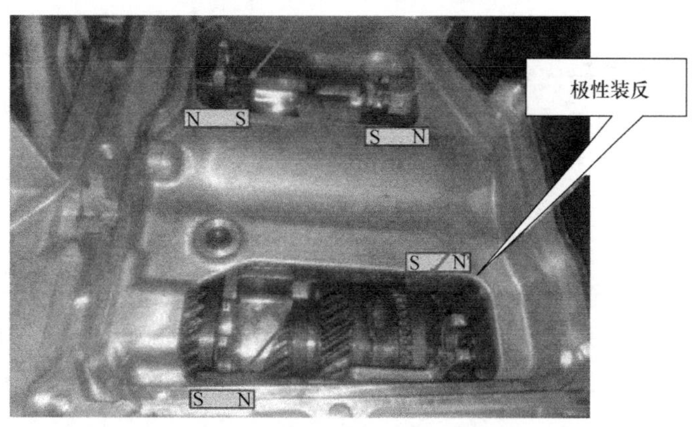


图3-81　此时磁铁的位置及极性

**故障排除**　所谓的随手装回，实际上才是导致问题的所在，他是将磁块装到位，但却没有注意上面的极性方向。事实证明极性装反将会导致传感器数据出错，从而导致基础设定失败。

由图3-82可以看出，位置传感器和永久磁铁是配套使用的。事实证明永久磁铁有磁极要求。经倒换装反的2/4档永久磁铁的极性方向后，装配完成再次基础设定，一次性成功。

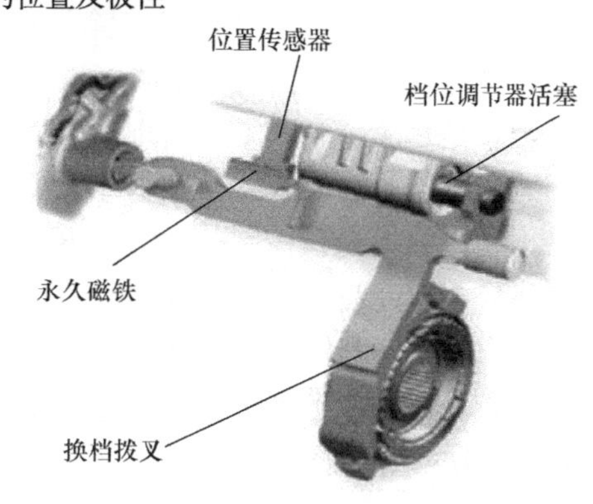


图3-82　永久磁铁的位置

**技巧点拨：**该故障实际就是由一起粗心操作导致的，当维修人员发现掉出的磁铁时，如果细心观察，会留意到上面标有南北极性，如果此时去查阅资料或与同类车对比，就可以轻松解决问题。

# 第五节　大众其他系列

## 一、CC变速器不能换至4档

**故障现象**　一辆2013年一汽大众CC运动版轿车，该车搭载2.0L发动机同时匹配使用

02E（DQ250）型6速湿式双离合器变速器（DSG）。该车在正常使用中偶发性出现不能换至4档故障，有时还会出现2－3档和3－4档换档点时间不对的现象。更换过多块机电控制单元J743总成、双离合器总成，包括所有密封件的更换，甚至更换了变速器总成，不能换至4档和换档点不正确的现象还是时有发生。

**故障诊断** 初次进厂时驾驶人报修故障现象是变速器跑着跑着就不换档了，而且仪表还会报警，可是停车后又好了，而且一个月可能都不会再出现，当再次出现时立即来到维修厂进行检测维修。维修人员在进行系统检测时读到一个故障码（图3-83），根据故障码内容解释：换档程序信息不可信。应该是控制单元坏了，于是第一次维修时就更换了一个机电控制单元总成（图3-84），确实使用了一个多月一点问题都没有，满以为问题得到解决了，可是再一次正常使用中发现发动机噪声较大，发动机转速高且车速跑不起来，原来是变速器只在3档上运行不能换至4档，所以在提升车速时只能通过发动机转速来实现。有着原来的经验靠边安全停车，关闭发动机并重新起动再次上路就又好了，于是再次来到维修厂，通过检测还是那个故障码，这充分说明问题原因并不在机电控制单元本身。

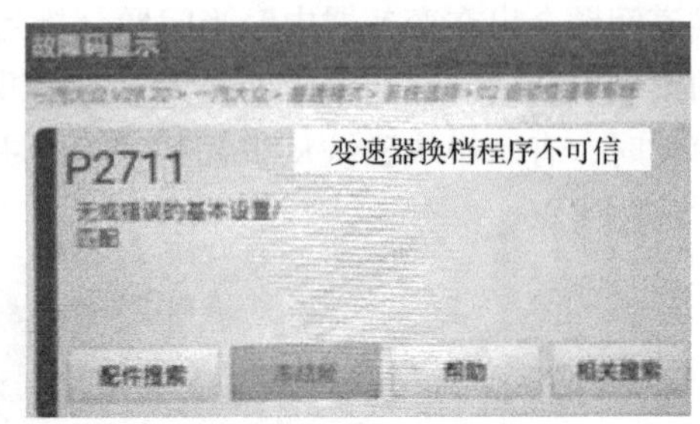

图3-83 故障码

考虑02E变速器的工作原理，除了机电控制单元外，剩下的就是双离合器和机械齿轮部分了，这样在驾驶人同意下更换了双离合器总成（图3-85），跟上次差不多一个月之内都很正常，又是过了一个多月又出现不能换4档现象。没办法第三次返厂，机电控制单元、双离合器总成都换了，问题怎么还会存在呢？经咨询同行得知，该变速器的内部驱动拨叉的活塞容易出现泄漏情况，控制单元通过电磁阀利用液压来驱动换档拨叉改变位置时，由于在规定时间内控制单元没有得到预选档位置信息，控制单元起动应急保护措施的同时也终止换档过程。考虑到该车行驶里程也确实不少了，变速器密封件也确实达到更换的条件了，就这样维修技术人员又将变速器进行解体，并更换驱动4个同步器拨叉的8个橡胶密封活塞。结果还是跟第一次和第二次维修一样，又是正常使用了一个月左右不换档的现象再次出现，这样又第四次返厂。

图3-84 更换的全新机电控制单元总成

图3-85 更换的双离合器总成

只要能够抓住故障现象，那就一定能够想办法得到相应的故障时数据，比如变速器不换4档，到底是控制单元没有输出4档指令，还是输出换4档指令后变速器没有执行，因此这属于主动和被动问题，只要先搞清是主动问题还是被动问题，接下来维修方向就明确了。如果控制单元根本就没有发出换4档命令，那么换变速器总成也就不起作用。那一定是控制上的问题，反过来控制单元有换4档命令，那说明问题还是在变速器的执行能力了。通过长时间的路试并对数据的采集（利用VCDS专用诊断仪隐藏功能的使用），终于捕捉到不换4档时的动态数据，再结合正常数据的对比，很快就发现不换4档时控制单元终止了换4档的驱动指令（2/4档同步器没有切换到4档位置的指令），如图3-86和图3-87所示。

| 16_1行驶变速杆1、1/3档 | 8.4 mm | -12.7 <= x <= 12.8 mm |
| --- | --- | --- |
| 16_2行驶变速杆2、2/4档 | -0.2 mm | -12.7 <= x <= 12.8 mm |
| 16_3行驶变速杆3、5/N档 | 0.2 mm | -12.7 <= x <= 12.8 mm |
| 16_4行驶变速杆4、6/R档 | 0.4 mm | -12.7 <= x <= 12.8 mm |

图3-86 达到换4档条件时2/4档同步器还保留在中间位置（故障数据）

| 16_1行驶变速杆1、1/3档 | 8.4mm | -12.7 <= x <= 12.8 mm |
| --- | --- | --- |
| 16_2行驶变速杆2、2/4档 | -8.4 mm | -12.7 <= x <= 12.8 mm |
| 16_3行驶变速杆3、5/N档 | 0.4 mm | -12.7 <= x <= 12.8 mm |
| 16_4行驶变速杆4、6/R档 | 0.4 mm | -12.7 <= x <= 12.8 mm |

图3-87 达到换4档条件时2/4档同步器切换到4档位置（正常数据）

同样在3档上满足换4档时2/4档同步器没有被切换位置，而正常时变速器虽然在3档上工作，但达到换4档条件时2/4档同步器被切换至4档位置，做好预选档的准备。很显然这属于主动性质控制上的问题，也就是说达到换4档条件时控制单元为何不去驱动换档同步器呢？难道是外围信息通过网络传递功能告诉变速器控制单元不能换4档？所以接下来必须要看其他与变速器换档有关信息系统的动态数据，不仅是发动机，还有ABS、转向系等。

由于各系统都没有故障码记录，因此也只能一个系统一个系统地来观察相关动态数据并锁定故障数据，终于在ABS中发现了异常数据（图3-88），那就是4个车轮的轮速信息只有右后轮是有偏差的，要知道轮速信息在变速器换档条件中起到至关重要的作用。在发动机、仪表、转向系并没有发现异常数据。此时存在两个问题：第一，ABS中4个轮速信息不一致为何没有记录故障码；第二，可不可以将ABS控制单元插头拔下来试车，任何一个故障码的记录都是有条件的，也就是说ABS控制单元虽然捕捉到各轮速信息不一致，但形成的偏差并不大且没有激活故障码的设置条件，因此在ABS电控系统中就读不到故障码。过去大家在怀疑ABS存在问题时，往往上来就拔ABS控制单元插头来试车，这种做法是不对的，特别是一些新款车型且又是DSG变速器，千万不能这样操作，它不仅试不出来任何问题，有可能还会出现变速器直接锁档，还有的会伤害离合器。因此一定要找出轮速信息存在偏差的原因，而断开ABS控制单元插头也说明不了什么。

**故障排除** 重点检查右后轮传感器，通过逐一排查传感器、线路等均没有问题，最终更换右后轮轴头（图3-89），故障彻底排除（更换轴头后4轮轮速信息完全一致）。后续交车3个多月驾驶人反映车辆行驶正常，至此大家认为的“顽症”得到有效治疗。

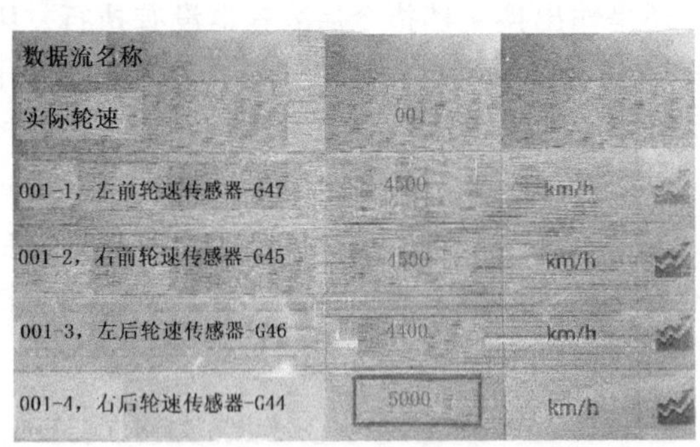

| 数据流名称 | | |
|---|---|---|
| 实际轮速 | 001 | |
| 001-1，左前轮速传感器-G47 | 4500 | km/h |
| 001-2，右前轮速传感器-G45 | 4500 | km/h |
| 001-3，左后轮速传感器-G46 | 4400 | km/h |
| 001-4，右后轮速传感器-G44 | 5000 | km/h |

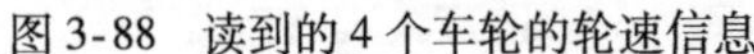

图 3-88　读到的 4 个车轮的轮速信息

图 3-89　更换的右后轮轴头

**技巧点拨：**这个案例的核心说明车辆网络系统的重要性，当一个系统表现不正常时，一定要站在宏观角度来做综合考虑和判断。而不是仅仅围绕一个系统或一两个系统之间进行故障范围的确定。特别是与变速器共网关系统之间的信息传递及信息的影响，对变速器能否正常工作起到相当大的作用。因此在故障诊断中对维修人员的要求就高了，不仅要求对一个系统有全面了解，而且对整车系统以及系统与系统之间的关系也要了解。

## 二、途安 DSG 变速器更换机电控制单元后无法进行基本设定

**故障现象**　一辆上海大众途安，配置 1.4L CFB 发动机，行驶里程 6212km，VIN 为 LSVRS61T1D2××××××。更换机电控制单元后无法进行基本设定，排档和扳手灯（故障灯）闪烁如图 3-90所示。

**故障诊断**　有故障码“变速器系统”和“未执行基本设置”，如图 3-91 所示。根据提示用诊断仪 VAS6150 的 ODIS 系统引导性功能对变速器机电控制单元 J743 进行基本设定，根据提示操作，如图 3-92 所示。

图 3-90　排档和扳手灯闪烁

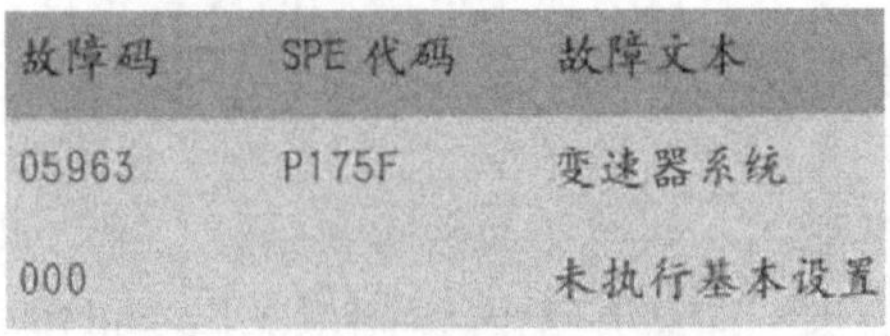

| 故障码 | SPE 代码 | 故障文本 |
|---|---|---|
| 05963 | P175F | 变速器系统 |
| 000 | | 未执行基本设置 |

图 3-91　故障码

根据提示起动过后就无法进行下一步操作，出现如图 3-93 所示情况，控制单元通信错误，钥匙和车辆无法识别，基本设定终止，重复多次问题依旧存在。故障可能原因如下：

1）机电控制单元本身存在问题。

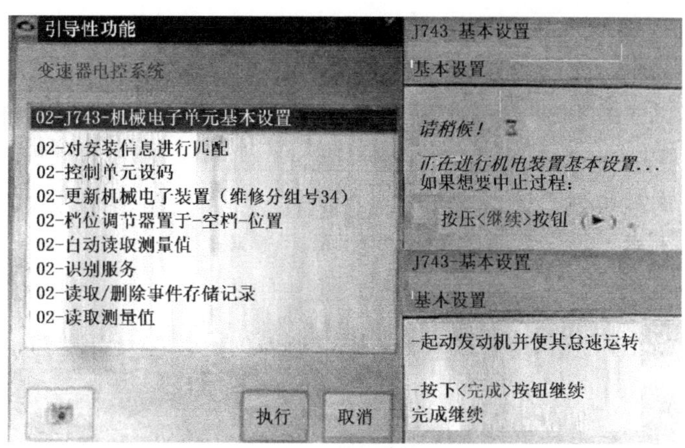


图 3-92　进行基本设定

2）线路故障和加装其他电子产品导致。

3）诊断仪本身存在问题。

4）诊断接口的供电和搭铁存在问题。

5）蓄电池电压过低导致。

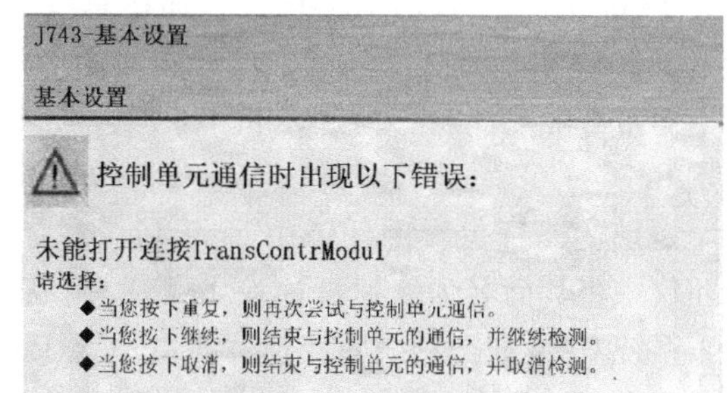


图 3-93　无法进行下一步操作

诊断思路说明：根据可能原因借助诊断仪 VAS6150B 读取了这个车辆系统的故障码，没有发现异常，机电控制单元的编码也是 20 属于正常范围。线路和机电控制单元是新换的，出现故障可能性比较小。于是根据故障可能原因 3），更换一台诊断仪 VAS6150，基本设定问题依旧存在。诊断接口的供电和搭铁通过测量都没有发现问题。车辆可以正常起动没有异常，说明蓄电池电压正常。

重新理清一下思路，为什么在重新起动时诊断仪会显示连接中断，其他车辆都不会存在这个问题。于是就用万用表检查一下起动时插头的供电电压是多少，起动时的电压为 10V 左右，其后很快就恢复正常。这个明显不正常，为什么电压起动的时候这么低，检查了蓄电池电压 12.5V，也是正常范围之内。难道是车上的搭铁和供电存在接触不良或者说蓄电池本身起动的时候大电流输出导致电压不稳定，于是就用蓄电池测试仪进行容量测试，结果正常。

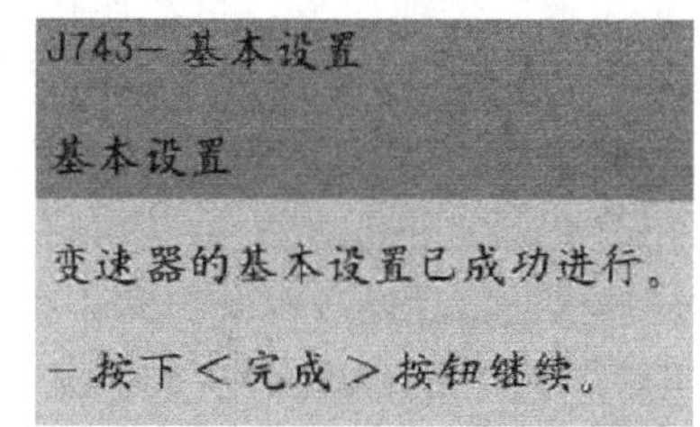


图 3-94　可以进行基本设定

通过分析准备对所有的供电和搭铁都进行检查。检查的时候发现蓄电池旁边的搭铁线不是很牢固，难道问题就在这里？紧固过后进行基本设定，可以正常通过，如图 3-94 所示。

**故障排除**　把这个搭铁线拆卸下来打磨一下重新紧固问题解决。

**技巧点拨：**对于搭铁不良的问题，是维修人员进行常规检查时必须完成的工作，但是搭铁不良，未必与故障现象有丝毫联系，因此在诊断过程中需要有丰富的维修工作经验，才能在尽可能短的时间内排除故障。

## 三、新朗逸1.4T发动机不能起动

**故障现象** 一辆2014年上汽大众新朗逸1.4T自动档轿车，搭载CSTA发动机与OAM七速DSG变速器，行驶里程56000km。驾驶人因发动机不能起动请求救援，车被拉入维修站。

**故障诊断** 基本检查确定，不能起动的原因在于起动机没有反应。该车未配置一键起动的Kessy系统。对于新朗逸不带一键起动的车型而言，起动机由BCM车身控制单元J519控制。

当J519识别到满足起动条件，即变速杆处于P/N档位置且点火开关D/50端子（T7a/3）有电输出时，J519令其T73a/55端子输出12V电压，加在总线端KL50供电继电器J682的电磁线圈两端，流经线圈的电流产生磁力，继电器常开触点闭合，向起动机B供电，路径为D/50→节点B276→J682已闭合的触点→B/50，如图3-95所示。

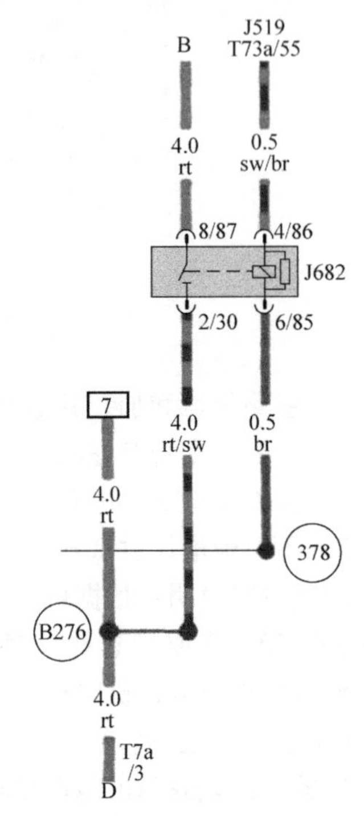


图3-95 总线端KL50供电继电器J682由J519控制接通
B—起动机 D—点火开关
J519—BCM车身控制单元
J682—总线端KL50供电继电器
378—接地连接线节点

识别变速杆位置的任务由Tiptronic开关F189（故障诊断仪中将其命名为变速杆模块E313）完成，F189通过动力系统CAN数据总线向变速器机电单元J743及其他需要的控制单元如仪表J285，发送变速杆位置信息（图3-96），J743根据获取到的变速杆位置信息，通过专门的导线向J519传输P/N档信号；执行R/D/S及Tiptronic手动换档程序。

空档信号实质上是以J743的T25/16端子电位高低来加以区分的，当变速杆在除P/N外的其他位置时，T25/16端子处于高电位，J743识别到变速杆在P/N档时，T25/16端子输出接地信号，与之连接的J519的T73b/55端子电位下降至0，J519据此确认满足起动条件（图3-97）。

根据上述起动机控制流程分析，故障范围大致在以下几方面：①点火开关50接线柱供电；②未能满足起动条件；③J682及线路；④J519没有输出J682的控制指令；⑤起动机故障。连接故障诊断仪VAS6150B查询J519与J743的故障内存，没能获取到相关的故障信息。使用引导性功能读取J519数据流1组的点火开关电源分配状态，当点火开关置于起动档时，1组的测量值为接通，端子50接通，断开，端子15接通，表明J519已经接收到了点火开关的起动请求，原因①可以排除在外。

读取有关起动条件的测量值，在P/N档时，38组1区显示未按下，而正常值应为已按下，这表明J519认定当前未能满足起动条件，如图3-98所示。读取J743有关变速杆位置的测量值表明，J743可以正确识别出当前的变速杆位置P，如图3-99所示。变速杆置于P档时，用万用表测量J519的T73b/55端子的电位为11.90V，表明J743向J519传输的空档信号有误。

使用将导线的一端接入J519的T73b/55端子，另一端接地的方法，模拟J743的P/N空

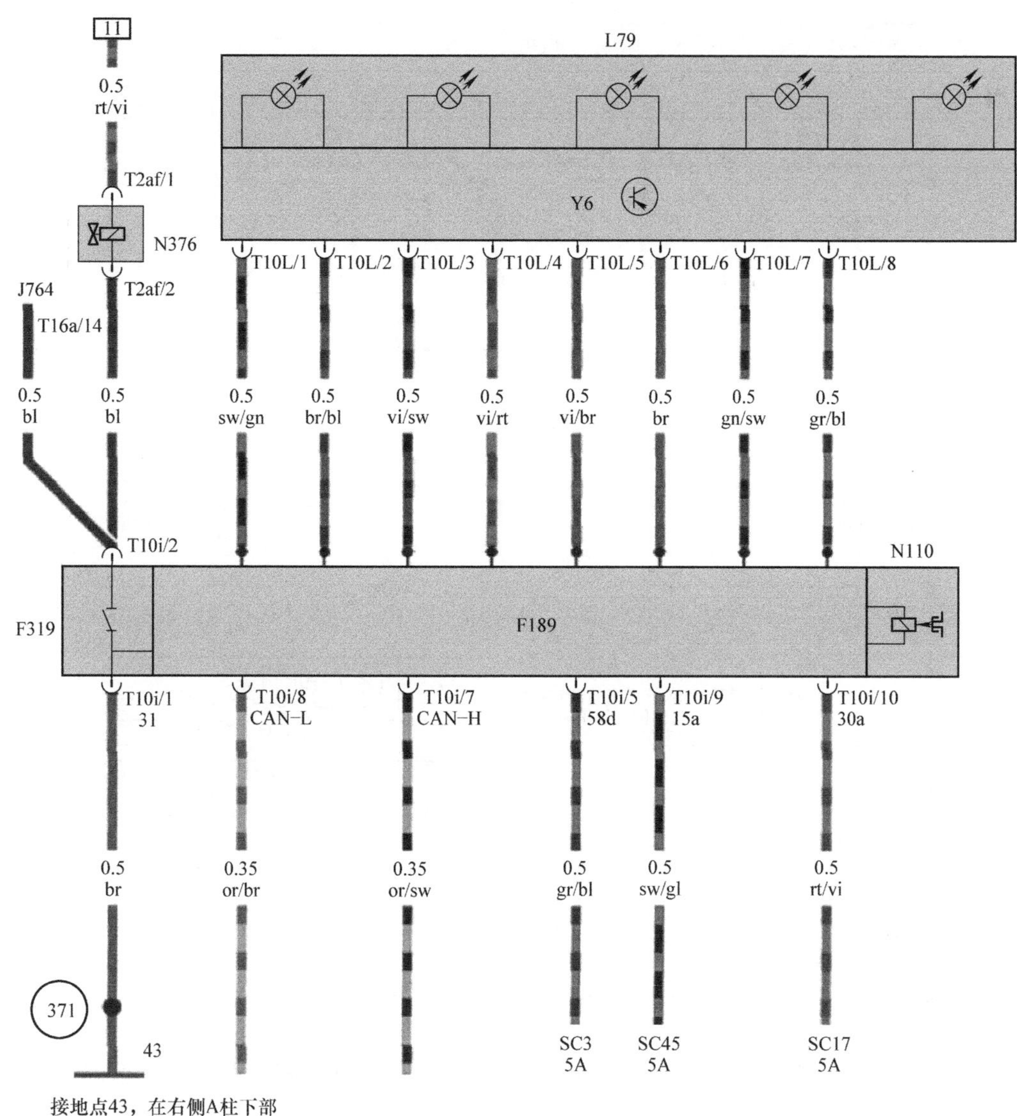


图 3-96 变速杆位置控制电路

F189—Tiptronic 开关 F319—变速杆 P 档锁止开关

J764—电子转向柱锁止控制单元（仅适用装备 Kessy 系统的车型）

L79—变速杆照明灯 N110—变速杆锁止电磁铁 N376—点火钥匙防拔出锁止电磁铁 Y6—变速杆位置显示

档信号，38 组 1 区的测量值由未按下变为已按下，接通点火开关 50 接线柱，起动机响应工作，从而验证了 J743 在 P 档时，没有向 J519 输出接地信号，这就意味着故障点在 J743 内部。

**故障排除** 更换 J743，执行变速器基本设定后，故障排除。

**技巧点拨：**变速器相关电路的分析是本案例诊断的重点，只有透彻理解相关控制电路，才能有针对性地排除故障。

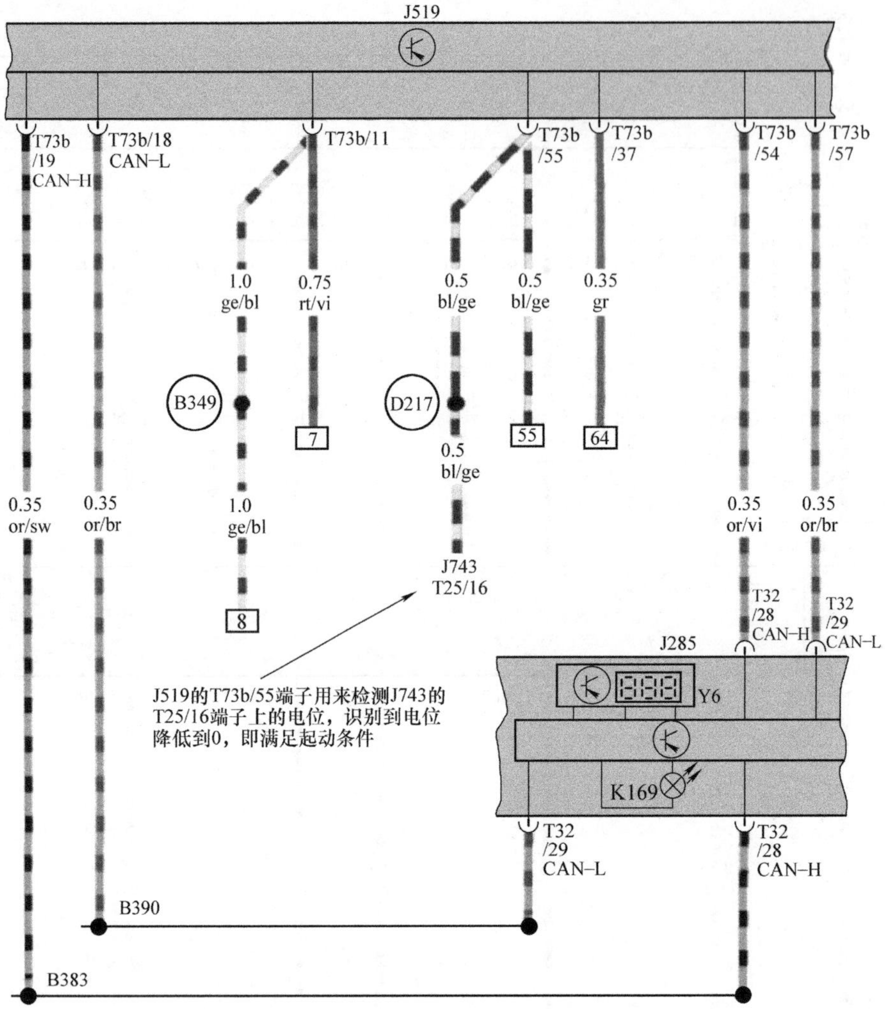
J519
T73b /19 CAN–H
T73b/18 CAN–L
T73b/11
T73b /55
T73b /37
T73b /54
T73b /57
1.0 ge/bl
0.75 rt/vi
0.5 bl/ge
0.5 bl/ge
0.35 gr
B349
7
D217
55
64
0.5 bl/ge
0.35 or/sw
0.35 or/br
1.0 ge/bl
J743 T25/16
0.35 or/vi
0.35 or/br
8
T32 /28 CAN–H
T32 /29 CAN–L
J285
Y6
J519的T73b/55端子用来检测J743的T25/16端子上的电位，识别到电位降低到0，即满足起动条件
K169
T32 /29 CAN–L
T32 /28 CAN–H
B390
B383

图 3-97　J743 向 J519 传输 P/N 档信号的电路

K169—变速杆指示灯　J285—组合仪表　J519—BCM 车身控制单元　J743—变速器机电装置　Y6—变速杆位置显示

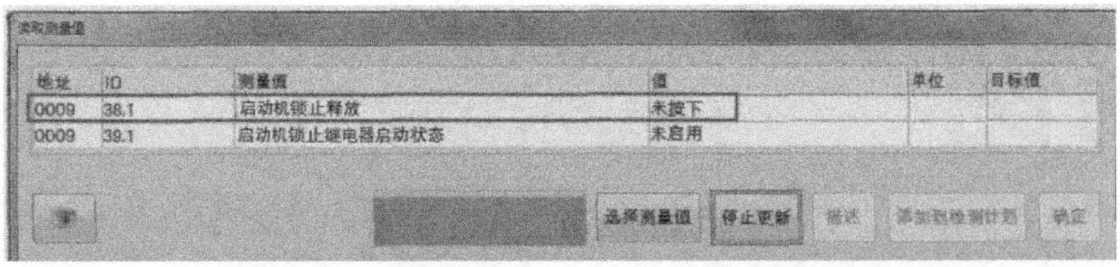
读取测量值
地址 | ID | 测量值 | 值 | 单位 | 目标值
0009 | 38.1 | 启动机锁止释放 | 未按下
0009 | 38.1 | 启动机锁止继电器启动状态 | 未启用
选择测量值
停止更新
确定

图 3-98　变速杆在 P/N 位置时 J519 的测量值

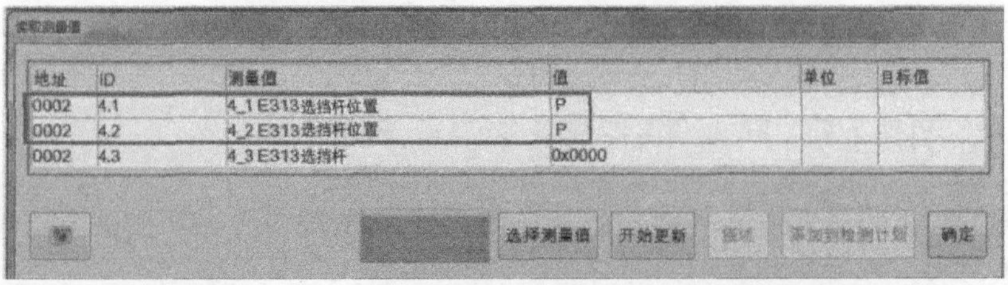
读取测量值
地址 | ID | 测量值 | 值 | 单位 | 目标值
0002 | 4.1 | 4_1 E313选挡杆位置 | P
0002 | 4.2 | 4_2 E313选挡杆位置 | P
0002 | 4.3 | 4_3 E313选挡杆 | 0x0000
选择测量值
开始更新
添加到检测计划
确定

图 3-99　J743 可以正确识别出变速杆 P/N 位置的测量值

## 四、桑塔纳2000GSi（俊杰）变速杆不能从P档移出

**故障现象**　一辆2001年上海大众桑塔纳2000GSi（俊杰）轿车，配置1.8L AJR电控汽油发动机和AG4（01N）4速电子控制自动变速器，行驶里程约21万km。该车为事故车，在一快修店对其钣喷维修，车辆喷漆完工后，在烤漆房内无法从P档移出。

该车在事故中造成车身左中、后侧及车顶等严重变形，事故维修过程中拆完了全车内饰、地板胶、座椅、后尾灯等。钣金整形结束后转交给漆工，车辆在进烤房喷漆前都能正常移动，可是喷漆完工后，发动机能够起动着车，而变速杆不能从P档移出。

**故障诊断**　经仔细检查发现，该车变速杆下方有一个锁止装置（即锁止电磁阀），拔下锁止电磁阀2P连接器，将点火开关打开至ON档位置，踩下制动踏板，用万用表红、黑两表笔对锁止电磁阀供电线路2P连接器进行测量，万用表无电压显示。接着，将万用表黑色表笔与车身连接，红色表笔与2P连接器端子相连接，其中有一个端子为12V（ON档）电源线（关闭点火开关后失电），说明锁止电磁阀搭铁信号线断路。大众01N自动变速器电子控制系统的电路如图3-100所示。

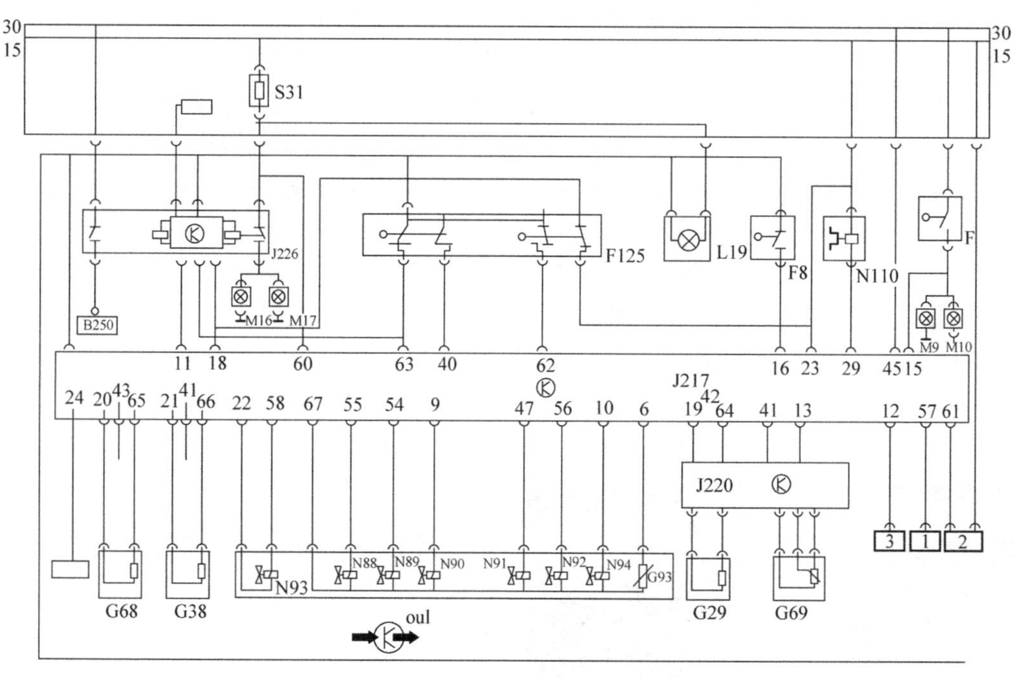


图3-100　大众01N自动变速器电子控制系统的电路

F—制动灯开关　F8—强制低档开关　F125—多功能开关　G38—变速器转速传感器　G68—车速传感器　G69—节气门电位计　G93—变速器油温度传感器　J226—起动闭锁器和倒车灯继电器　J220—发动机电控单元　J217—自动变速器电控单元　L19—档位指示板照明灯　M16/M17—倒车灯　M9/M10—制动灯和尾灯　N88—电磁阀1　N89—电磁阀2　N90—电磁阀3　N91—电磁阀4　N92—电磁阀5　N93—电磁阀6　N94—电磁阀7　N110—变速杆锁止电磁阀　S31—熔丝

根据自动变速器电子控制系统的控制原理及维修经历，怀疑该车故障可能是由于自动变速器ECT没有接收到制动灯信号，故ECT没有发送出锁止电磁阀的搭铁信号，所以锁止电

磁阀不动作。于是，对仪表台左下方的制动灯熔丝 F2（10A）进行检查，发现制动灯熔丝已熔断，为了安全起见，对该车后尾灯连接器进行了检查，发现后尾灯连接器部分端子处于裸露状态，用胶带对其进行简单包扎。

**故障排除**　换上一相同规格的熔丝，打开点火开关至 ON 档，踩下制动踏板，对故障现象再次验证。此时，自动变速器变速杆能够自由前后移动，至此故障排除。

**技巧点拨：** 该车故障主要是由于钣金整形时拆除了后尾灯及其行李舱内所有内饰，在车辆移动踩制动过程中，后尾灯连接器端子与车身金属之间极易形成短路搭铁，导致制动灯熔丝熔断，从而引起自动变速器变速杆不能从 P 档移出。对于自动变速器常见故障，往往故障点并不在于自动变速器本体，大多数出在人为因素所致（修出来的故障）以及相关线路接触不良等。

## 五、速腾无法换档，档位指示灯闪烁

**故障现象**　一辆 2010 年产大众速腾车，搭载 CFB 发动机和 0AM 双离合变速器，行驶里程 9.8 万 km。驾驶人反映该车无法换档，且组合仪表上的档位指示灯一直闪烁。

**故障诊断**　接车后试车，接通点火开关，组合仪表上的档位指示灯同时闪烁（图 3-101）；起动发动机，可以正常起动；移动变速杆，变速杆无法从 P 档移出，另外还发现变速杆附近的档位指示灯不亮；将发动机熄火，发现车钥匙无法拔出。用故障诊断仪检测，发现发动机控制单元（J623）中存储有故障码 P1642 和故障码 U0101（图 3-102），清除故障码，故障码 P1642 无法清除；转向柱电子装置控制单元（J527）中存储有故障码 02413（图 3-103），且无法清除；变速器控制单元（J743）中存储有故障码 U0103 和故障码 P1734（图 3-104），清除故障码，故障码 U0103 无法清除；读取变速器控制单元数据流（图 3-105），发现第 1 行变速杆位置状态为“IN”（正常应与第 2 行数据一致），异常；应急释放变速杆锁，移动变速杆，第 1 行变速杆位置状态一直为“IN”，第 2 行变速杆位置状态一直为“P”，推断变速器控制单元无法正常接收变速杆位置信号。

图 3-101　组合仪表上的档位指示灯同时闪烁

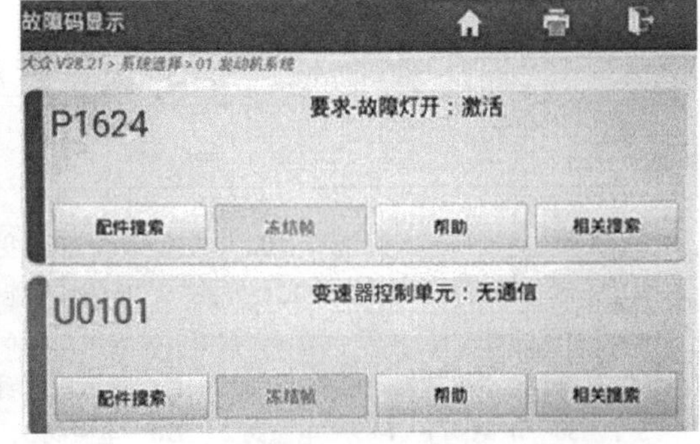


图 3-102　发动机控制单元中存储的故障码

查看维修资料得知，J527 通过接收 P 档锁止开关（F319）信号来控制车钥匙防拔出锁电磁阀（N376），如图 3-106 所示，当变速杆处于 P 档时，允许拔出车钥匙；当变速杆处于非 P 档时，不允许拔出车钥匙。J743 根据变速杆位置（由变速杆位置传感器监测，变速杆位置传感器的位置如图 3-107 所示）、制动开关、车速等信息来确定锁止或释放变速杆锁；锁止和释放变速杆信息通过驱动 CAN 总线传递给换档控制单元（E313），E313 通过控制变速杆锁电磁阀（N110）来锁止或释放变速杆。如图 3-108 所示，在 P 档和 N 档时的变速杆锁止形式有所区别，变速杆只要处于 P 档，如果没有制动信号，N110 就会断电，变速杆锁止，而当变速杆处于 N 档时，如果停留时间超过 2s 且车辆静止，N110 则通电，变速杆锁止。

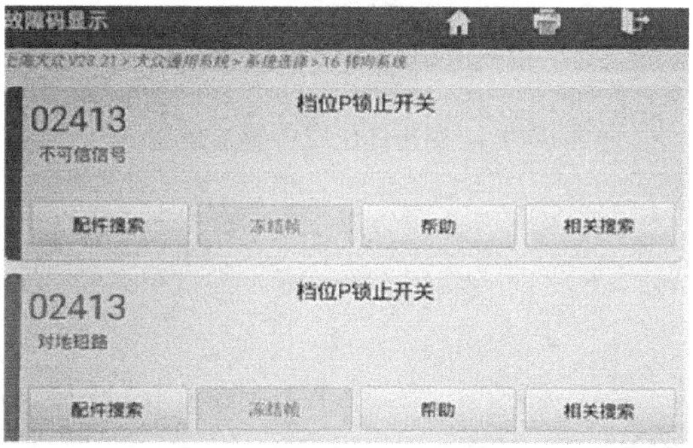

故障码显示

02413 不可信信号　档位P锁止开关

配件搜索　冻结帧　帮助　相关搜索

02413 对地短路　档位P锁止开关

配件搜索　冻结帧　帮助　相关搜索

图 3-103　转向柱电子装置控制单元中存储的故障码

故障码显示

大众 V28.21 > 系统选择 > 02 自动变速箱系统

U0103　变速杆：无通信

配件搜索　冻结帧　帮助　相关搜索

P1734　从变速杆传感器起用起动机

配件搜索　冻结帧　帮助　相关搜索

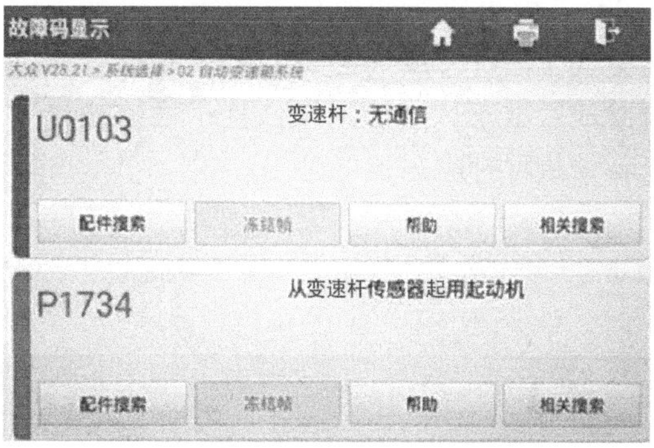

图 3-104　变速器控制单元中存储的故障码

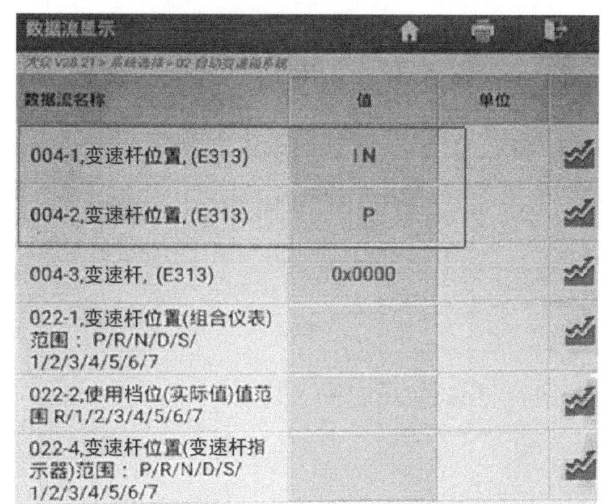
数据流显示

| 数据流名称 | 值 | 单位 |
| --- | --- | --- |
| 004-1,变速杆位置,(E313) | IN | |
| 004-2,变速杆位置,(E313) | P | |
| 004-3,变速杆,(E313) | 0x0000 | |
| 022-1,变速杆位置(组合仪表)范围：P/R/N/D/S/1/2/3/4/5/6/7 | | |
| 022-2,使用档位(实际值)值范围 R/1/2/3/4/5/6/7 | | |
| 022-4,变速杆位置(变速杆指示器)范围：P/R/N/D/S/1/2/3/4/5/6/7 | | |

图 3-105　变速器控制单元数据流

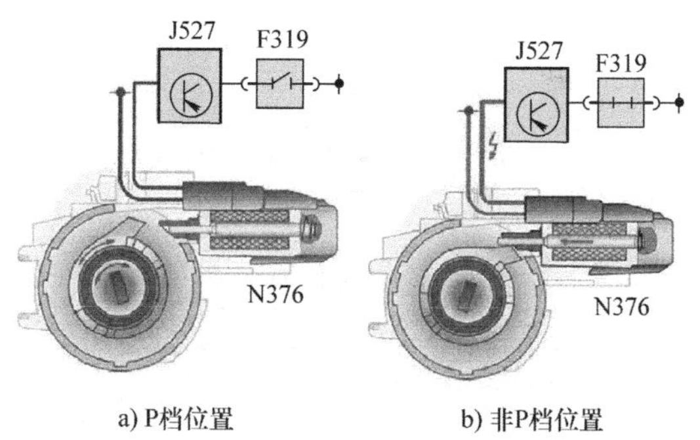


图 3-106　车钥匙防拔出锁电磁阀控制原理

F319—P 档锁止开关　J527—转向柱电子装置控制单元

N376—车钥匙防拔出锁电磁阀

结合故障现象、故障码及车钥匙防拔出锁和变速杆锁的控制原理进行分析，认为 E313 工作异常，无法向 J743、J527 及组合仪表（J285）发送档位信号，以致车钥匙无法拔出，变速杆无法移动，以及组合仪表上的档位指示灯闪烁，可能的故障原因有：E313 的供电、搭铁及通信线路存在故障；E313 损坏。

根据变速杆控制电路（图 3-109），脱开 E313 导线连接器 T10s（图 3-110），接通点火开关，测量导线连接器 T10s 端子 9 和端子 10 的供电，为蓄电池电压，正常；测量端子 1 与搭铁间的导通情况，导通良好；测量端子 7 和端子 8 间的电阻，约为 59Ω；分别测量端子 7

和端子 8 与搭铁和电源的导通情况，均不导通。以上测量结果说明 E313 的供电、搭铁及通信线路均正常。考虑到 J527 中的故障码 02413 提示 F319 对搭铁短路，经测量，F319 及其线路均不存在对搭铁短路的故障。诊断至此，推断 E313 损坏。

**故障排除**　由于 E313、F319、N110 及 Y6 等均集成在变速杆总成上，于是决定更换变速杆总成（图 3-111）。更换变速杆总成后试车，换档正常，且车辆行驶也正常，故障排除。

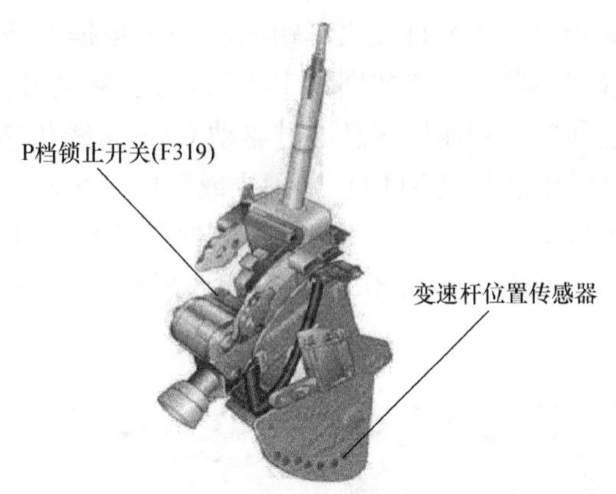


图 3-107　变速杆位置传感器位置

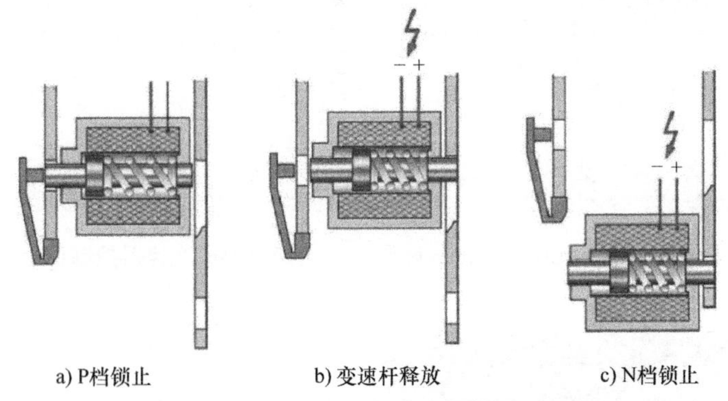


图 3-108　P 档和 N 档时的变速杆锁止及释放

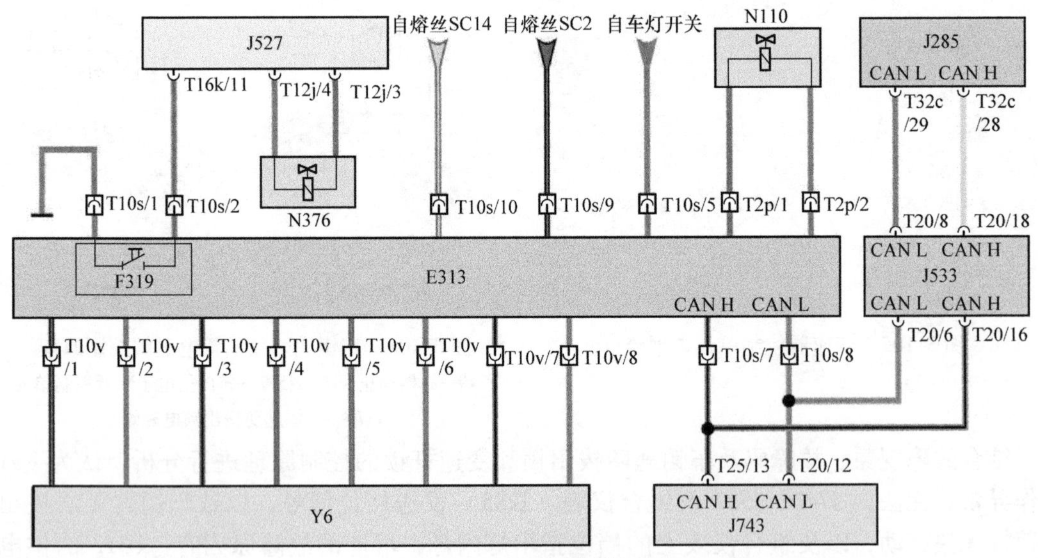


图 3-109　变速杆控制电路

E313—换档控制单元　F319—P 档锁止开关　J527—转向柱电子装置控制单元　J533—网关　J743—变速器控制单元　N110—变速杆锁电磁阀　N376—车钥匙防拔出锁电磁阀　Y6—变速杆位置显示屏

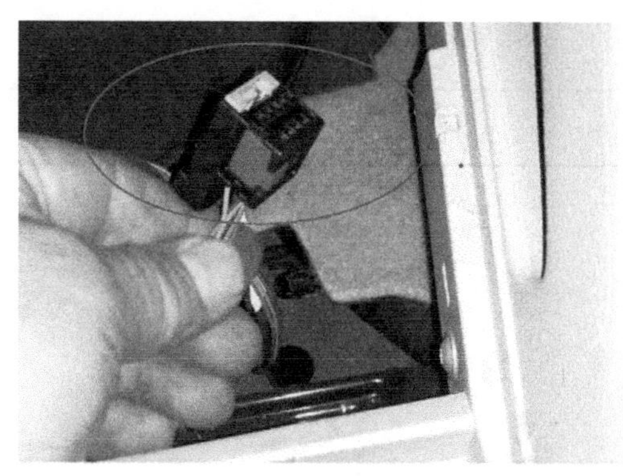

图 3-110　E313 导线连接器 T10s

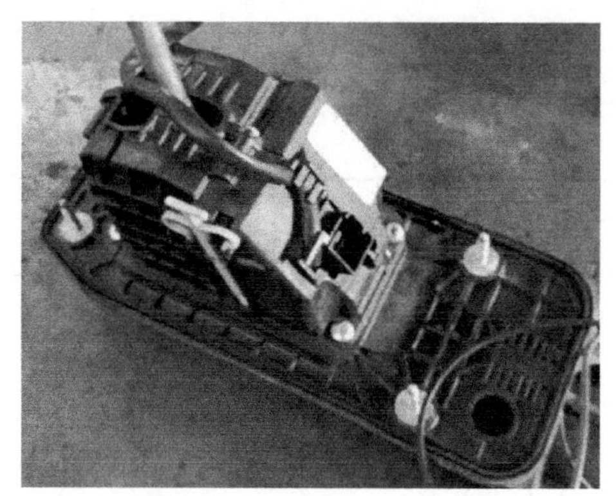

图 3-111　故障车的变速杆总成

**技巧点拨**：针对该车产生的故障码，能根据电路的工作原理进行分析，而且仔细检查，最后找到故障点排除故障。

## 六、宝来 NF 有时挂档不能行驶

**故障现象**　一辆一汽大众宝来 NF，配置 7 速 DSG 变速器，行驶里程 59283km。驾驶人反映该车行驶过程中有时出现挂档不能行驶的故障。此车去过多家维修店检查过，由于检查时该车能够正常行驶，因此均没有排除故障。

**故障诊断**　维修人员首先了解故障发生时的状态，根据驾驶人描述出现故障时，挂入任何档位，车辆均不能行驶。维修人员使用专用诊断仪 VAS6150B 检查，发现存储的故障码如下：

1）发动机控制单元中存储有故障码：U010100——变速器控制单元，无通信。

2）变速器控制单元中存储有故障码：P1854——驱动系数据总线，损坏。

3）制动电子控制系统控制单元中存储有故障码：01315——变速器控制单元，无通信。

4）仪表控制单元中存储有故障码：U111100——由于丢失信息功能受到损害。

根据电路图（图 3-112 和图 3-113），思考该车型的网络控制原理，此车型各控制单元之间的数据交换是通过 CAN 总线进行传递的，同时变速器控制单元支持 K 线诊断（即与诊断仪之间进行数据交换）。由于在故障发生时，检查变速器控制单元中存储的故障码：P1854——驱动系数据总线损坏，使用诊断仪 VAS6150B 能够进入变速器系统进行检测，而其他相关控制单元中均有与变速器无通信故障码，说明变速器控制单元 J743 通过 CAN 总线与其他控制单元之间存在不能正常进行数据交换现象。

通过以上原理及故障码分析，可将故障范围锁定在变速器控制单元 J743 故障及变速器控制单元 J743 的供电及通信线路故障。

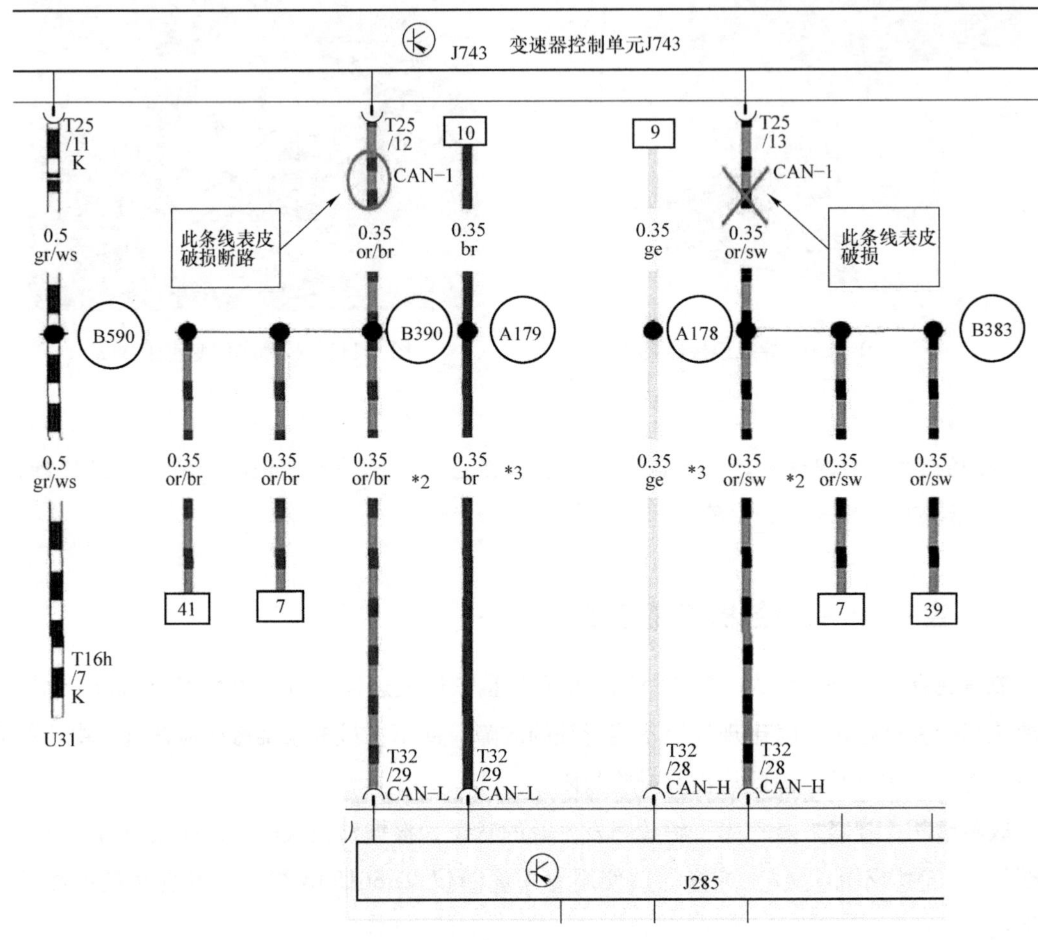


图 3-112　变速器控制单元 J743 的电路 1

根据由简到繁的检查方法，检查变速器控制单元的供电线路，检查结果供电正常，搭铁线路良好。在拆装变速器插接器的过程中，发现与变速器机电单元相连接的 CAN 总线损坏（图 3-114），修复与变速器控制单元连接的线束后，试车后故障排除。

**故障排除**　维修与变速器机电单元相连接的 CAN 总线。

**技巧点拨**：分析该车故障是与变速器机电单元相连接的 CAN 总线表皮破损折断，产生虚接状态，在振动较大时出现断路，影响相关数据的正常传输，产生该故障现象。在维修此类偶发性故障时，首先要问诊故障发生时的状态，结合电路图厘清该车型相关控制系统的工作原理，这样对于故障的诊断与排除有事半功倍的效果。

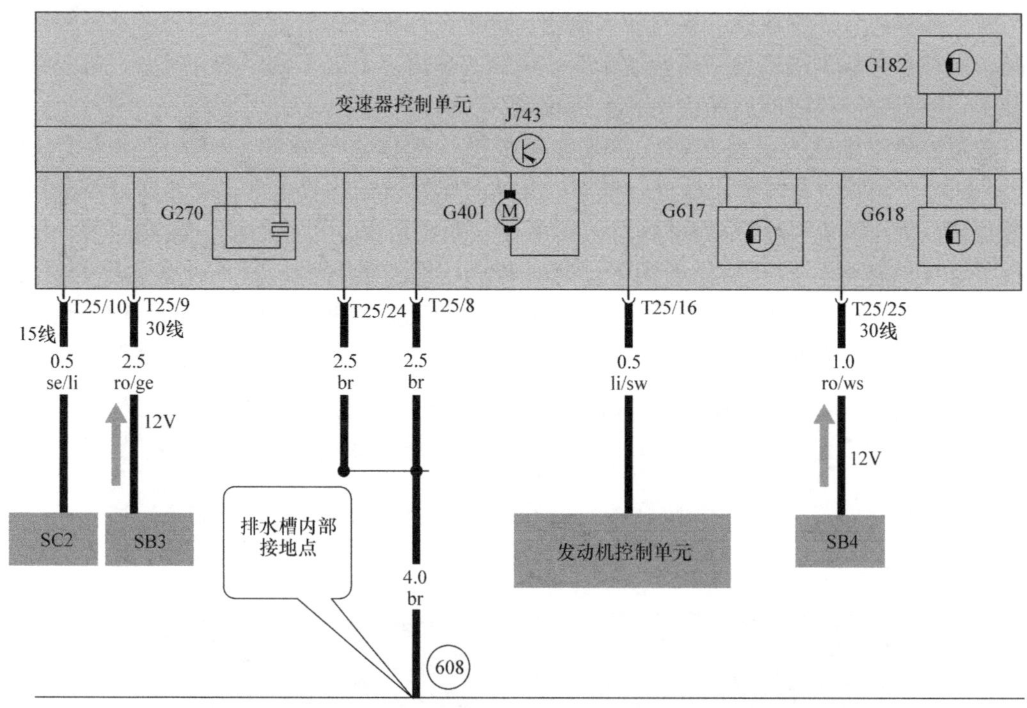


图 3-113 变速器控制单元 J743 的电路 2

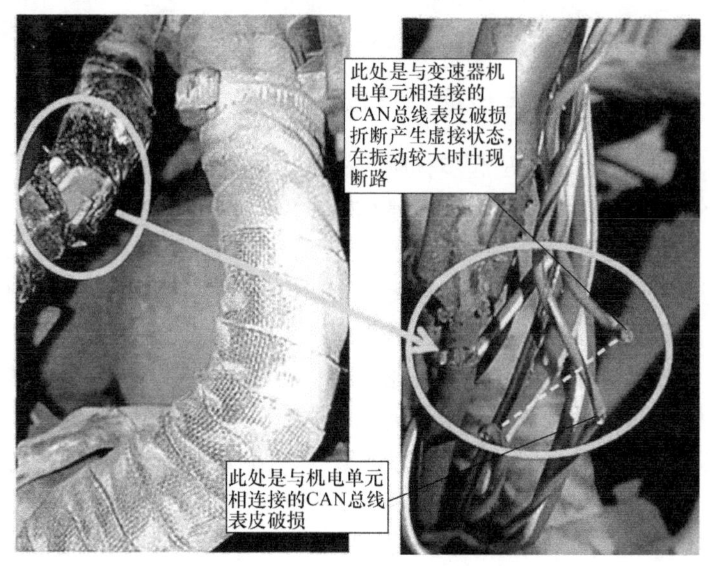


图 3-114 CAN 总线损坏位置

# 第六节 斯柯达系列

## 一、斯柯达明锐双离合变速器和机电控制单元同时有问题

**故障现象** 一辆 2012 年上汽大众斯柯达明锐轿车，搭载 1.4T 发动机和 DQ200（0AM）

型 7 速干式双离合器变速器。据驾驶人描述，该车在行驶中偶尔出现换档冲击及不能行驶的情况，而且有类似手动档车型离合器摩擦片烧蚀的味道。不过车辆停驶一晚后，就能够正常行驶了，但行驶一段时间后又会出现上述故障。

**故障诊断** 维修人员接车后，首先连接故障诊断仪进行检测，结果读到多个故障码（图 3-115）。删除所有故障码后进行试车，开始时车辆行驶比较正常，变速器虽然换档舒适性有点差，但至少 1 ~7 档都能够执行，并不存在缺档情况。可是行驶一段时间后，仪表板的扳手灯（故障灯）就开始频繁闪烁。此时车辆还能继续行驶，只不过感觉发动机无力，加速性能变差，而且加速踏板的反应不太灵敏。同时变速器是以 2 档起步的，行驶起来没有奇数档。当继续行驶时，感觉踩加速踏板没有任何反应，车辆的加速性能急剧下降。

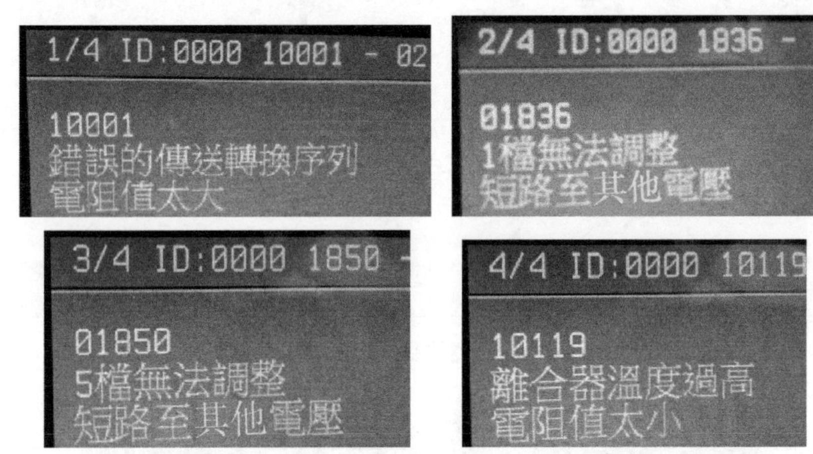


图 3-115　读取到的相关故障信息

当停车后，发现车辆已经无法起步，所有档位均不能够行驶。打开发动机舱盖，能明显闻到离合器片烧煳的味道。维修人员只能停车熄火。等了大概 10min 左右，维修人员重新起动发动机，发现车辆又可以正常行驶了，于是开回修理厂准备接下来的维修。

根据路试情况，维修人员判断，车辆无法加速以及不能行驶状况的出现，其实都是变速器控制单元的一种安全保护策略。维修人员再次连接诊断仪，依然读到图 3-115 所示的 4 个故障码。那么接下来该如何确定维修方案呢？虽然通过摩擦片的烧煳味，基本可以判定双离合器应该存在烧损现象，但维修人员还是决定对故障码分析后再做决定。

维修人员共检测到了 4 个故障码：10001——错误的传送转换序列，电阻值太大；01836——1 档无法调整，短路至其他电压；01850——5 档无法调整，短路至其他电压；10119——离合器温度过高，电阻值太小。故障码 10001 的解释从字面上来看，几乎分析不出有效的信息。这可能是使用的诊断设备不是原厂设备，所以汉化后的解释不是很好理解。另外 3 个故障码的解释能够看出与 1 档和 5 档无法调整以及离合器温度过高有关，但理解起来也有一定的困难。因此，维修人员决定先找到这些故障码的原厂信息解释，这样分析故障更可靠。

通过查找发现，故障码 10001 真正的含义是“变速器换档程序信息不可信”，也就是 OBD 码的 P2711。具体来说有三种可能：一是变速器控制单元本身所执行的换档程序信息存在问题；二是双离合器在奇数档和偶数档之间切换的相关信息存在问题；三是 4 个同步器在执行档位切换的信息存在问题。因此该车故障所涉及的故障原因范围还是比较宽的。

对于故障码 01836 和 01850，就容易理解了，就是指 1 档和 5 档不可调节。具体来说有两种可能：一种是变速器控制单元在尝试换 1 档和 5 档的次数及时间都超出了规定值；另一种就是 1/3 档同步器和 5/7 档同步器在 1 档和 5 档位置时，变速器控制单元从这两个位置尝试向同步器中间位置（空档位置）切换时的时间和次数超出规定值，换句话讲就是同步器被卡在某个位置了。而故障码 10119 其实表述的就是离合器温度太高了。

通过对故障码的仔细分析，再结合变速器的实际情况，基本可以确定双离合器是真的有问题了。因为有明显的烧煳味，这足以说明是高温烧片的结果。但对于 1 档、5 档不可调节故障以及换档程序信息不可靠，虽然也可能跟离合器有关，但维修人员认为跟 J743 机电控制单元的关系好像更大一些。为了安全起见，维修人员在跟驾驶人沟通维修方案时，还是有所保留，按保守维修来进行，那就是先更换双离合器，若故障不能排除再更换 J743。驾驶人也比较认可这种维修方案。

对于大众 0AM 变速器的故障诊断还可以通过 FID 码来分析，并参考对应的解决方案。为了进一步确认维修方案，维修人员通过故障诊断仪进入变速器电控系统 56 ~ 58 组数据块进行查询，结果在 56 组数据块中读到了 4 个 FID 码，分别是 296、94、96 和 156（图 3-116）。通过 FID 码数据库查询到更进一步的信息。

296 是指轴 1 上的 2 档能换档，但受阻。解决方案：更换变速器。

图 3-116 读到的 FID 码

94 是指 1/3 档同步器无法从 1 档侧置于空档位置，也就是卡在 1 档。变速器控制单元关闭奇数档离合器的工作，仅用偶数档来行驶，对应的故障码就是“01836——1 档不可调节”。解决方案：更换 J743。

96 是指 5/7 档同步器无法从 5 档侧置于空档位置，也就是卡在 5 档。变速器控制单元关闭奇数档离合器的工作，仅用偶数档来行驶，对应的故障码就是“01850——5 档不可调节”。解决方案：更换 J743。

156 是指离合器的温度超过了变速器控制单元设定的极限温度并发出警告，其所对应的故障码是“10119——离合器过热”。解决方案：更换离合器。

从 4 个 FID 码的故障解决方案来看，这辆斯柯达问题比较严重了，需要更换双离合器总成，还要更换 J743 机电控制单元总成，甚至还要更换变速器总成。当然维修人员也不能完全照搬 FID 码的解决方案，双离合器和 J743 机电控制单元同时出现故障的可能会有，但概率并不高。因此，维修人员决定还是执行之前设定的维修方案。

将变速器从车上拆下，利用专用工具把双离合器拆下检查，发现除了能闻到烧煳的味道外，确实也能看到离合器摩擦片有烧蚀的痕迹。维修人员将 J743 机电控制单元也拆下来，目的是检查一下1/3档同步器和5/7档同步器的动作情况，确定是否存在发卡情况，以及检查并清除同步器中感应磁铁上脏污的金属屑。通过检查发现，变速器机械方面基本正常，看来J743机电控制单元存在故障的风险还是比较大的。由于该车更换J743机电控制单元也不麻烦。于是维修人员就先更换了一个全新的双离合器总成，经过精准的间隙调整后组装并装车。

**故障排除** 将变速器装车后，首先进行匹配，但在做基本设定时，1/3档同步器就是无法设定成功，且有“P072C——卡在档位1”的故障码（图3-117），同时在试车时变速器只有偶数档。最后没有办法，维修人员决定更换J743机电控制单元，结果更换后该变速器故障得到彻底解决。

图3-117 更换双离合器总成后读到的故障码

**技巧点拨：**该案例其实也并不复杂，关键是在诊断维修时使用的诊断设备还是存在一定问题，那就是对故障码的解释不够准确和详细。同时如果大家真正能够了解这款变速器的控制逻辑的话，故障诊断分析其实也不难。另外就是除了故障码的分析之外，一定也要掌握FID的设计逻辑及解决方案的参考。当然，车辆在故障运行下的实际表现是最重要的，通过故障内容结合实际情况的表现，确定故障解决思路会达到事半功倍的效果。

## 二、斯柯达明锐自动变速器异响

**故障现象** 一辆斯柯达明锐，VIN为LSVNR41Z0B2××××××，搭载型号为CFB的1.4TSI发动机和双离合自动变速器（DSG），行驶里程3.5万km。该车因自动变速器异响而进厂检修。

**故障诊断** 接车后试车验证故障，自动变速器处有“轰轰”和“嚓嚓”的异响传出。在自动变速器档位位于P档时异响就已经存在，而在将档位换入R档后，异响变大，几秒后异响恢复到原来的大小；再将档位换入D档，异响略有不同，几秒后异响又恢复。

关闭车辆的ASR（自动语音识别）功能，并用举升机将车辆举升，将档位换入R档或D档，松开制动踏板进行试车，发现发动机的转速忽高忽低；观察前轮的旋转情况，发现在旋转过程中，前轮存在卡顿的情况，似乎旋转过程中，前轮受力不均匀。查看自动变速器的相关数据流，发现在R档/1档/2档时，相应的离合器位置在不断跳变，离合器K1工作时，91组2区数据在7.5~9.7mm跳变（图3-118）；离合器K2工作时，111组2区数据在9.0~10.4mm跳变（图3-119）。拆下离合器拨叉罩盖，观察离合器K1和K2的动作情况（图3-120），可以看到离合器K1和K2工作时，在不断动作，这与数据流显示的情况相吻合。

查阅相关资料可知，该车使用的是7速干式双离合自动变速器（DSG），其结构如图3-121所示。双质量飞轮与曲轴后端通过螺栓刚性连接，飞轮内齿与飞轮通过扭转减振的方式连接（用于缓冲飞轮与变速器运转产生的振动），自动变速器的双离合器总成通过外齿与飞轮内齿啮合，驱动轴1与驱动轴2在同一轴心上（驱动轴2中空，套在驱动轴1上），两根驱动轴分别通过花键齿与双离合器总成内的离合器K1和离合器K2连接，驱动轴1的前端与曲轴后端的导向轴承相连，两根驱动轴在轴心上有三个支点，分别是变速器内的两个球轴承和曲轴后端的导向轴承。

0002-变速器电控系统(KWP2000/TP20/0A)

| 名称 | 值 |
|---|---|
| 91.2 | 8.70 mm |
| 111.2 | 1.80 mm |

图 3-118　离合器 K1 工作时 91 组 2 区数据

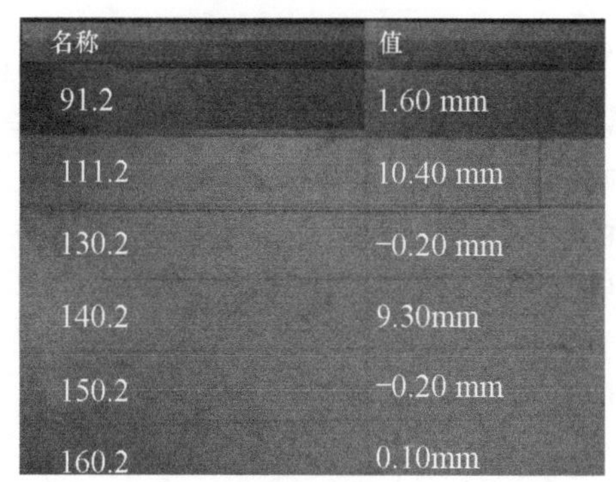

| 名称 | 值 |
|---|---|
| 91.2 | 1.60 mm |
| 111.2 | 10.40 mm |
| 130.2 | −0.20 mm |
| 140.2 | 9.30mm |
| 150.2 | −0.20 mm |
| 160.2 | 0.10mm |

图 3-119　离合器 K2 工作时 111 组 2 区数据

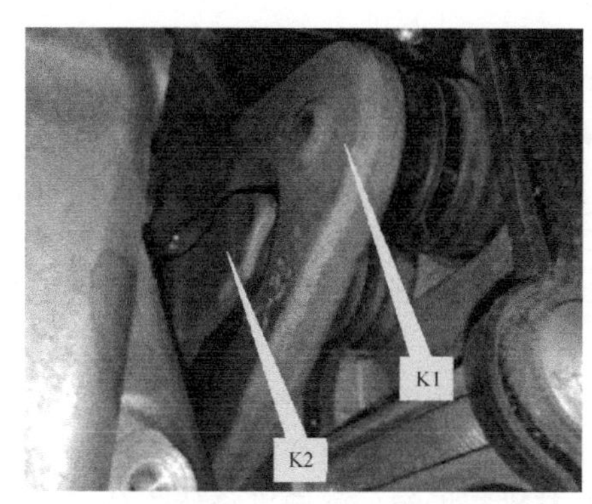


图 3-120　拆下离合器拨叉罩盖观察

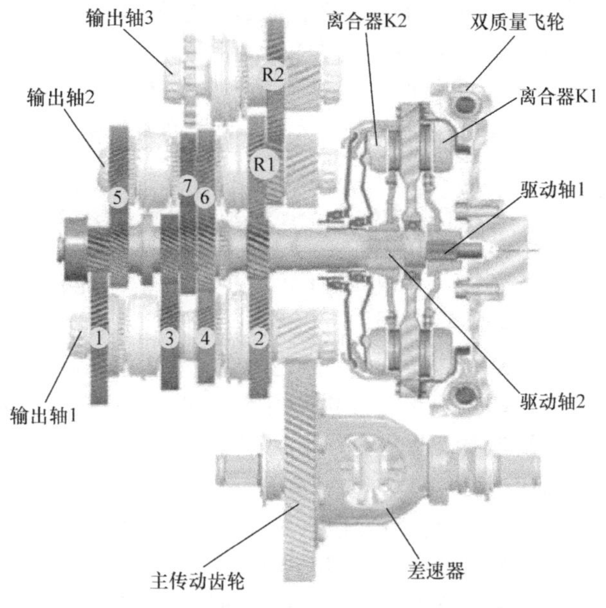


图 3-121　7 速干式双离合自动变速器的结构

①~⑦—第 1~第 7 档齿轮　R1—倒档中间齿轮　R2—倒档齿轮

由于该车的异响在自动变速器档位位于 P 档时就已经存在，而此时除了双离合器总成的外壳随飞轮一起旋转外，自动变速器内部是处于静止状态的，因此可以排除自动变速器内部各齿轮副产生异响的可能；同理，驱动轴的球轴承产生异响的可能性也可以排除。在 P 档时，运动或存在相对运动的部件只有飞轮与离合器外壳、离合器外壳与离合器片、曲轴后端导向轴与驱动轴 1。由此判断故障原因可能有：导向轴承损坏，导向轴承与驱动轴 1 不同心，离合器片或离合器压盘变形及内部轴承损坏，飞轮内齿与飞轮及与离合器外齿故障等。拆检自动变速器，发现导向轴承已损坏，驱动轴 1 端部磨损（图 3-122）。

图 3-122　导向轴承损坏，驱动轴 1 端部磨损

**故障排除**　更换导向轴承，对驱动轴前

端进行打磨后试车，故障排除。

**技巧点拨**：由于导向轴承损坏，曲轴导向轴承在和驱动轴 1 做相对旋转时存在摩擦和撞击，经空腔振动及轴的传递作用后，在外侧产生不同的异响；在换入不同档位时，驱动轴 1 和驱动轴 2 的固定状态有所改变，因此异响也会有所不同。分析可知，异响存在变化是因为换入 R 档或 D 档时，离合器趋于接合状态准备起步，几秒后又回复到分离状态，异响也随之变化。

在 P 档或 N 档时，离合器 K1 和 K2 都处于分离状态，即两根驱动轴都处于不受力的状态，在这种情况下，曲轴及导向轴承与驱动轴的转速不同。在 P 位时，1 档和 R 档结合，即驱动轴 1 和驱动轴 2 都通过传动系统与车轮刚性连接；在 R 位时，R 档接合，只有驱动轴 2 接合，离合器 K2 趋于接合；在 N 位时，则只有 1 档接合，即只有驱动轴 1 接合；在 D 位时，1 档接合，且离合器 K1 趋于接合。

此外，导向轴承损坏还造成导向轴承和驱动轴 1 的摩擦增大，这使得当驱动轴 1 处于自由状态时（R 档），会在曲轴带动下旋转，而驱动轴 2 处于自由状态时（如 D 档），由于并不与导向轴承相连，所以不会受其带动而旋转，这两种情况也可以通过数据流看出。

## 三、斯柯达晶锐自动变速器无高速档及倒档

**故障现象** 一辆 2010 年斯柯达晶锐，配备 1.6L 自然吸气发动机和 6 速自动变速器（09G）。驾驶人反映该车无倒档且无法进入 3 档以及高速档。

**故障诊断** 首先验证描述的故障是否与实际情况相吻合，将车辆进行试车，将变速杆挂入 D 档时，车辆正常行驶，档位正常，之后逐渐加速，发动机转速持续升高，但是明显感觉档位没有继续升高。另外，在对车辆进行倒车试验时，发现无倒档。试车后获得的结果与客户描述相吻合。

先使用诊断仪对变速器系统进行故障诊断，发现并无相关故障码。根据维修经验，初步判断为该车自动变速器相关零件损坏导致无法挂档，于是决定开始拆解变速器。

将车辆移至固定车位，将变速器从车上拆下，并对其进行拆解，然后进行故障分析。查阅维修资料得知，晶锐 6 速自动变速器（图 3-123 和图 3-124）为拉维娜式（Ravigneaux）行星齿轮变速器，其 3 档以上的档位和倒档档位均由齿轮组中的离合器 K3 参与执行（图 3-125）。因此，将故障点集中在离合器 K3 及与其相连接的部件。

图 3-123 晶锐 6 速自动变速器

图 3-124 晶锐 6 速自动变速器的内部结构

解体变速器后，将齿轮组中的零部件进行分类，拆解出的相关零件中 09G 自动变速器齿轮组中的离合器 K3 如图 3-126 所示，它的作用是将油泵传来的液压动力通过油道，使油液进入活塞后推动零件运作，使变速器脱离 2 档，挂入 3 档。

| 档位 | 部件 | | | | | |
|---|---|---|---|---|---|---|
| | K1 | K2 | K3 | B1 | B2 | F |
| 1档 | ● | | | | ● | ● |
| 2档 | ● | | | ● | | |
| 3档 | ● | | ● | | | |
| 4档 | ● | ● | | | | |
| 5档 | | ● | ● | | | |
| 6档 | | ● | | ● | | |
| R档 | | | ● | | ● | |

图 3-125 换档执行元件的工作

K1、K2、K3—离合器 B1、B2—制动器 F—单向离合器

根据之前的分析，故障可能存在于离合器 K3。对离合器 K3 的工作情况进行测试。将事先准备好的齿轮油用专用工具注入油泵的油道孔内，该孔连接离合器 K3 作用于活塞的液压油道。测试过程中，使用高压气枪对准油道孔进行模拟液压试验，正常情况下，离合器 K3 内的活塞应将摩擦片顶至固定位置，使变速器进入升档工作。但在实际测试中发现，活塞并不能将内部的摩擦片顶至固定位置，且油泵与离合器 K3 油路的连接处有齿轮油溢出现象，如图 3-127 所示。

图 3-126 离合器 K3

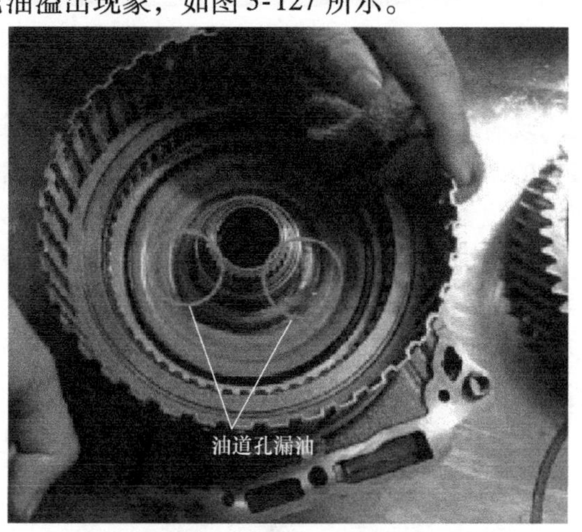


图 3-127 离合器 K3 工作情况测试

因此，经初步判断，故障点可能存在于此，于是将油泵与离合器 K3 进行拆解，发现油泵上的密封环有一个已经破裂，当档位切换时，由于油压不足从而导致不能升档。将此油环进行更换，再进行模拟液压试验，发现离合器 K3 内的摩擦片可以正常被顶起到固定位置，且连接处无漏油现象。

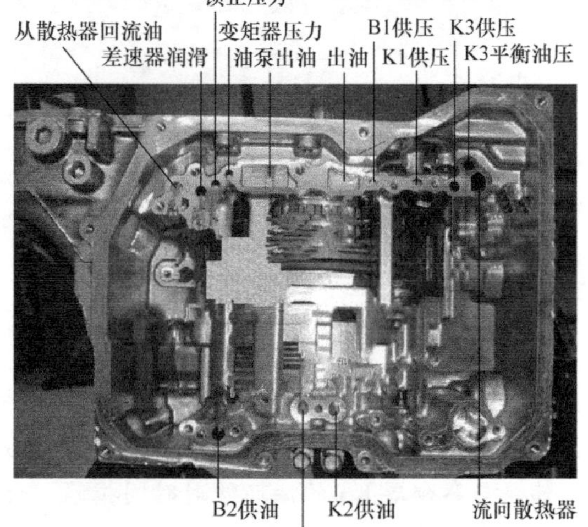


图 3-128 变速器壳体油路图

此外，发现图 3-125 中所标示的倒档执行元件除了离合器 K3 还有制动器 B2，这两个重要部件只要任一部件出现故障，变速器均不能进入倒档。为了检修的完整性，也对倒档执行元件制动器 B2 也进行了检测。首先将制动器 B2 组安装回变速器内，并通过查阅

维修手册（图 3-128 和图 3-129），在使用高压气枪对准图 3-129 中的 B2 供油孔进行模拟液压试验时，发现制动器底下的活塞可以及时、准确地将摩擦片顶至固定位置，说明制动器 B2 功能完好，如图 3-130 所示。

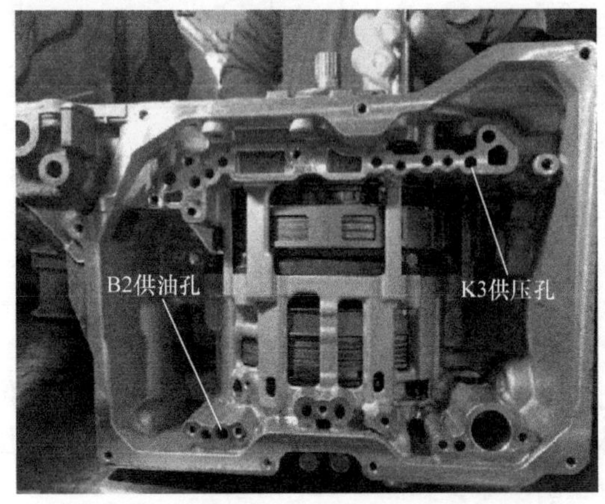

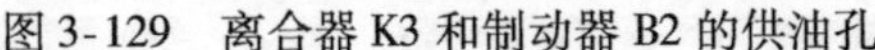
图 3-129　离合器 K3 和制动器 B2 的供油孔

图 3-130　制动器 B2 试验

因此，经过对 3 档、倒档的两个换档执行元件离合器 K3 和制动器 B2 进行技术检测，利用现有的技术资料对两个执行元件进行模拟试验，最后得出故障点为离合器 K3 与油泵连接处的密封油环损坏，导致液压齿轮油密封不良，油液压力无法将离合器 K3 内的摩擦片顶至固定位置，致使该变速器无法实现倒档及进入 3 档，且无法升档，而制动器 B2 并无故障。

**故障排除**　更换离合器 K3 与油泵之间的密封油环（图 3-131 和图 3-132），组装变速器，再将变速器装回车内进行试车，发现车辆在到达 2 档且变速器即将升档时，车身无异常现象且能够正常升档，之后的各个高速档均能正常升降档。然后进行倒车试验，变速器能正常执行倒档动力传递，车身无异常现象，确定该故障已排除，发动机和变速器的各项指标均正常。

图 3-131　离合器 K3 密封油环的位置

图 3-132　密封油环

**技巧点拨：**检修 09G 自动变速器无法进入 3 档以及高速档、无倒档的故障，首先依据客户描述进行试车，确定故障存在后再进行分析和修理。在查阅相关维修资料后，将晶锐的变速器解体并对相关零件做测试，最后确认故障并加以排除。该故障的产生可能是油泵与离合器 K3 的油环随着时间推移，自然磨损，致使在变速器工作时由于液压油泄漏导致压力过低，无法进入倒档、3 档及更高档位。

# 第四章

# 通用车系

## 第一节　凯迪拉克系列

### 一、凯迪拉克 XT5 挂 D 档自动切入 P 档且仪表盘上有多个故障灯点亮

**故障现象**　一辆 2017 款凯迪拉克 XT5，行驶里程 1100km。驾驶人反映无法挂档，挂入 D 档后又会自动切入 P 档，且仪表盘上有多个故障灯点亮。

**故障诊断**　接车后，首先试车验证故障现象，驾驶人反映的故障现象并不存在，后经过多次试车，故障现象能够重新出现，用故障诊断仪对车辆进行检测，系统存储有大量的与车载网络系统有关的故障码（图 4-1）。使用数据总线诊断工具进行检测，确认该车的底盘高速网络存在断路故障。使用数据总线诊断工具测量故障车底盘高速网络的数据波形（图 4-2a），并与正常车底盘高速网络的数据波形（图 4-2b）进行对比，发现故障车底盘高速网络的数据波形明显异常。由于在底盘高速网络上底盘控制模块（K38）没有通信，从而导致车辆无法换档。底盘控制模块是电子换档系统的主控制模块，用于接收其他控制模块传来的信息，同时将电子换档系统的档位信息发送到车身网络上与相关控制模块共享。底盘控制模块还通过 LIN 线与档位指示灯模块和电子换档控制模块进行通信，控制换档手柄上的档位指示灯点亮和通知换档执行器进行换档。当驾驶人通过变速杆换档时，档位传感器将换档动作输入底盘控制模块，底盘控制模块将具体换档请求发布在车载网络上，电子换档控制模块接收到此换档请求信息后，通过内部驱动电动机驱动变速器换档轴，从而实现真正的变速器内部换档操作。

根据该车底盘高速网络电路（图 4-3），断开蓄电池负极，用万用表测量数据链路连接器（X84）的端子 12 和端子 13 之间的电阻，为 119.5Ω，不正常（正常应约为 60Ω），确认底盘高速网络电路的确存在断路故障。通过数据总线诊断工具检测，确认动力转向控制模块、电子制动控制模块、换档控制模块（变速器档位范围控制模块）、后差速器离合器控制

DTC显示屏 | 书签 | 系统系统 | 选择的车辆配置 | RPO

| 控制模块 | DTC | 故障症状字节 | 说明 |
|---|---|---|---|
| 发动机控制模块 | P26C8 | 00 | 底盘控制模块请求故障指示灯点亮 |
| 底盘控制模块 | P073E | 00 | 无法挂入倒车档 |
| 底盘控制模块 | P07E5 | 00 | 无法挂入驱动档 |
| 底盘控制模块 | U0077 | 00 | 控制模块通信底盘扩展CAN总线关闭 |
| 底盘控制模块 | U18AC | 00 | 在底盘扩展CAN总线上，变速器档位控制模块与底 |
| 后差速器离合器控制模块 | U0077 | 00 | 控制模块通信底盘扩展CAN总线关闭 |
| 后差速器离合器控制模块 | U0151 | 00 | 与充气约束系统传感和诊断模块失去通信 |
| 后差速器离合器控制模块 | U0415 | 72 | 从电子制动控制模块收到的数据无效 |
| 电子制动控制模块 | U0077 | 00 | 控制模块通信底盘扩展CAN总线关闭 |
| 电子制动控制模块 | U0131 | 00 | 与动力转向控制模块失去通信 |
| 电子制动控制模块 | U0420 | 72 | 从动力转向控制模块收到的数据无效 |
| 电子制动控制模块 | U0151 | 00 | 与充气约束系统传感和诊断模块失去通信 |

图 4-1　故障车存储有大量与车载网络系统有关的故障码

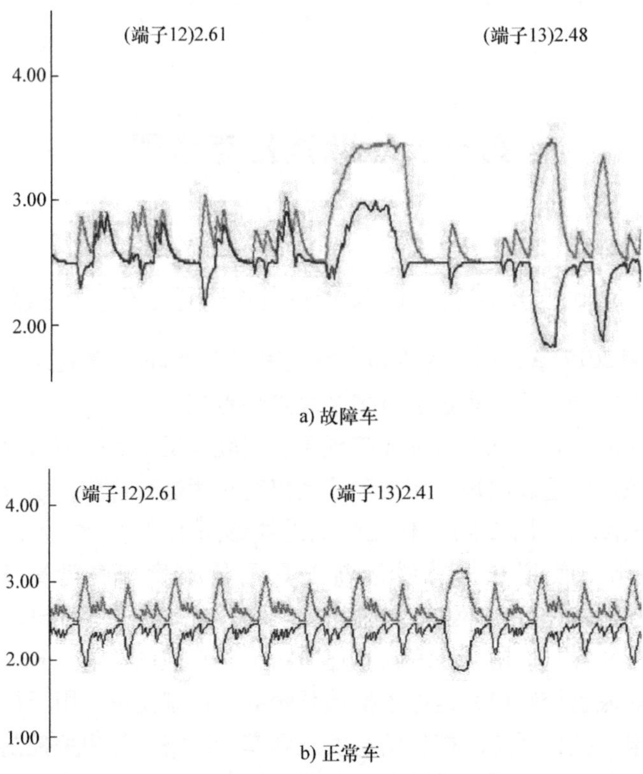


a) 故障车

b) 正常车

图 4-2　底盘高速网络数据波形

模块在底盘高速网络是有通信的，确认故障点位于后差速器离合器控制模块与安全气囊控制模块之间。

断开 X409 导线连接器，用万用表测量其端子 36 和端子 37 之间的电阻，为 119.5Ω，正常，从而进一步将故障范围缩小在后差速器离合器控制模块与 X409 导线连接器之间。进一步检查后差速器离合器控制模块与 X409 导线连接器之间的线路，在拔掉后差速器离合器控制模块的导线连接器时，发现其端子 16 松动（图 4-4）。

**故障排除**　重新处理并连接后差速器离合器控制模块导线连接器的端子 16 后试车，故障彻底排除。

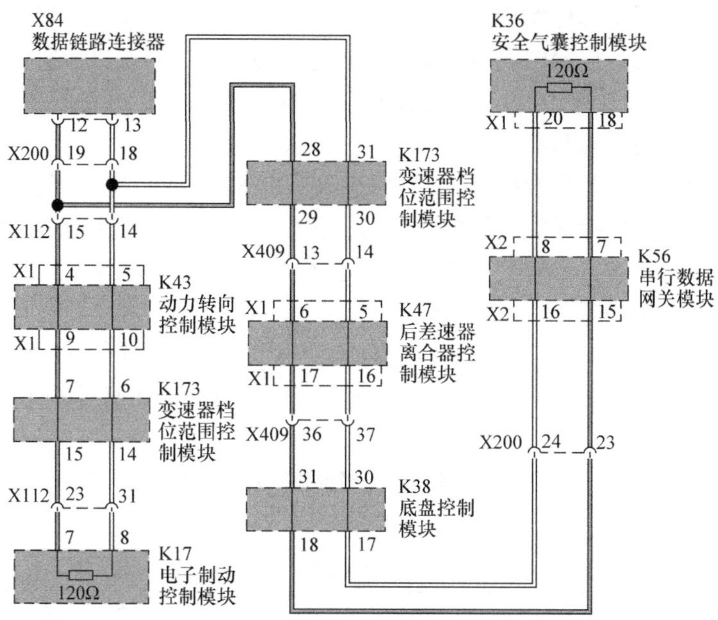


图 4-3　底盘高速网络电路

图 4-4　后差速器离合器控制模块导线连接器端子 16 松动

**技巧点拨：**对于该车故障的排除，熟悉相关电路的原理是至关重要的，只有这样才能有的放矢，在最短的时间内排除故障。

## 二、凯迪拉克 SRX 自动变速器倒档冲击

**故障现象**　一辆 2012 款凯迪拉克 SRX 轿车，行驶里程 1000km。驾驶人反映该车挂倒档冲击，振动感强烈，有时伴有“咕咚”一声，其他档位正常。车辆行驶过程中各档工作状态均正常，仪表信息中心没有任何报警提示信息，发动机故障灯没有点亮。

**故障诊断**　该车辆为墨西哥原装进口车，接车后试车确认故障现象，发现挂倒档冲击的

确比其他同年款同车型车辆明显。检查底盘各部件，无磕碰现象；各连接螺栓紧固力矩正常；驱动轴、车轮等运动部件无松动。用上海通用原厂故障诊断仪（GDS2）测试车辆，所有控制模块均无故障码。按照由简到繁的故障诊断思路，尝试对调更换发动机、自动变速器的支撑垫，但故障现象并无改善。因此认为应对原车装备的 6 速自动变速器（选装件为MH4，四轮驱动）进行重点排查。

对自动变速器进行例行常规检查，自动变速器油液的液位、色泽、气味正常；壳体外观无磕碰，自动变速器换档操纵联动机构无松动、移位等异常，电气系统各导线连接器插接正常，发动机怠速转速正常，自动变速器失速转速为 2200r/min，符合原厂技术规范要求。由于主油压测试接口匹配的问题，油压暂没有测试。

参考相关原厂维修资料中关于该款 6 速自动变速器各档位执行元件工作情况（表 4-1）和 R 档工作时的各电磁阀的状态（表 4-2），使用 GDS2 对自动变速器进行动态数据的捕捉、分析。

**表 4-1　自动变速器各档位执行元件工作情况**

| 离合器 | 驻车档 | 倒档 | 空档 | 前进档 | | | | | | |
|---|---|---|---|---|---|---|---|---|---|---|
| | | | | 1 档制动 | 1 档 | 2 档 | 3 档 | 4 档 | 5 档 | 6 档 |
| C1234 | — | — | — | 接合 | 接合 | 接合 | 接合 | 接合 | | |
| C35R | — | 接合 | — | — | — | — | 接合 | | 接合 | |
| C456 | — | — | — | — | — | — | — | 接合 | 接合 | 接合 |
| C26 | — | — | — | — | — | 接合 | — | — | — | 接合 |
| 低 - 倒档离合器 | 接合① | 接合 | 接合① | 接合 | — | — | — | — | — | — |
| 低速离合器（owc） | — | — | — | 保持 | 保持 | — | — | — | — | — |

① 表示无负荷。

根据表 4-2 所列的对应关系，重点对响应控制 C35R 离合器的 2 号压力控制电磁阀 PCS2 和响应控制 C456 离合器和低 - 倒档离合器的 3 号压力控制电磁阀 PCS3 进行关注。在多次的 R 档切换过程中发现，换档迟滞现象明显，随后就是换档冲击，振感明显，同时 2 号压力控制电磁阀 PCS2 控制的油压压力上升较慢，如图 4-5 所示，PCS2 瞬间压力为 254kPa，PCS3 瞬间压力为 855kPa。

**表 4-2　R 档工作时的各电磁阀的状态**

| 档位 | SS1 | SS2 | C1234/PCS5 | C26/PCS4 | C35R/PCS2 | C456 + 低 - 倒档/PCS3 | 传动比 |
|---|---|---|---|---|---|---|---|
| 倒档 | ON | OFF | OFF | OFF | ON | ON | 2.88 |

注：SS 为换档电磁阀，PCS 为压力控制阀电磁阀。

根据图 4-5 中的动态数据流进一步确认，2 号压力控制电磁阀 PCS2 和 3 号压力控制电磁阀 PCS3 均已正常切换，显示状态为“是”，排除了自动变速器控制模块（TCM）及相关控制电路失效的可能性。分析认为可能的故障原因有：2 号压力控制电磁阀 PCS2 本身的性能故障，无法及时响应动作；2 号压力控制电磁阀 PCS2 工作响应正常，但是油路板机械滑阀卡滞，造成油压上升缓慢冲击；2 号压力控制电磁阀 PCS2 对应的 C35R 离合器油路泄压，造成油压响应失常。

参照表4-1，C35R离合器同时控制前进3档、前进5档、R档共计三个档位，而本车只有R档性能表现异常，说明C35R离合器总成本身及控制C35R离合器的2号压力控制电磁阀PCS2本身性能完好。故障点应为油路板中通往R档的相关油道通路卡滞造成异常。维修人员对PCS2切换过程中的油压进行全程数据捕捉，并对比正常车辆，得到图4-6所示的异常数据和图4-7所示的正常数据。图4-7显示PCS2和PCS3压力同步上升，时间响应较好，图4-6显示PCS2和PCS3压力上升不同步，取样帧时PCS3压力较正常上升得快，并急剧拉高压力（即PCS3压力为830kPa）来弥补PCS2压力上升缓慢的不足（即PCS2压力为249kPa）。

数据列表:变速器数据

| 参数名称 | 控制模块 | 数值 | 单位 |
|---|---|---|---|
| 内部模式开关 | 变速器控制模块 | 倒档 | |
| 压力控制电磁阀2压力指令 | 变速器控制模块 | 254 | 千帕 |
| 压力控制电磁阀3压力指令 | 变速器控制模块 | 865 | 千帕 |

| 参数名称 | 控制模块 | 数值 | 单位 |
|---|---|---|---|
| 变速器油压力开关3 | 变速器控制模块 | 低 | |
| 变速器油压力开关4 | 变速器控制模块 | 低 | |
| 变速器油压力开关5 | 变速器控制模块 | 低 | |
| 发动机冷却液温度 | 变速器控制模块 | 82 | °C |
| 变速器油温度 | 变速器控制模块 | 74 | °C |
| TCM温度 | 变速器控制模块 | 78 | °C |
| 变速器高温模式 | 变速器控制模块 | 否 | |
| 压力控制电磁阀2压力指令 | 变速器控制模块 | 是 | |
| 压力控制电磁阀3压力指令 | 变速器控制模块 | 是 | |
| 压力控制电磁阀4压力指令 | 变速器控制模块 | 否 | |
| 压力控制电磁阀4压力指令 | 变速器控制模块 | 0 | 千帕 |

图4-5 动态数据

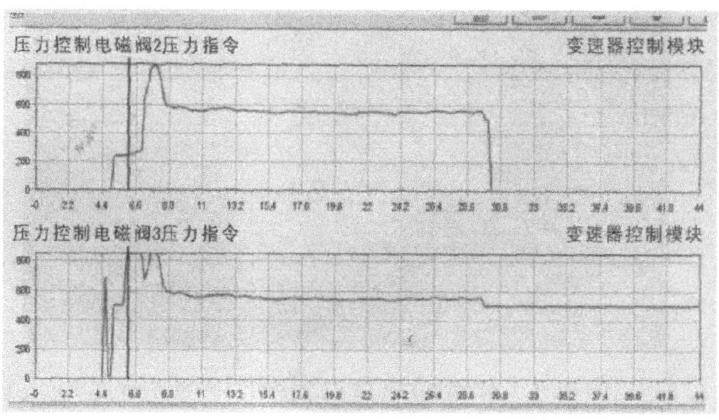


图4-6 异常数据

**故障排除** 因自动变速器油路板为不可单独维修的总成件，最后通过更换油路板总成并试车，确认故障现象消失。

**技巧点拨：** 自动变速器是机电液一体化的独立系统，相互间结合紧密，配合间隙小，在维修时尽量要采取换件或换总成件维修，这样能大幅提高修复率。

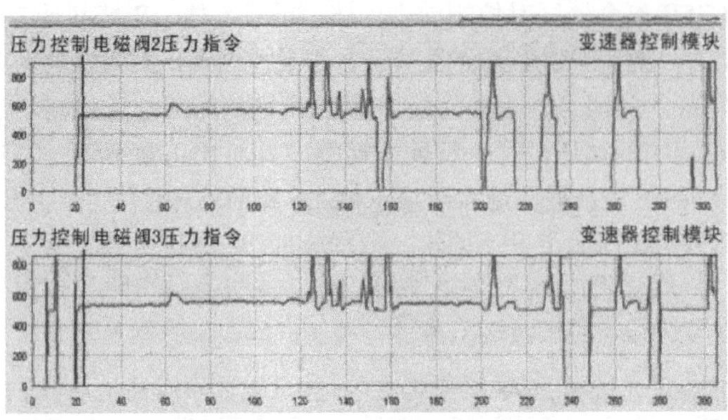


图 4-7　正常数据

## 三、凯迪拉克 SRX 无法挂档

**故障现象**　一辆 2012 年凯迪拉克 SRX，配置 3. 0L 发动机，VIN 为 3GYFN9E5XCS × × × × × ×，行驶里程 84287 km。驾驶人反映车辆起动后无法挂档，并且档位无法从 P 档中退出。

**故障诊断**　接车后维修人员进行初步检查：测量蓄电池电压正常，打开点火钥匙，踩下制动踏板，制动车灯能正常点亮。但仔细倾听，变速操纵机构处没有锁止电磁阀的工作声音。说明此时无法从 P 档解锁，导致不能正常挂档。

维修人员在确定蓄电池、制动踏板信号没有异常的情况下，使用诊断仪进行故障诊断，发现没有与换档机构相关的故障码，如图 4-8 所示。怀疑该故障是由机械部件引起的，所以采取的措施是更换变速杆，但故障依旧。

GDS 2

已存储数据浏览

| 控制模块 | DTC | 故障症状字节 | 说明 | 故障症状说明 | 状态 |
| --- | --- | --- | --- | --- | --- |
| 发动机控制模块 | P062B | 00 | 控制模块燃油喷射器控制性能 | - - - | 通过和失败 |
| 发动机控制模块 | P062F | 00 | 控制模块长期存储器性能 | - - - | 通过和失败 |
| 电子制动控制模块 | C0800 | 03 | 控制模块电源电路 | 低电压 | 历史记录 |
| 驻车制动控制模块 | C0800 | 03 | 控制模块电源电路 | 低电压 | 历史记录 |

图 4-8　故障码

根据维修人员目前掌握的初步检查结果以及更换变速杆后的情况，认为故障可能出现在：①换档互锁线路问题；②熔丝问题；③车身控制模块（BCM）问题。查阅相关的电路图（图 4-9），希望能厘清诊断思路。根据电路图，可以看出换档锁止机构是由 BCM 接收到踏板制动信号后，控制变速器换档锁定控制电磁阀工作。那么先检查与 BCM 相关的熔丝，确认供电，但没有发现异常。

再使用诊断仪进入 BCM 查看动态数据流，发现当踩下制动踏板后，显示踏板已踩下的数值为激活，说明 BCM 已接收到制动踏板踩下的信号；同时可以观察到，换档锁定电磁阀执行器的指令却显示为不活动状态，如图 4-10 所示。

考虑到更换了变速杆总成后并没排除故障，那么现在的问题似乎很清晰：①需要确认

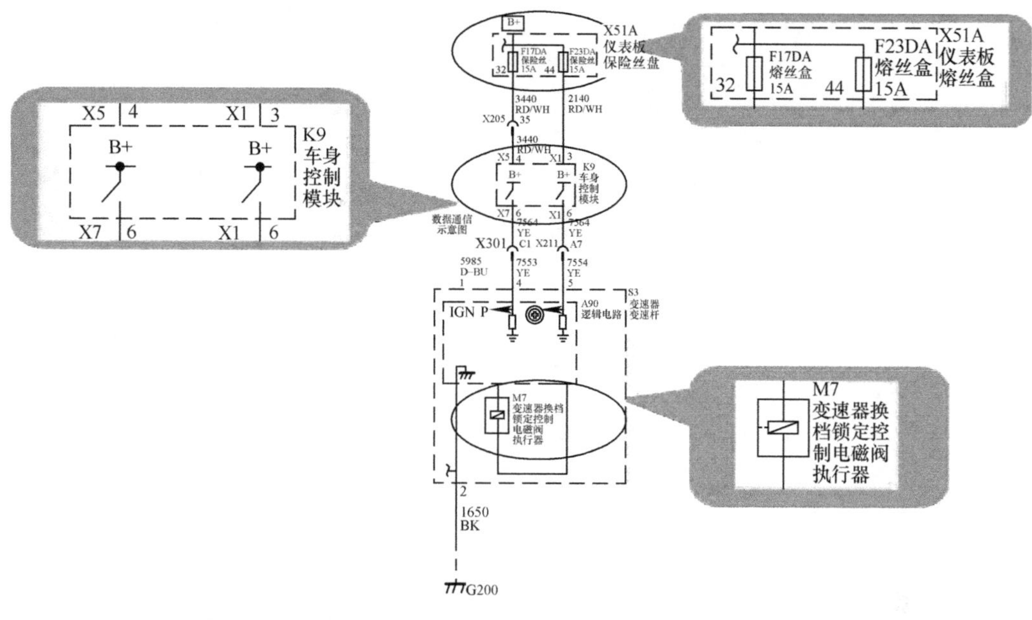


图 4-9 电路图

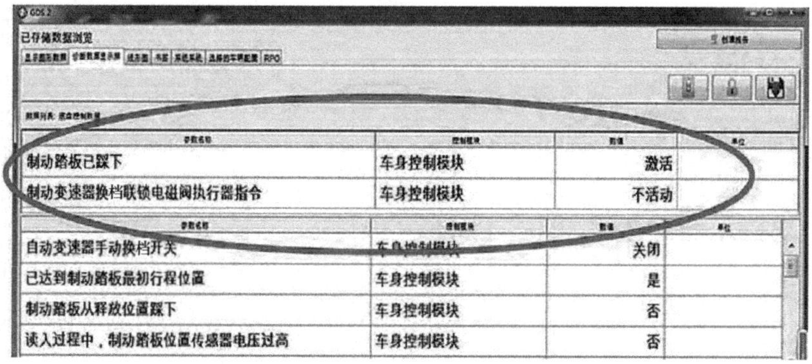

已存储数据浏览

| 参数名称 | 控制模块 | 数值 | 单位 |
| --- | --- | --- | --- |
| 制动踏板已踩下 | 车身控制模块 | 激活 | |
| 制动变速器换档联锁电磁阀执行器指令 | 车身控制模块 | 不活动 | |

| 参数名称 | 控制模块 | 数值 | 单位 |
| --- | --- | --- | --- |
| 自动变速器手动换档开关 | 车身控制模块 | 关闭 | |
| 已达到制动踏板最初行程位置 | 车身控制模块 | 是 | |
| 制动踏板从释放位置踩下 | 车身控制模块 | 否 | |
| 读入过程中，制动踏板位置传感器电压过高 | 车身控制模块 | 否 | |

图 4-10 电磁阀执行器的活动状态

BCM 至变速杆之间的线路问题；②BCM 内部故障（在接收到制动踏板信号后，并没有指令换档锁定电磁阀工作）。

维修人员用万用表分别测量 BCM 至变速杆之间的两条线路（图 4-11），没有发现断路和短路现象，至此可以判断故障是由 BCM 内部故障引起的。

**故障排除** 更换 BCM，故障排除。

**技巧点拨：** 此车是由于 BCM 内部故障，导致 BCM 在接收到制动踏板位置信号后，没有指令换档锁止电磁阀工作，造成档位无法退出 P 档的故障。虽然故障是由 BCM 故障引起的，但在实际维修中，BCM 不是直接可以检测出故障的。只能通过相关线路的检查，或互换相关的元器件等步骤来进行逐步排查。因此，维修人员可以通过数据分析和线路测量来缩小故障范围，以提高故障诊断准确率和及时率。

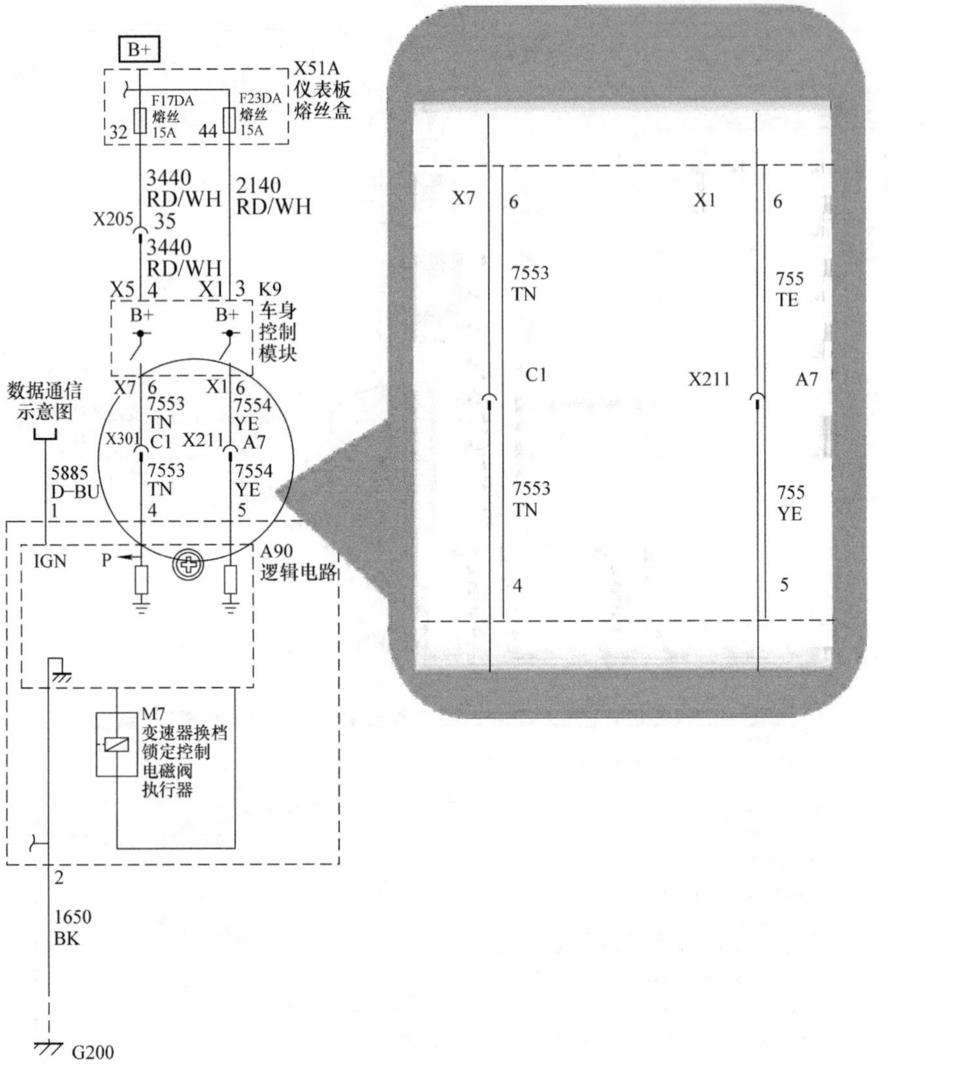

图 4-11　BCM 至变速杆之间的两条线路

# 第二节　雪佛兰系列

## 一、雪佛兰科鲁兹前进档和倒档均不能行驶

**故障现象**　一辆 2011 年款上汽通用雪佛兰科鲁兹轿车，搭载 1.8L 发动机和 6T40E（通用又称 GF6）型 6 速电控自动变速器。驾驶人反映该车前进档和倒档均不能行驶。

**故障诊断**　维修人员首先进行基本检查，发现自动变速器油（ATF）中存有大量的金属颗粒，ATF 颜色变黑的同时还有严重的烧煳味，这说明变速器内部机械元件应该存在严重的损坏情况，需要解体维修。解体变速器后发现内部元件损伤严重，特别是 3/5/R 档离合器损坏得最为严重，不仅摩擦片烧蚀，关键是行星齿轮机构包括制动器支架等也跟着损坏了

（图 4-12 ~ 图 4-15）。

图 4-12 损坏的 3/5/R 档离合器铝毂

图 4-13 损坏的行星齿轮机构中的太阳轮

图 4-14 损坏的连接毂

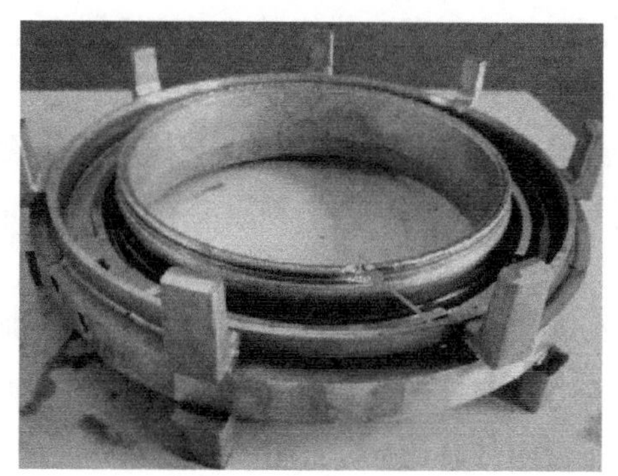

图 4-15 损坏的铝支架

对于早期硬件未进行改良的 6T 系列变速器，3/5/R 档离合器铝毂上面的卡簧因缓冲碟片断裂特别容易弹出，从而导致铝毂本身及行星齿轮等机械部件跟着损伤。另外这款变速器的电磁阀也最容易出现故障，对此上汽通用售后部门的要求是连同变速器控制单元一起更换。不过目前一些自动变速器专修厂能够通过对电磁阀的测试，判断有问题的电磁阀并进行独立更换，从而降低了维修成本，前提是能判断变速器控制单元本身是没有问题的。

维修人员更换了所有的损伤机械部件，并按照大修要求维修了变矩器、清洗了阀体，同时还更换了全新的带一套电磁阀的变速器控制单元（图 4-16），以及摩擦片、密封件、滤清器和 ATF 冷却器等。大修完毕后装车试车，开始时换档有点延迟并有顿挫感，经过长时间路试匹配自适应学习之后，换档品质达到正常水准。维修人员确认没问题之后，交车给驾驶人使用。

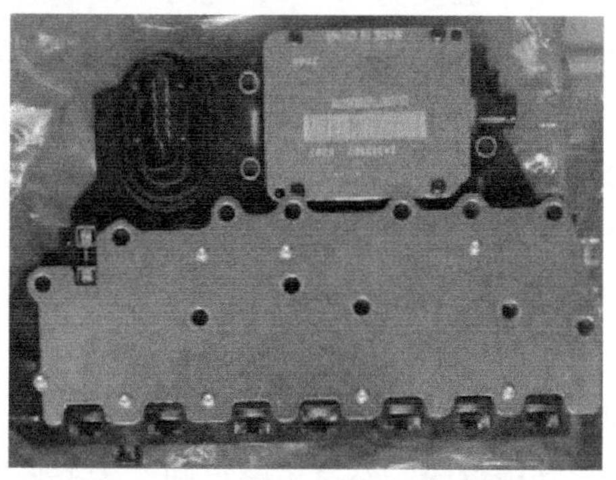

图 4-16 更换的变速器控制单元

可是驾驶人仅仅使用不到 1 周之后便再次返厂，抱怨变速器还是存在问题。一方面比原来费油，另一方面明显感觉车辆有时加速费力，发动机噪声大，而且无法升到高速档。驾驶人经过验证发现，当车辆加速无力时自动模式无法升至6档，而手动模式无法升至5档。可是车辆停放一晚上后，再次使用时又感觉是正常的，但行驶时间一长故障现象再次出现。

维修人员连接故障诊断仪进行检测，结果各系统均没有任何故障码记录。经过路试发现的确如驾驶人所述，开始时变速器从1档换到6档感觉良好，但继续行驶时明显感觉发动机动力不足、噪声大，此时发现变速器只能升至5档，手动模式操作，6档也不能被执行。停车用故障诊断仪检测，发现此时ATF温度居然达到了130℃左右。难怪变速器无法升至6档，原来变速器控制单元接收到ATF高温信号之后，起动了安全保护模式，终止变速器升6档，且发动机转矩轻微受到限制。高温下继续试车已经没有意义，维修人员决定先找到高温的原因。

变速器大修后为什么会出现高温？会不会大修之前就存在高温问题？造成变速器油高温的原因包括：①变速器打滑；②变矩器锁止离合器（TCC）打滑或不锁止；③变速器缺失最高超速档；④ATF冷却器故障；⑤假的高温信号（传感器或ATF温度传感器故障）。

维修人员在2h之后连接故障诊断仪继续试车，刚开始ATF在60℃左右，变速器从1档换到6档表现一切正常，既没有打滑现象也没有冲击和缺档现象，而且数据流显示TCC不存在打滑现象，工作良好。试车还不到1h，就发现ATF温度一直在持续升高，且升温速度也比较快。油温在100～120℃时变速器表现也比较正常，当达到120～130℃时故障现象出现，而且是温度升高后没有6档的。最关键的是，ATF温度都接近130℃了，变速器控制单元还不设定故障码。

根据引起ATF高温的原因分析，ATF油量和油质不存在问题，变速器没有打滑，TCC工作正常，那么只剩下变速器控制单元（传感器）和ATF冷却器了。要么是变速器控制单元（传感器）提供了假的温度过高信号，导致变速器无法升至6档，要么就是真实温度过高信号引发变速器控制单元起动保护模式而无法升至6档。所以问题就集中在更换的变速器控制单元和ATF冷却器了。

维修人员通过红外线测温仪测试，发现变速器回油管温度达到120℃，而故障诊断仪显示的ATF温度为124℃，说明ATF温度过高是真实的，并不是假的ATF温度信号。此时可以确定导致高温的原因是在变速器的冷却系统，也就是ATF冷却器了。

ATF温度要高于发动机冷却液温度，因此是利用发动机冷却液为ATF降温的。用故障诊断仪读取发动机冷却液温度，一直在90～102℃，正常，因此只可能是新换的ATF冷却器出了问题。在大修时更换冷却器，是因为变速器内部机械元件损坏严重，磨损下来的颗粒经过ATF的循环流动，一部分会进入冷却器中。而由于冷却器内部的结构原因，进入的磨损颗粒很难再随着ATF流出，因此大修时考虑到变速器内部油路被二次污染，必须更换冷却器。

**故障排除**　经过了解得知，大修时更换的ATF冷却器并非原厂配件（图4-17）。在更换原厂ATF冷却器后试车，变速器“高烧”终止，2个月后回访驾驶人，车辆一直没有出现任何问题。

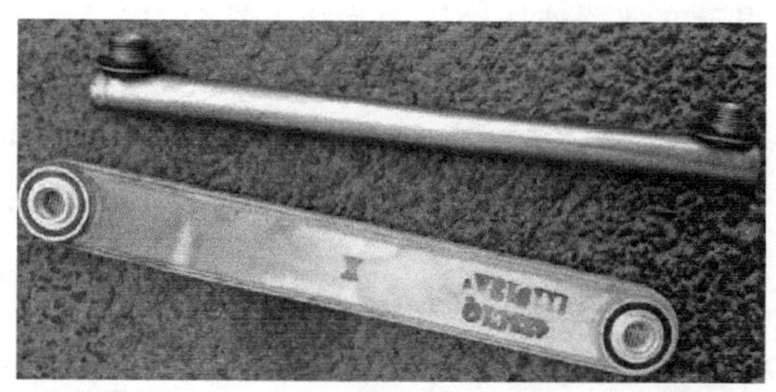

图 4-17 两种不同厂家生产的 ATF 冷却器

**技巧点拨：** 成功地一次性维修好自动变速器的条件缺一不可，好的维修环境、过硬的维修技术、标准的规范流程以及质量可靠的配件等，都是确保维修质量的关键条件。就该案例而言，变速器大修流程不存在任何问题，但大修后的试车过程需要对每一个信息进行监控。虽然变速器换档质量没有问题，但一定要通过数据确保其他信息是可靠的，比如 TCC 数据、压力数据以及温度信息等，一切均没有异常时方可交车。这样即使更换的配件质量存在瑕疵，但一定能够通过动态数据观察出来，如果有信息不正常时就需要进一步检查，以避免出现二次返修。

## 二、雪佛兰赛欧 EMT 变速器 5 档时有“呜呜”异响

**故障现象** 一辆 2011 年上海通用雪佛兰赛欧，搭载 1.2L LMU 发动机和 EMT 电子手动变速器，行驶里程 87000km。驾驶人反映该车在升到 5 档时有“呜呜”异响报修。

**故障诊断** 考虑到该车换档并无异常，因此维修时可按照维修手动变速器的方法进行。由于除 5 档外的其他档位行驶正常，初步判断问题出现在 5 档齿轮和同步器上。直接从车上拆开变速器后壳发现 5 档主动齿轮和从动齿轮均已打齿（图 4-18），于是更换 5 档主动齿轮、5 档从动齿轮及同步器，试车发现无论用手动模式还是自动模式时车辆在升入 5 档后发动机都是空转。

正常情况下 5 档主动齿轮、5 档从动齿轮及同步器只要拆下变速器后壳就可直接更换，但此车的变速器之前曾有过维修，5 档拨叉上的 T30 螺栓有轻微滑扣，加之拧紧力矩过大，用工具拆卸之后导致此螺栓完全滑扣，只好通过拆卸换档控制器总成和变速器机爪后用冲击改锥才拆卸下来。因考虑到曾维修过换档控制器，就用诊断仪进入变速器控制模块的配置与设定选项（图 4-19），逐一进行离合器位置学习、离合器冲洗、减压系统、变速器学习，除了离合器冲洗能执行成功外，减压系统和离合器位置学习只要一进入就提示与变速器控制模块失去通信，变速器学习选项是在进行了约 5min 才会显示与变速器控制模块失去通信。

由于进行学习不成功，就又执行了“清除变速器计数器”选项删除了学习值。这时再试车，发现车辆无论手动模式或自动模式只有前进 1 档和倒档了。即变速器不能升档，当用手动模式时，正常情况下是可以手动 2 档起步的，这时试图用手动模式换到手动 2 档起步失败，只是手动 1 档闪烁几下并不能换到手动 2 档。同时还发现即便是挂前进档和倒档都出现入档延迟的现象，有时甚至需要挂两次才能入档。尝试进行离合器位置学习、离合器冲洗、减压系统、变速器学习，提示学习条件未满足，并给出了原因是变速器液压油压力过低

（图4-20），有时甚至会提示变速器液压油压力为0（图4-21）。

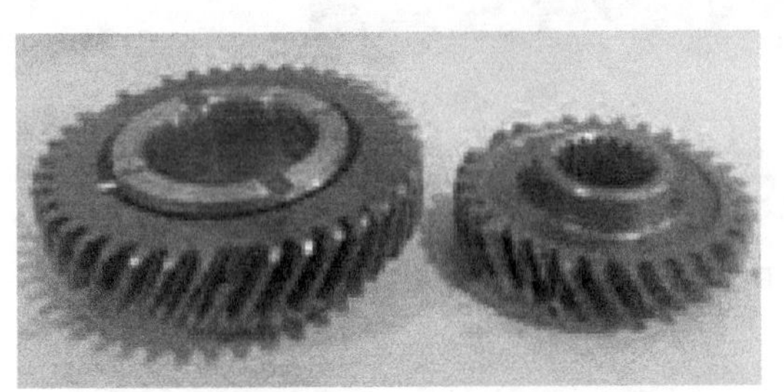

图4-18　打齿的5档主动齿轮和从动齿轮

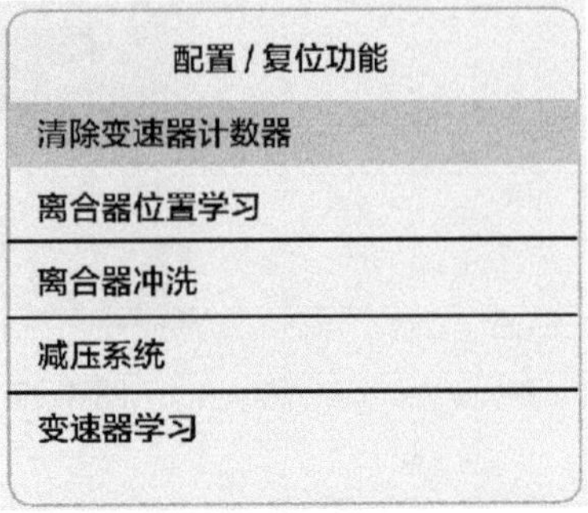

配置/复位功能
清除变速器计数器
离合器位置学习
离合器冲洗
减压系统
变速器学习

图4-19　配置与设定选项

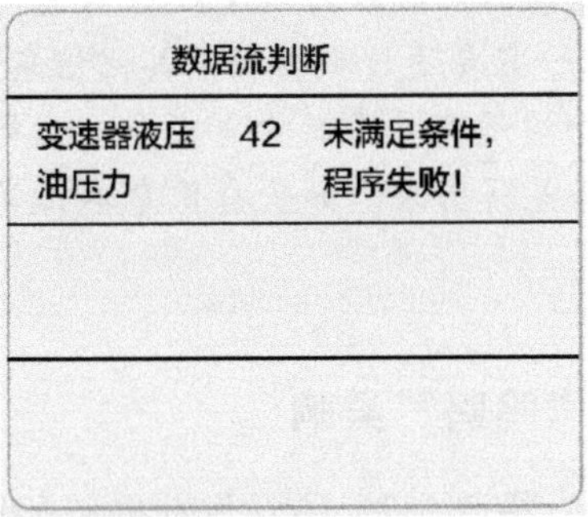

数据流判断
变速器液压油压力
42
未满足条件，程序失败！

图4-20　学习失败提示

数据流判断
变速器液压油压力
0
未满足条件，程序失败！
蓄电池电压
12
已通过

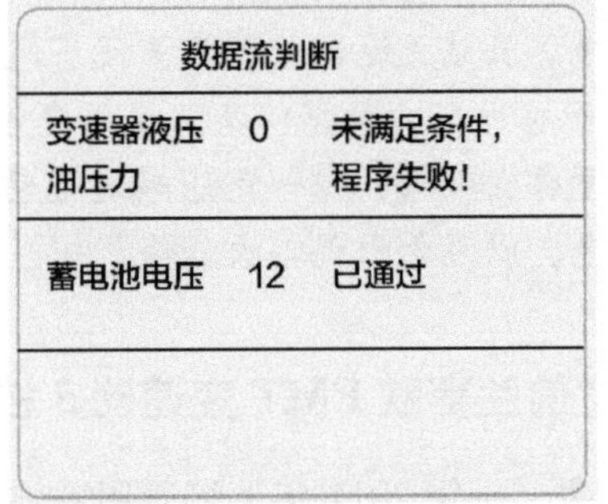

图4-21　学习失败数据流判断

再次路试车辆，确如修理厂所述存在不升档和入档延迟的现象，首先检查了换档控制器的液压油液位，在正常水平。外部也不存在泄漏液压油的情况，这时又怀疑变速器换档执行机构内部是不是存在泄压情况，通过查看数据流，在挂入档位后液压油的压力能够保持在4500kPa以上，不存在泄漏的状况。至于变速器不升档，由于前不久刚遇到一个帕萨特的09G变速器也是不升档，是修理厂把变速器控制模块的程序给搞乱所致，这个变速器应该也是修理厂把控制模块程序给搞乱了，决定先用诊断仪RDS做档位学习和啮合点学习，如果不行就编程变速器控制模块后再做档位学习和啮合点学习。

做完档位学习和啮合点学习后变速器入档延迟和不升档的情况不再出现了，但入5档时发动机空转的情况还是存在。变速器控制模块也无故障码存储，通过读取变速杆数据，得知换档控制器执行挂5档的动作到位。拆开变速器后壳检查，用手一推5档拨叉竟然能推动（图4-22），正常应该是推不动的，说明换档拨叉和换档轴之间缺少限位部件，虽然换档控制器已经正确执行了换5档的动作，相应换档轴动作正常，但由于和5档拨叉间没有限位部件，5档拨叉并没有动作或者说动作不到位。拆下5档拨叉上方的T30螺栓发现其下方的钢球缺失（图4-23）。

在装钢球前又检查手动挂5档的情况，发现怎么都挂不到位，滑套怎么也推不到5档主动齿轮上去，用原车的5档主动齿轮仔细比较，终于发现了问题，原来原车5档主动齿轮的倒角是左右对称的，而装车件并不对称（图4-24）。更换和原车5档主动齿轮同样的全新配件，并在5档拨叉上加入钢球，装车后试车，5档能挂上了，但是加大节气门开度时有类似风噪的声音。由于只在5档出现，初步判断有两种可能：一是5档从动齿轮有问题；二是由于车辆原来的5档主动齿轮和从动齿轮均已打齿，有可能在运行中存在运动干涉导致变速器内部轴承损坏。再次拆下后壳，将车上装的5档从动齿轮与原来车上装的损坏的5档从动齿轮做对比，没有发现不同的地方。用全新的5档从动齿轮，与原来装的齿轮对比发现了问题，全新的齿轮厚度要比车上装的大2mm多（图4-25）。

图4-22 同步器能推动

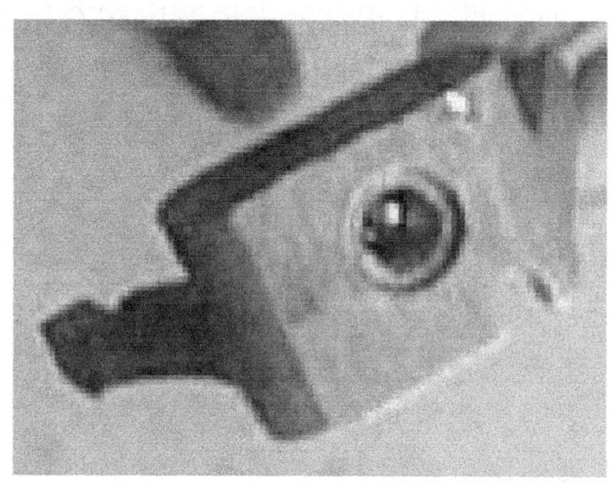

图4-23 T30螺栓下方的钢球缺失

图4-24 5档主动齿轮倒角不同

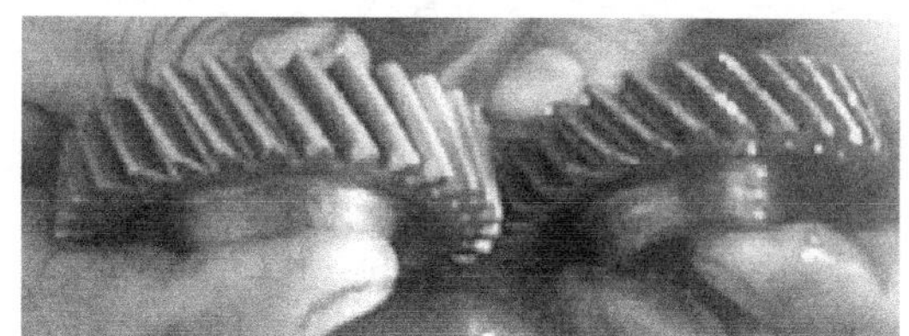

图4-25 5档从动齿轮厚度不同

**故障排除** 将全新的5档从动齿轮装复后试车，异响消失。路试后该车故障彻底排除。

**技巧点拨：** 5档主动齿轮和从动齿轮打齿的原因找到了，那就是在上次维修变速器时所更换的5档从动齿轮和此车不配套。在以往的维修实践中，更换本例中的配件难度不大，也不需要做匹配学习。

## 三、雪佛兰科鲁兹仪表板上的发动机故障灯亮且加速行驶困难

**故障现象** 一辆上汽通用雪佛兰科鲁兹轿车，行驶里程6万km。驾驶人反映该车仪表

板上的发动机故障灯亮，且换入 D 档后发动机转速异常升高，车辆加速行驶困难。

**故障诊断** 维修人员接车后首先使用故障诊断仪对车辆进行检测，读取到三个故障码，分别为：P0700——变速器控制单元已请求亮起故障指示灯；P2714——压力控制电磁阀 4，卡滞关闭；P0776——压力控制电磁阀 2，卡滞关闭。压力控制电磁阀 4 和 2 都是控制电磁阀总成的一部分，都是常高压力控制电磁阀。

压力控制电磁阀 4 可调节 2 档和 6 档（C2 和 C6）的变速器油压力，变速器控制单元（TCM）通过调节排出油液来控制电磁阀压力。当变速器控制单元指令电磁阀断电，油液将停止排出，从而使 2 档和 6 档压力过高；当指令离合器压力控制电磁阀 4 通电时，将调节变速器油的排放量。压力控制电磁阀 2 可调节 3 档、5 档和倒档（C3、C5 和 R）变速器油压力。变速器控制单元通过调节排出油液来控制电磁阀压力。当变速器控制单元指令电磁阀断电时，油液将停止排出，从而使 3 档、5 档和倒档压力过高。当指令离合器压力控制电磁阀 2 通电时，将调节变速器油的排放量。

变速器控制单元通过高电平侧驱动器（HSD）向电磁阀供电，高电平侧驱动器能够保护由变速器控制单元提供电源的电路和部件。如果电路过载，则驱动器关闭，消除过载后，高压侧驱动器重新设置。

变速器控制单元以自动变速器输入轴转速传感器（ISS）和输出轴转速传感器（OSS）发送的数据为基础，计算传动比。当指令 C2、C3、C5、C6 和 R 档离合器接合持续 4s 且变速器输入轴转速大于预期的输入轴转速 3300r/min 时，变速器控制单元判断传动比错误或突然增大，就会分别设置故障码 P2714 和 P0776。

导致 P2714 和 P0776 故障码出现的原因有：变速器控制单元指令管路压力达到最大值；变速器控制单元禁用变矩器离合器；变速器控制单元冻结变速器自适应功能；变速器控制单元禁用触动式加、减档。

了解了故障码的生成原因后，维修人员便可以有针对性地进行车辆检查。维修人员首先进行试车，发现车辆起步后转速直线上升到 3500r/min，明显感觉到变速器有打滑空转现象。档位从 1 档直接升到 3 档，并没有 2 档介入，而且换档时伴随有轻微的冲击感。而从 3 档逐步升到 6 档的过程中，均没有异常。行驶了大约 5km 后，发现 4 档升 5 档的时候，也出现了打滑现象，转速甚至升高到 4500r/min。

维修人员将车辆开回店中，断开车辆蓄电池 5min 后试车，故障依旧；查看 TCM 插接器，正常；检查 TCM 的电源和搭铁，正常。根据目前的故障现象，维修人员分析故障原因可能是：控制电磁阀电气或机械故障，导致离合器因压力不足打滑；下控制阀体存在阀门卡滞、碎屑或损坏的情况；离合器总成损坏，比如活塞破裂、卡环脱落以及摩擦片烧损打滑等。

本着由简至难的维修原则，维修人员决定先清洗下控制阀体，清洗后进行试车，故障依旧。然后找来同款车型，将控制电磁阀进行对调试验（图 4-26），原本正常的车辆在安装了故障车的控制电磁阀后出现了同样的故障，因此可以确定是控制电磁阀出现了故障。

图 4-26　出现故障的控制电磁阀

**故障排除** 更换控制电磁阀总成并进行编程后试车，

故障排除。

**技巧点拨：** 变速器的维修过程，实际在很大程度上是故障诊断的过程，找准故障点，通过换件可以将故障顺利排除。

# 第三节　别 克 系 列

## 一、别克威朗 GF6 变速器换档冲击

**故障现象**　一辆2016 款的上汽通用别克威朗自动变速器，行驶里程5.8 万 km 左右，搭配第 3 代 GF6 自动变速器。驾驶人反映该车辆在加速时转速升高，换档冲击明显，发动机故障灯点亮。车辆在正常行驶过程中，突然减速再加速感觉换档生硬，车辆在不同速度下偶尔感到换档冲击抖动，车辆在静止状态挂入 R 档或 D 档时，也有明显抖动现象。

**故障诊断**　首先用诊断仪进行初步诊断，发现一个历史故障码：P0741——变矩器离合器（TCC）系统卡在关闭位置，变速器液压/机械性能。根据现象及故障码观察变速器数据流（图4-27）发现，车辆在 5 档行驶时，车速只有 56km/h，但是发动机转矩已经超过90N · m，并且可以发现离合器滑动速度差高达 202r/min，6 档时也是如此；再通过变速器稳定状态适配压力数据（图 4-28）也可以看出，适配压力已经远远高于正常值，这些都说明该车的锁止离合器未正常工作。

| | P0741<br>冻结记录2 | P0741<br>冻结记录1 | |
|---|---|---|---|
| 参数名称 | 数值 | 数值 | 单位 |
| 车速 | 56 | 69 | km/h |
| 挡位指令 | 5 | 6 | |
| 传动比 | 1.00：1 | 0.74：1 | |
| 变矩器离合器滑动速度 | 202 | 168 | r/min |
| 发动机转矩 | 91.5 | 98.5 | N·m |

图 4-27　故障车辆变速器数据流

其次，通过上述数据分析，并结合系统工作原理来看，可能的故障原因有三个方面：机械、电控和液压。机械原因主要包括液力变矩器、齿轮型油泵总成、油路板及隔板、油路密封元件、1－2－3－4 档离合器、2－6 档离合器、3－5－R 档离合器/4－5－6 档离合器、低速档－倒档离合器、L－R 单向离合器、行星齿轮组等故障；电控原因主要有变速器控制模块（TCM）、TCC 压力控制电磁阀故障；液压原因主要有阀体泄漏、堵塞等故障。

是什么原因导致锁止离合器无法正常工作？首先应了解一下锁止离合器正常接合时的控制逻辑：变速器控制模块接收到必要的信号，当满足接合的条件时，控制变矩器离合器的电磁阀产生工作，这时油液经过电磁阀再到相应的调节阀和控制阀打开进油道，然后液压油通过油道进入变矩器内部，将锁止离合器压紧。如果上述任何一个环节出现问题，都会造成锁止离合器无法正常工作。

根据上汽通用别克系列的故障诊断策略，将主要从这些方面进行检修，首先对车辆实施基本检查（外观、ATF 等），对车辆进行路试并且与正常车辆数据进行对比，发现车辆加速松节气门后，TCC 滑移速度无法短时间归零，如图 4-29 所示。故障码：P0741——变矩器离合器（TCC）系统卡在关闭位置，变速器液压/机械性能。也就是说锁止离合器始终无法正常接合，该故障码的设置条件包括：变矩器离合器压力指令等于或大于 500kPa 并持续 2s；变速器控制模块检测到变矩器离合器滑差转速等于或大于 130r/min，并持续 5s；上述情况必须出现两次，并且结合数据滑动速度差较大和变速器适配压力高。

| 参数名称 | 数值 | 正常值 | 单位 |
|---|---|---|---|
| 稳定状态变速器适配压力 3档变矩器离合器已使用 | 123 | 0 | kPa |
| 稳定状态变速器适配压力 4档变矩器离合器已使用 | 231 | 0 | kPa |
| 稳定状态变速器适配压力 5档变矩器离合器已使用 | 322 | 0 | kPa |
| 稳定状态变速器适配压力 6档变矩器离合器已使用 | 288 | 0 | kPa |

图 4-28　故障车变速器稳定状态适配压力数据

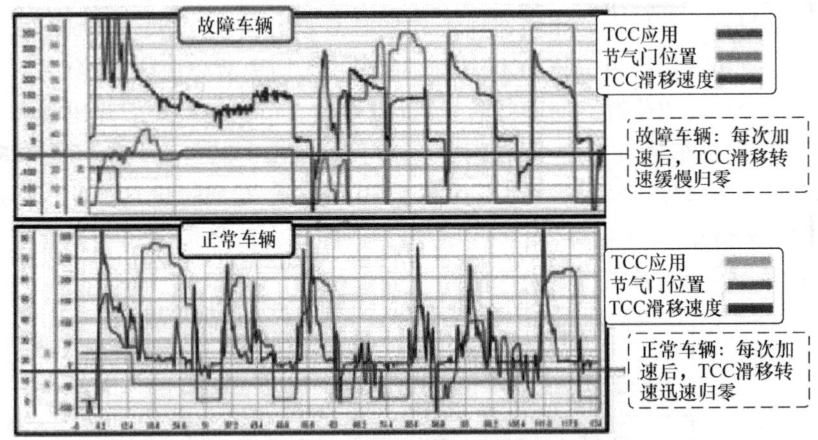

图 4-29　正常车辆与故障车辆 TCC 滑移速度数据流对比

从上述数据流分析 TCM 是调控信号输出，判定 TCM 正常。像这类高负荷工况出现 TCC 滑差的故障，也可以排除 TCC 本体原因，通常是液压系统造成的故障，滑阀不能运动到位，结合油道出现堵塞或泄漏等原因。所以对阀体和油泵内的 TCC 阀检查，但机械部分并未发现异常；于是还要进一步对 TCC 油道进行重点检查。

**故障排除**　为了更加准确地判断故障点，将输入轴放置在油泵内孔的适当位置，晃动输入轴，使用百分表测量输入轴与油泵上导轮支承轴套的径向间隙，测量结果达到 2mm（图 4-30），超出正常范围，更换输入轴和油泵，故障排除。

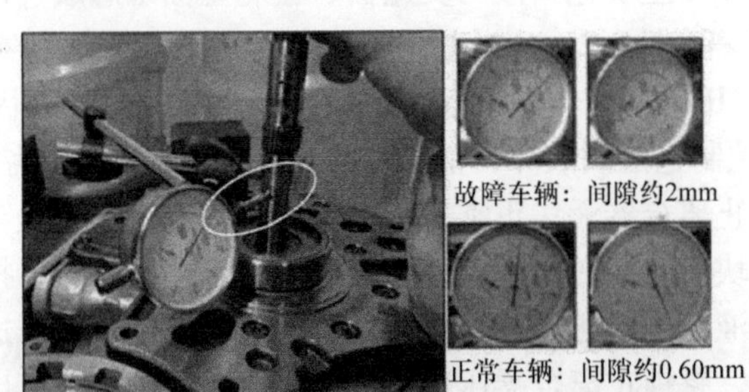

图 4-30　正常车辆与故障车辆输入轴与油泵上导轮支承轴套的径向间隙

**技巧点拨：** 该车辆故障的原因是TCC性能不良，通过相关参数TCC滑移速度来判断故障是否存在，再通过适配压力数据也验证了TCC的故障问题。再结合加速工况路试才能验证故障，如果仅仅以普通的驾驶方式，有可能看不到明显的异常数据，也无法再现故障和确认故障。只有通过数据趋势变化的分析排除TCM、阀体故障，结合整个系统的工作原理才能准确找到问题真正的根源。

## 二、别克威朗变速杆无法移出P档

**故障现象** 一辆2015款别克威朗，搭载GF6自动变速器。驾驶人反映该车出现变速杆无法移出P档的故障现象。

**故障诊断** 用故障诊断仪检测，发现车身控制模块（BCM）中存储了故障码B270A－02（图4-31），由此推断P档锁止电磁阀的相关电路存在故障。查看维修资料得知，P档锁止电磁阀由BCM控制。如图4-32所示，接通点火开关，当变速杆位于P档时，踩下制动踏板，BCM向P档锁止电磁阀供电，变速杆解锁，允许驾驶人将变速杆移出P档。

图4-31 BCM中存储的故障码

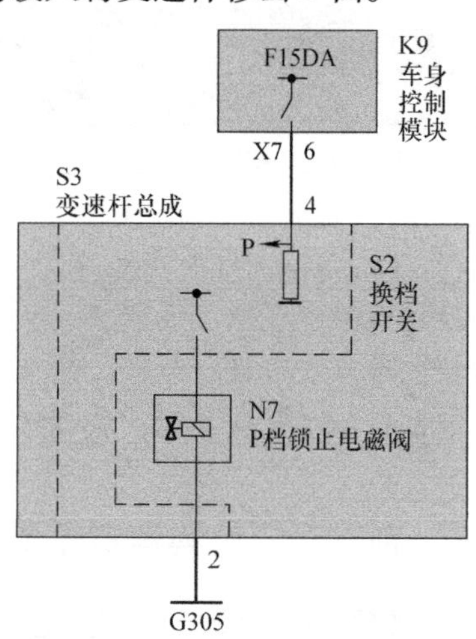


图4-32 P档锁止电磁阀控制电路

拆下变速杆总成的三个固定螺栓（图4-33），取出变速杆总成。按照维修手册上的测试方法，经过10A熔丝给P档锁止电磁阀（图4-34）正极提供12V电源，使P档锁止电磁阀负极搭铁，此时熔丝熔断，说明P档锁止电磁阀线圈存在短路故障，按照维修手册判定P档锁止电磁阀损坏，需更换变速杆总成。为进一步查明故障原因，取下P档锁止电磁阀，用万用表测量其线圈电阻，为33.8Ω，正常，这与之前的测试结果（P档锁止电磁阀的线圈存在短路故障）不符。仔细观察P档锁止电磁阀，发现其线圈线路接入端并联了一个二极管，使线圈

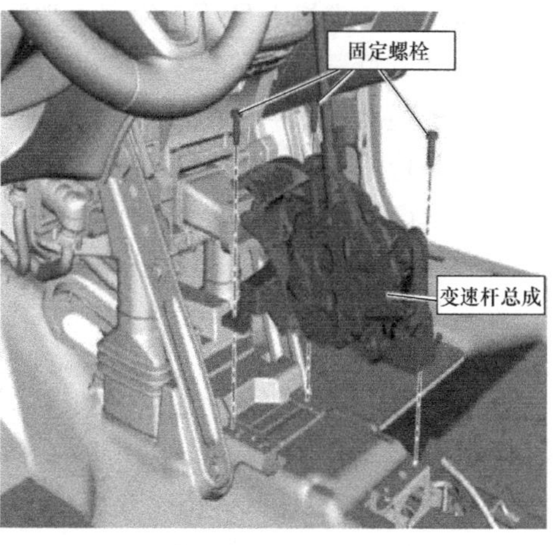


图4-33 变速杆总成的三个固定螺栓

断电时产生的感应电压形成放电回路，避免对电路上的电气元件造成冲击损坏，该二极管已烧焦炭化（图 4-35a）。分析认为，二极管烧焦炭化后使电源正极对负极短路，而在取出 P 档锁止电磁阀的过程中，由于振动使炭化物掉落，因此测得的 P 档锁止电磁阀线圈电阻正常。

**故障排除** 拆下损坏的二极管，经检查，其耐压约为 300V。焊接一个整流电路用的耐压为 400V 的二极管（图 4-35b，反向接入，即二极管正极接线圈负极，负极接线圈正极）后试车，变速杆可以移出 P 档，且换档正常，故障排除。

图 4-34 P 档锁止电磁阀位置

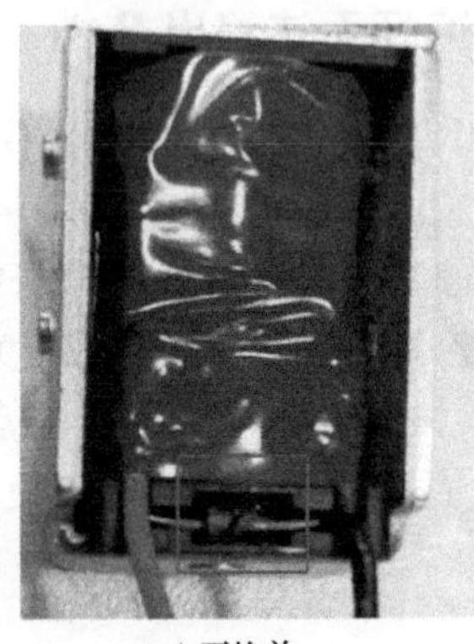

a) 更换前

b) 更换后

图 4-35 P 档锁止电磁阀上并联的二极管

> **技巧点拨**：在维修过程中，运用故障检测仪和维修手册能迅速找到故障点，但不能盲目按照维修手册进行维修。本案例若按照维修手册要求，需更换变速杆总成，而维修人员通过仔细观察和分析，找到了最根本的故障原因，用最小的成本解决了故障。

## 三、别克昂科拉换档背景灯不亮

**故障现象** 一辆 2014 年别克昂科拉，VIN 为 LSGJB84J8EY××××××，行驶里程 27126km。驾驶人反映该车换档背景灯不亮。

**故障诊断** 维修人员首先验证了驾驶人所说故障现象（图 4-36），确认故障存在。正常车辆换档背景灯显示如图 4-37 所示。常规检查未发现异常，使用专用诊断仪检测，检测结果有故障码显示（图4-38）。查阅局域互联网（LIN）总线电路说明：局域互联网（LIN）总线由一条传输速率为 10.417Kbit/s 的单线组成。该模块用于交换主控制模块和其他提供支持功能的智能装置之间的信息，如图 4-39 所示。

要传输的数据（1 和 0）在通信总线上由不同的电压表示。当 LIN 总线静止且未被驱动时，该信号处于接近电池电压的高压状态，这时代表逻辑“1”。当传输逻辑“0”时，信号电压被拉低至搭铁（0V）。

根据故障现象分析，维修人员认为故障可能为：①线路系统存在短路与断路故障；②背景指示灯损坏或有其他加装部件；③相应的模块存在故障。查看相关的电路（图 4-40），万用表测量 P2 变速器变速杆位置指示器 2 号端子与 BCM 9 号端子的导线通断正常；无对电压短路；无对接地短路现象，测得 2 号针脚电压为 0.7V，正常值为 12V。随后使点火开关置于 ON 档，测量 F21DA（10A）熔丝电压，电压值为 0V，正常数值为 12V 左右，检查熔丝正常。

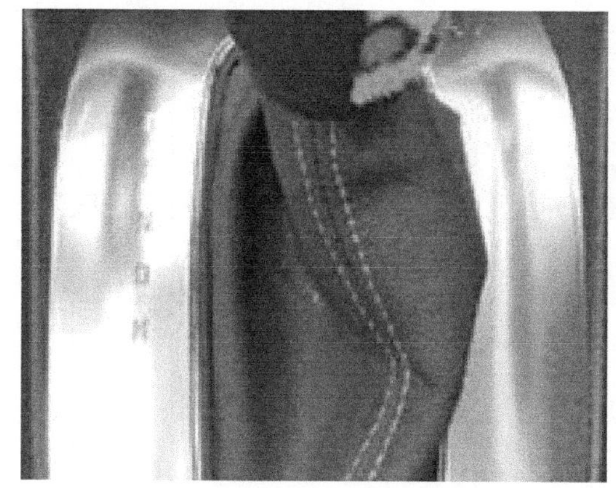

图 4-36　换档背景灯不亮

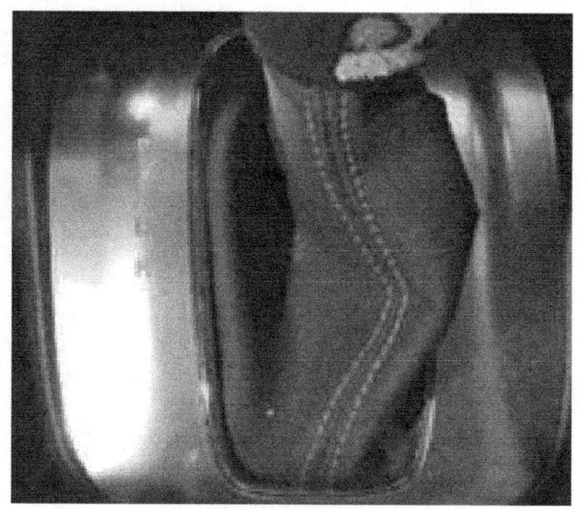

图 4-37　正常车辆换档背景灯显示

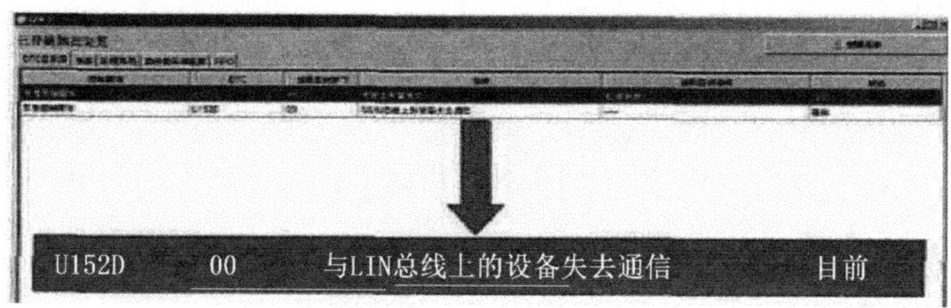


图 4-38　故障码

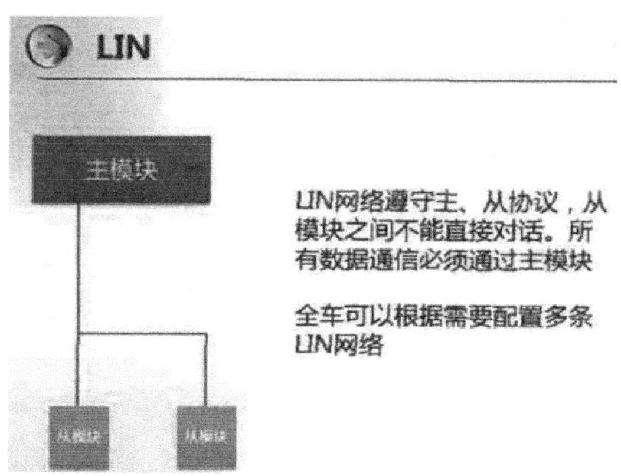


图 4-39　LIN 总线电路说明

如图 4-41 所示，继续使点火开关置于 ON 档，测得 R1 的 1 号端子与接地电压为 12V，但是用万用表表棒测量熔丝盒 1 号端子与 2 号端子电压为 0V，似乎 2 号接地有问题。在点火开关置于 ON 档时，KR76 继电器 30 号端子测得电压 12V。试着拔除 KR76 继电器，测量 R1 与 2 号线圈阻值，为 70Ω，阻值正常，然后插回继电器，却发现变速杆背景指示灯点亮了。

**故障排除**　结合上述的测量过程，最终检查确认仪表熔丝盒 KR76 继电器 R1 的 2 号插脚内部接触不良。

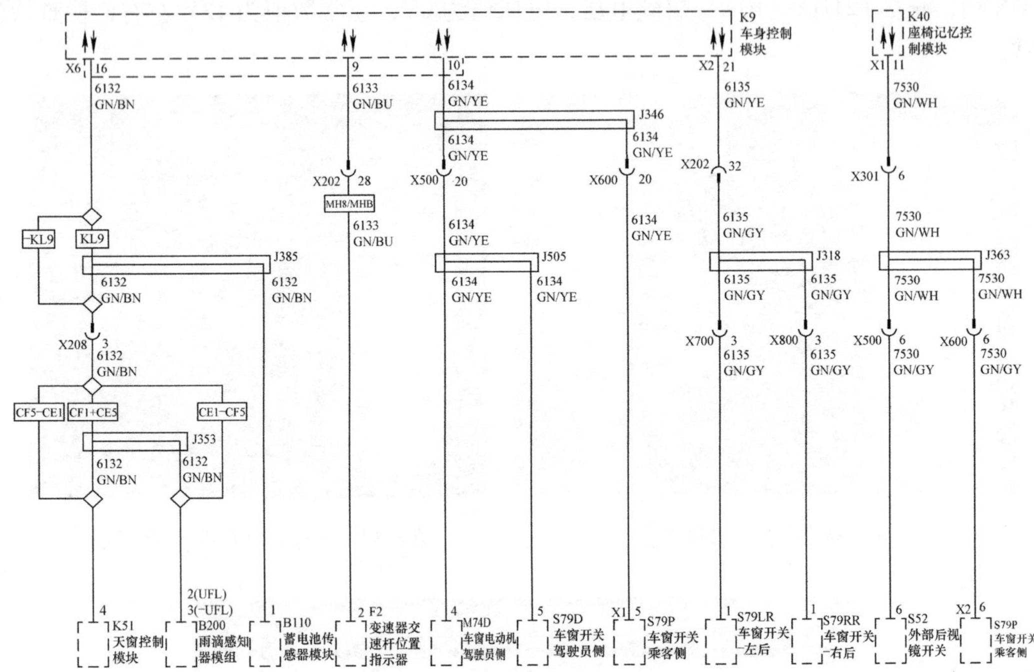


图 4-40　电路 1

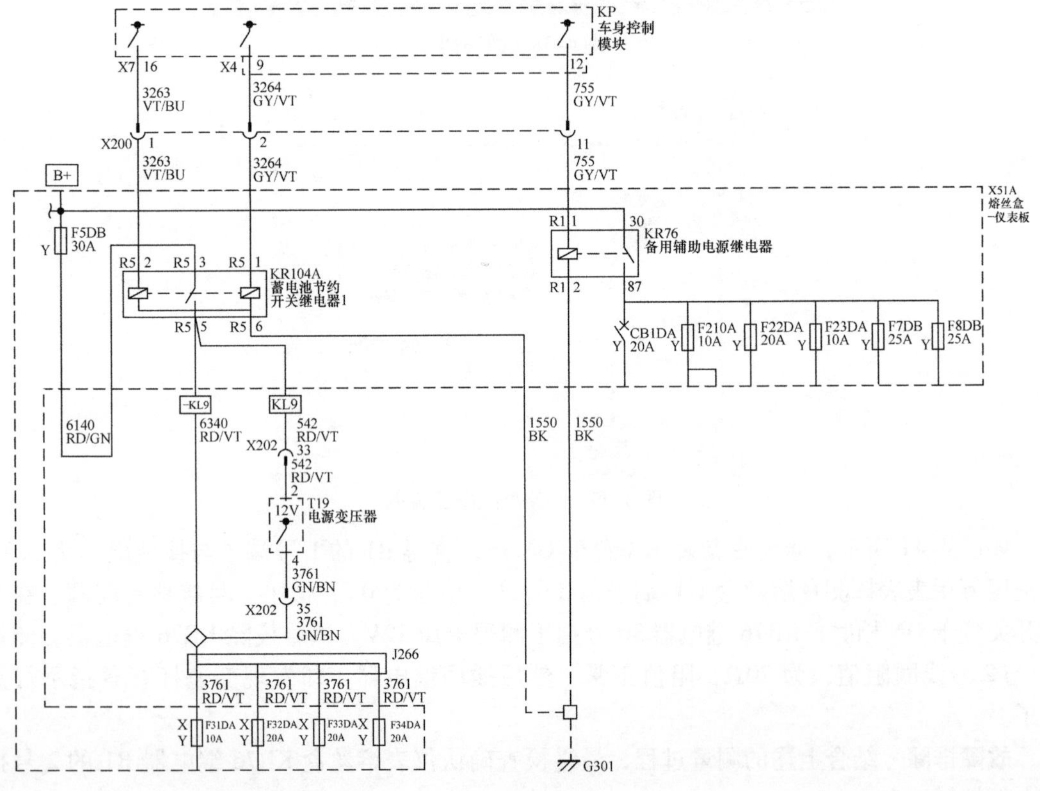


图 4-41　电路 2

**技巧点拨：** 该故障是由于仪表板熔丝盒内部接触不良，造成变速杆指示灯不亮。车辆电器系统可能会存在间歇性接触不良的故障，给维修人员带来诊断难度，有时往往很费周折，也很难去模拟，需要维修人员根据相应故障码及相关数据流去分析判断。掌握相应的网络结构与原理去加以分析与参考，能更好地解释故障现象，结合识读电路图的能力，可以快速解决问题。

## 四、别克陆尊自动变速器档位显示异常

**故障现象**　一辆2011年别克陆尊，行驶里程230051km。驾驶人反映车辆打开钥匙，无论变速杆置于任何位置，仪表档位始终显示1档（图4-42），但变速杆位置实际置于P档或N档时都可以起动车辆，同时反映车辆起步无力。

图4-42　故障现象

**故障诊断**　利用诊断仪检测，发现发动机控制模块（ECM）可以通信，但变速器控制模块（TCM）却无法通信。依据故障现象分析，故障可能出现在：①TCM线路故障或TCM损坏，导致无法通信；②内部模式开关（内置式档位开关）逻辑电路故障。

陆尊与老款GL8/君威不同，档位开关已置于变速器的内部，动力系统控制模块（PCM）分置为ECM与TCM，TCM位于驾驶人座椅下的地板上。检查TCM供电熔丝F11，良好（发动机舱右侧熔丝盒中）、供电正常，如图4-43所示。拆下驾驶人座椅、掀开皮垫及地毯时，发现地板上已严重浸湿，如图4-44所示，拔下TCM 49针插头，用试灯测试J1－32常电源端子（导线为橙色），发现并无常电源到达。虽然插头端子良好并无腐蚀现象，但据此基本可以确定是J1－32端子常电源线路出现了问题，导致TCM无法工作，造成无法通信，仪表单元也就无法从数据链上得到档位信息。在变速杆挂入D档后，由于TCM不工作，造成两个换档电磁阀不能工作（即换档电磁阀处于关闭状态，如图4-44所示），自动变速器只能处于3档工作状态，故造成起步无力，与驾驶人反映的现象吻合。

因地毯潮湿严重，说明本车内有渗漏水现象（原因查明为空调下水管破裂所致），拆除全车座椅，并将地毯进行晒干处理。初步查看此段线路外观并无异常，但仔细观察发现有地方似乎有点膨胀，用刀片削去部分绝缘皮，发现内部导线已完全氧化。

**故障排除**　将氧化处导线剪除，焊接并包扎好，将右A柱侧黑色插头插回，用试灯测试TCM接线端端子J1－32，试灯已点亮（常电），将接线端插头插回TCM上，打开钥匙并将变速杆挂入各档位验证，档位指示均已完全正常，故障排除。

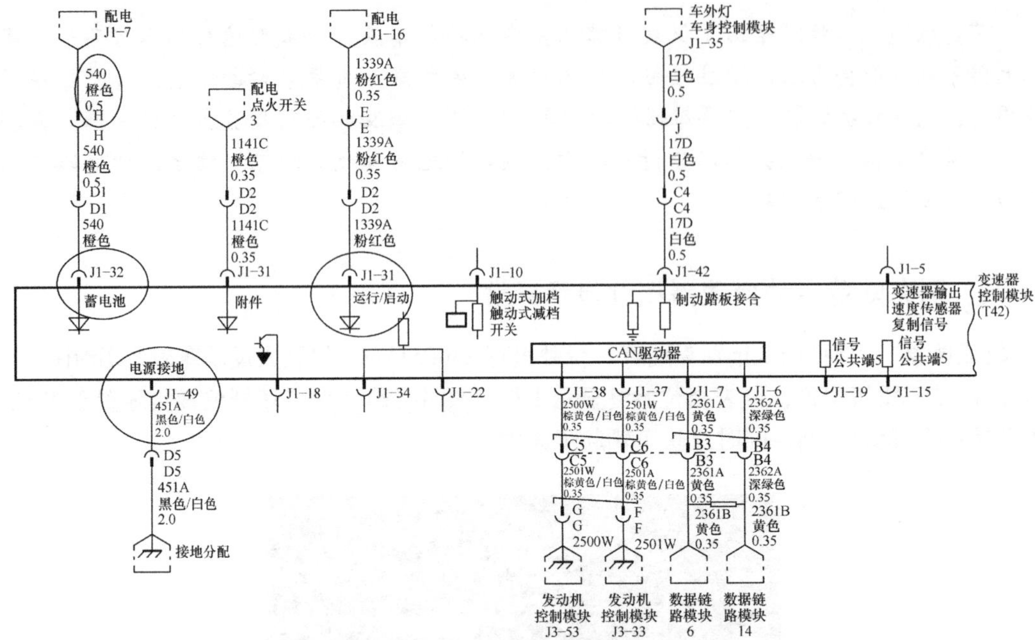


图 4-43　变速器控制系统示意图

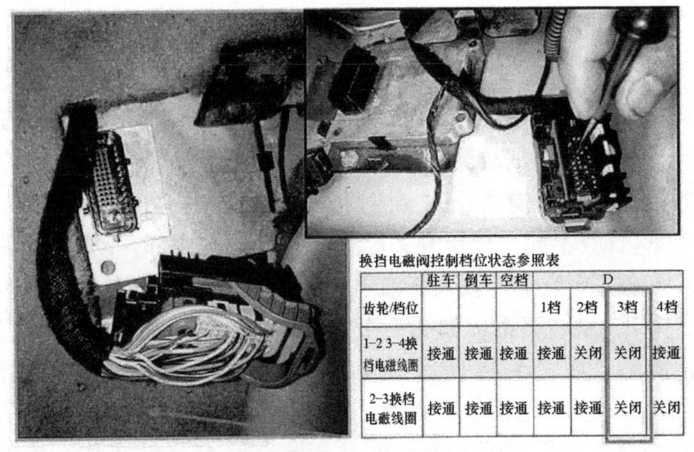

换挡电磁阀控制档位状态参照表

| | 驻车 | 倒车 | 空档 | D | | | |
|---|---|---|---|---|---|---|---|
| 齿轮/档位 | | | | 1档 | 2档 | 3档 | 4档 |
| 1-2 3-4换档电磁线圈 | 接通 | 接通 | 接通 | 接通 | 关闭 | 关闭 | 接通 |
| 2-3换档电磁线圈 | 接通 | 接通 | 接通 | 接通 | 接通 | 关闭 | 关闭 |

图 4-44　地毯水渍严重

**技巧点拨：** 仔细回顾分析，该故障其实就是“水”惹的祸。水是变速器的克星，且在变速器内潜伏期比较长。因此变速器一旦进水，最好初期就切断继续出现故障的可能，将有水部位晾干，避免出现故障。

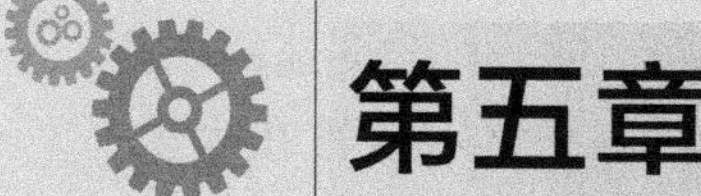

# 第五章

# 丰 田 车 系

## 第一节　凯美瑞系列

### 一、凯美瑞自动变速器打滑

**故障现象**　一辆2011年丰田凯美瑞轿车，车辆型号为ACV51L-JEPEKC。驾驶人反映该车车速在60~80km/h时车辆前部抖动厉害。

**故障诊断**　接车后维修人员与驾驶人一同试车，匀速缓慢踩加速踏板，当车速达到60km/h时，前部车身会连续性抖动并伴有“吱吱”的异响声，当车速超过80km/h后车身抖动现象消失，再踩加速踏板就感觉不到抖动；在车身前部出现抖动时将变速杆置于S-3档，故障现象消失，再将变速杆换回到D档，故障现象立即再现。

用诊断仪GTS进行检查，没有故障码存储，车辆行驶中自动变速器升降档正常，没有换档冲击；连接诊断仪GTS进行路试，监测数据流发现自动变速器在4档，车速在60~80km/h时前部车身抖动现象就会出现，而自动变速器在其他档位时不会出现上述故障现象，从而说明故障是出在自动变速器本身，而不是发动机故障造成的抖动。

通过查看维修手册和数据流，该自动变速器4档与其他档位的区别在于柔性锁止电磁阀是否工作。在匀速加速过程中，当柔性锁止电磁阀处于ON状态时抖动就会出现，当柔性锁止电磁阀处于OFF状态时抖动就消失，据此可以判定，该车故障是由于柔性锁止离合器在低速半离合状态时工作不良导致的。

检查自动变速器油，油位在正常范围，但闻到自动变速器油有一股烧焦味，拔出油尺发现油尺上有少量的小水珠；放出自动变速器油检查，也能看到有很少量的水泡存在。根据维修手册及检测结果判定可能的故障点有阀体故障、液力变矩器故障、自动变速器内部离合器故障或其他故障。根据由简到繁的故障诊断原则，彻底对自动变速器油路进行清洗后更换自动变速器油，然后对自动变速器进行油压测试，正常；利用主动测试，检查各电磁阀工作情况，正常；对车辆进行路试，试车50km没有发现异常，但再次检查自动变速器油时，发现油尺上再次出现两个小气泡，分析认为是有水进入了自动变速器内部。拆下自动变速器油冷却器（图5-1），用气枪吹进油管，堵住出油口与出水口，把另一端的出水口放置在水里，发现有气泡产生（图5-2），正常情况下不应冒气泡，据此确定该车故障的根本原因是自动变速器油冷却器内部渗水，导致自动变速器内部离合器及液力变矩器离合器打滑，产生抖动的故障现象。

图5-1　自动变速器油冷却器

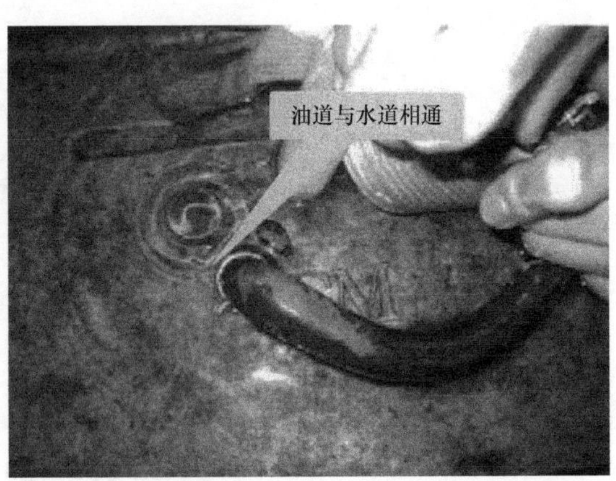


图5-2　自动变速器油冷却器油道与水道相通

**故障排除**　更换新的自动变速器油冷却器，并反复清洗自动变速器油道，更换自动变速器油后试车，车速在60～80km/h时车身前部不再抖动，故障排除。一个星期后邀约客户再次检查，拔出自动变速器油尺，没有发现水气，确认故障彻底排除。

**技巧点拨：**对于变速器进水量极少又没有使用并立刻送至修理厂的车辆，可以通过设备循环更换新油来解决问题。但变速器进水量较多的车辆，最好解体变速器，把所有密封件进行更换，因为密封件大部分都是橡胶的，遇水时间久了会膨胀损坏。同时最好把摩擦片也都更换了。

## 二、凯美瑞发动机故障灯点亮

**故障现象**　一辆2010年广汽丰田凯美瑞，车辆型号为ACV41L－JEPNKC，发动机型号为1AZ。行驶里程13.4万km。驾驶人反映车辆行驶中仪表盘上的发动机故障灯点亮。

**故障诊断**　维修人员接车后首先验证故障现象，试车发现发动机故障灯的确在车辆行驶中点亮，故障属实。连接诊断仪IT－Ⅱ读取故障码，故障码为P0741——液力变矩器离合器电路性能或固定关断。询问驾驶人得知，该车停得多开得少，分析认为可能是由于车辆停放时间过长，导致自动变速器内的电磁阀偶然发卡，故决定把故障码清除再试车确认故障，试车时发动机故障灯再次点亮，故障码仍为P0741。分析故障的可能原因有DSL换档电磁阀（控制锁止离合器油压）故障、阀体故障、液力变矩器离合器故障、自动传动桥故障或管路压力故障。

用诊断仪IT－Ⅱ读取故障码P0741的定格数据（图5-3），根据数据分析，故障发生时的车速为68km/h，发动机转速（NE）为1926～1935r/min，LOCK在ON的状态，工作档位为4档，按4档的速比为1∶1.020，定格数据中输入涡轮转速（NT）和中间轴齿轮转速（NC）均为1800r/min，表明速比正常。若发动机转速（NE）与输入涡轮转速（NT）相差135r/min，则发动机故障灯点亮。

| Item | -3 | -2 | -1 | 0 | 1 | Unit |
| --- | --- | --- | --- | --- | --- | --- |
| Vehicle Speed | 68 | 68 | 68 | 68 | 68 | km/h |
| Engine Speed | 1935 | 1933 | 1933 | 1929 | 1926 | rpm |
| Calculate Load | 52.5 | 50.9 | 50.5 | 50.1 | 48.6 | % |
| Vehicle Load | 32.9 | 30.9 | 30.1 | 30.1 | 27.4 | % |
| MAF | 12.70 | 11.89 | 11.57 | 11.54 | 10.57 | gm/s |
| Atmosphere Pressure | 96 | 96 | 96 | 96 | 96 | kPa |
| FC TAU | OFF | OFF | OFF | OFF | OFF | |
| SPD (NT) | 1800 | 1800 | 1800 | 1800 | 1800 | rpm |
| SPD (NC) | 1800 | 1800 | 1800 | 1800 | 1800 | rpm |
| Shift SW Status (P Range) | OFF | OFF | OFF | OFF | OFF | |
| Pattern Switch (PWR/M) | OFF | OFF | OFF | OFF | OFF | |
| Shift SW Status (R Range) | OFF | OFF | OFF | OFF | OFF | |
| Shift SW Status (2 Range) | OFF | OFF | OFF | OFF | OFF | |
| Shift SW Status (L Range) | OFF | OFF | OFF | OFF | OFF | |
| Shift SW Status (N Range) | OFF | OFF | OFF | OFF | OFF | |
| Shift SW Status (D Range) | ON | ON | ON | ON | ON | |
| Shift SW Status (3 Range) | OFF | OFF | OFF | OFF | OFF | |
| A/T Oil Temperature 1 | 47.5 | 48.1 | 48.1 | 48.1 | 48.1 | ℃ |
| Lock Up | ON | ON | ON | OFF | OFF | |
| Lock Up Solenoid Status | ON | ON | ON | ON | OFF | |
| Shift Status | 4th | 4th | 4th | 4th | 4th | |
| SLT Solenoid Status | ON | ON | ON | ON | ON | |
| AT Fluid | OFF | OFF | OFF | OFF | OFF | |

图5-3 故障码P0741的定格数据

检查DSL换档电磁阀的工作情况，连接诊断仪IT－Ⅱ，对DSL换档电磁阀执行主动测试，DSL换档电磁阀能发出清脆的“哒”声音，直接在发动机控制模块（ECM）导线连接器上检查DSL换档电磁阀的电阻，为13.2Ω，正常；拆检DSL换档电磁阀，再次测量DSL换档电磁阀的电阻，也为13.2Ω，再次通电检查DSL换档电磁阀的工作情况，正常。一般情况下，对DSL换档电磁阀检查至此，都会认为DSL换档电磁阀应该是没有问题的，但发现在对DSL换档电磁阀进行通电检查时，DSL换档电磁阀内针阀的工作情况看得不是特别清楚，好像是被一个灰黑色的胶状物挡住了。由于DSL换档电磁阀安装在阀体内（图5-4），异物一般不易进入，因此怀疑异物为阀体内部的密封胶圈松动移位所致。拆检DSL换档电磁阀发现，DSL换档电磁阀的出油孔内有异物（图5-5）。

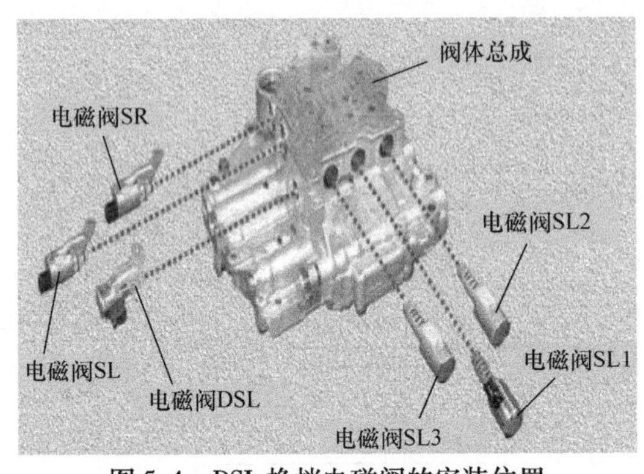

图5-4　DSL换档电磁阀的安装位置

图5-5　拆检DSL换档电磁阀

**故障排除**　更换DSL电磁阀后试车，发动机故障灯不再点亮，故障排除。

**技巧点拨：** 由于该故障发现得比较早，液力变矩器离合器打滑并不严重，自动变速器油液中也无金属粉末，因此液力变矩器还可以继续使用，无需更换。

## 三、凯美瑞挂D档冲击大

**故障现象**　一辆2008年丰田凯美瑞轿车，车辆型号为ACV40L－JEAGKC，发动机型号为2AZ，行驶里程24.9万km。驾驶人反映该车踩制动挂D档时冲击很大，且仪表盘上的发动机故障灯点亮。客户反映该车出现此故障后曾在其他修理厂维修过，维修人员在更换了档位开关、发电机、蓄电池及灯光调节组合开关4大组件后试车，故障解决，但过了不久故障会再次出现。

**故障诊断**　维修人员接车后首先试车验证故障现象，起动发动机，踩住制动踏板将档位从P档换至D档或S档，发现车辆有明显的冲击，且仪表盘上的档位指示灯不显示，发动机故障灯点亮；还发现该车左、右转向灯不亮，但按下危险警告灯开关，所有转向灯正常闪烁。由于该车曾因该故障在其他修理厂更换了档位开关、发电机、蓄电池和灯光调节组合开关，因此推断上述部件有可能当时是有损坏的，但现在这些部件已经都换成了新件，再次发生故障的可能性不大。

根据试车得到的故障现象，有多个系统不能正常工作，其可能的故障原因有相关熔丝熔断、相关继电器有故障、相关线路有故障、上述部件再次损坏或其他问题。

连接诊断仪IT－Ⅱ读取故障码，故障码为：P0705——自动变速器档位传感器电路故障（PRNDL输入）。清除故障码后试车，挂档冲击等故障现象仍然存在。根据故障码P0705并参照该车维修手册，故障码P0705的可能故障部位有档位开关电路断路或短路、档位开关损坏或发动机控制模块（ECM）损坏。按照导致故障码P0705产生的可能故障部位，参照电路图对档位开关电路进行点检，检查电路中的熔丝，发现仪表板1号熔丝熔断，查看仪表板1号熔丝的功能，的确此熔丝熔断后会导致电控自动变速器（ECT）和自动变速器档位指示器、充电等多个系统无法正常工作，即客户反映的上述故障现象。更换仪表盘1号熔丝后试车，故障排除。

但仅仅因为一个熔丝熔断造成多个系统无法正常工作，这么简单的问题怎么会出现第2次返修呢？一定是线路原因导致熔丝熔断的，判定可能是电源线搭铁所致。再次检查ECT和自动变速器档位指示器、充电及灯光等多个系统的相关线路，当检查到中央扶手位置时，在CD机的背面发现有几处线束破损，参照电路图，发现红色线是倒车灯电源线（N48导线连接器），白黑色线是搭铁线（N49导线连接器），这两根线破损严重，车辆在颠簸路面上行驶时这两根线会接触，从而造成仪表板1号熔丝熔断，由此确定该线路破损才是故障的最根本原因。

**故障排除** 处理破损的线束并换上新的仪表盘1号熔丝后试车，故障排除。

**技巧点拨：**破损的线束搭铁导致熔丝熔断，对于熔丝熔断要找出根本原因，只有这样才能最终排除故障，否则故障仍会再次出现。

# 第二节 汉兰达系列

## 一、汉兰达挂倒档时R档与D档档位灯同时点亮

**故障现象** 一辆2010年丰田汉兰达，车辆型号为ASU40L－BRTGKC，行驶里程17.4万km。驾驶人反映该车在行驶过程中发动机故障灯点亮，挂倒档时R档与D档档位灯同时点亮。

**故障诊断** 维修人员接车后首先验证故障现象，将变速杆挂入倒档，的确发现R档与D档档位灯同时亮（图5-6），但挂D档时R档档位灯不亮，且仪表盘上的发动机故障灯点亮。用诊断仪IT－Ⅱ读取故障码为：P0705——变速器档位传感器电路故障。根据故障码分析可能的故障原因有档位开关位置错误、档位开关总成故障、变速器控制模块（TCM）故障或相关线路故障。

用诊断仪IT－Ⅱ读取动态数据流（图5-7），发现在挂倒档时“Shift SW Status（R Range）”（档位开关状态－R档）和“Shift SW Status（D Range）”（档位开关状态－D档）同时显示“ON”，不正常。正常情况下应该是变速杆挂到哪个档位上哪个档位显示为“ON”。松开档位开关导线连接器，接通点火开关（ON位），根据档位开关电路（图5-8）测量端子B5－1与车身搭铁之间的电压，为电源电压，正常；松开档位开关调整螺钉，把变速杆置于R档，慢慢左右移动档位开关，R档与D档档位灯常亮，无变化。拆下档位开关挂到R档位置，测量档位开关端子B5－1与端子B5－2之间的电阻，小于1Ω，正常；挂到D档位置上，测量档位开关端子B5－2与端子B5－7之间的电阻，小于1Ω，正常。更换档位开关后试车，故障没有排除。将点火开关置于ON位，断开TCM导线连接器，将档位开关挂到R档，测量端子B52－15（R）与车身搭铁之间的电压，为电源电压，测量端子B52－16（D）与车身搭铁之间的电压，为7V，不正常。将档位开关挂到D档，测量端子B52－16（D）与车身搭铁之间的电压为12V，测量端子B52－15（R）与车身搭铁之间的电

压为0V，正常。为什么R档能导通而D档不能导通呢？挂到R档，用手摆动TCM导线连接器时D档位灯会闪烁，这说明TCM导线连接器有问题，将TCM导线连接器拆开后发现，端子B52－16出现铜绿，正好与R档的端子B52－15相通。

图5-6　挂倒档时R档与D档档位灯同时点亮

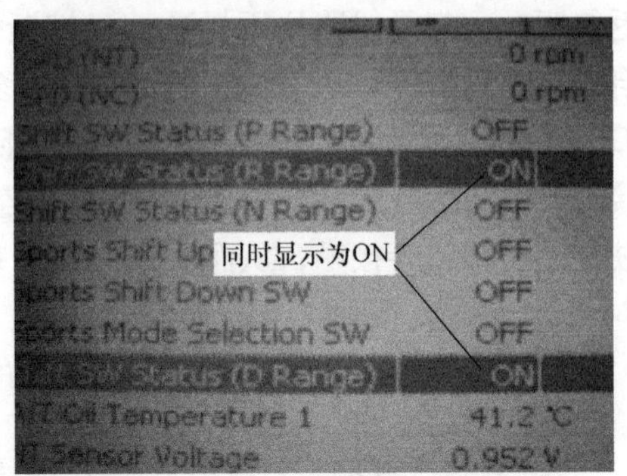


图5-7　IT－Ⅱ读取的动态数据流

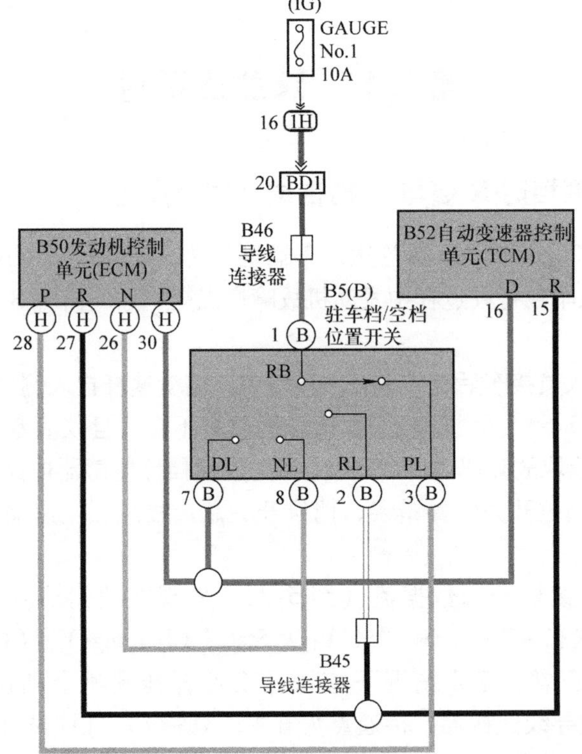


图5-8　档位开关电路

**故障排除**　由于更换自动变速器线束成本较高，为了降低维修成本，经客户同意后将端子B52－16处的铜绿处理好并恢复所有线路连接后试车，故障排除。

**技巧点拨：**两端子出现铜绿，只有一边导通另一边不导通的情况比较少见，可能是因为倒档用电器过大而电流不能导通。但利用好诊断仪IT－Ⅱ动态数据流配合车型维修手册能快速排除故障。

## 二、汉兰达变速器换档异常

**故障现象** 一辆2010年丰田汉兰达运动型多功能车，车型为ASU40L，搭载1AR发动机，行驶里程13万km。驾驶人反映该车在从P档挂入N档时，变速器内会发出“嗞、嗞”的声音。

**故障诊断** 维修人员试车发现，当变速杆从P档换到N档时，变速器内会发出异响，但路试发现车辆行驶中变速器换档正常。进一步试车发现，如果将变速杆在P、N档之间来回拨动，上述声音就变成了连续的响声。

拆下变速器右侧的工作油压检测塞，连接油压表。起动发动机预热变速器，同时设置诊断仪进入主动测试状态。待变速器油液温度达到正常温度后，执行油压调节电磁阀SLT的测试。电磁阀工作时，工作油压达到变速器空载时的标准油压。将电磁阀关闭后，工作油压达到最大值，且符合标准。这样便可以排除油压控制方面的问题。

将车辆举升后模拟道路行驶状态，并利用诊断仪的主动测试功能控制变速器的换档过程，发现各档位的换档均正常。将车速提高到65km/h，用诊断仪指令变矩器锁止离合器锁止，然后轻踩加速踏板，可以感觉到发动机转速没有明显的变化，说明锁止功能正常。根据异响的声音特征判断，它可能来自线性调压电磁阀。于是通过诊断仪逐个关闭各线性电磁阀，当关到锁止油压调节电磁阀SLU时，声音立刻消失。

拆下油底壳找到SLU电磁阀，由车内的维修人员打开点火开关，然后将变速杆从P档换至N档，此时该电磁阀发出了“嗞、嗞”的声音。用手触摸该电磁阀的表面，能够感觉到温度明显比其他电磁阀的温度高。拆卸电磁阀，待温度冷却到20°C后测量其线圈电阻，阻值为12.6Ω，高于正常电阻值，说明线圈已经烧坏了。

**故障排除** 更换变矩器锁止油压调节电磁阀，试车确认故障排除。

> **技巧点拨：**电磁阀异响，且该电磁阀控制的相应油路工作不正常，就可以说明该电磁阀损坏，此时需要对该电磁阀进行更换。

## 三、汉兰达行驶时发抖

**故障现象** 一辆2009年丰田汉兰达，车辆型号为GSU45L－BRASKC，行驶里程19.2万km。驾驶人反映该车在平直路面上以40～80km/h的车速行驶时，冲击很大，发动机有时抖动。由于该车之前被水淹过，发动机进水，导致连杆弯曲，10天前曾进行过发动机大修，因此驾驶人认为该故障是上次没有修好所致。

**故障诊断** 用诊断仪IT－Ⅱ检测，无故障码存储。维修人员同驾驶人一起试车以确认故障，当车速达到40～80km/h时，车辆出现2次较轻微的晃动现象，好像是路面不平导致的，又到比较平的快速路面上路试，也会出现发抖的现象，而且车辆在上坡负荷较大时抖动特别明显，确认该车故障确实存在。

调取该车的历史维修记录，得知该车大修过发动机、拆洗过地毯、更换过安全气囊ECU等，加上驾驶人反映该车进水前没有上述问题，因此初步怀疑可能与维修技术人员作业过程操作不当有关，于是首先检查可能导致振动的相关部位。检查发动机的4个机脚垫，都没有松动痕迹，安装正常；检查发动机进气管路，各管路都连接良好，没有漏气现象；检查发动机怠速及加速时的燃油压力，正常；检查点火系统，点火线圈正常，但火花塞跳火不是很好，怀疑是点火不良导致的发动机抖动，但换上好的火花塞后试车，故障依旧。在试车过程中，无论空负荷还是加速，发动机响应均很快，且在挂 S3 档模式时抖动现象没有出现，这说明发动机本身没有问题，推测可能是自动变速器有故障。重新整理思路，接上诊断仪 IT－Ⅱ再次路试车辆，重点观察自动变速器换档及相应数据的变化情况。

通过多次在快速干道上路试，发现该车在 3 档以下档位行驶均正常，故障在 4 档和 5 档都会出现，且观察动态数据流发现，在 4 档时，“Lock Up Solenoid Status”和“Lock Up”均为“OFF”时，抖动的故障不会出现；在 4 档和 5 档时，“Lock Up Solenoid Status”为“ON”，“Lock Up”为“OFF”（柔性锁止）时，故障才会出现；在 5 档以上时，“Lock Up Solenoid Status”和“Lock Up”均为“ON”时，故障也不会出现。根据上述检测结果分析可能的故障部位有阀体（包含锁止离合器电磁阀、锁止离合器液压控制阀）、锁止离合器和行星齿轮机构。

通过数据列表分析，该自动变速器能进行柔性锁止及完全锁止的响应，说明相关线路正常，电磁阀收到了变速器控制模块（TCM）的指令，说明 TCM 正常，由此推断故障可能是自动变速器电磁阀卡滞导致的，但使用正常的阀体进行替换试验，故障依旧。但在拆阀体的储压阀（图 5-9）时，发现自动变速器油有进水的痕迹，自动变速器油出现乳化现象。

经与客户沟通，同意拆卸自动变速器以做进一步检查，检查发现，飞轮板正常，但油泵壳、离合器和制动器的钢片等很多地方已经锈蚀（图 5-10），虽然这会导致自动变速器工作不良，但并不是造成自动变速器换档时发冲的真正原因，故障应在液力变矩器上，虽然用专用工具能检查液力变矩器单向离合器的工作是否正常，但无法对液力变矩器进行解体检查，最后决定更换液力变矩器。

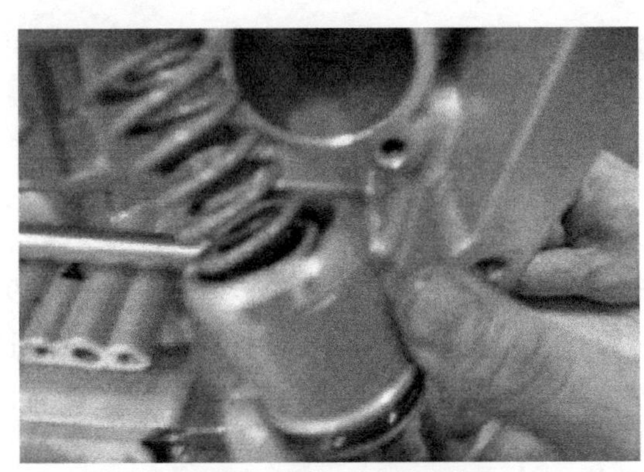
图 5-9　阀体上的储压阀

图 5-10　锈蚀的钢片

**故障排除**　更换液力变矩器并对生锈的部件进行打磨清洁，更换摩擦片、修理包并检查、清洗油冷却器及管道，装车确认，车辆发抖现象不再出现，故障排除。

**技巧点拨：**车辆在被水淹后，在维修时一定要把自动变速器油底壳拆下后确认自动变速器内部是否进水，如果自动变速器内部进水，一定要按照自动变速器大修的流程进行维修，此时只做简单的清洗是无法完全排除故障的。

## 四、汉兰达挂倒档时 R 档和 D 档指示灯同时点亮

**故障现象**　一辆 2009 年丰田汉兰达，搭载 1AR 发动机和 6 速手自一体变速器，行驶里程约 7.2 万 km。驾驶人反映发动机故障灯点亮，挂倒档时，仪表中 R 档和 D 档指示灯同时点亮。

**故障诊断**　接车后，试车验证故障，维修人员将档位置于倒档时，仪表中 R 档和 D 档指示灯同时点亮（图 5-11）；将档位置于 D 档时，仪表中 D 档指示灯点亮，R 档指示灯不亮。用故障诊断仪读取故障码，发现动力控制系统内存储有故障码：P0705——变速器档位传感器电路故障。查阅维修手册，得知该故障码的设置条件及可能的故障部位见表 5-1。记录并尝试清除故障码，故障码可以清除，试车时故障现象仍然存在，且发动机故障灯再次点亮。

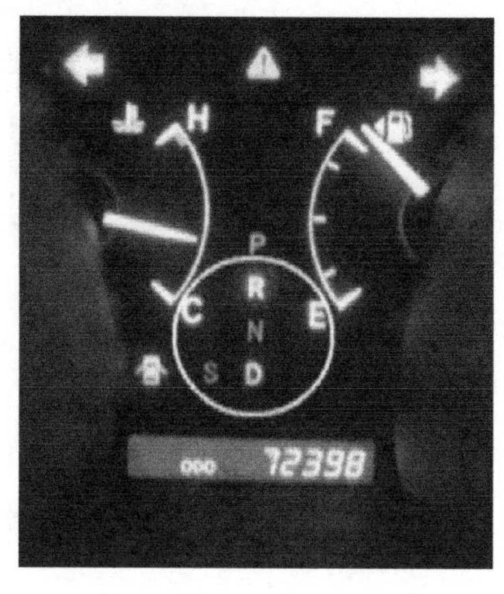

图 5-11　R 档和 D 档指示灯同时点亮

**表 5-1　故障码 P0705 的设置条件及可能的故障部位**

| 故障码 | 设置条件 | 故障部位 |
| --- | --- | --- |
| P0705 | 1. P 档、N 档、D 档及 R 档中的 2 个或多个档位信号同时为 ON<br>2. 在 S 档时，满足以下任一条件 2s 或更长时间：NSW 输入信号为 ON；P 档输入信号为 ON；N 档输入信号为 ON；R 档输入信号为 ON<br>3. NSW、P、R、N 和 D 位置的所有开关同时为 OFF | P/N 档位开关电路断路或短路；P/N 档位开关故障；变速器控制开关电路断路或短路；换档锁止控制单元；发动机控制单元 |

维修人员用故障诊断仪读取变速器控制单元数据流，将档位置于倒档时，变速杆置于 R 档（Shift SW Status—R Range）显示为 ON 状态，变速杆置于 D 档（Shift SW Status—D Range）也显示为 ON 状态，显然不正常。

根据上述故障码和故障现象，维修人员首先检查 P/N 档位开关外观，外观良好，且导线连接器插接牢靠。查阅 P/N 档位开关电路（图 5-12），断开导线连接器 B5，检查导线连接器表面和 P/N 档位开关端子，无异常。接通点火开关，测量导线连接器 B5 的端子 1 与车身搭铁之间的电压，为蓄电池电压，正常。更换 P/N 档位开关后试车，故障现象依旧，排除 P/N 档位开关故障的可能。接着，断开发动机控制单元导线连接器 B50，接通点火开关，将档位置于倒档，测量导线连接器 B50 端子 27 与车身搭铁的电压，为 12.2V，正常；测量端子 30 与车身搭铁的电压，为 7.0V，不正常。将档位置于 D 档，测量导线连接器 B50 端子 30 与车身搭铁的电压，为 12.2V，正常；测量端子 27 与车身搭铁的电压，为 0V，正常。根据上述检测结果分析，将档位置于倒档时，相关线路可能存在虚接。仔细检查 P/N 档位开关与发动机控制单元之间的电路，未发现异常。断开变速器控制单元导线连接器 B52，发现其表面存在腐蚀现象，且端子 16 腐蚀比较严重。分析认为，由于端子 16 腐蚀严重，致使档位置于倒档时，端子 16 和端子 15 间“窜电”，从而出现上述故障现象。

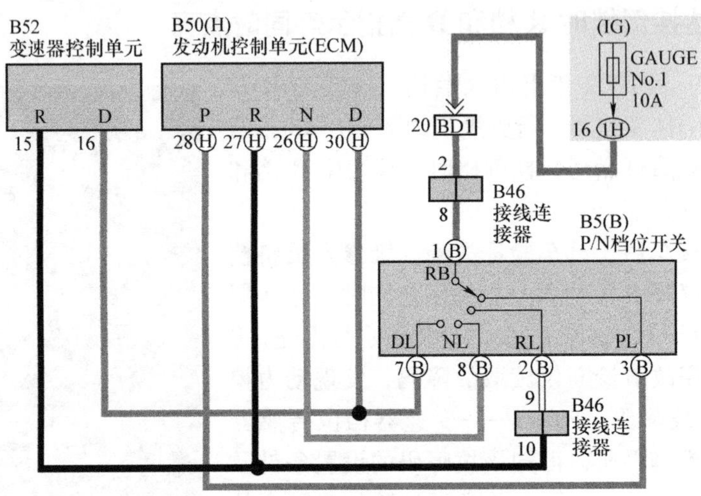


图 5-12 P/N 档位开关电路

**故障排除** 鉴于更换线束比较昂贵，本着为节省维修成本的原则，对被腐蚀端子的表面进行修复处理，修复处理完后试车，故障彻底排除。

**技巧点拨：**连接器内端子被腐蚀，其原因多是连接器内进水或相关腐蚀性的液体（如可乐等饮料），短时间内不会出现故障现象，但时间长了会造成金属端子腐蚀，导致接触不良，进而出现断路，导致某些功能工作不正常。

# 第三节 丰田其他系列

## 一、INNOVA 旅行车换档冲击

**故障现象** 一辆2009 款东南亚版丰田 INNOVA 商务旅行车，搭载2.0L 发动机和日本爱信型号为03－72LE 型4 速电控自动变速器。驾驶人反映该车倒档接合延迟、2－3 档打滑并且存在冲击。将其大修后倒档延迟故障得以解决，但2－3 档依然还有冲击现象，尤其在热车后即有轻微打滑和冲击现象。

**故障诊断** 经诊断仪检测后确认为自动变速器内部故障，随后把变速器从车上拆下来对其进行基本检查，发现变速器油已严重变质且伴有焦煳味，决定按大修流程处理。将变速器解体后发现倒档/直接档离合器 C2 已经烧损，而其他元件基本良好。通过对此变速器换档执行元件分配作业（图 5-13），以及各档动力传递简图（图 5-14 和图 5-15）进行分析得知，倒档/直接档离合器 C2 为起动倒档和 3 档（直接档）的最主要元件之一，所以此故障与 C2 烧损有直接关系。倒档延迟由 C2 烧损后间隙过而大引起，而2－3 档也因 C2 离合器烧损后出现先打滑后形成惯量冲击。此时维修人员认为只要解决 C2 离合器烧损问题即可将此变速器故障排除。

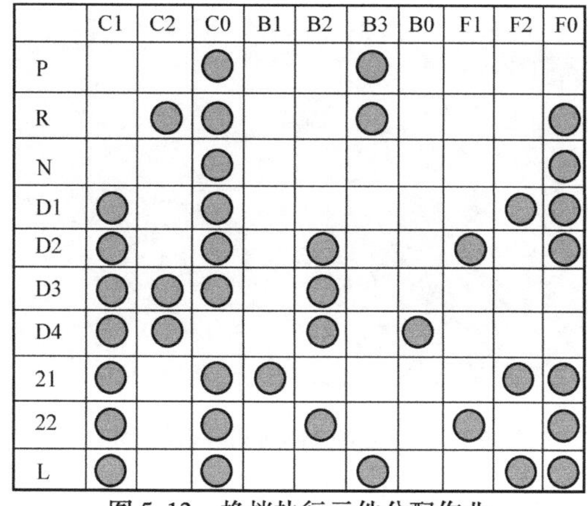

| | C1 | C2 | C0 | B1 | B2 | B3 | B0 | F1 | F2 | F0 |
|---|---|---|---|---|---|---|---|---|---|---|
| P | | | ● | | | ● | | | | |
| R | | ● | ● | | | ● | | | | ● |
| N | | | ● | | | | | | | ● |
| D1 | ● | | ● | | | | | | ● | ● |
| D2 | ● | | ● | | ● | | | ● | | ● |
| D3 | ● | ● | ● | | ● | | | | | |
| D4 | ● | ● | | | ● | | ● | | | |
| 21 | ● | | ● | ● | | | | | ● | ● |
| 22 | ● | | ● | | ● | | | ● | | ● |
| L | ● | | ● | | | ● | | | ● | ● |

图 5-13 换档执行元件分配作业

C—离合器 B—制动器 F—单向离合器

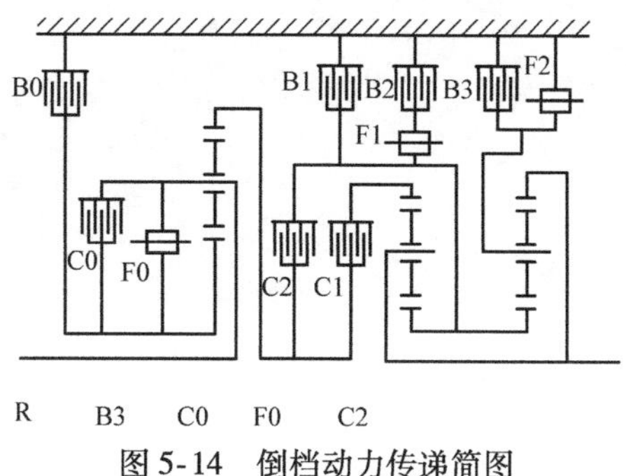


图 5-14 倒档动力传递简图

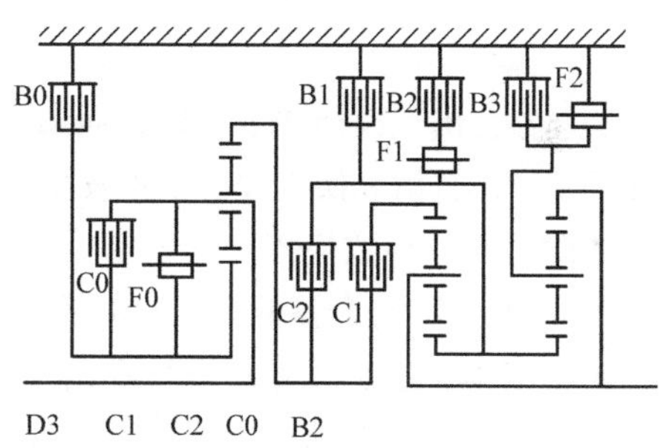


图 5-15 直接档（3 档）动力传递简图

将变速器大修后试车发现倒档延迟故障现象消失，但感到挂倒档时接合生硬，同时 2－3 档无打滑但有冲击现象，热车至一定程度后 2－3 档也会有轻微打滑迹象。若在此时交车，C2 离合器将有可能再次烧损。此时怀疑 C2 离合器的压力供应源出现问题，于是对阀体进行了更换，但故障依旧。无奈之下将变速器再次分解，并未发现任何异常，并且 C2 离合器状态良好。此时认为只需解决冲击问题即可，所以在 C2 离合器内部增加一缓冲盘，装车后挂倒档依然有瑕疵之感，但可以接受，而 2－3 档则每次换档均有冲击。为彻底解决此问题，将另外一辆事故车的变速器中除壳体外的其他零部件全部换上，但装车后故障依旧未能排除。

对该变速器液压油路设计原理进行思考、分析得知，在离合器油路中须有缓冲油压，其包括节流控制和蓄能控制等。前期已将机械元件及液压控制单元（阀体）更换，此时不必考虑。所以怀疑离合器蓄能缓冲油路出现问题，经询问得知在前期大修时并未对蓄能器进行仔细检查，但与其相关的密封圈均已更换。以此为线索拆下阀体并将变速器壳体上 3 个蓄能器全部取下进行检查，结果发现第二个磨损严重（图 5-16）。通过查询资料进行确认，这正是负责 C2 离合器缓冲的蓄能器。再仔细检查蓄能器内壁（变速器壳体），发现也已严重磨损（图 5-17）。

**故障排除** 更换自动变速器蓄能器和壳体后，该车的故障彻底排除。

**技巧点拨：** 由于维修人员对此款变速器控制原理分析不足，导致多次返修。由此可见，广大维修人员仍然具有习惯性地去解决看得见的终端（离合器）或不确定因素较多的液压阀体，而忽略了从源头（阀体）到终端（离合器）的中间环节。

虽然第二次将变速器解体后未发现 C2 离合器出现问题，但长此以往其势必会再次烧损，即刚进厂时所表现的故障现象。当蓄能器与其接触壳体均形成磨损后，它不仅无法起到油压建立的减缓作用，还可能因为磨损后的泄漏造成离合器油压偏低，最终导致烧片，故障反复出现。

图 5-16 磨损的蓄能器

图 5-17 蓄能器壳体内测磨损的部位

## 二、雷克萨斯 ES350 挂档冲击

**故障现象** 一辆 2006 款雷克萨斯 ES350，车型为 GSV40L－BETGKC，装备 U660E 型自动变速器，行驶里程 17 万 km。驾驶人反映该车变速器将 D 档换至 N 档，然后由 N 档换至 D 档时，变速器会出现换档冲击现象，而由 P 档、R 档或是 N 档直接换至 D 档则无冲击现象，且行驶正常，无打滑和换档冲击现象发生。该车曾更换过旧变速器和变矩器（均为拆车件）。

**故障诊断** 导致换档冲击的常见原因有：阀体上的换档阀卡滞；蓄能器故障；1 号单向离合器故障；C1 离合器故障；SL1 换档电磁阀故障；SLT 油压调节电磁阀故障。

对于该车，由于故障只发生在由 D 档换至 N 档，然后由 N 档换至 D 档时，其他换档方式不会出现。分析自动变速器的运作原理，推测机械故障导致换档冲击可能性较小，故障部位多数发生在电控部位。该车自动变速器控制系统设有换档控制逻辑，通过调节变速器管路油压和发动机输出转矩来实现离合器的平稳接合，应侧重检查与换档冲击相关联的传感器或执行器。为此，对该车进行了如下检查：

1）使用诊断仪检测变速器系统，变速器系统无故障码存储。

2）检查变速器管路油压调节电磁阀 SLT 的工作状态。检查结果为 SLT 电磁阀在挂 D 档时有时不工作，当电磁阀不工作时（图 5-18），发生换档冲击现象。

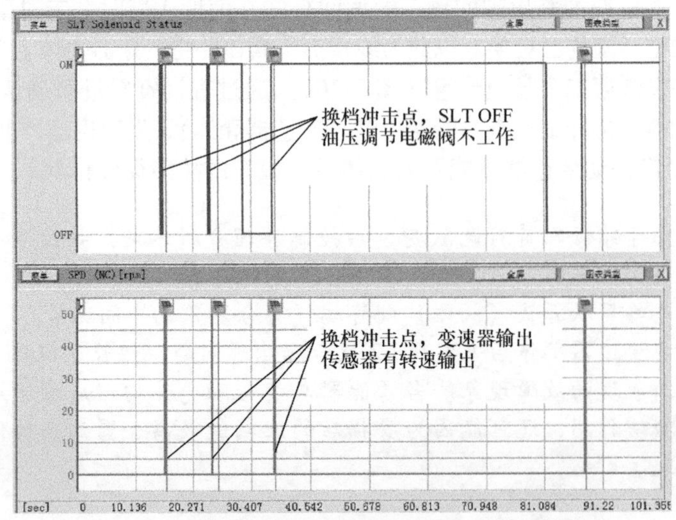


图 5-18 变速器管路油压调节电磁阀 SLT 的工作状态

3）检查SLT电磁阀控制系统。SLT电磁阀为管路压力控制电磁阀，它根据发动机转矩信息，以及变矩器和传动桥的内部工作情况对管路压力进行优化控制，进而使换档平顺并优化机油泵工作量。SLT电磁阀由变速器控制单元控制，变速器控制单元根据接收的变速杆位置信息来控制SLT工作。当车辆发生挂档冲击时，变速器N档位置信号与实际的变速杆位置不相符（N档位置开关信号一直显示OFF），挂档冲击是由于变速器控制单元没有收到换档信号（图5-19），也就没有向SLT发出油压调节指令，SLT不调节油压，所以发生换档冲击。

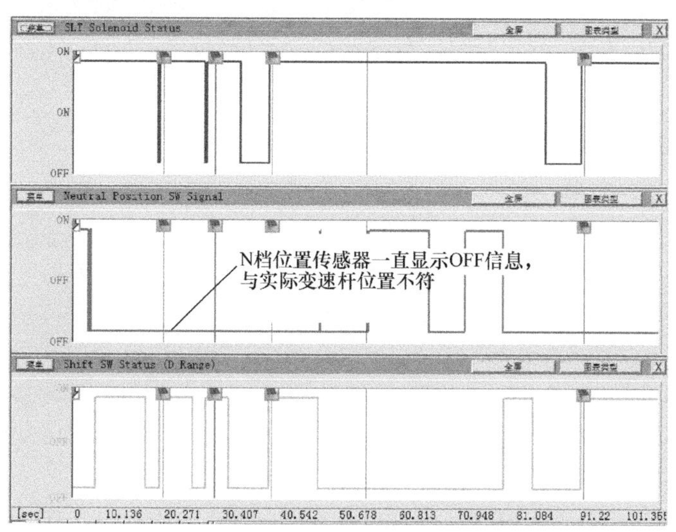


图5-19 换档冲击时SLT电磁阀的工作状态

4）检查档位开关。变速杆处于N档位置时，测量Park/Neutarl Position SW的4号端子与9号端子之间的电阻值为无穷大（正常值为小于1Ω），开关电阻值不正确，与数据流中N档位置信号不准确相对应。

**故障排除** 检查档位信号不准确的原因。经检测档位信号不准确的原因为档位开关的调整位置不正确，当变速杆处于N档时，N档基准线和凹槽不相对，凹槽向右偏离了5°左右，调整档位开关位置，将N档基准线和凹槽完全对正（图5-20），然后进行多次换档测试，测试结果为N档位置信号正常，变速器换档无冲击，故障排除。

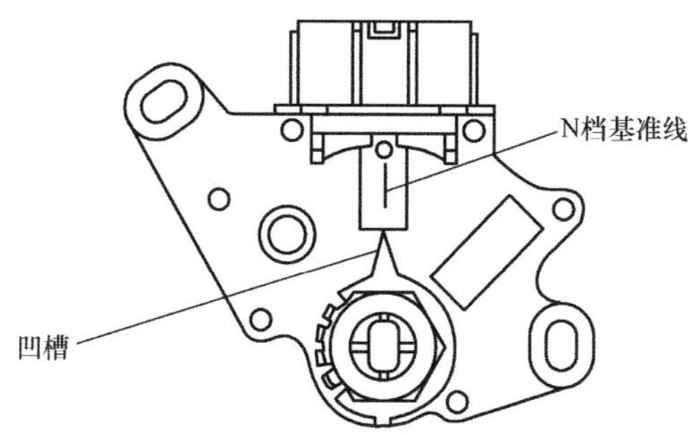


图5-20 N档时N档基准线与凹槽应完全对正

**技巧点拨：**挂档冲击故障比较常见，多数由变速器内部机械故障或电控系统故障导致，涉及的面比较广，如果对变速器工作原理掌握不透彻，对系统控制逻辑不熟悉，对诊断工具不熟练，那么在诊断过程中就会走弯路，甚至会误判。

故障排除时，首先要全面、正确认识故障现象，要利用不同车况下故障现象的共性来进行分析、推论。如该案例中，挂档冲击只发生在D－N－D时出现，其他档位换档没有发生，这就是故障发生的共性；其次要熟练掌握各个元件的工作原理及控制逻辑，利用运行原理和控制逻辑去分析梳理、推测故障位置；最后能有效使用诊断工具进行数据流的分析及验证。

# 第六章

# 本田车系

## 第一节　雅阁系列

### 一、雅阁混合动力车仪表信息中心提示“检查变速器”

**故障现象**　一辆2017款广汽本田雅阁混合动力车，行驶里程1万km，因仪表盘上发动机故障灯点亮，P档指示灯闪烁，仪表信息中心出现“检查变速器”的提示信息而进厂检修。

**故障诊断**　接车后，试车验证故障现象，故障现象确实存在。根据该车的故障现象，初步判断可能的故障原因有仪表控制单元故障、多路集成控制单元（MICU）故障、换档（SBW）控制单元故障、动力系统控制模块（PCM）故障、线路故障等。

用故障诊断仪HDS读取故障码，读得的故障码为：P26C3——内部控制模块变速范围传感器性能。由于故障车是混合动力车型，维修人员对此类车型接触得较少，维修经验相对欠缺，因此决定参照维修手册的诊断指引（图6-1）尝试排除故障。

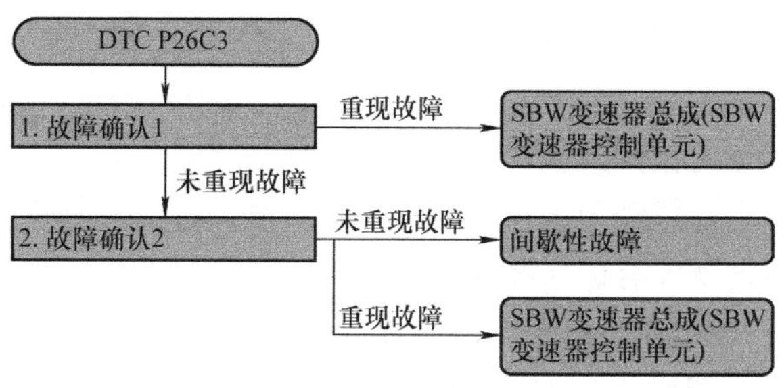


图6-1　维修手册中给出的故障码“P26C3”的诊断步骤

1）根据提示，接通点火开关至ON位置，起动车辆；用诊断仪HDS清除故障码，按照如下步骤对车辆进行行驶测试。

① 按下选档按钮“D”，将车辆档位置于 D 档。

② 以 10km/h 以下的车速行驶至少 2s。

③ 踩下加速踏板使车辆加速行驶，车速超过 40km/h 行驶至少 2s。

④ 使车辆减速行驶，车速低于 10km/h 行驶至少 2s。

⑤ 将车辆停稳，行驶测试结束。

2）按照维修手册中的提示执行电子变速器开关测试，步骤如下。

① 踩住制动踏板，保持车辆静止。

② 将变速器档位选为“R”档以外的档位并等待至少 1min。

③ 将变速器档位在“R”档和“R”档以外的档位之间反复切换至少 10 次。

④ 将变速器档位选为“N”档以外的档位并等待至少 1min。

⑤ 将变速器档位在“N”档和“N”档以外的档位之间反复切换至少 10 次。

⑥ 将变速器档位选为“D”档以外的档位并等待至少 1min。

⑦ 将变速器档位在“D”档和“D”档以外的档位之间反复切换至少 10 次。

按照上述步骤依次完成行驶测试和电子变速器开关测试后，再次用 HDS 调取故障码，故障码“P26C3”再次出现，由此判断故障原因是 SBW 控制单元内部故障。

为慎重起见，维修人员对变速器控制系统的相关线路进行测试，以验证故障原因。对 SBW 控制单元导线连接器端子 5（F－CAN A_ H 端子）和端子 6（F－CAN A_ L 端子）进行测量，发现没有 CAN 信号，即 SBW 控制单元无法通过 CAN 与仪表控制单元中 F－CAN 收发器进行通信，由此确认 SBW 控制单元有问题。

**故障排除** 更换 SBW 控制单元，清除故障码后试车，故障彻底排除。

**技巧点拨：**本田雅阁混合动力车型采用电子换档（SBW）模式，驾驶人通过操作相应的按钮，对变速器档位进行控制。变速器采用 E－CVT 技术（把电动机动力和发动机动力混合在一起，通过软件控制动力混合比例实现类似 CVT 的无级变速效果）控制动力的输出与回收。

## 二、雅阁自动变速器加速换档冲击

**故障现象** 一辆 2011 款广汽本田雅阁轿车，搭载 BCLA 型 5 速自动变速器，行驶里程 15 万 km。该车因变速器换油不及时导致了离合片高温烧损，经过大修后出现了 D 档起步加速时换档迟缓并伴有明显的顿挫感。

**故障诊断** 试车之后，故障现象与驾驶人反映一致。初步确定该车故障为低速换档冲击问题。目测该车变速器外观没有破损漏油的现象。

该车变速器是一款平衡轴式变速器，主要包括了 5 个前进档离合器、5 个换档电磁阀（A、B、C、D、E）、3 个离合器压力控制电磁阀（A、B、C）以及 2 档和 3 档压力开关各 1 个，动力系统控制模块（PCM）通过换档控制及锁止控制来完成汽车的各种行驶要求，其原理是在手动控制阀选定位置后，控制单元根据发动机转速、车速、节气门开度等信号，综合分析得出汽车的实际工况之后，再与 PCM 中存储的最佳换档规律进行逻辑分析及比较，并最终精确得出变速器所需的最佳档位和换档时刻（包括液力变矩器的锁止时刻），然后控制5个换档电磁阀的不同逻辑组合状态，最后控制液压阀和离合器等液压执行机构进行换档。

根据其工作原理和以往的维修经验，分析自动变速器出现换档冲击的可能原因有两种：一种是机械传动部件故障引起的，例如离合器片因磨损产生过大的间隙、节气门位置传感器调整不当、主调压阀卡滞、蓄能器问题、单向阀钢球磨损导致接合器接合过快等；另一种是电子元件故障，比如节气门位置传感器信号异常、电磁阀故障、离合器压力开关等，也会致使变速器换档时机不正确而产生冲击。

经过与驾驶人进行沟通，该车自动变速器是进行大修之后才出现问题，于是对自动变速器进行了基本检查：各电气插头连接正常，变速器总线束与电控单元的线插连接良好，自动变速器油大修后更换了，因此油量、颜色等一切正常。发动机热车后怠速840r/min属于正常，在D、R档位进行失速试验，结果均在2240～2310r/min之内，属于标准范围，说明发动机及变速器的基本工况正常。本着“从外到内，从简到繁”的原则，有针对性地进行分解检查。

首先使用诊断仪对车辆进行故障码读取。从驾驶位脚上方找出诊断接头，连接解码器后，打开点火开关，读出的故障码为：P0752——换档电磁阀A卡在打开位置。尝试清除故障码之后再试车，结果故障依旧。故障码信息和汽车的故障现象相符合，因此重点检查换档电磁阀A的线路是否由于大修装配时的碰伤、拉扯造成内部短路或断路的问题。根据这一思路对换档电磁阀A开展检查。该车是通过5个换档电磁阀A、B、C、D和E的逻辑组合状态来控制油路变换，进而实现换档的，所以重点分析电磁阀A在各档位的工作情况。查阅相关维修资料的数据之后，在汽车故障出现的情况下读取电磁阀数据见表6-1。

**表6-1　前进档各换档电磁阀的运行状况**

| 档位 | 标准状态 | | | | |
|---|---|---|---|---|---|
| | A | B | C | D | E |
| N位置 | OFF | ON | ON | OFF | OFF |
| 保持在1档 | ON | ON | ON | OFF | OFF |
| 保持在2档 | OFF | ON | OFF | ON | OFF |
| 保持在3档 | OFF | OFF | ON | OFF | OFF |
| 保持在4档 | ON | OFF | OFF | OFF | OFF |
| 保持在5档 | ON | OFF | ON | ON | OFF |

保持在各个档位，对比维修手册仔细分析表6-1中数据后发现电磁阀A还是有工作的，但与故障码的信息有矛盾。断开变速器外壳右下边棕色换档电磁阀线束连接器（图6-2），再拆卸蓄电池支架，拆除变速器上的换档电磁阀盖后，断开电磁阀A连接器，用万用表测量换档电磁阀和车身搭铁，检测得电磁阀A电阻值为17Ω，同时比较了其他4个换档电磁阀的电阻值，均属于正常（标准为12～25Ω）。接上12V的蓄电池电压进行动作试验，可以听见“咔哒”的清脆声音，说明换档电磁阀A运动自如，并没有卡滞现象。

问题是否出现在动力系统控制模块（PCM）与电磁阀之间的线路上呢？带着疑问拔下在发动机舱内PCM的连接插头（图6-3），用万用表欧姆档测量各换档电磁阀的连接情况。

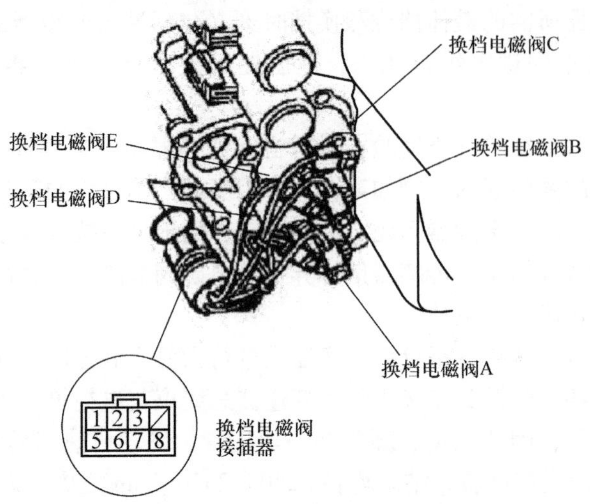


图 6-2　BCLA 型自动变速器各换档电磁阀

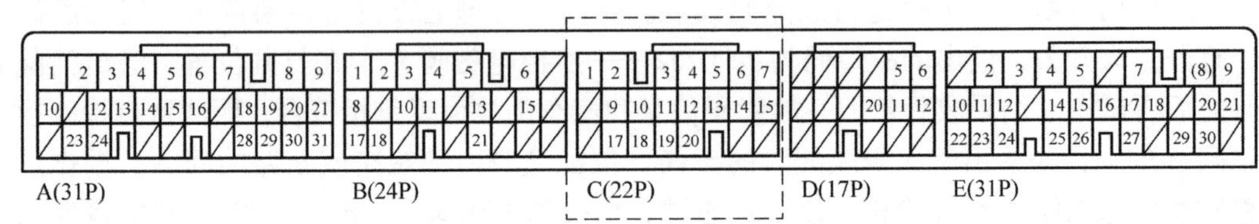


图 6-3　BCLA 型自动变速器 PCM 各端子的位置

测量 PCM 插头 C1 号脚和电磁阀 A 信号线（线束插头中蓝色 5 号线）之间的电阻值，结果电阻值小于 1Ω，和接地的电阻值为无穷大。为了排查线路的偶发性通断，一边进行测量，一边不断拉动线束，结果均无异常。重新装上电磁阀后，再次测量 PCM 插头里各引脚对地的阻值，同时晃动电磁阀线接头，万用表中一直显示为 15Ω。由此可判定，PCM 与各换档电磁阀连接线路也没有出现问题。在确认换档电磁阀和连接线路都正常的情况下，有可能是自动变速器的控制单元有问题，但考虑这一概率相对较低，所以并没有找相同车型的控制单元进行更换。

看来诊断仪所记录的故障码只是个伪码。至此重新整理维修思路，为了能找出原因，利用诊断仪进行动态测试功能进行试车，调取“主轴（主动轴）转速”“副轴（从动轴）转速”和“换档控制”这三个参数组得出的数据如图 6-4 所示，从中可看出变速器从 1 到 2 换档时有明显的换档延迟，所以产生了换档冲击问题；同时也可看出主轴和副轴转速在 2、3 档时差距很大，进入 4 档后趋于同步。由此看来该变速器可以进行换档，现怀疑是由于电磁阀工作不良或者换档油路上存在问题，才引起变速器起步换档延迟冲击的故障。

**故障排除**　于是用油压表测试 2 档离合器的控制油路，发现压力值只有 630kPa，明显低于维修手册中所规定的 840kPa 的要求。而其他档位的油压值为 920 ~ 930kPa，属于标准值范围内。因此维修人员决定拆解变速器，检查油路控制系统和 2、3 档离合器。变速器解体后看到之前大修时已经换上新的 2 档离合器组件，油封也是新的，并未发现有误装问题，对蓄能器、离合器单向阀以及阀体进行检查后均没有异常。当拆下换档电磁阀进行检查时，

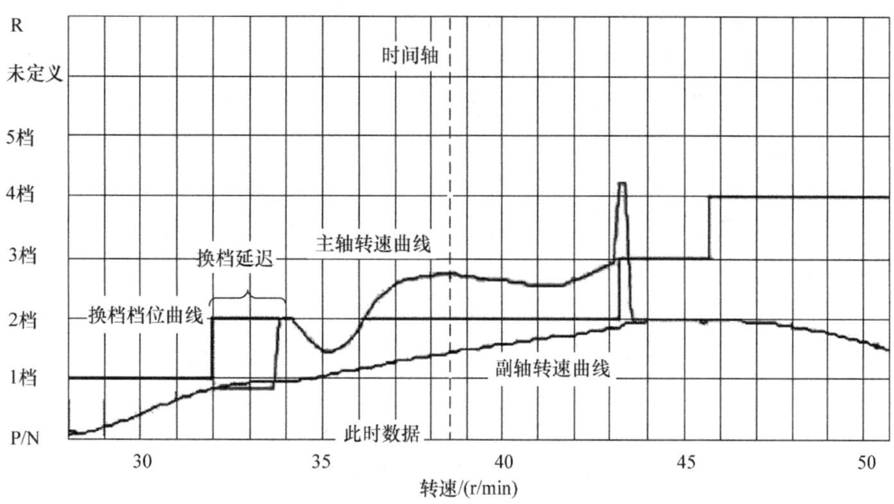


图 6-4 诊断仪读取的自动变速器数据

发现电磁阀 A 上的 O 形密封圈已经出现老化破损（图 6-5），会造成自动变速器油泄漏。而根据维修手册中电磁阀换档状态表，它的泄漏会导致变速器在 2、3 档时离合器工作油压出现异常，从而引起变速器换档冲击或延迟的故障。当 PCM 检测到主轴与副轴的转速差过大时，记录故障码：P0752——换档电磁阀 A 卡在打开位置。在确定是换档电磁阀自身的问题后，更换同型号的新换档电磁阀后，重新起动试车，已经没有换档延迟现象了，至此该车的故障被彻底排除。

图 6-5 电磁阀 A 的 O 形密封圈破损

**技巧点拨：** 这是一个由于人为的大修后没有彻底更换相关电磁阀密封圈而导致的自动变速器换档延迟和冲击的故障案例。在修理过程中，过于草率地认定该电磁阀是好的，没有仔细去拆解排查而走了一些弯路。由此可见务实谨慎的工作态度对于汽车修理工作者来讲是多么的重要，其次要熟悉变速器的工作原理，熟练运用专业诊断仪来快速解决故障是修理工作者需要努力的。

## 三、雅阁 CP1 轿车热车无法倒档行驶

**故障现象** 一辆 2009 款广汽本田雅阁 CP1 轿车，冷车时挂倒档车辆行驶正常，但是当车辆行驶 10min 后，再挂倒档，车辆无法倒档行驶，故障发生的频率大约是热车后 10 次挂倒档有 8 次出现无法倒档行驶，但是在前进档情况下车辆未完全停住时，将变速杆换到 D1 档后再挂倒档，车辆却可以行驶，仪表盘能正常显示档位。

**故障诊断** 用诊断仪检测，无故障码存储；对各电磁阀执行功能测试，正常；在行车过程中，对自动变速器系统进行数据快摄，与正常车辆数据进行对比发现，数据流中的 CPCA

（自动变速器离合器压力控制电磁阀 A）指令和实际数值异常，为0.1A，而正常车辆该数据应该是1.0A。这表明 CPCA 在 R 档换档和保持中未一直动作，只有半油压加载过程，而在全油压准备加载时刻却停止工作，PCM（动力系统控制模块）检测到 CPCA 的异常工作信号，在换档电磁阀 A、B、E 工作正常的情况下，倒档离合器仍然没有加载上倒档主油压。用油压表进行自动变速器油压测试，发现该车在无倒档故障出现时油压为 0kPa（无油压），而其他档位油压和主油压均正常。因此应重点检查造成倒档无油压的相关因素（PCM 控制有误或相关线路有故障）。

检查 PCM 导线连接器，端子无弯曲、断裂、氧化现象，重新连接好 PCM 导线连接器后试车，故障依旧。尝试更换 PCM 后试车，故障仍然存在。接着检查相关线路（包括干扰和线路虚接、断路和短路），检查火花塞，为纯正件，外观良好，更换上新火花塞后试车，故障依旧；检查相关线路，没有发现明显的断路和短路。基于该车故障的偶发性，再结合实践中遇到的多起因导线连接器潮湿而引发自动变速器换档紊乱的故障排除经验，用电吹风和压缩空气交替烘干自动变速器线束（图6-6）后试车，故障出现的次数明显下降，但故障并未完全消除。由此可见故障是由于线束造成的可能性非常大。

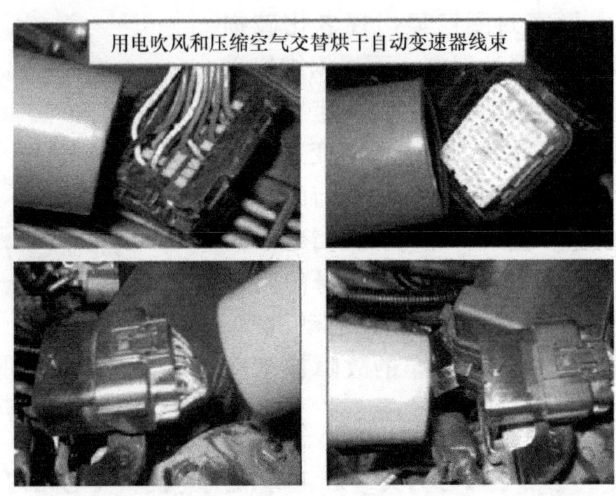


图6-6　用电吹风和压缩空气交替烘干自动变速器线束

**故障排除**　更换发动机线束（含自动变速器线束）后反复试车，热车无法倒档行驶的故障现象不再出现，故障排除。

**技巧点拨：**线束出现的问题多是接触不良或线束内部腐蚀断路，造成某些功能的缺失，这种情况下需要更换相应的线束或者解剖相应线束找到故障点，只有这样才能准确地将故障排除。

## 四、雅阁 CM5 轿车 1 档换 2 档冲击严重

**故障现象**　一辆 2007 款广汽本田雅阁 CM5 轿车，D 档行驶时，1 档换 2 档期间自动变速器会出现严重冲击，现象非常明显，但在其他任何档位行驶和换档都正常，车辆加速性能良好。客户称报修该故障之前更换过自动变速器油。

**故障诊断**　接车后，对自动变速器做所有档位失速试验，正常；测量1档离合器压力为890kPa，测量2档离合器压力为950kPa，均在正常油压范围之内，只是发现在1档升2档的过程中，油压会突然下降一下，但马上又恢复正常，时间非常短暂，这可能就是产生故障的原因所在。解体检查所有阀体，没有发现任何阀体发卡；检查1档、2档离合器和蓄能器，均没有发现问题；更换所有离合器电磁阀、压力开关后试车，故障依旧。

用诊断仪的行车记录器功能记录下车辆故障发生时的数据（图6-7）。由于自动变速器冲击故障是发生在1档升2档期间，因此应重点分析此时的数据。分析图6-7中的数据发现，在1档升2档的换档期间，在TP（节气门位置）维持不变时，发动机转速突然升高，主轴与副轴转速存在差异，2档半油压有轻微波动（非常不明显），这说明在1档升2档期间有轻微泄油现象，2档接合以后油压正常。分析1档升2档油路图发现，可能存在故障的部件有换档阀A、换档阀B、换档阀C、换档电磁阀A、换档电磁阀C、离合器压力电磁阀A、离合器压力电磁阀B、1档蓄能器、2档蓄能器、1档离合器、2档离合器，以及1档升2档所经过的管路（2档离合器的液压由与内部液压回路相连通的回路提供）。检查上述阀体、电磁阀、蓄能器和离合器，都没有发现问题，只剩下档升2档所经过的管路，后经过仔细检查发现问题出在第2轴端部的端盖上（图6-8），端盖内部已经被油封磨出两道深深的沟槽，从而造成升档过程中轻微泄油。

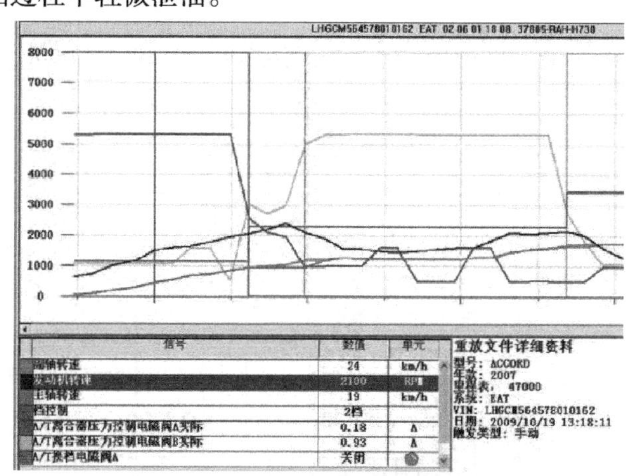


图6-7　故障发生时的自动变速器数据

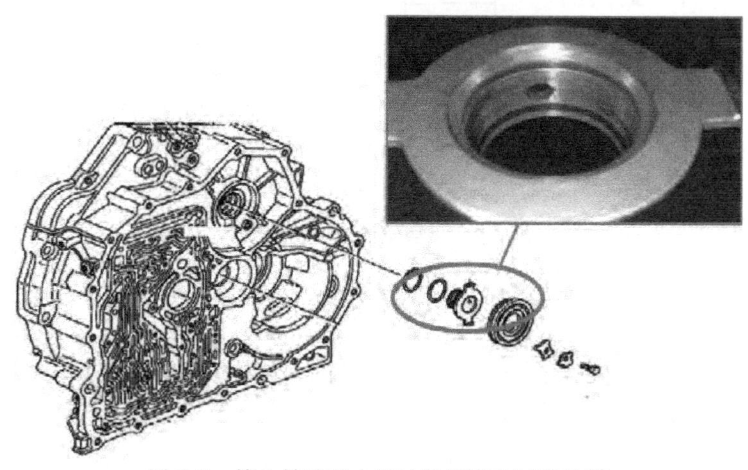

图6-8　第2轴端盖内部被油封磨出两道沟槽

**故障排除** 更换第2轴端部的端盖后试车，故障排除。

**技巧点拨：**本案例中，由于故障只发生在1档换2档期间，其他档位行驶时换档都正常，而1档在换2档期间使用的部件有很多部件（例如离合器电磁阀、换档阀、换档电磁阀等），在其他档位换档过程中也使用，都很正常，这说明这些共用的部件都是正常的，可以排除在外，应重点检查2档换档经过的专用部件（如2档离合器、2档蓄能器、2档油压开关及2档油路管线）。

## 五、雅阁轿车自动变速器换档冲击

**故障现象** 一辆本田雅阁轿车，配置K20A7发动机、5速自动变速器，VIN为LHGCM462552××××××。驾驶人反映该车起步时变速杆挂入R档和D档时偶尔出现“冲击”现象，挂档迟滞时间短同时伴有明显冲击感，车辆行驶时自动升降档过程均正常。

**故障诊断** 利用诊断仪进行自诊断检查，发动机及变速器控制单元均未存储故障信息。检查自动变速器油位、油质等未发现异常。根据本车故障现象，故障原因可归结为档位执行元件本身有故障和档位执行元件接合时压力建立过程不正常两个方面。自动变速器的传动原理如图6-9所示。

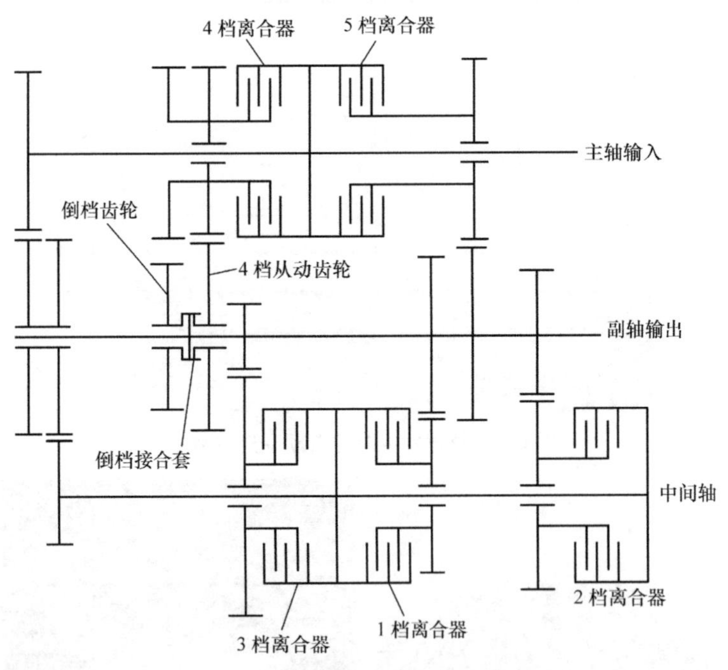


图6-9 自动变速器的传动原理

由图6-9可知，变速杆位于D档位置起步时1档离合器接合，将中间轴与1档主动齿轮锁止，控制车辆向前起步。变速杆位于R档时，倒档接合套使倒档从动齿轮与副轴啮合，4档离合器接合使倒档主动齿轮与主轴锁止，输入动力通过倒档主动齿轮经倒档中间齿轮传递到副轴上的倒档从动齿轮，形成倒档使车辆向后起步。

由于此车D档和R档起步时，均偶尔出现冲击现象，因此两套换档执行元件同时出现故障的概率较低，重点考虑换档执行元件的控制是否有故障。

D 档及 R 档起步时控制油路分析。变速杆从 N 档位置移动到 D 档位置，变速器内部档位相应地从 N 档转换到 1 档时，1 档离合器的控制油路如图 6-10 所示。

变速杆移动到 D 档位置时，手动换档阀控制油路 1B 与油路 5A 接通。动力系统控制模块（PCM）控制换档电磁阀 B 和换档电磁阀 C 通电，以此来操控换档阀 C 接通油路 5A 和油路 5B，换档阀 B 接通油路 5B 和油路 10。通过这一控制过程，从换档阀 A 处起始的油路 1B 与油路 10 接通。在 N 档转换到 1 档的过程中，换档电磁阀 A 是断电的，换档阀 A 的阀芯在弹簧力的作用下处于右侧，油路 55 与油路 1B 连通。油路 10 是 1 档离合器的供油油路，由此可知在变速器从 N 档换入 1 档的过程中是油路 55 中的油压操作 1 档离合器接合。1 档离合器油压建立过程如图 6-11 所示。

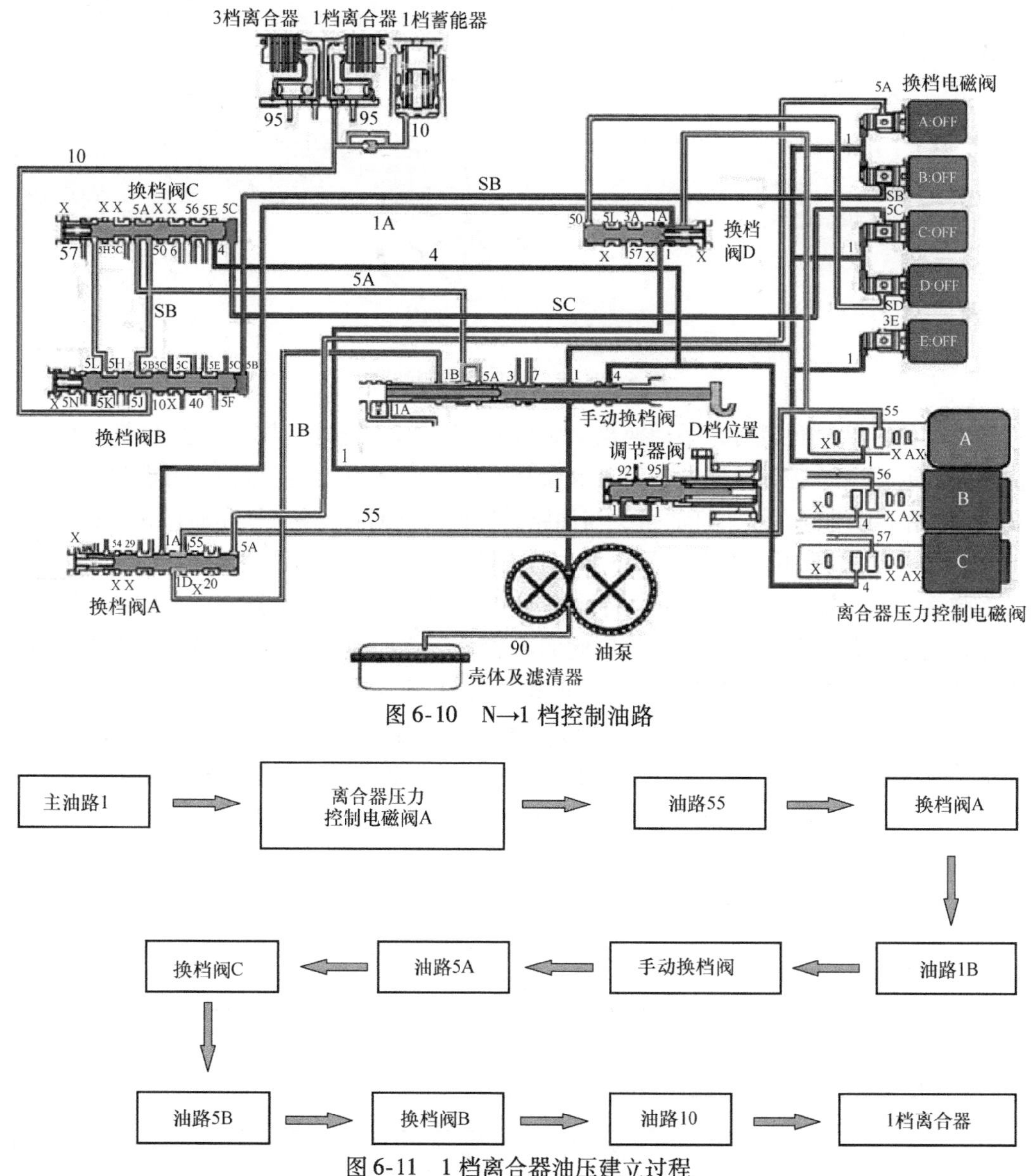


图 6-10　N→1 档控制油路

图 6-11　1 档离合器油压建立过程

变速杆从P/N档位置移动到R档位置，变速器从P档或N档换入R档过程中，控制R档接合套的伺服阀以及4档离合器的控制油路如图6-12所示。

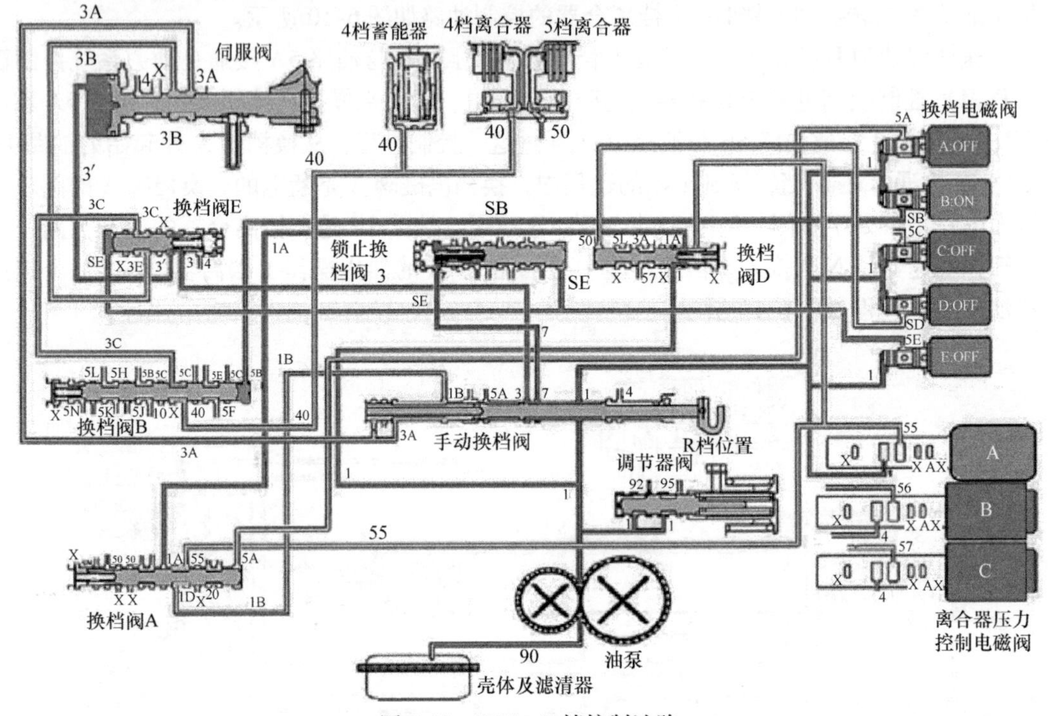


图6-12 P/N→R档控制油路

变速杆位于R档位置时，手动换档阀将油路1B和3A连通，同时将主油路1和油路7及油路3连通。PCM控制换档电磁阀B和换档电磁阀E通电。换档阀E的阀芯在电磁阀油压SE的作用下移动到右侧，将油路3′与油路3连通，同时将油路3B和油路3C连通。换档阀B的阀芯在电磁阀油压SB的作用下移动到左侧，将油路3C与油路40连通。换档阀A的阀芯在弹簧力的作用下移动到右侧，将油路1B与油路55连通。油路40是4档离合器的供油油路，油路3′是R档接合套拨叉伺服阀的R档位置供油油路。在油路3′中油压的作用下，伺服阀处于R档位置后，伺服阀将油路3A和油路3B连通。

由图6-12可知，在P/N档换入R档的过程中，伺服阀的倒档位置油路的压力是手动换档阀油路3提供的主油压，而4档离合器的压力是离合器压力控制电磁阀A经油路55提供的。变速器挂入R档时，伺服阀及4档离合器油压建立过程如图6-13所示。

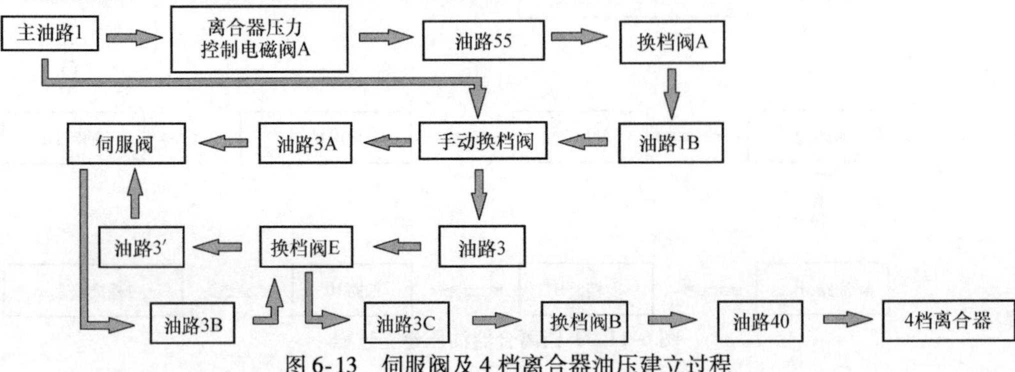


图6-13 伺服阀及4档离合器油压建立过程

从上述控制油路分析得知，油路 55 无论在 D 档还是在 R 档起步时都参与工作。车辆挂档起步时 PCM 可能是通过控制离合器压力控制电磁阀 A，控制油路 55 中的油压变化使 4 档离合器或 1 档离合器平稳接合。离合器压力电磁阀 A 的控制有问题很可能造成车辆 R 档及 D 档均有冲击。更换离合器压力控制电磁阀 A 后故障仍然没有排除，推断故障原因是 PCM 对该电磁阀的控制失准。用示波器测量该电磁阀的信号波形如图 6-14 所示。

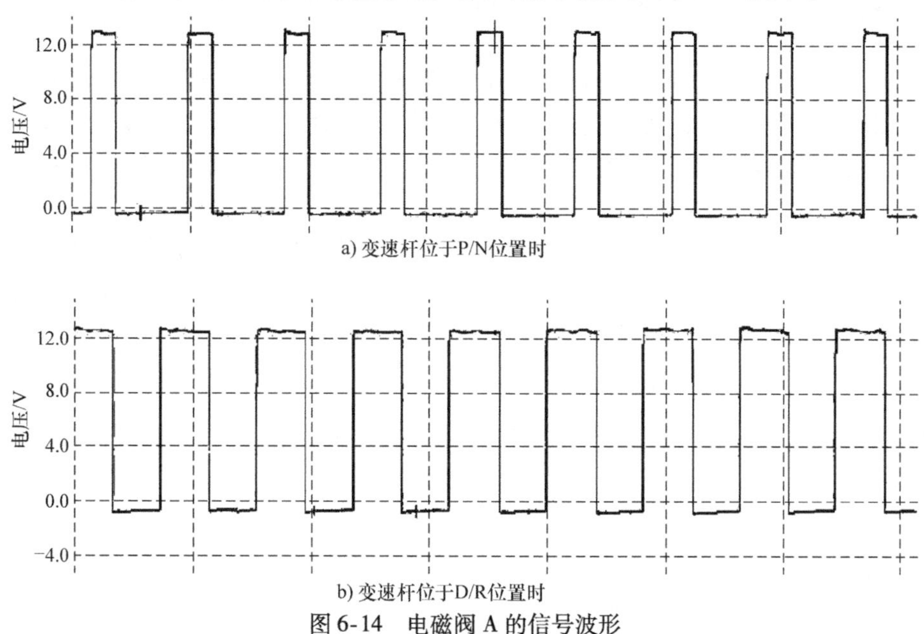


a) 变速杆位于P/N位置时

b) 变速杆位于D/R位置时

图 6-14　电磁阀 A 的信号波形

通过波形分析可知，离合器压力控制电磁阀 A 控制的压力，与电磁阀电压信号的“占空比”成正比例关系。观察发现在车辆出现“挂档冲击”现象时，电磁阀控制信号的“占空比”没有随变速杆的移动而变化。而无故障时，在变速杆挂入 R 档或 D 档的过程中，电磁阀的控制信号占空比有一个由小到大的变化过程，至此可以确认 PCM 控制信号出现了问题。是不是档位开关信号出现了问题，造成 PCM 未能准确识别到变速杆的位置变化呢？带着这个问题，仔细观察诊断仪中档位开关的数据流，终于发现在移动变速杆的过程中，档位开关信号偶尔出现滞后变化的现象。

**故障排除**　拆下变速器档位开关进行检查，未发现电路部分有故障。调整档位开关位置时发现档位开关与换档轴之间的间隙过大，如图 6-15 所示。由此导致变速杆移动时，开关的旋转部分不能与换档轴同步转动。PCM 读取的“变速杆位置信号”出现偏差，使 PCM 对离合器压力控制电磁阀的控制失准。调整配合间隙和档位开关后故障彻底排除。

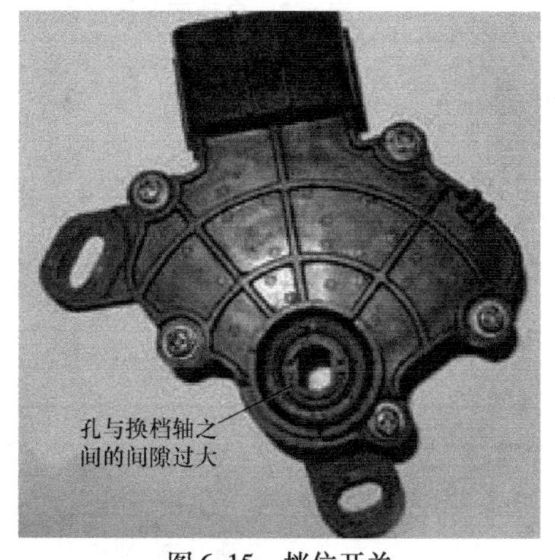


图 6-15　档位开关

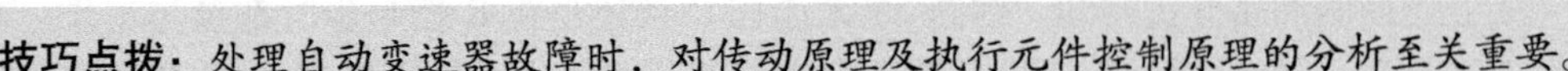

**技巧点拨：**处理自动变速器故障时，对传动原理及执行元件控制原理的分析至关重要。

## 六、雅阁轿车挂档冲击大

**故障现象** 一辆广汽本田雅阁轿车，无论挂前进档还是倒档，冲击都非常大，且 D4 档灯一直闪烁。

**故障诊断** 用诊断仪读取故障码为“锁定控制电磁阀故障”，读取动态数据如图 6-16 所示。由图 6-16 可知：主、副轴转速在 1 档、2 档、3 档时的差距很大，但当自动变速器进入 4 档后，主、副轴转速趋于同步；“A/T 液力变矩器离合器电磁阀 A”始终处于关闭状态；D4 档指示灯开闭指示有故障码。根据上述数据分析可知，该车此时已进入失效保护状态（表 6-2）。使用诊断仪尝试清除故障码，故障码无法清除，故判断该车故障并非是自动变速器内部机械故障，应该是液力变矩器锁止控制电磁阀线路或液力变矩器锁止控制电磁阀本身有问题。重点应检查锁止控制电磁阀本身及其控制线路。

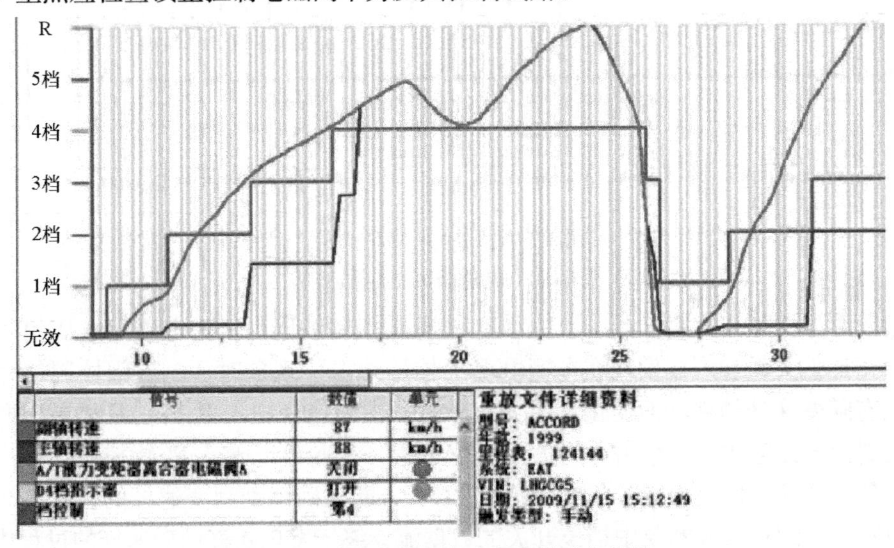


图 6-16 故障车辆自动变速器动态数据

**表 6-2 自动变速器进入失效保护状态的故障防止控制**

| D4 指示灯状态 | 故障内容 | 故障防止控制 | |
|---|---|---|---|
| | | 自动变速器控制 | 锁止控制 |
| 闪亮 | 锁止 SOL. V 系统故障 | 4 档保持 | OFF |
| 闪亮 | 换档档位传感器系统短路故障 | 2 档←→3 档变速 | OFF |
| 熄灭 | 换档档位传感器系统断路故障 | 通常控制 | 通常控制 |
| 闪亮 | 变速 SOL. V. A/B. C 系统故障 | 4 档保持 | 通常控制 |
| 闪亮 | 主轴/中间轴速度传感器系统故障 | 2 档←→3 档变速或 4 档←→3 档变速 | OFF |
| 闪亮 | 离合器压力控制 SOL. V. A/B 系统故障 | 4 档保持 | OFF |
| 闪亮 | 时序模式开关（SW）故障 | 时序模式 OFF | 通常控制 |
| 熄灭 | 2/3 档离合器系统故障 | 通常控制 | 通常控制 |

测量液力变矩器锁止控制电磁阀的电阻，约为 15Ω，正常；给液力变矩器锁止控制电磁阀施加 12V 电源，液力变矩器锁止控制电磁阀能够工作，这说明液力变矩器锁止控制电磁

阀本身没有问题；测量自动变速器控制单元与液力变矩器锁止控制电磁阀之间线路的导通性，正常；但是尝试用一只良好的液力变矩器锁止控制电磁阀进行替换后试车，自动变速器换档冲击故障现象消失。最后进一步仔细检查发现，液力变矩器锁止控制电磁阀的插针与线束连接处氧化（图 6-17），从而造成接触不良。而在用万用表测量线束的导通性时，由于用力按压万用表表针，插针与线束能够连接，因此测量导线的导通性时没有发现异常。

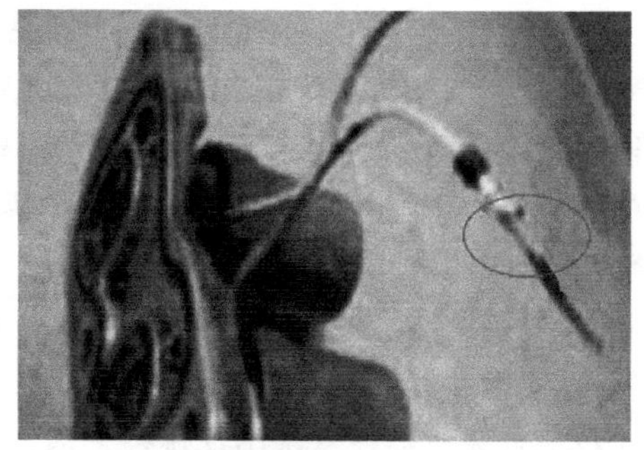

图 6-17 液力变矩器锁止控制电磁阀线路氧化

**故障排除** 修复液力变矩器锁止控制电磁阀线路后试车，故障排除。测试动态数据如图 6-18 所示。由图 6-18 可知：主、副轴转速在各档位均一致；“A/T 液力变矩器离合器电磁阀 A”工作正常；D4 档指示灯正常打开。

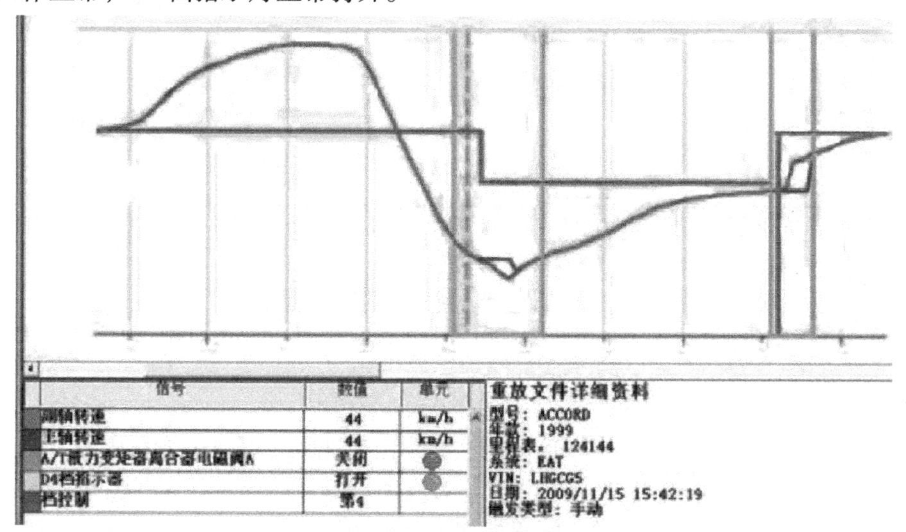


图 6-18 故障修复后自动变速器动态数据

**技巧点拨：**该车存储有故障码，且故障码不可清除，基本可以判定为非机械故障，应从电气角度查询故障原因。虽然动态数据中显示 1 档、2 档、3 档时主、副轴转速差异较大，但这并非是液力变矩器锁止离合器打滑造成的，而是为保证车辆基本行驶功能，自动变速器进入了失效保护状态，因此在维修中应密切注意车辆是否处于失效保护状态。

# 第二节 本田其他系列

## 一、奥德赛变速器故障灯点亮

**故障现象** 一辆 2016 款广汽本田奥德赛，行驶里程 2.1 万 km，因变速器故障灯点亮并伴有踩加速踏板无反应的故障现象而拖车进厂检修。

**故障诊断** 连接故障诊断仪，调取故障码，读得与故障现象相关的故障码：P1890——CVT 速度控制系统。记录并尝试清除故障码，故障码可以清除。随后陪同客户对车辆进行路试，变速器故障灯未再点亮，怀疑故障为偶发性故障。然而，据客户反映车辆还存在其他故障现象，当车速超过 80km/h 时，车辆经常会出现顿挫感，而变速器故障灯点亮且踩加速踏板无反应的故障现象是第一次出现。

于是有针对性地对车辆进行路试，发现当车速超过 80km/h 时，车辆确实会出现顿挫感。连接诊断仪，对车辆进行检测，可以清晰地看出变速器输入轴转速确实存在波动（图 6-19)，且变速器在每次出现顿挫之前，变速器钢带会发出类似打滑的异响，由此确认车辆确实存在故障。

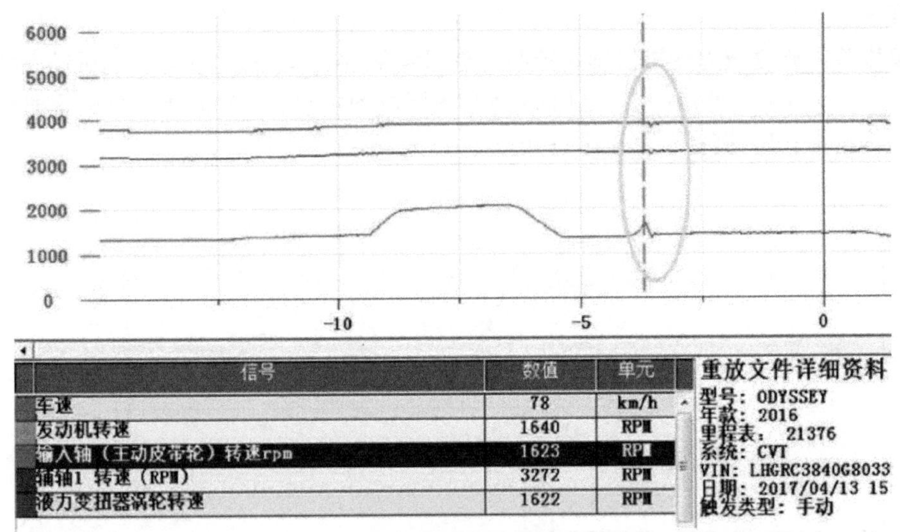


图 6-19　变速器输入轴转速存在波动

根据维修经验，变速器输入轴转速波动多数是由变速器主阀体卡滞造成的，但是主阀体卡滞却很少会出现每次顿挫时变速器钢带都会发出打滑异响的情况。出于安全考虑，维修人员决定拆下变速器油底壳一探究竟，结果发现油底壳内全是钢带磨损的碎屑，说明变速器内部存在故障。

**故障排除** 联系厂家，更换 CVT 变速器总成后试车，故障现象不再出现，故障排除。

**技巧点拨：** 油底壳内全是钢带磨损的碎屑这种现象说明变速器内部出现了比较严重的机械问题，并不只是更换几个重要部件就能够解决的了的，况且 CVT 变速器对工作条件的洁净度要求非常严格，因此只能更换 CVT 变速器总成才能彻底解决问题。

## 二、飞度变速器有耸车现象

**故障现象** 一辆 2009 款广州本田飞度，搭载本田自己研发的无级变速器（CVT），行驶里程 9 万 km。驾驶人反映在 40 ~ 60km/h时变速器有耸车现象。

**故障诊断** 接车后，和驾驶人一起路试确认故障现象，挂 D 档起步正常，在 40 ~ 60km/h时变速器耸车的感觉时有时无，冷车不会出现此故障，热车出现耸车的频率较高，缓踩加速踏板不会出现故障，重踩加速踏板有时会出现故障。用X431诊断仪分别进入发动机、自动变速器系统均无故障码。

传统的自动变速器由于各档位都有固定的传动比，因此在驱动力出现突变而进行换档时，车辆会产生换档冲击。而相对来说，本田飞度的无级变速器的机构则要简单一些，它采用的是两组锥轮与一根钢带相连接，通过主动和从动锥轮直径之间的变化来实现对发动机转速的传动，因此无级变速器无论在任何工况下都不会产生耸车的感觉。变速器有控制单元、油泵和电磁阀、阀体。变速器控制单元会计算发动机及驾驶和工况等信号，通过电磁阀控制阀体，阀体控制油压来实现锥轮半径的变化，随后通过齿轮组进行传递，进而驱动轮子转动。

观察自动变速器的油面油质，油面缺少，油质稍差，彻底更换变速器油，加好油后试车故障依旧。变速器耸车可能由以下方面引起：①变速器电磁阀故障；②变速器内的活塞缸磨损，钢带磨损，油泵泵油不足或磨损，油管泄压；③发动机部分出现故障，动力不足，如节气门喷油器过脏、点火线圈损坏、火花塞烧蚀或损坏、汽油泵损坏、蓄电池电压过低。

**故障排除** 先把变速器及变速器电磁阀故障放在一边，依次检查发动机、火花塞、点火线圈、蓄电池、汽油泵，均无异常，清洗节气门、喷油器及三元催化器，试车，故障排除。当然引起发动机的动力不足也有其他方面的原因（如空气滤清器堵塞、点火正时不当、空气流量传感器故障、进气歧管真空度传感器故障、冷却液温度传感器故障、节气门位置传感器故障、排气再循环装置工作不良、气缸压缩压力过低或配气正时失准、排气受阻、在发动机加载时进气歧管真空度明显偏低等），需要一一判断。

**技巧点拨：**此故障相对来说较复杂，车速在40~60km/h时使大部分维修人员都认为是变速器故障，致使更换自动变速器，此故障可以由简单到复杂，由易到难，尽量降低客户的经济损失。

一般的车辆在起动及起步时所需的喷油量较大，发动机的动力此时体现不出来，而在40~60km/h正好是发动机动力转矩转换的切换点，此时会体现出来，在60km/h就不会体现出来。大部分飞度有6个点火线圈的，内侧的3个点火线圈有故障也会出现相同的问题，如果发动机动力不足很严重，那么此故障在D档起步，在中速及高速都能真正地体现出来。所以一般自动变速器在2档升3档闯档的问题上与以上故障相仿（具体故障具体分析）。

## 三、CITY（GD3）轿车挂D档和R档时发动机抖动熄火

**故障现象** 一辆2005款广汽本田CITY（GD3）轿车，挂入D档和R档时发动机会抖动且熄火，熄火后再次起步车辆正常。

**故障诊断** 读取发动机数据（图6-20）进行分析，发现自动变速器入档后发动机转速会下降到422r/min，TP（节气门位置）传感器正常，MAP（进气歧管绝对压力）传感器参数达到76kPa，喷油脉宽达到9.22ms，这说明发动机控制单元在控制增加喷油以提高怠速，但是发动机转速并没有提高，自动变速器换到N档后发动机怠速运转和加速均正常，由此判定该车的发动机工作是正常的，发动机转速下降，甚至熄火的故障应该是无级变速器故障引起的。

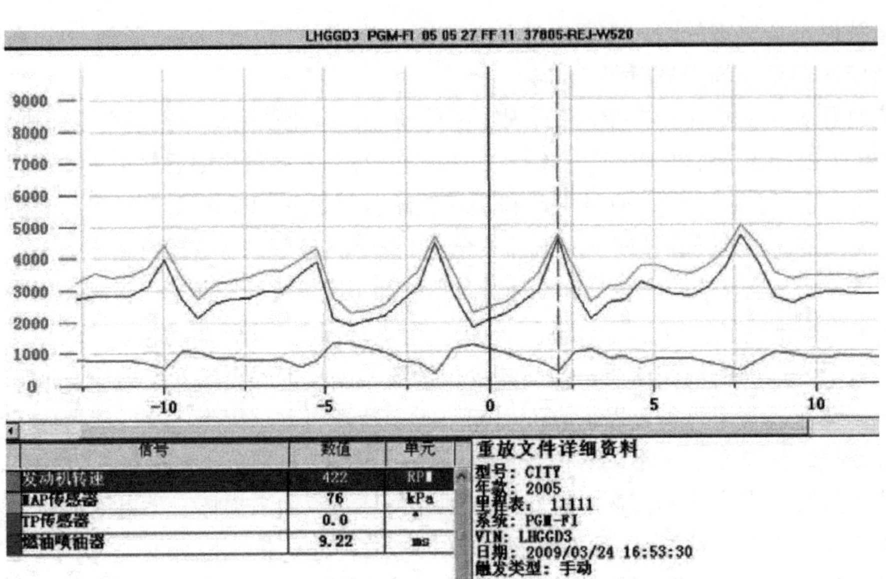


图 6-20　故障车辆发动机数据

读取 CVT 前进档数据（图 6-21），发现发动机转速、主轴转速基本重合，这说明前进档离合器工作正常；主动带轮转速和从动带轮转速的变化基本一致，这说明钢带没有打滑。该车故障现象为自动变速器挂入 D 档和 R 档抖动，且发动机熄火，但是起步后正常，因此可以排除前进档/倒档离合器同时损坏的可能性，怀疑 D 档和 R 档共用的起步离合器有问题，由快摄的起步离合器数据（图 6-22）可以看出，此时的起步离合器滑移率为 0%，处于滑移状态，无动力传递，起步离合器控制电磁阀的控制电流为 0.00A，说明此时起步离合器应是无油压的分离状态，按照道理说，此时不应该出现负荷过大引起发动机抖动，因此怀疑该车是因为起步离合器内部卡滞造成无法分离而导致发动机抖动熄火的。读取相同车型起步离合器的数据（图 6-23），可以看出起步离合器电磁阀的控制电流为 0.39A，且发动机运转平稳。由此可见，对图 6-22 的数据分析是正确的，因此决定分解自动变速器检查起步离合器的状况。

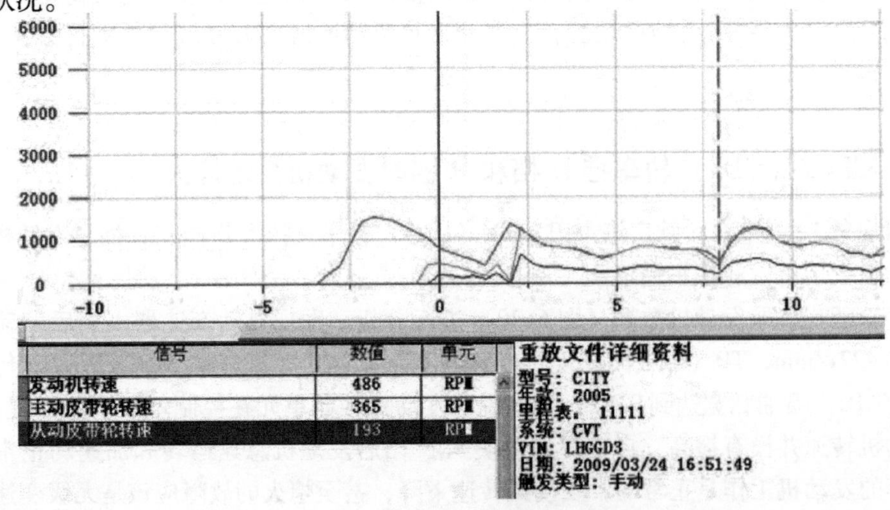


图 6-21　故障车辆 CVT 前进档数据

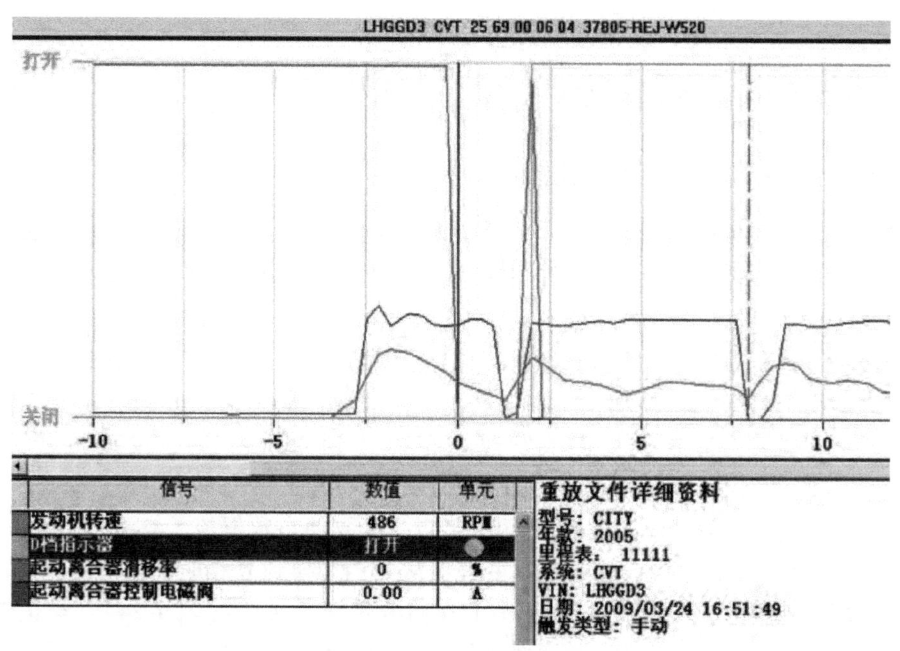


图 6-22　故障车辆起步离合器数据

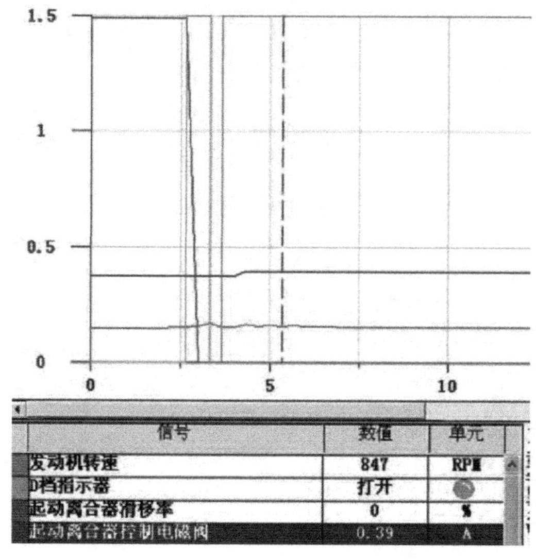


图 6-23　正常车辆起步离合器数据

拆解自动变速器，拆下起步离合器卡簧，发现离合器缓冲毂没有自己弹起，这说明起步离合器的确有卡滞，分解起步离合器检查，发现胶圈有磨损的痕迹，从而造成弹出的活塞回位卡滞；离合器片有轻微磨损，确认该车故障就是起步离合器回位卡滞导致发动机抖动、熄火的。

**故障排除**　更换起步离合器，装车并进行起步离合器学习后试车，故障排除。

**技巧点拨：**在进行车辆故障检修时，只有在调查了解的基础上，制订科学合理的诊断流程，采用恰当有效的检测方法，才能顺利完成维修任务。

## 四、CR－V 行驶中自动变速器不升档

**故障现象** 一辆2004款本田CR－V，行驶里程25万km，该车发动机怠速运转时仪表盘上的发动机转速表轻微摆动，且伴随有车身抖动，最关键的是行驶中自动变速器不能正常升档。

**故障诊断** 接车后首先试车验证故障现象，起动发动机，让发动机怠速运转，坐在车里能明显感觉到整个车身都在抖动；观察仪表盘上的发动机转速表，发动机转速表在轻微摆动；将自动变速器挂入D档行驶，发现在车速达到45km/h时，发动机转速竟高达4000r/min，这说明该车自动变速器始终没有升档，保持在1档行驶。

用故障诊断仪读取故障码，没有故障码存储；读取动态数据流，查看A/T换档电磁阀A、B、C、E的实际工作情况，当将自动变速器从P档切换到D档时，自动变速器在1档行驶，A/T换档电磁阀A、B、C均接通，A/T换档电磁阀E关闭（图6-24），与正常车辆的自动变速器工作状态一致，正常；踩下加速踏板，随着发动机转速的提高，发现直到发动机转速达到4000r/min时，上述4个换档电磁阀却始终保持在1档的工作状态，自动变速器根本就没有升档，这表明该车的动力系统控制模块（PCM）并没有向换档电磁阀发出换档信号；继续踩加速踏板，发现当发动机转速到5000r/min时，4个换档电磁阀的工作状态发生了改变，A/T换档电磁阀A、C、E关闭，A/T换档电磁阀B接通，此时自动变速器才换入了2档，这说明该车的故障不是自动变速器不升档，而是自动变速器换档点过迟，从而说明不是PCM不输出自动变速器换档信号，而是自动变速器的换档条件不满足。只要PCM接收到正确的输入信号，便可以控制自动变速器正常换档，由此可判定该车的故障是由于输入PCM的信号异常导致的。

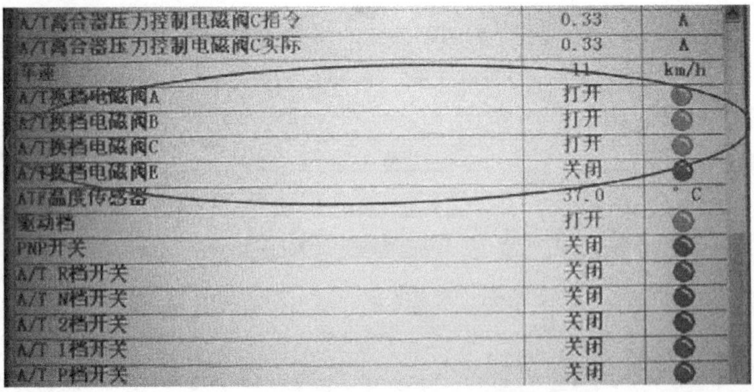

| A/T离合器压力控制电磁阀C指令 | 0.33 | A |
|---|---|---|
| A/T离合器压力控制电磁阀C实际 | 0.33 | A |
| 车速 | 11 | km/h |
| A/T换档电磁阀A | 打开 | |
| A/T换档电磁阀B | 打开 | |
| A/T换档电磁阀C | 打开 | |
| A/T换档电磁阀E | 关闭 | |
| ATF温度传感器 | 37.0 | °C |
| 驱动档 | 打开 | |
| PNP开关 | 关闭 | |
| A/T R档开关 | 关闭 | |
| A/T N档开关 | 关闭 | |
| A/T 2档开关 | 关闭 | |
| A/T 1档开关 | 关闭 | |
| A/T P档开关 | 关闭 | |

图6-24 故障车辆自动变速器动态数据流

影响自动变速器换档点的传感器主要有节气门位置传感器、发动机转速传感器和车速传感器。分别读取上述传感器的信号数值，发现未起动发动机时节气门开度信号为21.5°（正常应为－2°~2°），异常。根据自动变速器的换档原理可知，当车速一定时，节气门开度越

大，其换档就越迟，由此判定该车自动变速器换档过迟的故障是由节气门位置传感器信号异常造成的。询问得知，该车故障是几天前在其他修理厂清洗并调整节气门体后才出现的，且修理厂无法解决该故障。

**故障排除** 松开节气门位置调整螺钉，重新调整节气门，将节气门开度信号调整至0°后试车，上述故障消失，故障彻底排除。

**技巧点拨：**故障诊断时详细询问故障发生的前因后果非常重要。例如该案例，如果在着手进行故障诊断之前就详细询问，便可以有针对性地进行检查，可以大大提高故障诊断效率。对于接修其他修理人员维修过的车辆，故障往往是由于非专业人员维修导致的，建议首先应该对维修或拆装的部位或零部件进行检查，以提高故障诊断效率。另外，建议维修人员在清洗节气门时一定要使用高品质的节气门清洁剂产品，以防止损坏节气门体。

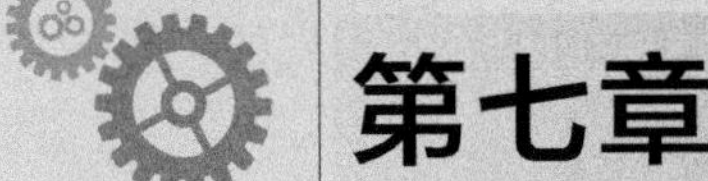

# 第七章

# 其他车系

## 第一节　路虎车系

### 一、路虎揽胜无法进行高低速档切换

**故障现象**　一辆2014款路虎揽胜，行驶里程5万km，当该车以50km/h的车速行驶时，无法进行高低速档的切换，将车辆熄火后再起动，有时候会好，但过一段时间同样的故障会再次出现。

**故障诊断**　用故障诊断仪检测，读得的故障码为：P18A4-16——高低速档位置传感器电压低于门限值；U0080-88——变速器控制电路电压不稳定。读取数据记录器值，发现该车的故障运行循环次数为4次，判断为永久性故障。

举升车辆，目视检查传动系统，未发现异常。降下车辆，对分动器进行程序校准，清除故障码后对车辆进行路试。路试结果显示该车低速行驶正常，无异响，但高低速档依然无法切换。根据分动器控制电路（图7-1），接通点火开关，测量发动机接线盒中8E熔丝的输出电压为12.55V，正常；测量分动器控制模块供电端子C3ET73B-6的电压为12.45V，说明分动器控制模块供电正常。

因故障码为高低速档位置传感器电压低，故先检测高低速档位置传感器的供电和搭铁是否正常。用万用表电压档测量高低速档位置传感器导线连接器C1ET76的端子1和端子3之间的电压为4.65V，偏低；测量导线连接器C1ET76端子1与车身搭铁之间的电压也为4.65V，这说明该传感器的供电有问题。仔细检查高低速档位置传感器的线路，发现分动器到高低速档位置传感器的供电线上有一处破损。将破损的供电线修复，确认高低速档位置传感器的供电和搭铁均正常后试车，故障依然存在。

用万用表测量高低速档位置传感器的信号电压（端子C1ET76-2），显示为0V，不正常，据此判断该车的高低速档位置传感器本体已经损坏。为进一步确定故障点，用诊断仪查

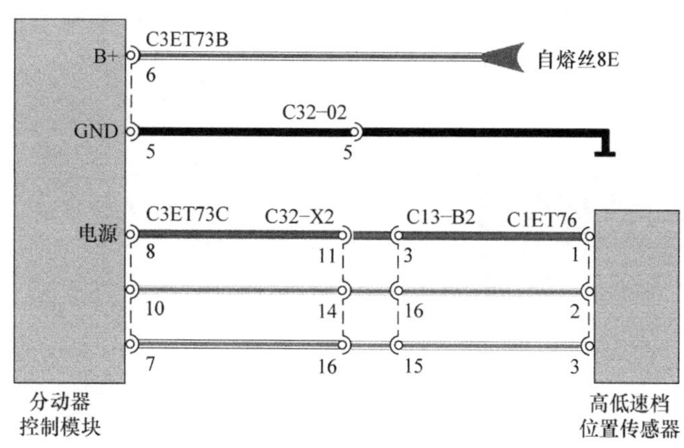


图 7-1　分动器控制电路

看数据记录器，读取高低速档位置传感器的信号电压，发现是一条电压为 0V 的直线，这说明分动器控制模块接收到的高低速档位置传感器信号电压的确过低。

**故障排除**　修复分动器到高低速档位置传感器之间破损的供电线，并更换高低速档位置传感器，清除故障码，更新控制模块程序后试车，该车高低速档切换正常，故障排除。

**技巧点拨：** 无论什么时候出现什么样的问题，维修人员都应该从容面对，并且一定要具备科学的诊断思路，不要根据故障现象以及诊断出的一些故障信息断章取义，更不要盲目更换不该更换的部件。

## 二、路虎发现自动变速器养护后倒车功能失效

**故障现象**　一辆 2013 年款第四代进口路虎发现（SDV6 HSE），该车搭载 3.0L 柴油发动机和采埃孚 8HP70 型 8 速自动变速器，行驶里程 9 万 km。该车在一家综合汽车维修厂做了常规的自动变速器养护（厂家要求 6 万 km 做自动变速器的首次养护），养护后体验感还比较好，行驶起来也一切正常。可是一个多月后驾驶人突然发现，车辆换倒档后不能行驶了。这种现象是突然出现的，之前没有任何迹象和征兆。

**故障诊断**　首先考虑之前的变速器养护后，是否会出现漏油或缺油现象。将车辆举升后检查自动变速器油（ATF）的油质和油量，发现油量完全符合标准，同时 ATF 的颜色和气味都很正常，看来该车变速器并没有出现高温、烧片等问题。维修人员排除变速器内部机械元件有损坏的可能后，接下来进行其他方面的检查。

维修人员试车中发现，反复换倒档时一点动力输出的感觉都没有，就跟空档一样。连接故障诊断仪检测变速器控制系统，读取到两个故障码（图 7-2）：P2703——变速器摩擦元件 D 施加时间范围/性能，状态为永久；P0736——倒档不正确速比，状态为间歇。这两个故障码都可以删除，但踩住制动踏板换倒档后故障码 P2703 就会出现（还没松开制动踏板），松开制动踏板后车辆不能行驶，踩加速踏板时发动机只是空转，此时故障码 P0736 也会出现。

删除故障码重新试车，发现换前进档时输入轴转速信息属于正常，但换倒档后输入轴转速就像空档时一样，没有一点变化，仍然在自由旋转（图 7-3）。这说明控制倒档的终端执

行元件中，至少有一个是没有正常参与工作的，否则输入轴不可能出现空转的现象。

菜单　读故障码

路虎 V33.02 > 自动搜索 > 系统选择 > 变速器控制模块

| DTC | 描述 | 状态 |
|---|---|---|
| P2703-07 | 变速器摩擦元件 D 施加时间范围/性能。 | 永久 |
| P0736-64 | 倒档不正确速比 | 间歇 |

图 7-2　故障码

| | | |
|---|---|---|
| 变速器涡轮轴转矩 | 0.4 | Nm |
| 变速器油温 | 20 | degree C |
| 发动机转速 | 718 | rpm |
| 涡轮转速 | 608 | rpm |
| 用于自适应的变速器油加注时间 - 离合器 A 加注时间 | 6.553 | S |

图 7-3　换倒档时的涡轮转速

正常来说，如果参与倒档的所有终端执行元件工作都正常，那么在踩住制动踏板状态换倒档，输入轴就会有效地与输出轴进行连接，因此输入轴就应该不能旋转且转速信息应该显示为零。通过这样简单的分析说明，倒档不能行驶的原因已经很明确，那就是至少有终端执行元件没有参与工作。如果终端执行元件只是工作不好，那么至少在踩加速踏板时车辆应该有动的感觉。在 8HP70 变速器当中，参与倒档的换档终端执行元件都有哪些？哪一个没有很好地参与倒档换档的工作任务呢？

查找路虎的 8HP70 变速器相关资料，并从换档执行元件分配表及动力传递简图中可以发现：参与倒档的元件有制动器 A、制动器 B 和离合器 D（图 7-4），因此故障原因可以锁定在这 3 个执行元件上。由于前进档的起步档（1 档）能够正常起步行驶，且在 1 档参与元件中也有制动器 A 和制动器 B，而且之前所检测到的故障码中也有涉及离合器 D 的内容，这就说明离合器 D 出问题的可能性最大。

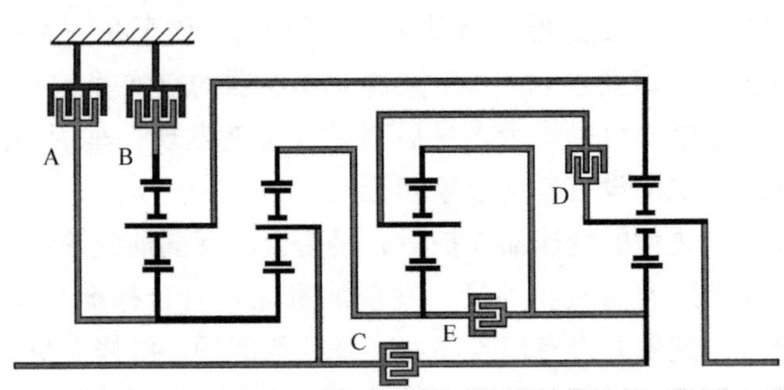


图 7-4　8HP70 变速器的传递简图和换档元件在各档位上的参与情况

A、B—制动器　C、D、E—离合器

通过故障码“P2703——变速器摩擦元件 D 施加时间范围/性能”的含义来分析，它应该可以这样来理解：换倒档后，制动器 A、制动器 B 和离合器 D 这 3 个元件都必须在规定时间内完成施加充油过程，有效地将输入轴动力连接至输出轴上，但实际上离合器 D 并没有真正完成这个工作任务。所以变速器控制单元通过输入轴转速得知这个变化信息后，从而记录故障码 P2703。而故障码“P0736——倒档不正确速比”就简单了，是因为离合器 D 没有很好地完成其工作任务而使倒档处于严重打滑状态，变速器控制单元得不到真正的倒档传动比信息，便记录了故障码 P0736。

确定了离合器 D 的执行工作出现问题，就可以进一步分析：是离合器 D 本身的执行能力问题，或者是输入至离合器 D 的油压不足问题，还是离合器 D 的工作油压就根本没有被建立？由此可以得出倒档失效的可能原因如下：

1）控制离合器 D 的电磁阀和阀门出现卡滞情况，导致离合器 D 的输出油压被关闭在阀体内，最终使离合器 D 不能工作。

2）阀体至离合器 D 的油路间存在严重的泄漏，导致离合器 D 不能正常工作。

3）离合器 D 本身存在问题，活塞泄漏或摩擦组件的卡簧弹出等导致离合器 D 不能正常工作。

接下来就可以紧紧围绕这几个原因进行检查并找到问题所在。而且只要把变速器的机电液压控制单元拆下来，就基本能找到故障部位了。

维修人员直接拆下机电液压控制单元总成，找到相对应的换档执行元件工作油道的供油孔位置（图 7-5），然后直接通过压缩空气对每一个元件进行加压试验，目的是看所有的执行元件是否都正常工作。对离合器和制动器的加压试验中，在对 A、C、D、E 进行加压时，活塞的动作声音非常明显，说明工作良好。制动器 B 的工作也是正常的，只是因为其活塞没有回位弹簧，所以表现得与其他 4 个元件有所不同而已。通过加压试验，充分说明变速器内部没有任何问题，故障范围逐渐缩小在机电液压控制单元总成上。目标很明确，就是离合器 D 的控制电磁阀的问题。

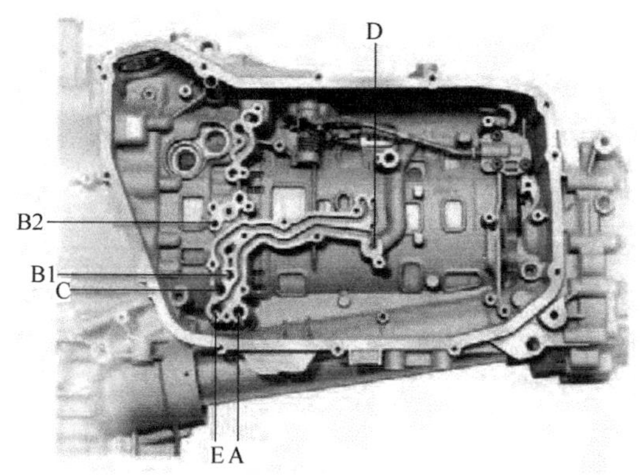


图 7-5 各换档元件的供油孔位置（可直接加压试验）

**故障排除** 通过维修资料找到离合器 D 的控制电磁阀位置（图 7-6），将其拆下准备与其他控制类型一致的电磁阀对换试车，从而判断电磁阀的好坏。结果检查该电磁阀却发现该电磁阀已经完全卡滞（图 7-7）。维修人员仔细清洗阀体后装车试车，故障彻底排除。

**技巧点拨：** 该故障出现在自动变速器养护后，很容易让维修人员将故障与自动变速器养护关联起来，从而产生误判。因此出现这类故障，怎样快速判断故障原因并找到故障点，是值得大家思考的问题。就像该车故障一样，就是一个阀门卡死不动了，通过简单的清洗就能解决。可是很多维修人员会带着故障试车，或怀疑什么就换什么。最终结果是把简单问题复杂化，而且有可能会损伤变速器的机械部件，最后依靠大修来解决。

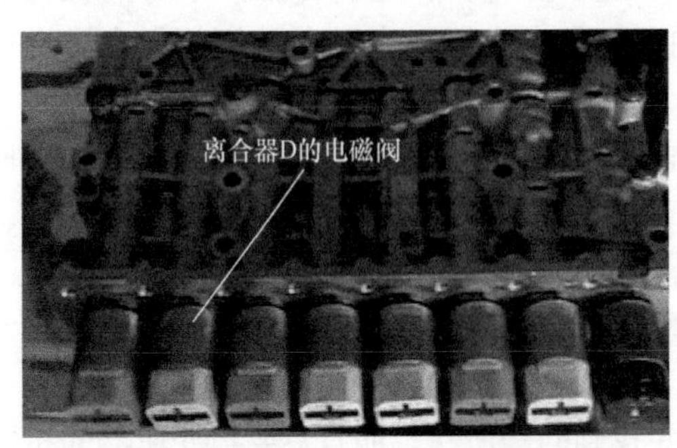

图 7-6　离合器 D 的控制电磁阀位置

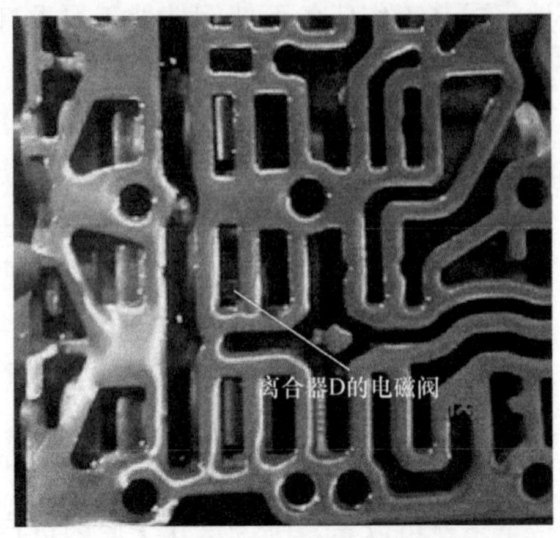

图 7-7　卡死不动的离合器 D 的电磁阀

## 三、路虎自由人换档冲击

**故障现象**　一辆 2006 年路虎自由人运动型多功能车，该车搭载 2.5L 发动机和 JF506E 型 5 速自动变速器，行驶里程 13.8 万 km。该车进厂时换 D 档冲击，同时行驶中换每一个档时都有冲击。

**故障诊断**　如图 7-8 所示，维修人员用故障诊断仪进入变速器控制单元，读取到两个故障码：P0705——档位开关输入多个信号或无信号；P1748——2/4 刹车正时电磁线圈开路，接地短路或接电瓶短路。其他相关系统无故障记录。

从故障码的含义来看，变速器控制单元报 P0705 故障码应该不难理解，同时也容易解决。因为这个问题无外乎有以下几种可能：

1）变速器控制单元给档位开关的供电可能有问题。

2）档位开关本身故障，导致给变速器控制单元反馈的档位信息不正确。

3）档位开关的线路故障，问题包括接地信息等。

图 7-8　故障码

经检查，线路没有任何问题。维修人员更换档位开关后，P0705 故障码就轻松解决了，但另外一个故障码 P1748 依然存在，而且变速器故障现象依旧。看来问题出在故障码 P1748 上。

故障码 P1748 的含义不太容易理解，“刹车正时电磁线圈”就是一个电磁阀，但到底是哪个电磁阀呢？它又被安装在哪个位置呢？难道是制动防抱死系统（ABS）中的某个电磁阀故障吗？但 ABS 又没有记录相应的故障码，怎么办？维修人员只能通过最简单的办法，重点围绕 ABS 的线路进行检查。

维修人员经过仔细检查，并没有发现制动开关、ABS 及相关线路存在问题，也就发现有一个制动灯不亮而已。经检查是制动灯插座有腐蚀情况，处理一下就好了，但这与本车故障没有丝毫关系。既然 ABS 并没有任何问题，难道是变速器电控部分的问题？在 P1748 的故障码含义中有一个“2/4”的字样，会不会是该变速器中 2/4 档制动器电磁阀呢？在这种情况下，维修人员决定利用故障诊断仪来读取动态数据流。利用故障诊断仪随车进行动态数据采集，发现有两个疑点（图 7-9）。

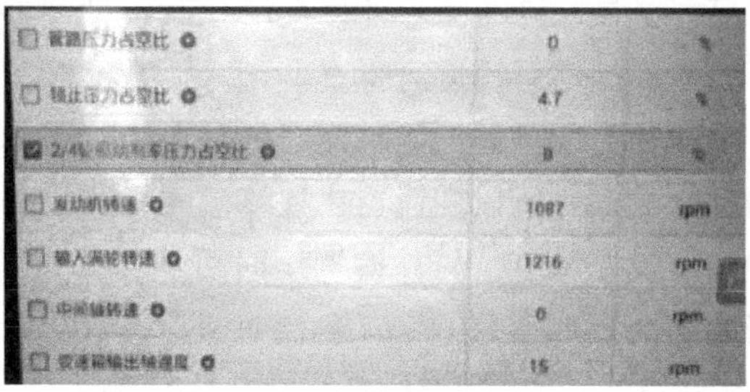

图 7-9　动态数据流信息

第一个疑点是主油压电磁阀的占空比驱动始终处于 0% 的状态。也就是说，变速器的主油压调节功能处于失效状态，难怪换 D 档冲击和每一个换档点都会产生冲击。因为主油压电磁阀的驱动一旦被冻结，那么变速器处于故障运行模式时的系统油压是最高的。那么变速器控制单元为什么不去驱动主油压电磁阀呢？

其实原因很简单，就是因为 P1748 故障码不能删除，属于硬性故障，所以变速器控制单元起动了故障保护模式。虽然变速器换档功能存在，但主油压的调节功能失效，因此换档舒适性极差。

第二个疑点就是“2/4 轮驱动刹车压力占空比”也始终处于 0% 的状态。有可能是因为使用的故障诊断仪非原厂设备，这个数据信息的含义有些让人难于理解。

查找该变速器的相关资料，发现 JF506E 型 5 速变速器的多个电磁阀中，有 1 个 2/4 档制动器电磁阀（N282），同时还有一个 2/4 档制动器同步电磁阀（N283）。其中，2/4 档制动器同步电磁阀又被称为 2/4 档制动器正时控制电磁阀。此外，还有一个 2/4 档制动器压力开关，而动态数据流中看到的“2/4 轮驱动刹车压力占空比”，其实就是 2/4 档制动器压力开关的信息。各电磁阀位置如图 7-10 所示。

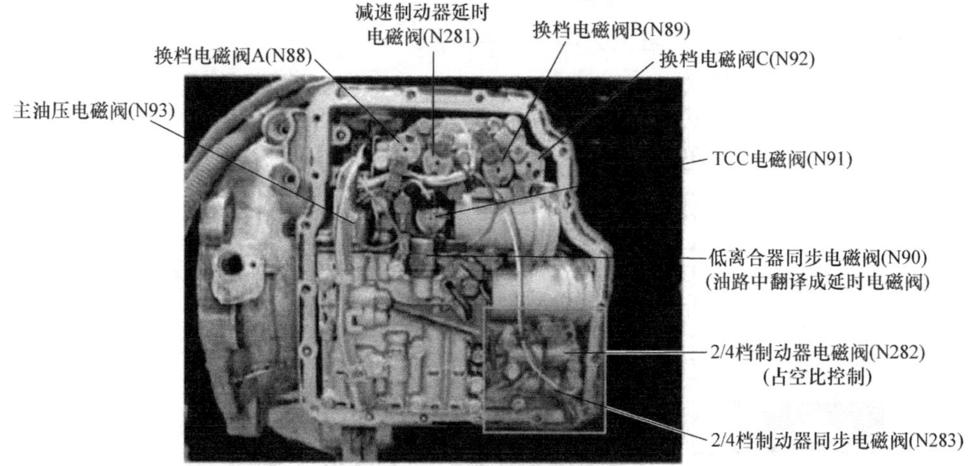


图 7-10　各电磁阀位置

由此分析故障码 P1748 的含义，其实就是 2/4 档制动器正时控制电磁阀线圈或线路故障。而故障诊断仪显示的故障码含义“刹车正时电磁阀”，其实就是“制动器正时电磁阀”，有可能是该品牌故障诊断仪在汉化时，把“制动器”解释成了“刹车”，误导了维修人员一开始就对制动系统进行检查。

正因为变速器控制单元报的是 2/4 档制动器正时控制电磁阀故障，而不是 2/4 档制动器电磁阀故障，所以变速器在故障模式中才没有出现锁档情况，只不过是各档位都存在换档缓冲油压没有调节，另外换档正时可能不太准确而已。所以故障现象所表现的，始终是挂 D 档冲击和行驶中各档位换档冲击。根据资料所提供的各电磁阀线圈阻值的标准参数（图 7-11），重点用万用表检查 2/4 档制动器正时控制电磁阀的线路和电磁阀本身线圈，就可以确定故障所在了。

| 元件 | 阻值 | 测线脚 | 线色 | 功能 |
|---|---|---|---|---|
| N88 | 17 Ω | 9 + 搭铁 | 兰色 + 褐色 | 换档电磁阀 A |
| N89 | 17 Ω | 10 + 搭铁 | 褐色 + 褐色 | 换档电磁阀 B |
| N90 | 17 Ω | 12 + 搭铁 | 黑色 + 黑色 | 低离合器同步电磁阀 |
| N91 | 14 Ω | 17 + 搭铁 | 绿色 + 黑色 | TCC 电磁阀 |
| N92 | 17 Ω | 11 + 搭铁 | 绿色 + 青色 | 换档电磁阀 C |
| N93 | 4 Ω | 15 + 搭铁 | 黄色 + 青色 | 主油压电磁阀 |
| N281 | 17 Ω | 14 + 搭铁 | 白色 + 褐色 | 减速制动器同步电磁阀 |
| N282 | 17 Ω | 13 + 搭铁 | 黑色 + 黑色 | 2/4 制动器同步电磁阀 |
| N283 | 4 Ω | 16 + 搭铁 | 白色 + 褐色 | 2/4 制动器电磁阀 |
| | | 18（搭铁） | | |
| TFT | 1. 82 KΩ | 7 + 8 | 白色 + 黑色 | 20 ℃ 时测量 |
| 输入转速传感器 | 580 Ω | 1 + 2 | 兰 + 兰 | 20 ℃ |
| 中间转速传感器 | 580 Ω | 3 + 4 | 红 + 红 | 20 ℃ |
| 输出转速传感器 | 580 Ω | 5 + 6 | 黄 + 黄 | 20 ℃ |

图 7-11　各电磁阀线圈阻值参数

**注**：原厂资料中也略有错误，N282 和 N283 的位置颠倒，已经在图 7-10 中修正。

**故障排除**　经检测，其他所有电磁阀的阻值信息都在正常范围内，唯独 2/4 档制动器正时控制电磁阀的线圈阻值为零，相当于该电磁阀处于短路状态。更换电磁阀（正常阻值为 4Ω 左右）后，故障码顺利删除，动态数据流显示正常（图7-12），故障现象消失，故障得到彻底排除。

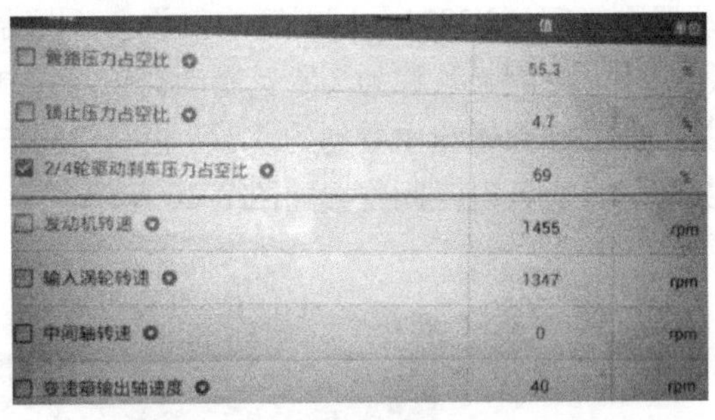


图 7-12　故障排除后的动态数据流信息

**技巧点拨**：该案例其实并不复杂，难度也不大，关键是有两点值得去思考：一是资料信息的查询和对变速器结构控制原理的理解；二是使用的非原厂故障诊断仪，往往在故障码内容解释和数据流释解方面与原厂资料信息不匹配，需要维修人员在遇到不理解的地方时要转变一下思路。

值得一提的是，既然变速器控制单元报关于电磁阀短路的故障码，那么在没有资料的前提下，通过对所有电磁阀的测量也能找到问题所在。另外数据流分析也非常重要，通过数据流分析能够得到该车或该变速器故障现象产生的机理，对故障检测起到很大的帮助作用。

## 第二节　标致雪铁龙车系

### 一、雪铁龙变速器低速拐弯或掉头时车辆会有冲击

**故障现象**　一辆2015年雪铁龙轿车，配置EC8 1.8L发动机和6速自动变速器，行驶里程47800km。反映该车在低速拐弯或掉头时车辆会有冲击现象，该故障从去年持续至今且越发频繁。在这期间去维修站检查更换变速器油，更新软件并数次重置变速器学习匹配均无效，后来因变速器报压力电磁阀的故障更换过阀体总成，但是拐弯冲击的现象一直没解决。

**故障诊断**　首先检查变速器系统没有故障码存储，变速器油位、油质正常，与客户试车时发现该车只要加速至30km/h然后滑行至15km/h左右时，转向盘打死掉头会出现强烈的冲击感。

根据试车的情况分析，该冲击可能是滑行时3－2档时产生的降档冲击。为了证实该分析，试车时将档位放置在手动模式的2档，重新模拟刚才的条件，发现该车冲击的症状一样并无改善；又分别以手动模式的3档和1档试车，发现冲击的感觉和自动模式一样没有任何改变，但是在这期间通过诊断仪捕捉到一个重要的数据截图，如图7-13所示。

通过截取到的数据发现该车在故障出现时变速器输入转速会伴随出现一个不正常的下降，最低处会低至200r/min左右，正常时变速器的输入转速最低不会低于600r/min。输入转速过低有可能是：①发动机转速低导致的；②锁止离合器导致的；③变速器内部有干涉导致的。根据分析于是又调取了发动机转速数据，如图7-14所示。

当故障出现时发动机的转速没有异常的波动，所以能排除发动机和锁止离合器方面的因素。于是将故障重新锁定在了变速器干涉上。干涉是指在正常工作情况下出现了不正常的离合器的转矩传递。通过换档工作（表7-1）分析，该车换档执行元件由3个离合器和2个制动器组成，通过不同的搭配组合实现6个前进档。先前分别试了1档、2档、3档都有故障出现。1档由C1工作，2档由C1和B1工作，3档由C1和C3工作。这3个档除了离合器C2，其他离合器都参与工作，于是认为离合器C2有可能存在工作异常。但为什么每个档位的冲击都出现在固定的车速上？离合器C2如果存在问题为什么没有在其他状态上有所显现。

**故障排除**　该故障确因变速器内部干涉导致的冲击，但干涉的根本不是机械部分，而是来自控制部分。更换变速器控制模块并编程学习后试车故障没有出现，至此故障排除。

**技巧点拨：**短时间快速地锁定并排除故障超出了客户的预期，并得到了肯定。通过抓住故障点不断地分析、论证，可缩短维修时间、避免过度维修和提高维修效率。

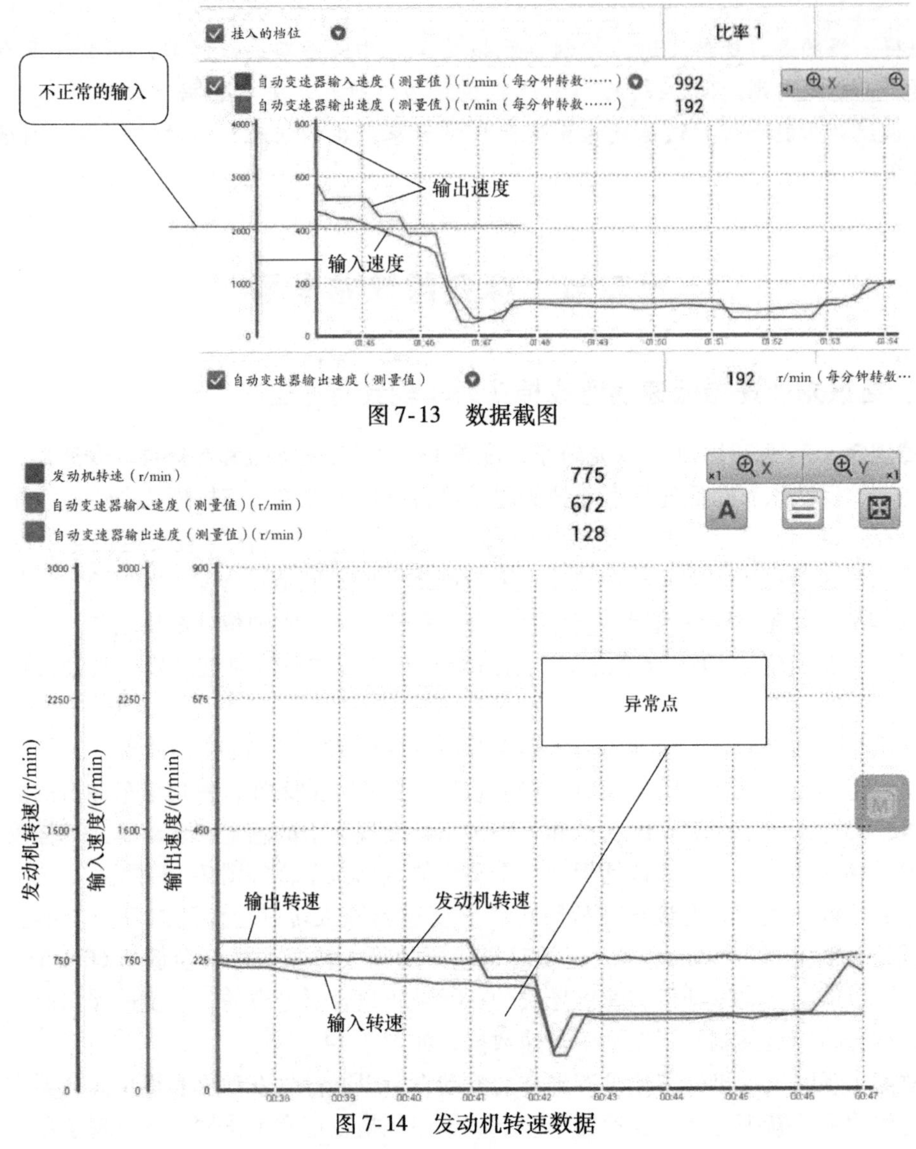


图 7-13　数据截图

图 7-14　发动机转速数据

**表 7-1　换档工作**

| 档位 | | 电磁阀 | | | | | | 离合器 | | | 制动器 | | 单向离合器 |
|---|---|---|---|---|---|---|---|---|---|---|---|---|---|
| | | SLC1 | SLC2 | SLC3 | SLB1 | S1 | S2 | C1 | C2 | C3 | B1 | B2 | F1 |
| P | | – | ○ | ○ | – | ○ | – | – | – | – | – | – | – |
| R | V＜7 | – | ○ | – | – | ○ | – | – | – | ○ | – | ○ | – |
| | V≥7 制动装置专用 | – | ○ | ○ | – | ○ | ○ | – | – | – | – | – | – |
| N 档 | | – | ○ | ○ | – | ○ | – | – | – | – | – | – | – |
| D | 1 档 | ○ | ○ | ○ | – | ○ | – | ○ | – | – | – | – | ○ |
| | 1 档发动机制动 | ○ | | ○ | – | – | ○ | ○ | – | – | – | ○ | ○ |
| | 2 档 | ○ | ○ | ○ | ○ | ○ | – | ○ | – | – | ○ | – | – |
| | N 档控制 | △ | ○ | ○ | △ | ○ | – | △ | – | – | △ | – | ○ |
| | 3 档 | ○ | ○ | – | – | ○ | – | ○ | – | ○ | – | – | – |
| | 4 档 | ○ | – | ○ | – | ○ | – | ○ | ○ | – | – | – | – |
| | 5 档 | – | – | – | – | ○ | – | – | ○ | ○ | – | – | – |
| | 6 档 | – | – | ○ | ○ | ○ | – | – | ○ | – | ○ | – | – |

## 二、雪铁龙爱丽舍无档位锁止功能

**故障现象** 一辆2014款雪铁龙爱丽舍轿车，配备1.6LEC5型发动机、4速AT8型手自一体变速器，行驶里程5万km。驾驶人反映在事故维修后，出现变速杆不能锁止故障。

**故障诊断** 接车后首先验证故障现象，打开点火开关，不踩制动踏板，变速杆就能移出P档。连接诊断仪读取故障码，如图7-15所示。

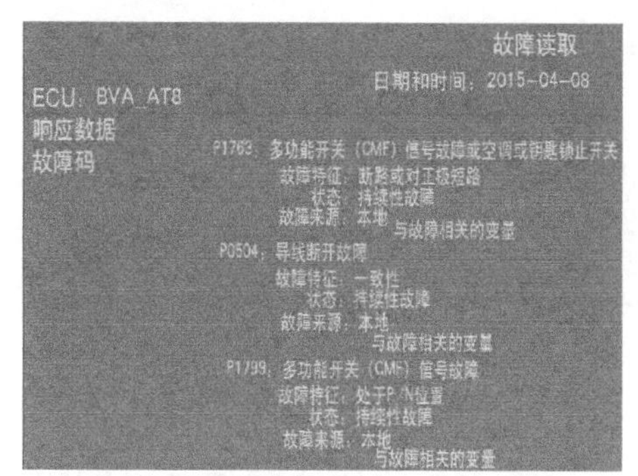


图7-15 故障码

根据故障现象及所读取的故障码分析，可能的故障原因有多功能开关损坏、制动开关损坏、P档锁止继电器损坏、变速杆锁止电磁阀损坏、线路短路或断路、变速器控制单元损坏等。

将以上所怀疑的部件全部与正常车辆对调后，试车，故障依旧。怀疑故障点在线路方面，于是进行线路的排查，在检查过程中发现室内仪表板熔丝盒BSI内的F1熔丝熔断，相关电路如图7-16所示，更换新的熔丝后，立即再次烧断，证明该线路一定存在短路故障。

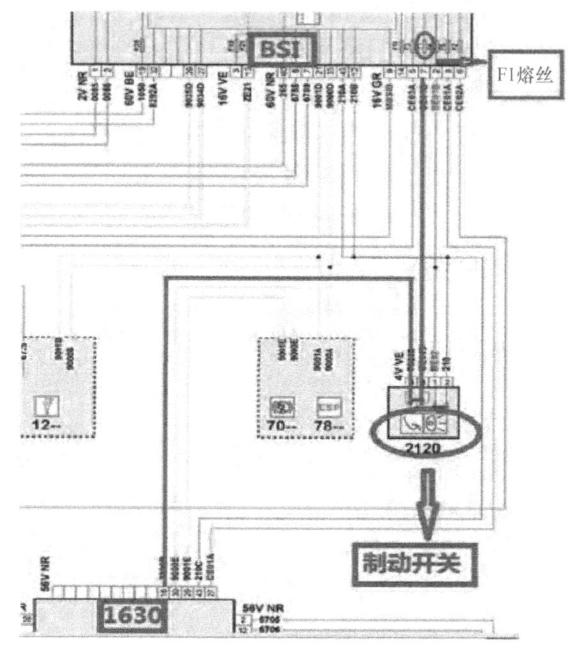


图7-16 相关电路

断开制动开关插接器，经测量，其插接器3#到F1熔丝之间的线路正常，没有对地短路。在测量制动开关插接器4#时，发现与搭铁之间的电阻为0，正常情况应为无穷大。在进一步的检查中发现，变速器控制单元的外壳有明显的碰撞痕迹，怀疑控制单元内部损坏。由于控制单元的外部还有一层保护壳，若不拆开很难发现故障点所在，如图7-17和图7-18所示。

**故障排除** 变速器控制单元外壳受撞击变形后与控制单元内部的插接器针脚接触，导致短路故障。把变速器控制单元外壳修复好后，再次试车，故障排除。

**技巧点拨：** 在日常的维修工作中，对于电路问题要认真细致地检查和分析，由浅到深，不要仅根据故障现象轻易下结论，以免做出错误的判断。

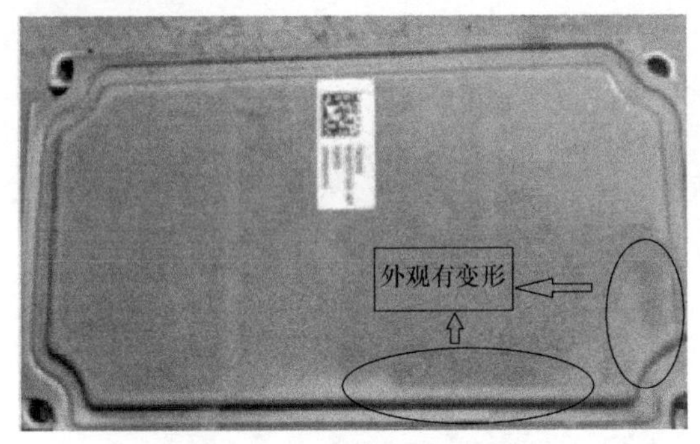


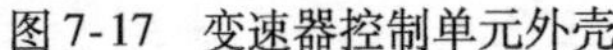
图 7-17　变速器控制单元外壳

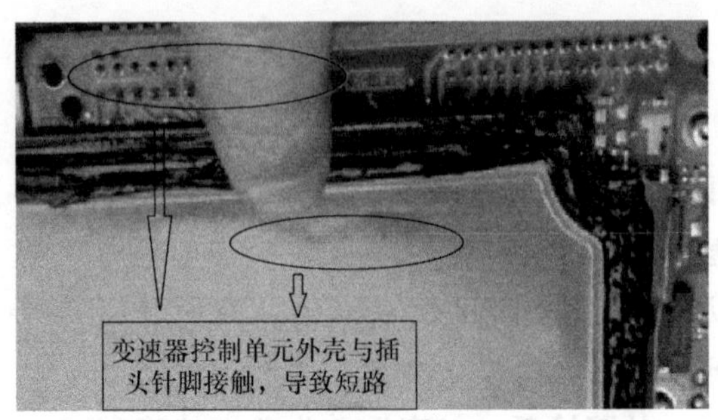


图 7-18　变速器控制单元针脚短路

## 三、标致 307 档位控制杆总成照明灯不亮

**故障现象**　一辆 2009 款东风标致 307，VIN 为 LDC913L369 × × × × × ×，车型为 DC7164，配置自动变速器，行驶里程 6 万 km。驾驶人反映该车档位控制杆总成照明灯在晚间行驶过程中突然熄灭。

**故障诊断**　经过初步检查，该车除自动档位控制杆总成照明灯熄灭外，同时发现该车右侧小灯，点烟器灯、空调控制面板灯等照明灯都不亮。根据车身控制模块 BSI 中的部分熔丝控制说明（图 7-19）可以看出，以上这些电器都通过熔丝 F12 供电，因此上面这些电器元件和相关电路都有可能存在搭铁或瞬间电流过大现象，由于通过该熔丝的电路很多，决定采用先简后难的方法来排除此故障。

| F6 | | | Libre 自由的 |
|---|---|---|---|
| F7 | 20 | ACC | Plafonnier AR 后顶灯<br>Plafonnier AV lecteur de carte 前顶灯<br>Prise 12V AV 前部 12V 电源插头<br>Allume cigare 点烟器<br>Eclairage boite à gants 手套盒照明灯 |
| F8 | | | Libre 自由的 |
| F9 | 30 | BAT-1 | Alim toit ouvrant, LVI AV, LVE AV 活动天窗电源 |
| F10 | 15 | BAT-2 | Prise diagnostic 诊断插头<br>Prise 12V AR 后部 12V 电源插头 |
| F11 | 15 | BAT-2 | Autoradio : RB RD RT 收音机<br>Afficheur multifonction A et B 多功能显示屏<br>COM 2000<br>BVA |
| F12 | 10 | BAT-2 | Feu de position AVD 右前位置灯<br>Feu de position ARD+écl plaq+attel 右后位置灯<br>Pusch cond/alarm/ESP/danger<br>Eclairage façade clim 空调面板照明灯<br>Eclairage cendrier 烟灰缸照明灯<br>Pusch siège +alum cigare<br>Pusch BVA |
| F13 | | | Libre 自由的 |

图 7-19　部分熔丝控制说明

通过查询相关维修资料，调出车身控制模块 BSI 熔丝控制图（图 7-20），发现这些照明灯都经过熔丝 F12。

检查车身控制模块 BSI 上的熔丝 F12，更换新的 10A 熔丝，打开灯光，熔丝 F12 立即熔断。联系驾驶人，询问在故障发生之前是否进行过其他维修。据驾驶人反映：该车之前在汽车装饰店拆过座椅，铺过地胶，但是装好后已经有很长时间了，一直没有发现此故障。由于熔丝 F12 同时还控制座椅加热开关照明灯，右小灯线束也从地板经过，因此先拆掉座椅，拆去地胶，检查地板上的线束，经过细心检查，没有发现被压住的线束或被磨破的线束。

经过上述检查未发现任何问题，只好重新调整诊断思路，再次深入细致地检查熔丝 F12 控制的各个线路。通过查阅相关维修资料，调出车身控制模块 BSI 的控制电路（图 7-21）。

| 熔丝 | | | | | | | | | | |
|---|---|---|---|---|---|---|---|---|---|---|
| 30A F7 | 3020 | 3015 | 8100/CP01 | 6031 | 3110 | | | | | |
| 30A F9 | 6032 | 6000 | 6005 | 6213 | 6214 | 6810 | 6031 | 6010 | 6015 | |
| 15A F10 | C001 | CP00 | | | | | | | | |
| 20A F11 | 8480 | 1630 | CV00 | 1030 | | | | | | |
| 10A F12 | 2615 | 2635 | 8100/CP01 | 3054 | 7801 | 6600 | 1640 | 8603 | 6220 | 8300/8305 |
| 30A F14 | 6202 | 6207 | 6212 | 6217 | | | | | | |
| 30A F15 | 6131 | 6132 | | | | | | | | |
| 10A F16 | BM34 | 8602 | CV00 | 1282 | 6570 | | | | | |
| 10A F17 | 2635 | | | | | | | | | |
| 10A F18 | C001 | 2120 | CV00 | 4010 | 7306 | 6440 | | | | |
| 30A F19 | APC (F11+F23) | | | | | | | | | |

图 7-20 BSI 熔丝控制图

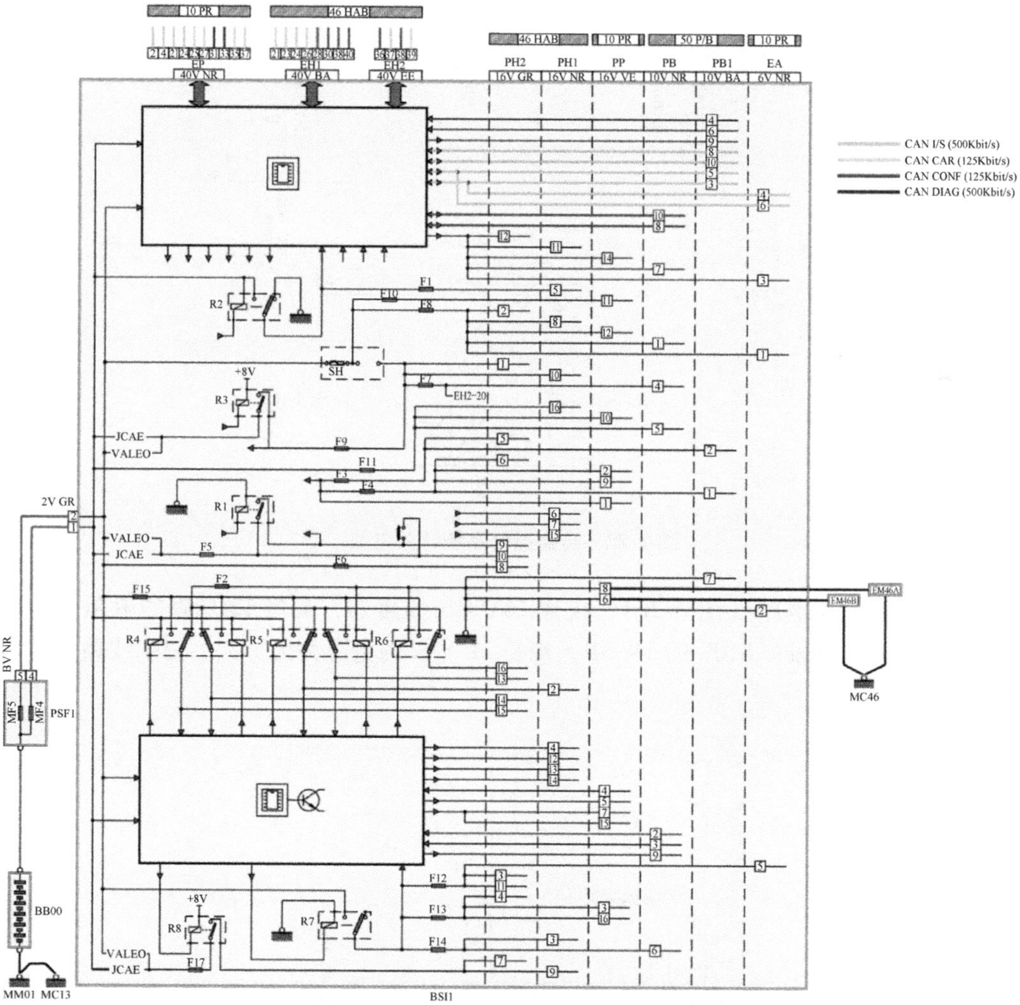

图 7-21 车身控制模块 BSI 的控制电路

从图7-21所示电路中可以看出，熔丝F12输出的线分别是：16V NR的11号脚（车身上右尾灯）、16V GR的12号脚（前部点烟器）、16V VE的14号脚（自动变速器程序选择开关）、16V VE的15号脚（右前照灯、前照灯调整开关）、10V NR的7号脚（防盗报警系统开关、烟灰缸照明灯、中央连锁开关、空调控制面板）。

检查防盗报警系统开关（图7-22）、烟灰缸照明灯（图7-23）、中央联锁开关（图7-24），空调控制面板照明灯（图7-25）线路。拔掉10V NR，测量7号脚的电阻为5Ω，在正常范围之内；再拔掉8603的6V GR，烟灰缸照明灯的2V BA，6220的6V NR，8025的6V GR，测量7号脚的电阻为无穷大，说明线路正常，无搭铁现象。

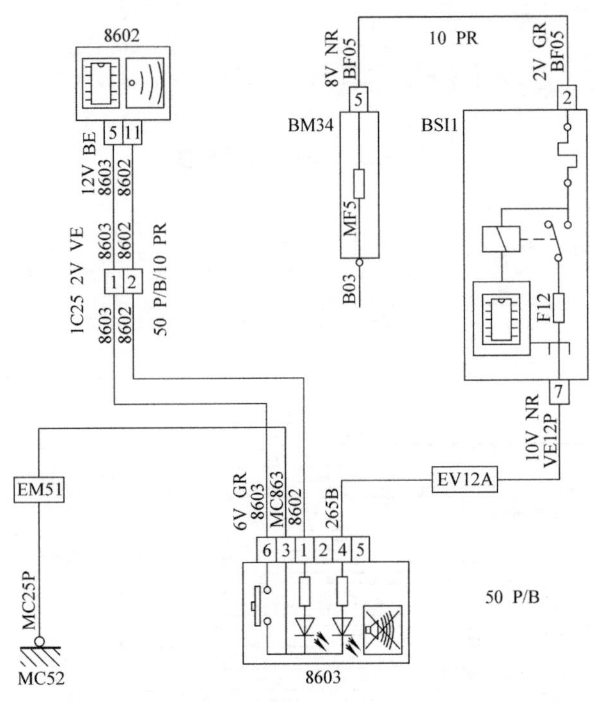


图7-22 防盗报警系统开关电路

检查前部点烟器电路（图7-26），拔掉16V GR插接器，测量12号脚的电阻为5.6Ω，在正常范围之内；再拔掉8100的3V NR，测量12号脚的电阻为无穷大，说明线路正常，无搭铁现象。

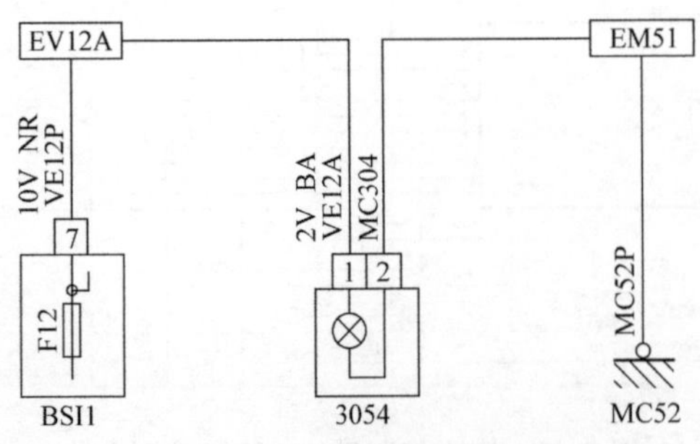


图7-23 烟灰缸照明灯电路

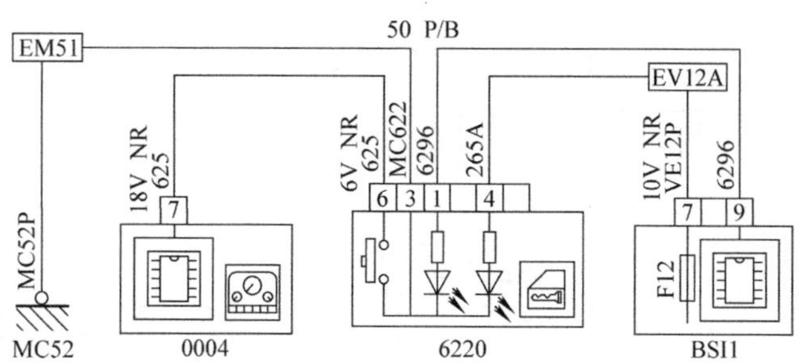


图 7-24　中央联锁开关电路

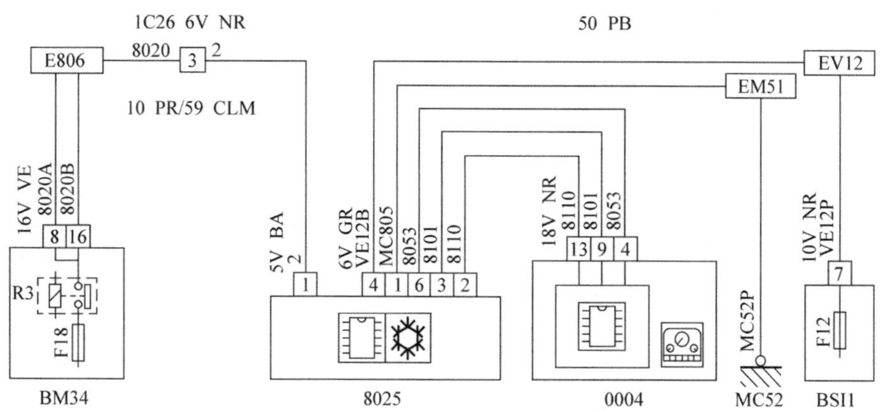


图 7-25　空调控制面板照明灯电路

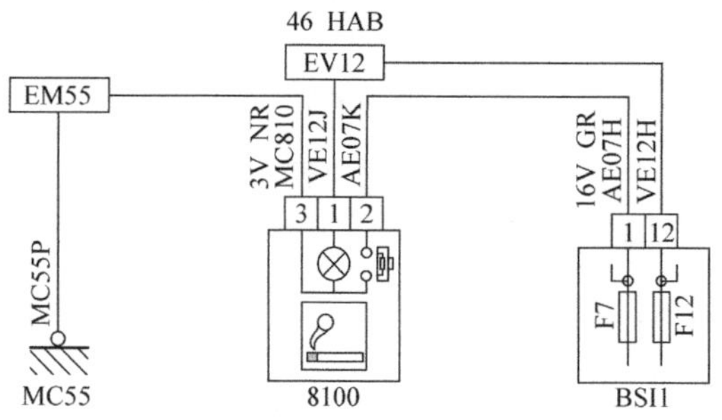


图 7-26　前部点烟器电路

检查自动变速器程序选择开关线路（图 7-27），拔掉 16V VE 插接器，测量 14 号脚的电阻为 5.9Ω，在正常范围之内；再拔掉开关上的 6V GR 的插接器，测量 14 号脚的电阻为无穷大，说明线路正常，无搭铁现象。

检查右前照灯电路（图 7-28）和前照灯水平调整开关电路（图 7-29），拔掉 16V VE 插接器，测量 15 号脚的电阻为 4.5Ω，在正常范围之内；再拔掉 2615 的 9V NR 插接器、6600 的 3V NR 插接器和 2610 的 9V NR 插接器，测量 15 号脚电阻为无穷大，说明线路正常，无搭铁现象。

检查车身上右尾灯电路（图 7-30），拔掉 16V NR 插接器，测量 11 号脚的电阻为 0.7Ω，

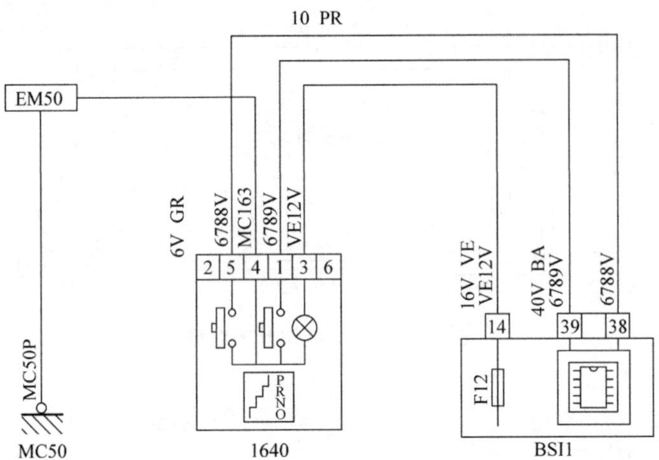


图 7-27　自动变速器程序选择开关电路

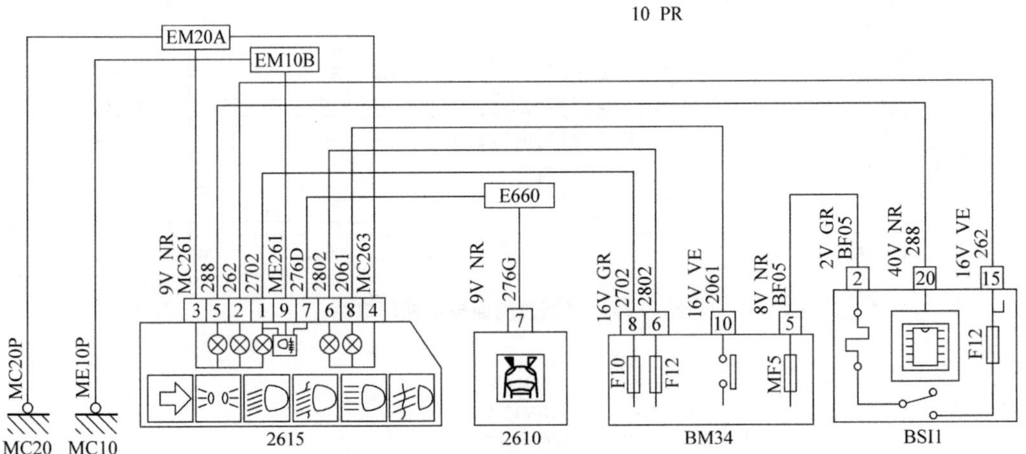


图 7-28　右前照灯电路

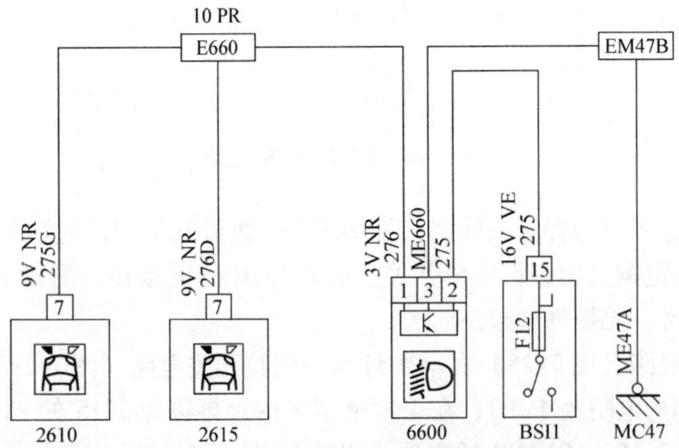


图 7-29　前照灯水平调整开关电路

说明有部分搭铁现象；再拔掉2635的6V NR、2633的2V NR，测量11号脚的电阻为无穷大，说明线路正常，无搭铁现象；测量2635的2号脚和5号脚之间的电阻，仅有0.45Ω。拆开尾灯，旋出小灯灯泡，发现尾部多出一块薄铁片（图7-31），使正负极短路。

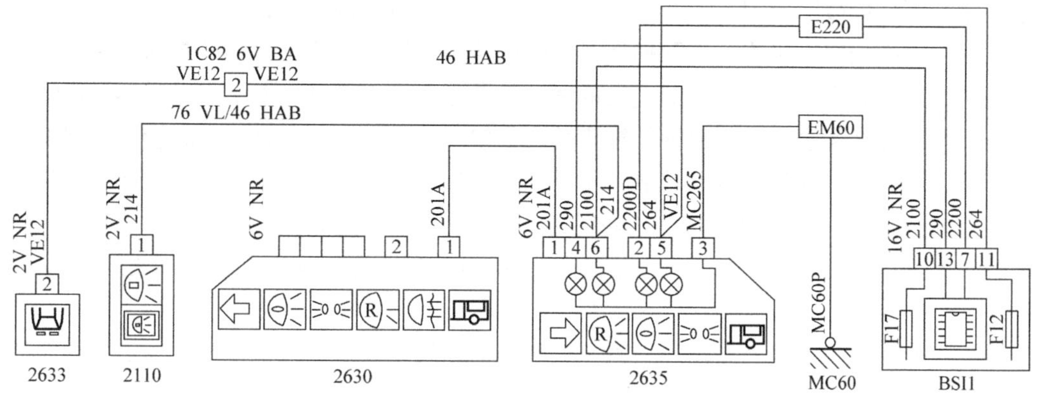

图7-30 车身上右尾灯电路

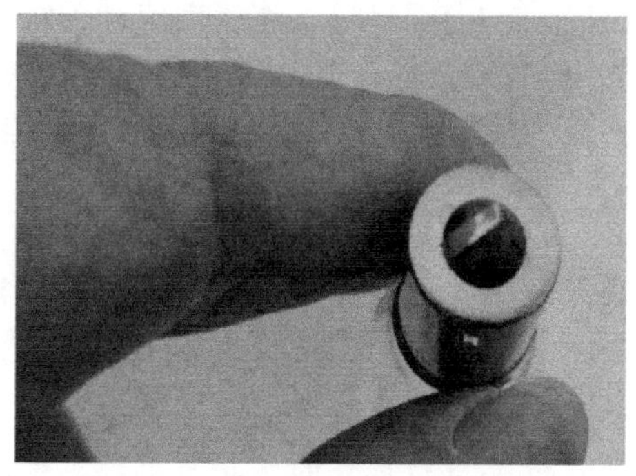
图7-31 尾灯灯泡尾部多出的薄铁片

**故障排除** 更换尾灯灯泡后，该车故障被彻底排除。一个星期后客服进行回访，驾驶人反馈故障现象没有再现。

**技巧点拨：**本案例中的故障是由灯泡尾部的薄铁片短路引起的。灯泡尾部的薄铁片是出厂时或者重新更换灯泡时误带入的，当时呈悬空状态，车辆灯光也正常。车辆在行驶了一段时间后，经过不断的颠簸，薄铁片被下压，导致系统短路，从而引发熔丝熔断的故障。继续颠簸，在其弹性作用下又有可能弹开。对于此类故障，虽然概率很低，但遇到后一定要根据故障现象，结合电路图对相关线路进行认真检查。

## 第三节 马自达车系

### 一、马自达6变速器档位错乱

**故障现象** 一辆2006款一汽马自达6，行驶里程27.9万km，搭载L3发动机和5速手自一体变速器。驾驶人反映该车变速器档位错乱。

**故障诊断** 接车后试车验证故障现象，接通点火开关，档位处于P档时，组合仪表显示档位为N档；将档位换入M档，无法升档。用故障诊断仪检测，无故障码存储。分析故障现象，推断可能的故障原因有：组合仪表故障；换档操纵机构故障；变速器故障。

首先拆检换档操纵机构。拆除换档操纵机构盖板，检查换档拉索连杆头部与变速杆轴之间的间隙，发现确实存在换档间隙过大的情况，并且在换档操纵机构下方有脱落老化的橡胶圈残渣。橡胶圈老化磨损应更换换档拉索总成，但要拆除整个仪表台，工时较长，驾驶人又急于用车，不同意更换换档拉索总成，于是采取临时维修方案：将换档拉索连杆头部拆出，取下老化的橡胶圈，安装相同大小（外径为12mm，内径为8mm）的橡胶管。装复后试车，组合仪表上可以显示P档，但N档无法显示，换档时有卡滞现象，且换入M档时依旧无法升档。

进一步分析认为换档开关损坏，拆下换档开关，发现换档开关上连接换档轴接触面的塑料凸键磨损（图7-32）。换档开关内圈凸键与换档轴上的凹槽相契合，当换档轴在换档拉索的作用下转动时，换档开关内圈同时转动，从而改变输出的档位信号。

**故障排除** 换上新的档位开关（图7-33），连接档位开关线束，组合仪表显示为N档，将变速器实际档位换入N档，此时装入档位开关（注意档位开关内圈凸键应与换档轴上的凹槽对准契合）。接通点火开关，依次将变速杆换入各档位，均能正常换入，且组合仪表上的档位显示正常，故障排除。

**技巧点拨：** 自动变速器对换档自由行程有较高的要求，行驶年限过长的车辆换档间隙会因磨损或橡胶件老化而变大，从而影响档位开关的正常工作。若档位开关内圈凸键磨损，档位开关内圈与换档轴相对位置发生改变，就会引起档位错乱。另外，行驶年限与行驶里程过长的车辆应注意橡胶与塑料件的维护与更换，做到发现问题及时处理，避免心存侥幸心理使故障久拖不决，从而影响行车安全。

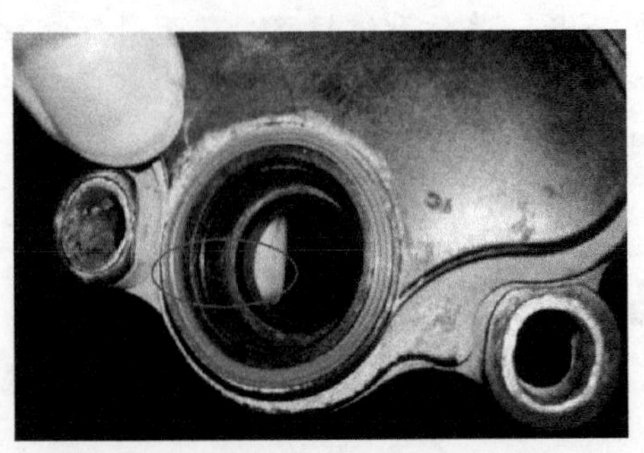

图7-32 换档开关内圈凸键磨损

图7-33 新的换档开关

## 二、马自达6自动变速器有时不换4档

**故障现象**　一辆老款一汽马自达6轿车，搭载2.0L发动机和4F27E型电控4速自动变速器。驾驶人反映该车变速器犯偶发性故障，时好时坏无规律，具体表现为：正常行车中不确定在哪个档位上，偶尔出现仪表故障指示灯点亮（图7-34），此时车辆无法加速；停车后重新起步，发现变速器从1档只能换到3档，无论怎么踩加速踏板就是不换到4档；关闭发动机重新起动后，变速器表现一切正常，但不知什么时候故障就会再次出现。

**故障诊断**　接车后试车，发现确实像驾驶人反映的那样，正常行驶中忽然变速器就不能换4档了。首先可以肯定的是，4档并没有出现明显的打滑迹象，而且正常时1～4档的换档都很正常。一旦AT灯点亮后，车速就再也无法提升，发动机转速为3000r/min时，车速才能达到80～90km/h，很显然这时候变速器处于直接档3档。

图7-34　点亮的故障灯（AT灯）

维修人员停车熄火后，立即重新起动发动机，然后换前进档行驶，变速器在4个档位的换档又都正常了。继续行驶过程中，在没有任何征兆和任何规律的情况下AT灯又亮了，此时又不能换4档了。

回到厂里后，维修人员连接故障诊断仪进行电控系统的检测，结果在变速器控制单元中检测到一个故障码“P0713——TFT传感器电路输入电压过高”（图7-35）。根据故障码的提示，维修人员怀疑变速器油温传感器（TFT传感器）有问题，于是更换了带线束的油温传感器（图7-36）。在更换传感器（电磁阀）线束时，维修人员发现插头确实有破损情况（图7-37），所以维修人员很自信地认为，如果油温传感器没有问题，那肯定是线路插头故障。

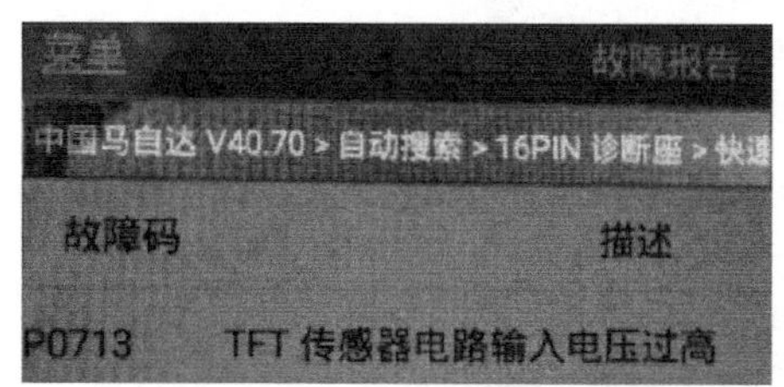



图7-35　故障码

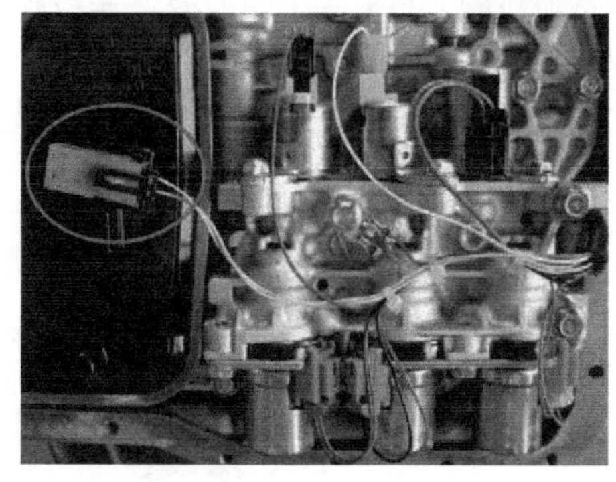

图7-36　带线束的油温传感器

本以为更换TFT传感器后，故障就能解决，结果装车后在长时间试车过程中，仪表板上的AT灯再次点亮了，所有的故障现象重现。看来油温传感器是没有问题的。考虑到故障时有时无，且该车辆曾经确实出过较大的事故，因此维修人员怀疑可能是线路故障，就花了大量时间把变速器及控制单元相关的线路全部排查了一遍，结果没有发现问题，试车结果还是一样。

为了确保变速器本身是好的，维修人员更换了变速器阀体，并按照标准对变速器进行了解体大修，问题没有得到解决。维修人员又怀疑是变速器散热不好，导致变速器油液温度过高而记录P0713故障码，于是又把散热器拆下来，进行了专业清洗，但结果故障依旧。在此情况下，维修人员开始怀疑变速器控制单元出现了问题。

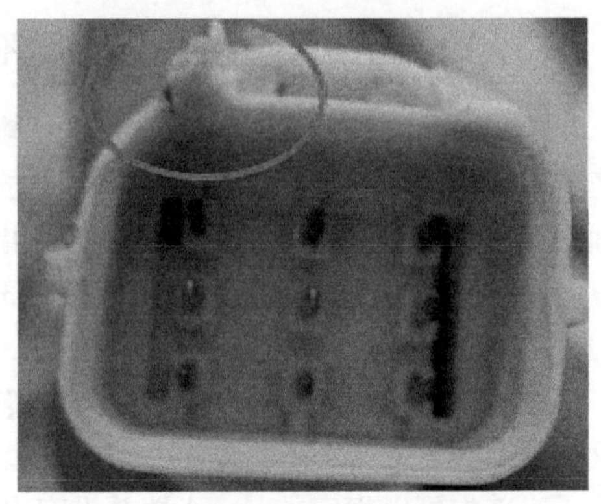

图 7-37　破损的传感器（电磁阀）插头

之前之所以没有考虑变速器控制单元出现问题，主要是因为该变速器的故障是偶发性而且毫无规律的，如果变速器控制单元出现问题，往往故障状态是始终保持的。还有一点原因，就是变速器控制单元与发动机控制单元是一体的，因此维修人员认为控制单元出现故障的可能性不大。

但是此时开始怀疑到变速器控制单元了，再来看P0713故障码的解释，就能看出电控系统出问题的可能性极大。对于故障码“P0713——TFT传感器电路输入电压过高”，从变速器自身控制的工作原理来分析，变速器是如何通过TFT传感器获得并计算自动变速器油温度的，问题就变得简单了。

变速器向油温传感器提供大约5V的供电电源，TFT传感器自身又是一个负温度系数的可变电阻，这样电阻值会随着温度的变化而变化，同时传感器便将电压降的变化信息传送给变速器控制单元。而变速器控制单元就是通过TFT传感器提供的电压降信息来计算自动变速器油温度的，这就是TFT传感器的电控工作原理。而故障码P0173的解释就是变速器控制单元提供的电压不正常（电压过高），所以只要传感器和线路没有问题，那肯定就是变速器控制单元的问题。所以，之前更换阀体、大修变速器以及清洗散热器等维修方式的意义都不大。

**故障排除**　更换一个旧的变速器控制单元（图7-38）后，故障彻底得到解决，经长时间试车变速器都没报警，换档一切正常。

图 7-38　更换的变速器控制单元

**技巧点拨：**该变速器案例其实并不特殊也并不复杂，只不过P0713故障码确实很少见。但问题反映出大家在遇到实际故障时的诊断思路不清晰，故障码的分析能力还不够，同时一些基本的原理知识掌握得还不够。如果懂得TFT传感器电控系统的工作原理，相信问题早已得到解决。

# 第四节 福特车系

## 一、福特福克斯仪表档位显示异常

**故障现象** 一辆2010年福特福克斯，配置CAF488Q1 2.0L发动机和4F27E型4速自动变速器，行驶里程128679km。驾驶人反映该车仪表的档位显示异常，早晨冷车正常，行驶一段时间就只显示P档。

**故障诊断** 接车后连接诊断仪，全车模块诊断后没有故障码存储，读变速器内部的档位数据，发现变速器控制模块反馈的档位信息与实际挂档档位相符，数据信号正常。路试该车升降档正常，P档锁止功能正常，P/N位起动开关正常，倒档灯控制正常。全部检查完成后除了仪表的档位显示在所有档位位置都显示P外，其他均没有发现异常现象。

档位信号的传递是档位开关传递给变速器控制模块，变速器控制模块通过CAN网络将相关信息传递给仪表，仪表将相关信息显示出来。结合试车结果分析可能的原因有：①线路故障；②档位开关故障；③变速器控制模块故障；④仪表故障。

根据变速器控制系统电路（图7-39），分别对变速器控制单元的C414的11号、1号、2号针脚，档位开关C438的1号针脚，C414的3号、4号、83号、33号针脚的搭铁进行确认，然后对变速器档位开关C438的2号、4号、5号、8号针脚到变速器控制单元的C414DE的54号、53号、74号、52号针脚的4条信号线路进行检查确认，结果没有短路和虚接的线路。又检查了变速器控制单元到仪表的两条通信线都没有虚接短路的。

诊断仪能从变速器控制单元内读到准确的档位信息，并且档位开关的相关功能和线路都正常，所以排除了档位开关的原因。

变速器控制单元在接收到了档位信息后通过CAN网络传递给仪表，首先CAN线路确认过，其次如果CAN网络线路有异常，系统内应该有相关故障存储，所以也排除了网络的影响。剩下的就是变速器控制单元和仪表了，一是变速器控制单元不能正确地传递相关信息，二是仪表收到信息后不能正确地显示出来。至此只能是通过替换的方式来验证故障点，于是将方案跟驾驶人沟通，驾驶人说这两个配件之前维修时都更换过，但故障没有解决。如果驾驶人说的更换过，那么之前的推断都是错的（也不排除之前维修过程有问题）。

于是重新理思路，驾驶人反映该车冷车正常，另外怀疑与该故障有关的配件，检查过也换过，除了挂档机构，于是围绕这两点进行排查。第二天冷车重新试车，发现起动后仪表显示正常，P、R、N、D档和手动模式显示都正常，但是没挂几次故障就会重现。根据变速杆单元控制电路（图7-40），分别测试了变速杆单元的C383的3号针脚的供电和4号针脚的接地以及与变速器连接的2条手动开关的线路C383的5号、6号针脚和C414的59号、81号针脚的通断和性能，发现变速杆在手动模式包括上下换档5号、6号针脚都是12V电压没有反应（图7-41）。怀疑档位开关的触点有问题导致故障出现。

**故障排除** 第二天冷车时继续测量此针脚的电压，发现正常时变速杆挂入手动位置换档时，5号、6号针脚的位置电压会随挂入的位置变化，拆开挂档机构后发现该车的手动模式开关是霍尔式的无法修复，更换挂档机构后故障排除。

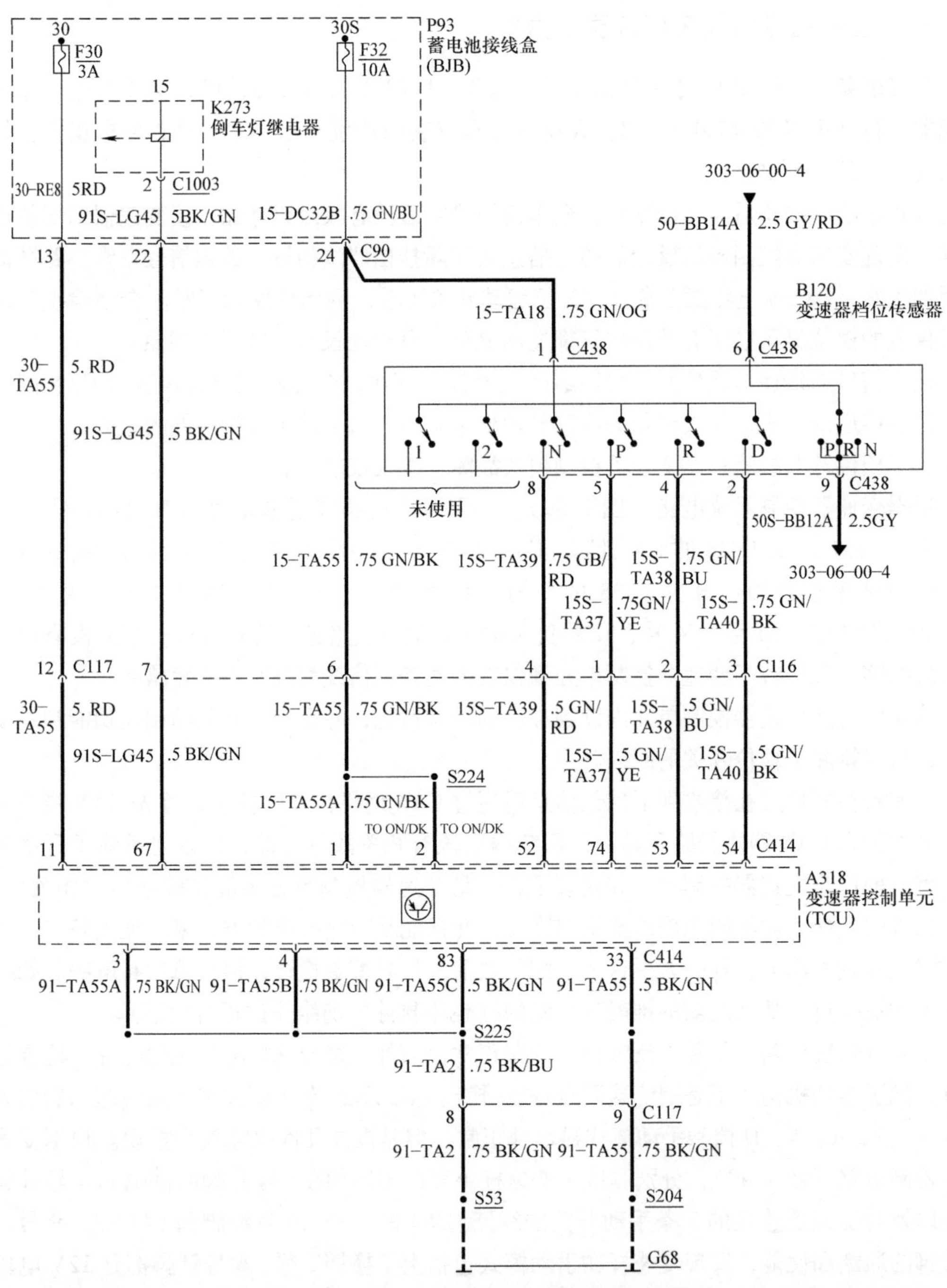


图 7-39　变速器控制系统电路

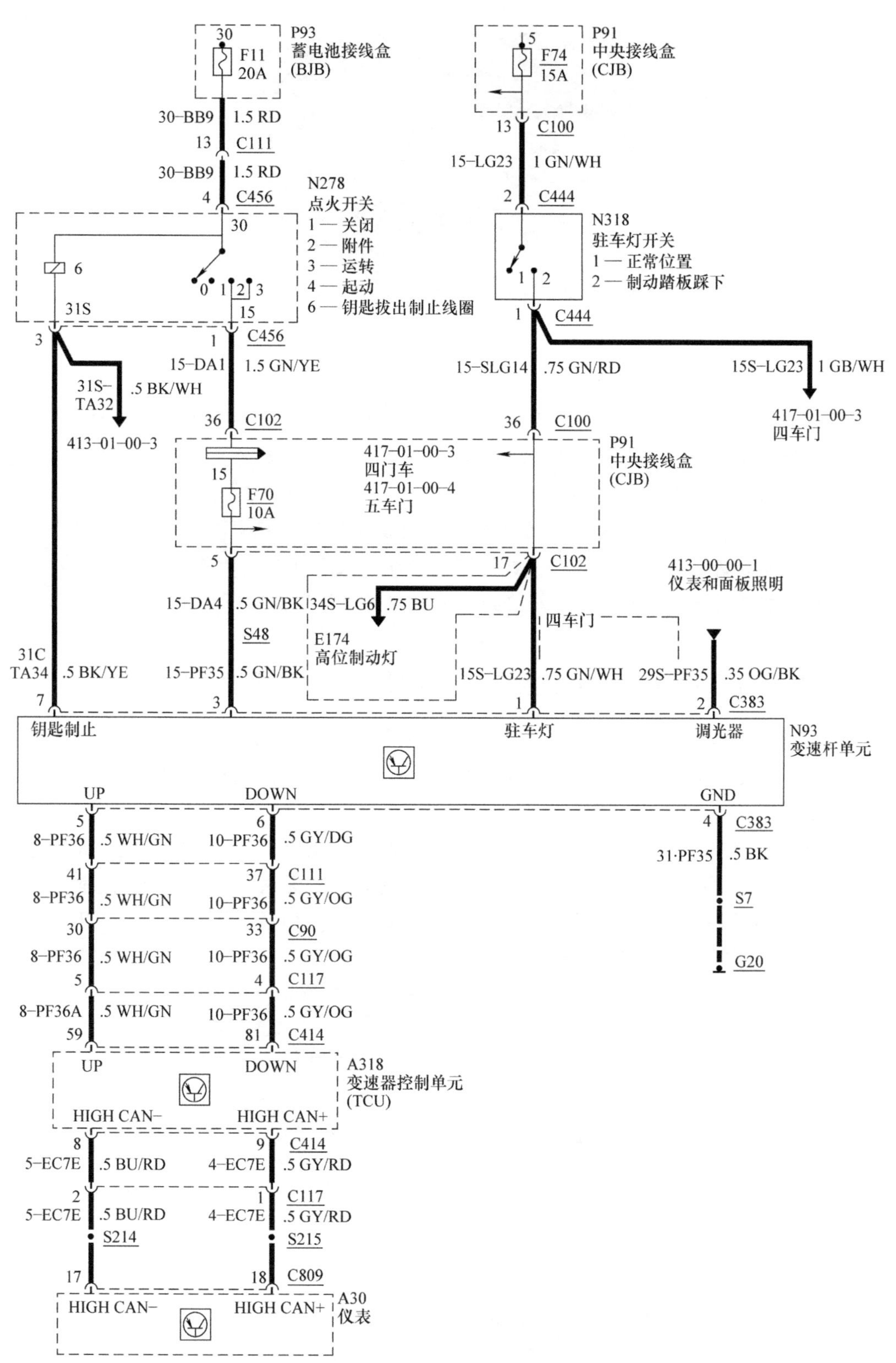


图 7-40 变速杆单元控制电路

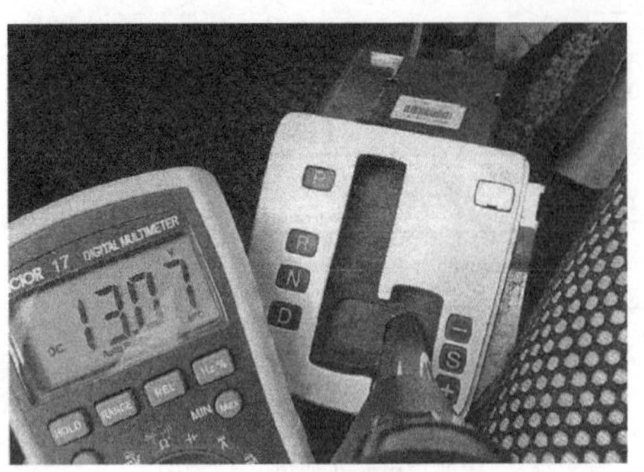

图 7-41　电压测量

**技巧点拨**：本次故障是变速器控制单元检测到挂档机构的手动模式开关损坏，通过仪表的档位显示的 P 灯闪烁来提醒驾驶人的，并不是我们理解的显示故障。疏于对新知识的认识和掌握，当看到仪表的档位显示不正常第一时间联想到的是档位开关、变速器控制单元以及仪表显示。因为传统的“观念”致使在维修过程中思路受到了限制，所以会出现在故障分析检测时存在漏洞，针对怀疑部件如果没有有效的检测手段就选择更换，最终的结果就是付出成本和时间，还会造成驾驶人对维修满意度下降。

## 二、福特新蒙迪欧轿车仪表板提示“换档系统故障需要维修”

**故障现象**　一辆长安福特新蒙迪欧轿车，搭载 2. 0T 发动机及 6F35 自动变速器，行驶里程 1 万 km。驾驶人反映该车出现换档旋钮无法正常转动的情况，且仪表板提示“换档系统故障需要维修”。

**故障诊断**　维修人员接车后确认故障现象，在故障现象出现时，多次开关点火钥匙后故障得以暂时消除，换档旋钮可以正常工作，但是有时则一直无法转动。在维修之前需要对换档系统的工作原理进行了解，此款车型带旋钮换档系统。换档系统部件构成如图 7-42 所示。换档系统控制工作原理如图 7-43 所示。

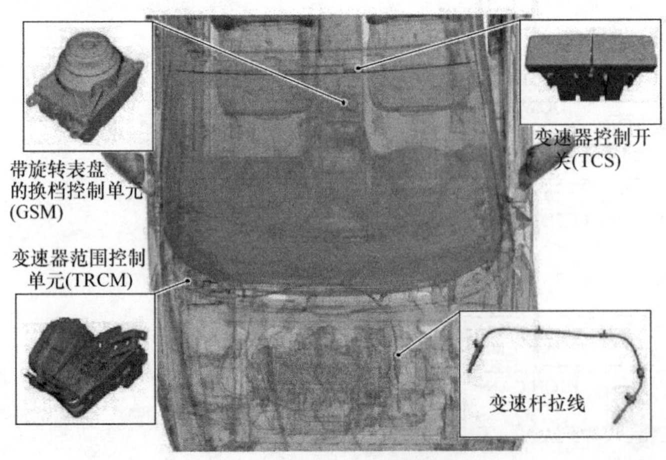


图 7-42　换档系统部件构成

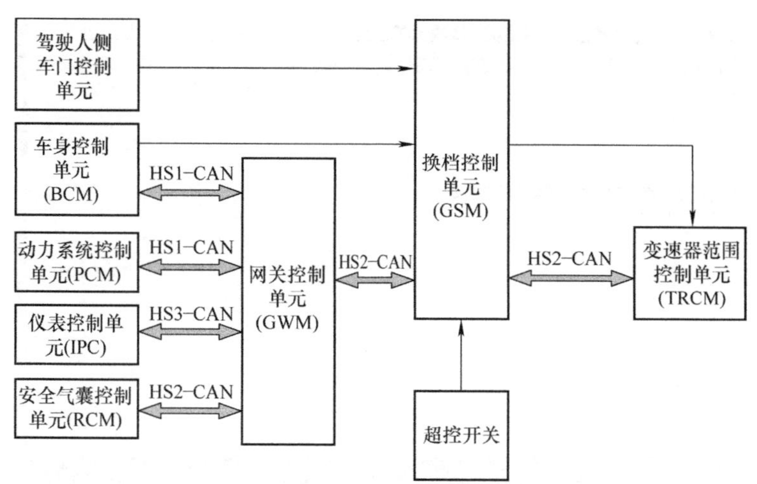


图 7-43 换档系统控制工作原理

当驾驶人需要换档时，可通过旋转中央扶手箱上的换档控制单元（GSM）旋转表盘，选择 R/N/D/S/P 档。GSM 旋转表盘内有霍尔式传感器，GSM 会感应表盘位置，从而将驾驶人操作的档位信息通过高速控制局域网络 2（HS2 - CAN），经由网关控制单元（GWM），再通过高速控制局域网络 1（HS1 - CAN）发送给动力系统控制单元（PCM）。PCM 接收来自 GSM 的信息，同时结合车况以确定受控的变速器范围，然后通过 HS2 - CAN 经由 GWM 向变速器范围控制单元（TRCM）发送命令。TRCM 通过变速杆拉索将变速器移动到命令的位置，PCM 会读取变速器档位传感器（TRS）的信息并确认已到达正确位置，然后 PCM 将发送一条信息至 GSM 和仪表控制单元（IPC），以显示当前的变速器档位。当低速行驶的车辆满足以下任一条件时，车辆的安全功能将被启用，GSM 会自动将变速器换到 P 档。

1）点火开关已关闭且车速低于低速阈值。

2）驾驶人侧车门打开，且未系上安全带。

3）当驾驶人侧车门打开时解开安全带。

用诊断仪对车辆进行检测，发现有故障码“P0902——齿轮换文件锁定电磁阀电路 A 范围/性能”（图 7-44）的存在，其含义为：如果 GSM 检测到旋转换档手柄在自动旋转功能期间没有返回停车位置，则出现此故障码。造成该故障码的原因可能有：旋转换档手柄中有异物卡滞，导致其不能返回停车位；GSM 相关线路故障，如插接器受损、端子脱落、开路及到 GSM 的电压反馈接线上存在高电阻或搭铁连接松动；GSM 本身出现内部电路故障。

在故障现象出现时，拆下中央扶手箱上的换档旋钮检查，并未发现导致换档旋钮卡滞的异物，排除了异物导致换档旋钮卡滞的可能。然后根据 GSM 工作电路图，在故障现象出现时，GSM 的供电及搭铁良好；在进行网络测试时网络通信正常，GSM 和 PCM 的信号线也未见短路和断路现象。其次检查换档联锁开关及开关至 GSM 的线路也正常，至此排除 GSM 相关线路存在故障的可能性。接下来就剩 GSM 本身内部电路故障的可能性了。

**故障排除** 更换新的换档控制单元（GSM）后试车，故障消失。经过一段时间的跟踪问询后，驾驶人表示故障现象没有再出现，故障排除。

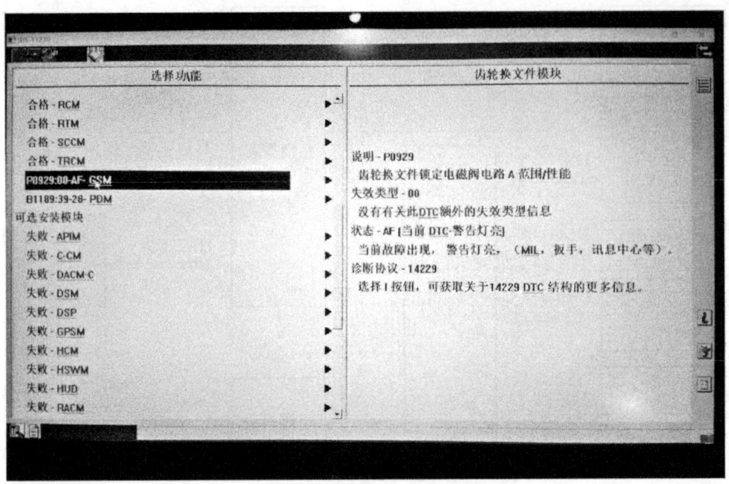


图 7-44　检测到的故障码信息

**技巧点拨：** 经过对该车型换档系统的了解及做相应检测后确认，该故障是由于变速器的外部换档系统部件——变速器换档控制单元（GSM）内部电子电路出现问题导致的，致使其进入故障模式，从而出现换档旋钮无法正常旋转的情况。

# 第五节　日产雷诺车系

## 一、日产骐达更换变速器破损部件后车辆不能行驶

**故障现象**　一辆2013年东风日产骐达轿车，该车搭载1.6L发动机，同时匹配使用型号为JF015E型日本捷特科公司生产的小型无级变速器（CVT），行驶里程约为7.8万km。该车为事故车，更换变速器破损部件后车辆出现不能行驶的情况，而且诊断仪读取了几个故障码并且一直不能删除。

**故障诊断**　其实这辆车出现事故后一直是在4S站维修的，初期出现事故后首先经过保险公司的勘察，到指定4S店进行维修。事故仅仅就是把变速器油底壳撞坏了，变速器润滑油（CVTF）也已全部漏光，经4S店救援车拉至店里后维修人员更换了变速器油底壳，并重新添加了足够的新CVTF，但起动车辆后出现挂档不能行驶的情况（注：在定损过程中4S店人员其实已经提醒过驾驶人及保险公司定损人员，虽然看似是变速器外观油底壳撞坏了，但不排除其他部件没有问题）。于是维修人员开始利用诊断仪进行故障检测，结果发现有多个故障码（图7-45）。所以4S店维修人员坚持说变速器其他部件肯定有损

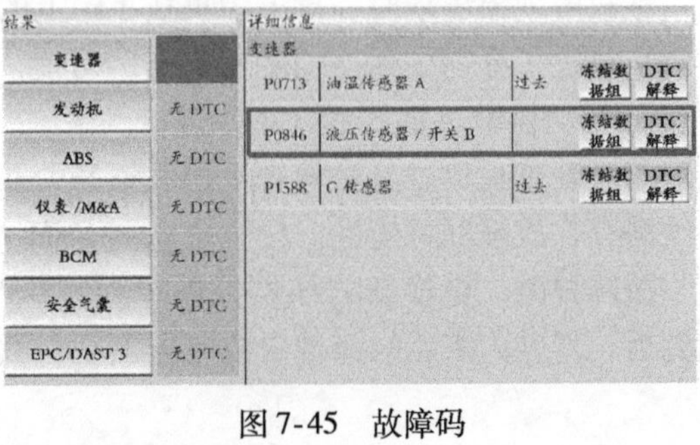

图 7-45　故障码

坏，而且还不排除变速器控制单元损坏的可能。

利用诊断仪检测确实也读到了 3 个故障码，它们分别是：P0713——油温传感器 A；P0846——油压传感器/开关 B；P1588——G 传感器，同时还不能删除。

对于日产无级变速器（CVT）不能行驶故障的可能性分析，无外乎有以下几种可能：①变速器润滑油（CVTF）油量严重不足；②油泵故障；③滤清器严重堵塞；④阀体故障；⑤主油路严重泄漏；⑥变矩器涡轮花键磨损；⑦摩擦片烧损；⑧钢带断掉等。从这 3 个故障码内容解释上分析：油温传感器故障或线路故障，压力传感器故障或主油压泄漏故障，而 G 传感器信息是指变速器控制单元根据车速信号计算出的加速度和减速度信息。

考虑到当时检修的条件有限，在简单查看外围没有明显问题后，经基本检查得到变速器油泵工作正常，而且油量充足。拆下油底壳却发现钢带及带轮有严重的磨损情况（图 7-46、图 7-47），这样不得已只能将变速器拆下来进行分解检查了。

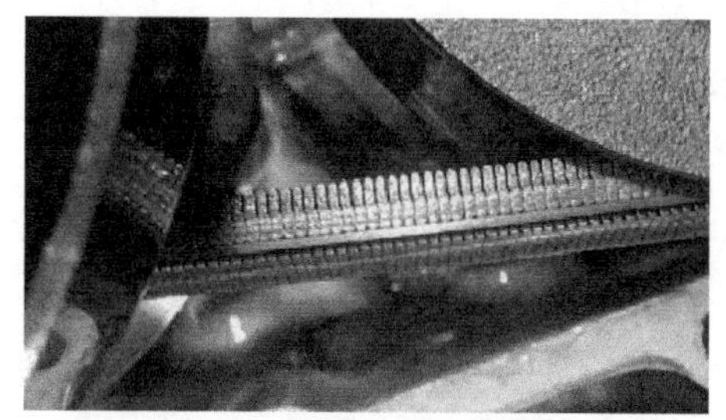

图 7-46 拉伤的钢带

图 7-47 磨损的带轮

将变速器彻底解体后只发现带传动部分出现严重磨损，将变速器损坏部件全部更换，同时还维修了变矩器。装车后开始试车，此时车辆可以行驶但挂档冲击比较严重，跑起来基本正常。可是行驶大概十几千米后变速器开始出现打滑情况，并且还有严重的顿挫感，同时加速也很困难，再后来干脆不能行驶。回到厂里再次检测，结果读到两个故障码：P0713——油温传感器 A；P0846——油压传感器/开关 B。为什么初期是好的，而跑一会儿就会出现故障呢？此时故障码还不能删除。在读取数据流时发现变速器润滑油温度显示为 -40℃（图 7-48），正常情况绝对不可能是这样的温度。

| □主扭矩 | 64 | N·m |
|---|---|---|
| □扭矩比 | 1.2 | |
| □管路压力 | 0 | MPa |
| □液温 | -40 | ℃ |
| □期望转速 | 992 | 转速 |
| □目标速比 | 3.84 | |
| □目标皮带轮速比 | 2.16 | |
| □润滑压力 | -0.5 | MPa |

图 7-48 错误的变速器温度信息

在数据流中显示变速器温度始终在 -40℃ 的可能原因有油温传感器故障、传感器线路故障或变速器控制单元故障等。在大修变速器时已经测量过油温传感器，它只不过是一个负温度系数的可变电阻，在不同温度下其阻值信息也不一样。变速器控制单元提供 5V 参考电源，然后传感器阻值在温度的变化中给变速器控制单元提供电压降的信号，变速器控制单元由此计算出变速器的温度。既然传感器本身没有问题，那只能通过电路图来彻底检查油温传感器的线路了。

查阅该车油温传感器电路（图 7-49），线路的检查就变得简单了，断开变速器控制单元接头，直接测量油温传感器两根线的导通情况就可以了。经对线路的测量发现，油温传感器的 12 号端子（电源线）线路处于断路情况。在线路插头没有问题的情况下只能破解线束了。当把线束破开后发现这根线不知什么原因已断掉了（图 7-50）。

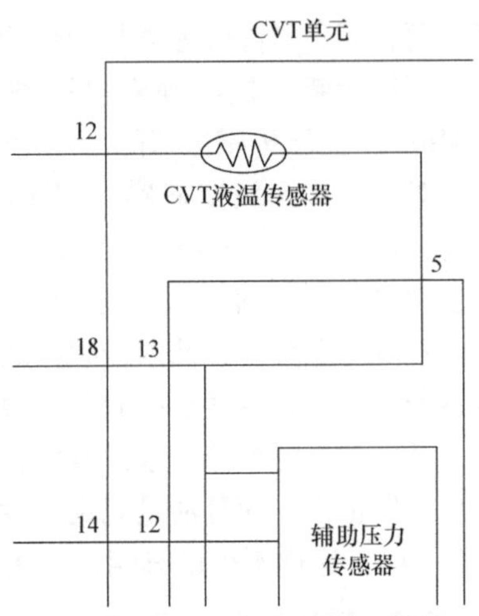


图 7-49　油温传感器电路

**故障排除**　恢复断点线路后故障码轻松删除，经长时间试车故障现象没有重复出现，故障码也没有再次出现，各项数据显示均为正常（图 7-51），此时故障彻底排除。

图 7-50　线路的断点

| | | |
|---|---|---|
| □目标辅助变速器速比 | 1.8 | |
| □G 速度 | 0 | G |
| □加速位置传感 | 0 | DEG |
| □VENG 扭矩 | 76.8 | N·m |
| □主扭矩 | −12.8 | N·m |
| □扭矩比 | 1 | |
| □管路压力 | 0 | MPa |
| ☑液温 | 34 | ℃ |

图 7-51　正常数据流

**技巧点拨：**对于无级变速器系列，当电控系统记录故障码时千万不要带病行车，极有可能会导致变速器带传动部分磨损或拉伤。

## 二、日产奇骏挂档振动大

**故障现象**　一辆东风日产奇骏，VIN 码为 LGBL2AE078Y××××××，搭载日本捷特科公司生产的无级变速器，行驶里程 30 万 km。驾驶人反映车辆挂档（R/D）时，振动非常大。

**故障诊断**　根据驾驶人反映的故障现象进行试车，发现该车在冷车时挂入 D 档或 R 档时，车辆振动非常明显。驾驶人踩加速踏板时，能感受到振动引起的耳鸣，非常难受，同时

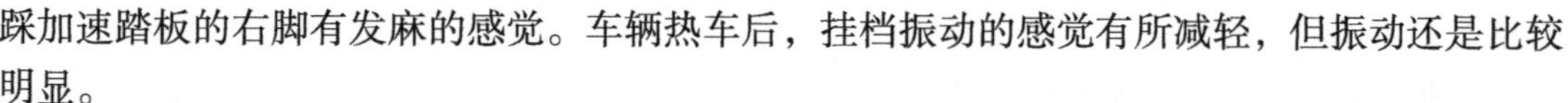

踩加速踏板的右脚有发麻的感觉。车辆热车后，挂档振动的感觉有所减轻，但振动还是比较明显。

连接诊断仪，读取发动机和变速器的故障码、数据流，发动机和变速器系统内均未存储任何故障码，且数据流也未见明显异常。

与驾驶人进一步沟通，了解到之前在其他修理厂维修时，曾更换了发动机和变速器的机脚，但振动故障未能得到排除。

根据经验，这种挂 D 档或 R 档振动，通常有三种可能的原因：

1）连接发动机或变速器的机脚断裂损坏，造成发动机或变速器没有正确连接和缓冲，导致挂档时出现振动。

2）发动机点火系统或进气系统不正常，造成发动机转速不平稳，引起车辆振动。但读取故障车发动机的数据流，各项数据都显示正常，发动机转速非常平稳，且转速指针并没有随着振动而来回摆动，因此，这种可能基本可以排除。

3）变速器的锁止离合器非正常工作造成变矩器刚性连接，从而引起振动。但读取故障车变速器的数据流，各项数据都很正常，变速器的变矩器滑差值处于正常范围之内。另外，如果锁止离合器存在非正常接合，车辆抖动时，发动机转速指针也会来回摆动。因此可以初步判断，该车故障应该不是变速器内部元件损坏所致。

综合以上分析，造成该车振动的原因可能是上述第 1 种情况，发动机或变速器的机脚损坏，导致挂档时车辆振动。为此，应重点检查发动机和变速器机脚的状态。但是，驾驶人反映之前在其他修理厂刚刚更换过发动机和变速器的机脚，按理说，机脚应该不会存在问题。至此，有些怀疑自己的分析思路，最后在困惑中还是觉得要坚持自己的判断思路，重新检查发动机和变速器的所有机脚。

图 7-52　变速器机脚有明显的断裂损坏

认真地检查每一个机脚，发现发动机的机脚看上去都比较新，而且经过仔细检查也未发现明显的问题。但是，变速器机脚看起来却都比较旧，不像是刚换过的，于是拆下变速器的机脚进行仔细检查，发现机脚的中间螺栓位置有明显的断裂损坏（图 7-52），这与之前的分析完全一致。

**故障排除**　更换变速器机脚后，该车挂档振动的故障被彻底排除。

**技巧点拨：**在汽车修理过程中，要根据汽车工作原理认真分析可能的故障原因，并逐一排查和排除，才能更加高效、快速地解决问题。但在实际工作中，检查和诊断工作经常做得不够彻底，从而极易遭遇诊断“陷阱”，而“陷阱”一旦形成，就会对诊断思路造成干扰，甚至半途而废，车辆故障也就很难快速排除。

## 三、雷诺科雷傲无法从 P 档换至其他档位

**故障现象**　一辆 2011 款雷诺豪华版科雷傲，该车在因事故更换仪表台线束维修后，无

法从P档换至其他档位。

**故障诊断** 接车后了解到该车因事故碰撞后，更换了3个安全气囊、气囊控制单元、散热器冷凝器、前照灯线束、仪表台线束等。试车检查发现该车起动着车后，踩制动后无法将P档换至其他档位。在踩下制动踏板时，在变速杆处也听不见P档锁电磁阀工作的“啪嗒”声。正常情况是在点火开关打开后或在发动机运转的情况下，踩制动后P档解锁（有“啪嗒”声），按下变速杆按钮，换至各档。

该车从P档换至其他档位必须满足的条件是：①涉及的挂档机构机械部件完好；②电子信号满足，即制动灯信号满足；③挂档机构供电部分（P档锁电磁阀）完好。从事故维修的情况分析，该车挂档机构机械部件完好，使用应急解除P档锁后，可以顺利地换至各档，这说明机械部件没有问题。检查电子信号，通过踩制动后看制动灯正常亮起，再通过诊断仪观察制动灯信号（有制动开关信号1和2）都有参数变化。既然制动灯信号没问题，那么为什么P档锁不工作呢？难道P档锁电磁阀有问题？拆开挂档机构，检查P档锁电磁阀（直接通电发现可以解锁）线路没有供电电压，但有搭铁。这说明问题出在供电方面，那么P档锁电磁阀供电控制怎么实现呢？先查相关电路（图7-53），从该电路图中看，制动灯开关160供电给换档控制继电器线圈后继电器吸合，接通P档锁电磁阀（组合在挂档机构129中）工作，从而实现从P档换至其他档位。

结合电路图及挂档机构实物发现，在挂档机构一侧线束接头的P档锁电磁阀接线对应到车身线束侧，没有给电磁阀的供电线。为什么挂档机构侧有电磁阀的是两根线，但是新换的仪表台线束却少一根呢？

若布线需要研究该线从哪一段开始，因为只换了车身线束，发动机舱线束并没有更换，而继电器是从发动机舱继电器熔丝盒597中继电器控制电磁阀的。发动机线束和车身线束的接头在仪表台下面的地毯内，这说明从该接头处可以找到继电器对应的该线，就可以布线到挂档机构。厘清这个思路后，根据图7-53可知，R464为发动机舱线束与仪表台线束的接头，且R464的11号和12号针脚为挂档控制机构和挂档控制继电器之间的连线接头针脚。从驾驶人侧A柱最下方找到R464插接器的11号和12号针脚（图7-54），从仪表台线束侧发现12号针脚没有插针，对应的发动机线束侧则有12号插孔。拨开仪表台线束的护套发现有一根白色的线用胶带包裹住的线头藏在线束中（图7-55），难道这根线就是缺少的那根线？为了验证，拨开换档机构那头的仪表台线束，发现有同样颜色和规格的线头也被包裹后藏在线束中（图7-56）。用万用表测量可以肯定就是同一根线。

**故障排除** 从废旧线束上同样的插针，接到该线的两头，分别安装到车身线束对应两头的12号插孔后，连接好各个插接件。试车故障排除，可以顺利地换档。

**技巧点拨：**该车故障纯属配件问题造成的车辆故障，而且是新的配件造成的问题。对于线路问题故障，抓住车辆控制功能，找到涉及的准确电路图，然后根据电路图测量实现控制的各个因素是否完整，然后剥茧抽丝地查找问题所在。

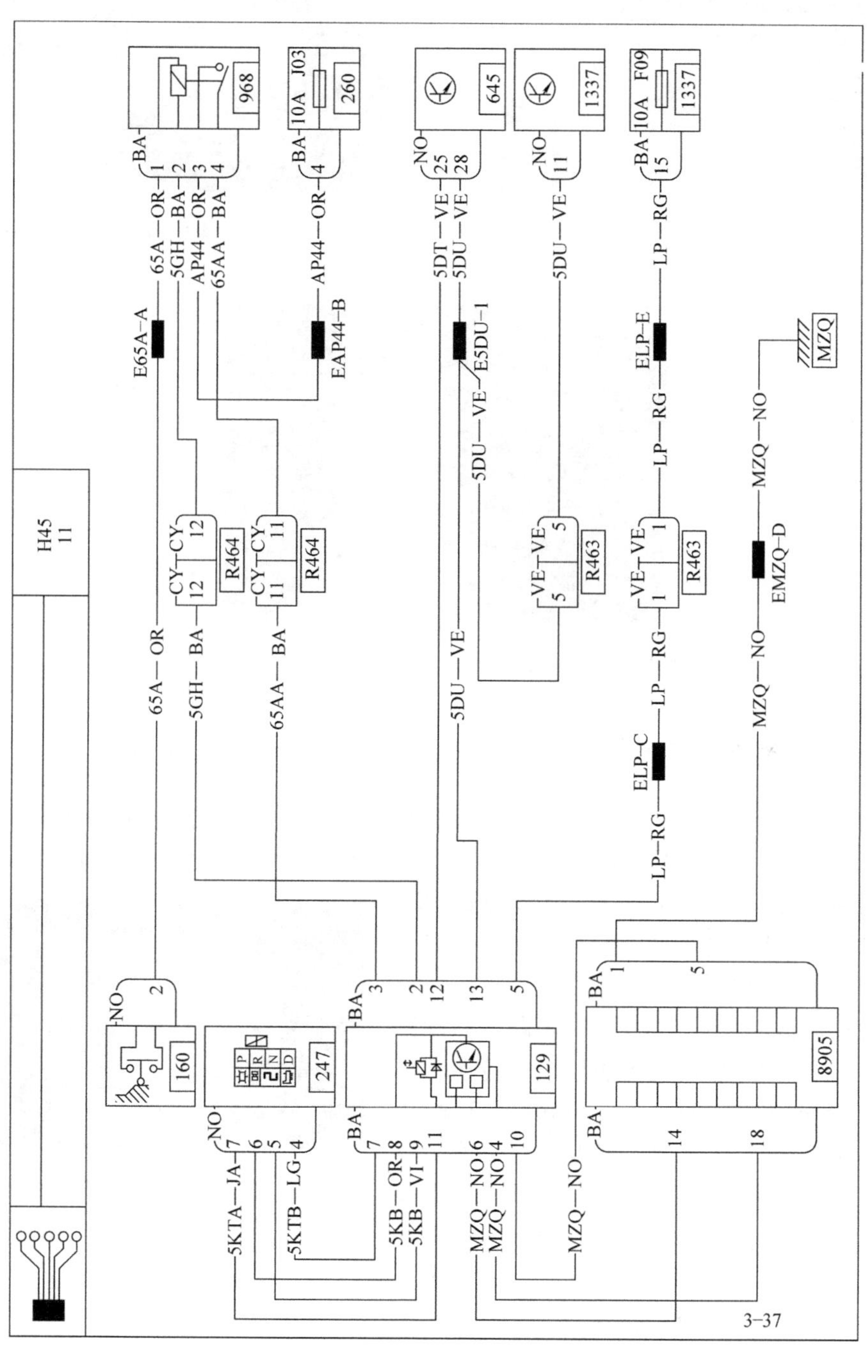


图 7-53　P 档锁电磁阀相关电路

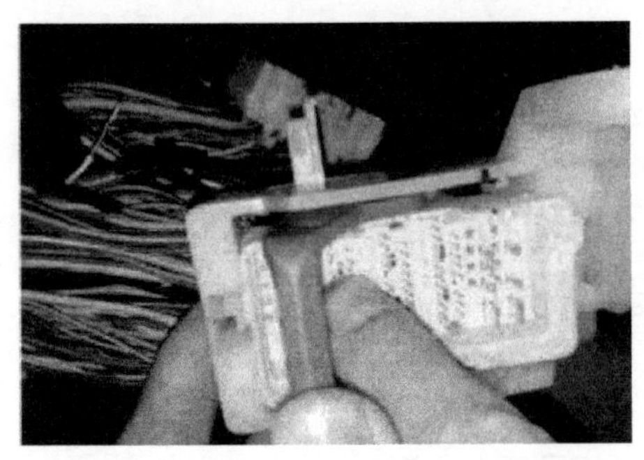

图 7-54　R464 中的 11 号和 12 号针脚

图 7-55　藏在线束中的白色线（R464 处）

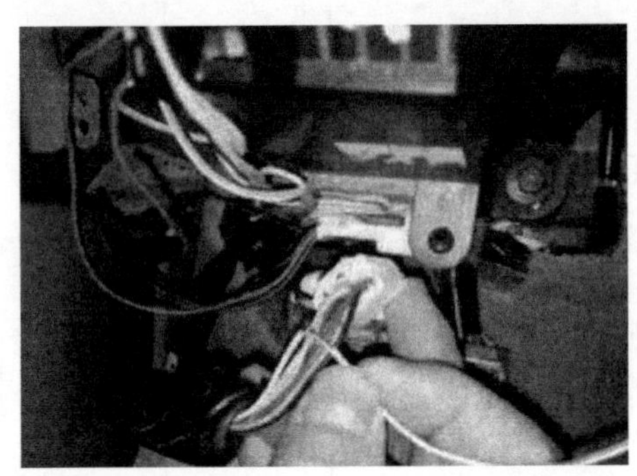

图 7-56　藏在车身线束中的白色线束（挂档侧）

## 四、雷诺科雷傲间歇性无法挂档

**故障现象**　一辆 2010 款雷诺科雷傲车，搭载 2TR 发动机，行驶里程 15 万 km。驾驶人反映该车起动发动机后，踩下制动踏板，无法将变速杆从 P 档正常移出，且转向沉重。

**故障诊断**　接车后首先试车验证故障现象。接通点火开关，起动发动机，组合仪表上的多个故障灯点亮，且信息显示中心提示“Power steering fault（动力转向故障）”（图 7-57）。踩下制动踏板，操纵变速杆，发现 P 档无法移出；转动转向盘，发现无转向助力。询问车主得知，上述故障现象具有一定的偶发性，用雷诺专用故障诊断仪进行检测，读取的网络拓扑如图 7-58 所示，发现 1222（泊车辅助控制单元）和 1232（电动辅助转向控制单元）未能被识别，1094（ABS 控制单元）、120（发动机控制单元）、1714（多媒体主机）、476（4 轮驱动控制单元）及 645（车身控制单元）均显示为有故障。

图 7-57　故障车的组合仪表提示

依次进入有故障的控制单元，在发动机控制单元内存储的故障码为：DF1106——制动器信息不一致；DF1122——CAN 通信（图 7-59）。其他控制单元内也均存储了 CAN 通信的故障码。查看故障码 DF1106 的生成条件，得知 1 号制动开关的操作与 2 号制动开关的操作

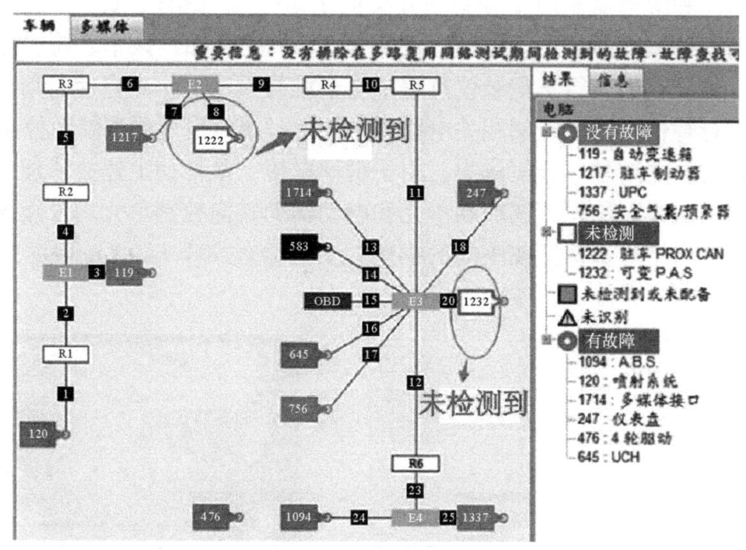


图 7-58　读取的网络拓扑

不一致超过5s，即设置该故障码。读取发动机数据流（图 7-60），在松开制动踏板时，发现1 号制动开关的值为“松开”，正常；2 号制动开关的值为“按下”，不正常（正常情况下也应为“松开”）。踩下制动踏板，1 号制动开关、2 号制动开关的值均显示为“按下”，正常。根据上述检查，初步判断2 号制动开关的输出信号异常，于是决定从2 号制动开关及其线路着手检查。

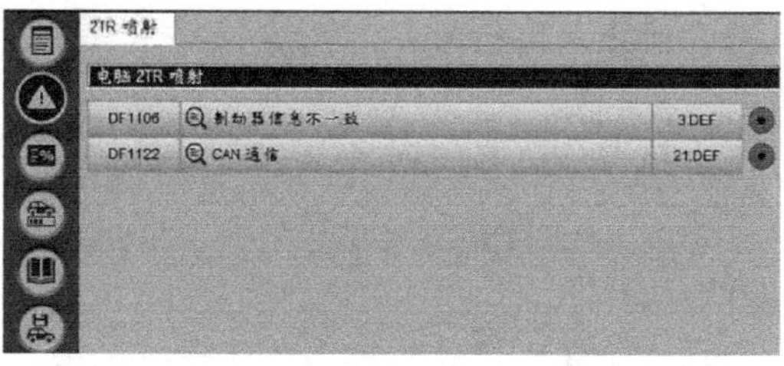


图 7-59　发动机控制单元内存储的故障码

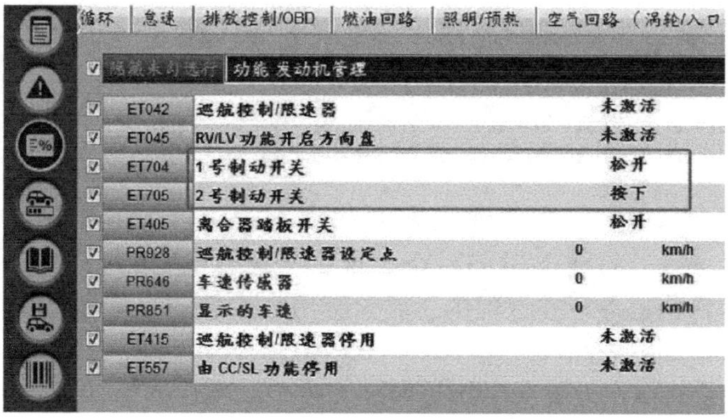

| 循环 | 怠速 | 排放控制/OBD | 燃油回路 | 照明/预热 | 空气回路（涡轮/入口 |
|---|---|---|---|---|---|

功能 发动机管理

| 代码 | 参数 | 值 | 单位 |
|---|---|---|---|
| ET042 | 巡航控制/限速器 | 未激活 | |
| ET045 | RV/LV 功能开启方向盘 | 未激活 | |
| ET704 | 1 号制动开关 | 松开 | |
| ET705 | 2 号制动开关 | 按下 | |
| ET405 | 离合器踏板开关 | 松开 | |
| PR928 | 巡航控制/限速器设定点 | 0 | km/h |
| PR646 | 车速传感器 | 0 | km/h |
| PR851 | 显示的车速 | 0 | km/h |
| ET415 | 巡航控制/限速器停用 | 未激活 | |
| ET557 | 由 CC/SL 功能停用 | 未激活 | |

图 7-60　读取的发动机数据流

维修人员首先检查2 号制动开关（1976）的安装情况，未发现异常，且2 号制动开关导线连接器连接牢靠。查阅相关电路（图 7-61），接通点火开关，用万用表测量 2 号制动开关导线连接器端子 2 与车身搭铁之间的电压，为 0V，不正常（正常情况下应为蓄电池电压）。

拔下驾驶人侧熔丝和继电器盒内2号制动开关的供电熔丝（熔丝J03），发现熔丝J03已熔断，且该熔丝的安装座内塞了一段铜丝（图7-62）。询问得知，该车之前在外面装潢店加装过行车记录仪，推测在加装行车记录仪过程中由于维修人员操作不当使得熔丝J03熔断，后采用一段铜丝进行替代。再次查阅相关电路，得知熔丝J03也是泊车辅助控制单元和电动辅助转向控制单元的供电熔丝。分析认为，由于铜丝虚接，从而使上述故障现象具有一定的偶发性，且当故障出现时，泊车辅助控制单元和电动辅助转向控制单元均未能被识别。

**故障排除** 取出熔丝J03安装座内的铜丝，更换熔丝J03（10A）后反复试车，上述故障现象不再出现，故障排除。

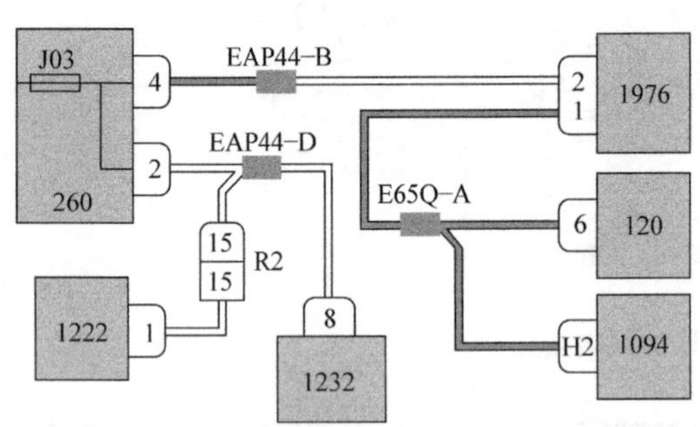


图7-61 2号制动开关控制电路

120—发动机控制单元 260—驾驶人侧熔丝和继电器盒

1094—ABS控制单元 1222—泊车辅助控制单元

1232—电动辅助转向控制单元 1976—2号制动开关

图7-62 熔丝J03的安装座内塞了一段铜丝

**技巧点拨：**一般来说，熔丝熔断是不能用铜丝或其他金属来代替的，原因是当该电路出现过电流时不能使铜丝熔断，有可能造成线路发热，甚至着火，造成更大的损失。一般在熔丝熔断后，应更换同规格的熔丝。

# 第六节 现代车系

## 一、现代索纳塔7速双离合变速器偶尔连续降档

**故障现象** 一辆2016款北京现代第九代索纳塔（车型简称LFc），VIN为LBELFAFC7GY××××××，行驶里程9437km，配备7速双离合自动变速器（简称D7UF1）。驾驶人反映该车在D档正常行驶过程中，偶尔会出现快速的连续降档，直接降到1档，有时正常。

**故障诊断** 接车后试车发现，确实如驾驶人所说，该车在D档正常行驶过程中，偶尔会出现快速的连续降档，直接降到1档。因连续降档传动比改变非常大，车辆急减速，并且出现严重的减速冲击。继续行驶，有时无论是自动模式还是手动模式操作换档，均无任何升档趋势；有时可以通过手动模式升到2档，但又快速地降到1档，有时正常；该车R档正常。

用现代专用诊断仪扫描车辆各个系统故障码及变速器系统数据流，结果如图7-63、图

7-64、图 7-65 所示，有历史故障码，但数据流正常。之前在其他维修厂更换过变速器控制单元（TCU）、档位执行器、离合器执行器、档位开关、变速杆 TGS 传感器、仪表盘、接线盒及检查过相关线路等，未能排除该故障。

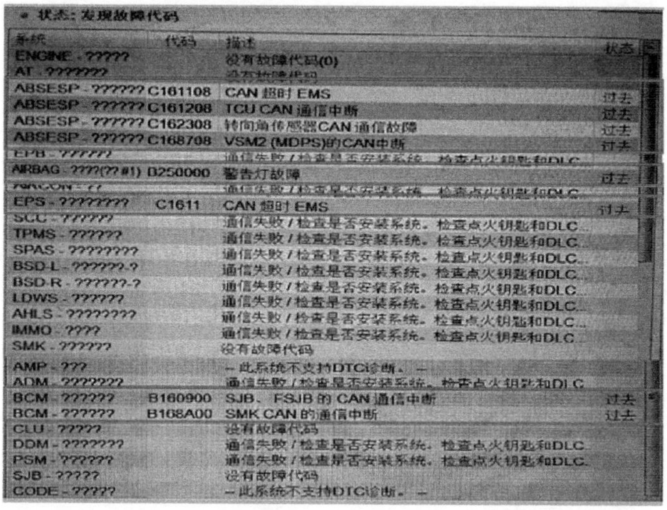

状态：发现故障代码

| 系统 | 代码 | 描述 | 状态 |
|---|---|---|---|
| ENGINE - ????? | | 没有故障代码(0) | |
| AT - ??????? | | 没有故障代码 | |
| ABSESP - ?????? | C161108 | CAN 超时 EMS | 过去 |
| ABSESP - ?????? | C161208 | TCU CAN 通信中断 | 过去 |
| ABSESP - ?????? | C162308 | 转向角传感器CAN 通信故障 | 过去 |
| ABSESP - ?????? | C168708 | VSM2 (MDPS)的CAN中断 | 过去 |
| EPB - ?????? | | 通信失败 / 检查是否安装系统。检查点火钥匙和DLC | |
| AIRBAG - ????(?? #1) | B250000 | 警告灯故障 | 过去 |
| AIRCON - ?? | | 通信失败 / 检查是否安装系统。检查点火钥匙和DLC | |
| EPS - ???????? | C1611 | CAN 超时 EMS | 过去 |
| SCC - ?????? | | 通信失败 / 检查是否安装系统。检查点火钥匙和DLC... | |
| TPMS - ?????? | | 通信失败 / 检查是否安装系统。检查点火钥匙和DLC... | |
| SPAS - ???????? | | 通信失败 / 检查是否安装系统。检查点火钥匙和DLC... | |
| BSD-L - ??????-? | | 通信失败 / 检查是否安装系统。检查点火钥匙和DLC... | |
| BSD-R - ??????-? | | 通信失败 / 检查是否安装系统。检查点火钥匙和DLC... | |
| LDWS - ?????? | | 通信失败 / 检查是否安装系统。检查点火钥匙和DLC... | |
| AHLS - ???????? | | 通信失败 / 检查是否安装系统。检查点火钥匙和DLC... | |
| IMMO - ???? | | 通信失败 / 检查是否安装系统。检查点火钥匙和DLC | |
| SMK - ?????? | | 没有故障代码 | |
| AMP - ??? | | -- 此系统不支持DTC诊断。 -- | |
| ADM - ??????? | | 通信失败 / 检查是否安装系统。检查点火钥匙和DLC | |
| BCM - ?????? | B160900 | SJB、FSJB 的 CAN 通信中断 | 过去 |
| BCM - ?????? | B168A00 | SMK CAN 的通信中断 | 过去 |
| CLU - ????? | | 没有故障代码 | |
| DDM - ??????? | | 通信失败 / 检查是否安装系统。检查点火钥匙和DLC. | |
| PSM - ?????? | | 通信失败 / 检查是否安装系统。检查点火钥匙和DLC. | |
| SJB - ????? | | 没有故障代码 | |
| CODE - ????? | | -- 此系统不支持DTC诊断。 -- | |

图 7-63 2016 款 LFc 各电控系统扫描结果

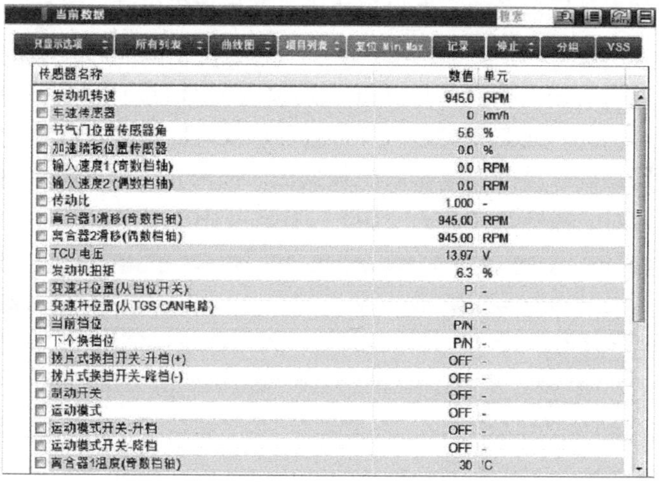

当前数据

只显示选项 所有列表 曲线图 项目列表 复位 Min. Max 记录 停止 分组 VSS

| 传感器名称 | 数值 | 单元 |
|---|---|---|
| 发动机转速 | 945.0 | RPM |
| 车速传感器 | 0 | km/h |
| 节气门位置传感器角 | 5.6 | % |
| 加速踏板位置传感器 | 0.0 | % |
| 输入速度1 (奇数档轴) | 0.0 | RPM |
| 输入速度2 (偶数档轴) | 0.0 | RPM |
| 传动比 | 1.000 | - |
| 离合器1滑移(奇数档轴) | 945.00 | RPM |
| 离合器2滑移(偶数档轴) | 945.00 | RPM |
| TCU 电压 | 13.97 | V |
| 发动机扭矩 | 6.3 | % |
| 变速杆位置(从档位开关) | P | - |
| 变速杆位置(从TGS CAN电路) | P | - |
| 当前档位 | P/N | - |
| 下个换档位 | P/N | - |
| 拔片式换挡开关-升档(+) | OFF | - |
| 拔片式换挡开关-降档(-) | OFF | - |
| 制动开关 | OFF | - |
| 运动模式 | OFF | - |
| 运动模式开关-升档 | OFF | - |
| 运动模式开关-降档 | OFF | - |
| 离合器1温度(奇数档轴) | 30 | ℃ |

图 7-64 2016 款 LFc D7UF1 数据流正常（1）

通过以上检测到的故障码分析，均为历史故障码，清除各系统故障码后不再出现。说明多个系统记录历史故障码，是由于之前维修人员维修该车辆时，在不规范操作的情况下，人为产生的故障码，与车辆故障并没有直接关系。

静态检测时，读取的变速器系统数据流，并没有发现异常。之前维修人员也更换过变速器控制单元、档位执行器、离合器执行器、档位开关、变速杆 TGS 传感器、仪表盘、接线盒及检查相关线路等，都未能排除该故障，说明部件损坏的可能性几乎为零。

从变速器失效保护控制逻辑分析，故障时仅能以 1 档和 R 档行驶，只有 TCU 无（EOL）学习数据的状态下才会出现。该失效保护情况下，仪表盘换档信息窗口会显示“E”标记。

当前数据 22/36 搜索

只显示选项 | 所有列表 | 曲线图 | 项目列表 | 复位 Min. Max | 记录 | 停止

| 传感器名称 | 数值 | 单元 |
|---|---|---|
| 下个换档位 | P/N | - |
| 拨片式换挡开关-升档(+) | OFF | - |
| 拨片式换挡开关-降档(-) | OFF | - |
| 制动开关 | OFF | - |
| 运动模式 | OFF | - |
| 运动模式开关-升档 | OFF | - |
| 运动模式开关-降档 | OFF | - |
| 离合器1温度(奇数档轴) | 30 | ℃ |
| 离合器2温度(偶数档轴) | 33 | ℃ |
| 故障指示灯 On | OFF | - |
| 离合器电机1位置(奇数档轴) | 0.428 | mm |
| 离合器电机2位置(偶数档轴) | 0.428 | mm |
| 换挡电机1位置(奇数档轴) | 9.649 | mm |
| 换挡电机2位置(偶数档轴) | -9.649 | mm |
| 离合器电机1电流(奇数档轴) | 0.03 | A |
| 离合器电机2电流(偶数档轴) | 0.03 | A |
| 换挡电机1电流(奇数档轴) | 0.0 | A |
| 换挡电机2电流(偶数档轴) | 0.0 | A |
| 选择1位置传感器(奇数档轴) | 0.97 | V |
| 选择2位置传感器(偶数档轴) | 0.968 | V |
| 奇数侧啮合齿轮 | 1 | - |
| 偶数奇数侧啮合齿轮 | R | - |

图 7-65 2016 款 LFc D7UF1 数据流正常（2）

但该车仪表盘档位信息窗口显示正常，说明 TCU 并没有进入失效保护模式。

进一步分析，如果传感器和执行器出现故障，产生故障码的可能性非常大，但该车并没有真实的故障码。如果是输入信号的问题，就不一定会产生故障码。结合故障发生时连续降档至 1 档，仪表盘显示的是 1 档位信息（并不是 D1 档位信息），只有手动模式才会出现这样的档位显示状态。因此，还是需要进一步检查手动模式档位输入信号。

再次路试，并用诊断仪监测变速器系统数据流。故障发生时，降档开关处于“ON”状态（图 7-66）；正常时，降档开关处于“OFF”状态（图 7-67）。

当前数据 搜索

只显示选项 | 所有列表 | 曲线图 | 项目列表 | 复位 Min. Max | 记录 | 停止

| 传感器名称 | 数值 | 单元 |
|---|---|---|
| 发动机转速 | 875.5 | RPM |
| 车速传感器 | 3 | km/h |
| 节气门位置传感器角 | 6.1 | % |
| 加速踏板位置传感器 | 0.0 | % |
| 输入速度1(奇数档轴) | 463.0 | RPM |
| 输入速度2(偶数档轴) | 274.6 | RPM |
| 传动比 | 16.913 | - |
| 离合器1滑移(奇数档轴) | 412.50 | RPM |
| 离合器2滑移(偶数档轴) | 601.00 | RPM |
| TCU 电压 | 13.90 | V |
| 发动机扭矩 | 8.2 | % |
| 变速杆位置(从档位开关) | D | - |
| 变速杆位置(从TGS CAN电路) | D | - |
| 当前档位 | 1 | - |
| 下个换档位 | 1 | |
| 拨片式换档开关-升档(+) | OFF | - |
| 拨片式换挡开关-降档(-) | ON | - |
| 制动开关 | Not Supported | - |
| 运动模式 | OFF | - |
| 运动模式开关-升档 | OFF | - |
| 运动模式开关-降档 | ON | - |
| 离合器1温度(奇数档轴) | 70 | ℃ |

故障时数据

图 7-66 2016 款 LFc D7UF1 降档开关故障时的数据流

图 7-67 2016 款 LFc D7UF1 降档开关正常时的数据流

在路试过程中，用诊断仪将变速器系统数据流转换成曲线图监测故障数据。在故障发生时，降档开关信号断断续续地被激活到“ON”状态（图 7-68），这样就导致了连续的手动模式降档的故障。

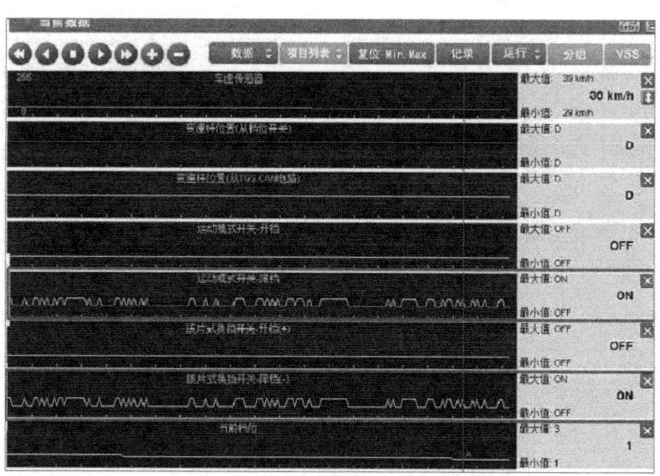


图 7-68 2016 款 LFc D7UF1 降档开关故障时数据曲线图

故障数据流（运动模式开关 - 降档 ON），来源于运动模式开关（TGS 传感器）的数据。该 TGS 传感器为霍尔式传感器，并将运动模式开关的霍尔电压信号转换成数字信号，通过 CCP - CAN 传送给发动机控制模块（ECM）和变速器控制模块（TCM）进行换档请求。为了快速判断 TGS 传感器故障，将 TGS 传感器插接器断开或者短路 CCP - CAN，让 TGS 传感器信号中断，试车时故障依旧。

故障数据流（拨片式换档开关-降档（-）ON），来源于拨片式换档开关的数据。该车转向盘配置无拨片式换档开关。查阅电路图，并与实车对比，该车有预留拨片式换档开关的相关线路。在断开 TCM C300-TB 插接器 18pin（拨片式换档开关-降档（-）线）后（图 7-69），试车时故障消失。因此，可以确定该车的故障是由于拨片式换档开关-降档（-）线路的高电位信号被断断续续地触发成低电位信号导致的。

发动机舱前左

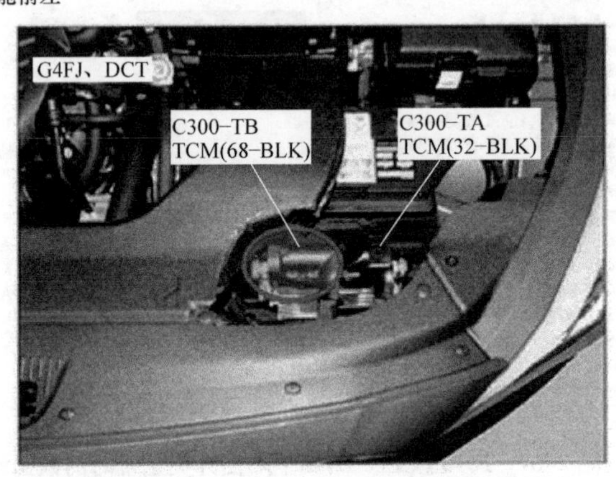


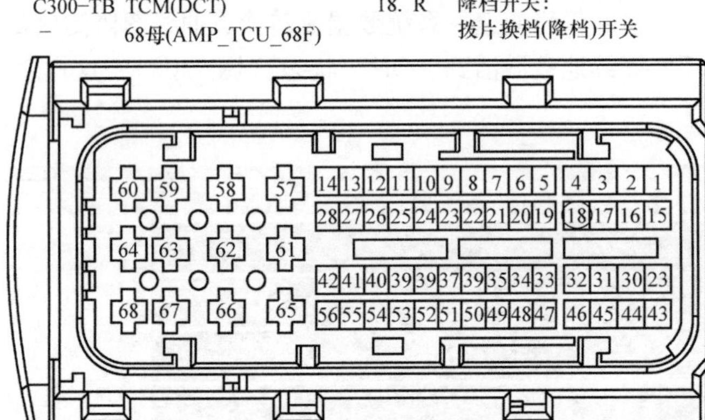


图 7-69　2016 款 LFc D7UF1 拨片式换档开关-降档（-）线位置

拨片式换档开关-降档（-）线路为变速器控制模块（TCM）插头 C300-TB 插接器 18pin 0.3R 线路。用万用表测量时，发现该插接器有时会断断续续地与搭铁产生短路的现象。断开 EC11 插接器，分别测量 EC11 插接器 18pin 公端子与搭铁无短路现象（正常），母端子与搭铁产生短路的现象。由此可以确定变速器控制模块插头 C300-TB 插接器 18pin 与 EC11 插接器 18pin 之间的线路与搭铁，有时有断断续续的短路导致该故障的产生。

**故障排除**　检查变速器控制模块插头 C300-TB 插接器 18pin 与 EC11 插接器 18pin 之间的线路，发现控制线束与发动机控制模块（ECM）支架干涉，拆检后确定该故障是由于拨片式换档开关-降档（-）线路与 ECM 支架偶尔有断断续续的短路搭铁现象导致的，重新处理包扎线束，并调整控制线束与 ECM 支架之间的间隙，故障排除。

**技巧点拨：** 该车故障是由于汽车组装时，控制线束与 ECM 支架干涉。车辆在使用一段时间后，行驶中的车身振动导致干涉位置加速磨损，最终，控制线束包裹的保护层被磨穿，以及进一步磨穿备用的拨片式换档开关 - 降档（-）线路。

车辆在行驶过程中，受到路面的颠簸冲击，产生振动。这时，备用的拨片式换档开关 - 降档（-）线路与 ECM 支架短路搭铁。因行驶中车身振动的原因，搭铁状态断断续续，这样，就导致了拨片式换档开关 - 降档（-）线路的高电位信号被断断续续的触发成低电位信号，激活了手动降档模式，导致了在行驶过程中变速器突然快速连续降档至 1 档的故障。有时因为持续短路搭铁，变速器一直在 1 档行驶，无升档趋势。有时因为断断续续短路搭铁，无论是手动模式、还是自动模式升到 2 档后，但又快速的降到 1 档。

## 二、现代途胜发动机故障灯亮，换档冲击严重

**故障现象**　一辆 2009 年北京现代途胜 2.0 运动型多功能车，行驶里程 18 万 km。驾驶人反映该车发动机故障灯亮，换档冲击严重。

**故障诊断**　维修人员检测发动机控制单元，没有故障码。检测变速器控制单元，发现有“P0885——变速器油压控制电磁阀电源继电器工作异常”的故障码存在。查看变速器的数据流，发现该继电器的输出电压不稳定（图 7-70），用手指敲击继电器外壳时电压变为 0V。拆下继电器外壳检查，发现线圈焊点已断开。

**故障排除**　更换继电器，故障排除。

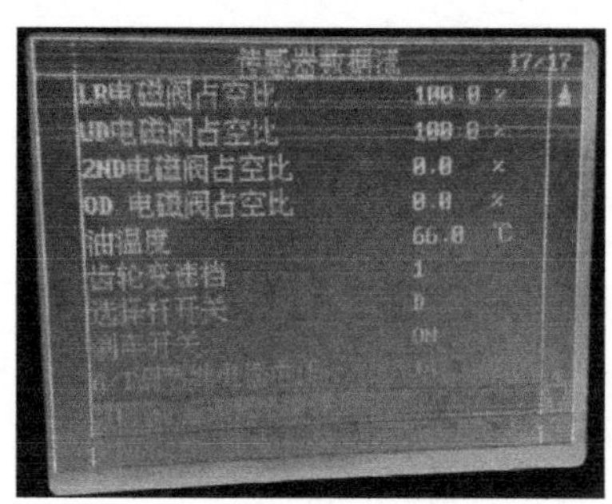


图 7-70　电磁阀的输出电压

**技巧点拨：** 继电器一般位于熔丝盒内，与熔丝一样，熔丝盒内的检查属于常规检查，接车之初要对熔丝盒内的一些熔丝和继电器等相关部件进行排查。

## 三、现代名图偶尔无档位显示

**故障现象**　一辆 2016 年北京现代名图，配置 2.0L 发动机和自动变速器，行驶里程 1254km。驾驶人反映该车行驶中偶尔出现仪表盘档位显示消失，过 3 ~ 4s 又恢复正常，无异常驾驶感觉。

**故障诊断**　根据故障现象，分析有几种可能原因：①仪表故障；②档位开关及其线路故

障；③动力控制模块（PCM）工作异常；④车辆通信线路接触不良；⑤变速杆及其线路异常。

接车后，首先进行路试，确实出现驾驶人描述的故障现象。连接诊断仪，尝试解码，全车模块无故障码。读取变速器数据流，发现当故障出现时，变速杆开关从“D”状态变为“Sports Model”（运动模式），而此时变速杆实际位置还在“D”位。由于从 PCM 能直接读取到档位的变化，这说明仪表及 PCM 到仪表的通信线路正常。问题可能出在 PCM 内部、档位开关及其线路或变速杆开关及其线路。那么有没有可能是档位开关或其线路问题呢？尝试拔下档位开关插头，仪表档位显示立即消失，由此可见，档位开关及其线路值得怀疑。参阅维修手册，首先检查档位开关熔丝（位于发动机舱），正常，插脚无虚接。检查档位开关插头，正常。尝试更换档位开关试车，故障依旧。查阅档位开关电路（图 7-71）。

怀疑熔丝到档位开关线路虚接，考虑到故障的短暂性，为了验证猜测，尝试把小试灯一端接入图 7-71 中箭头所示处（档位开关电源线），另一端接车内搭铁，进行路试，发现当故障出现时，试灯依然正常点亮，这说明档位开关电源线路正常。另外，档位开关到 PCM 有 4 根信号线，PCM 根据它们的电压组合来判断当前档位，只有这 4 根线同时断路，才会造成档位不显示，但是实际这种可能性几乎为零。

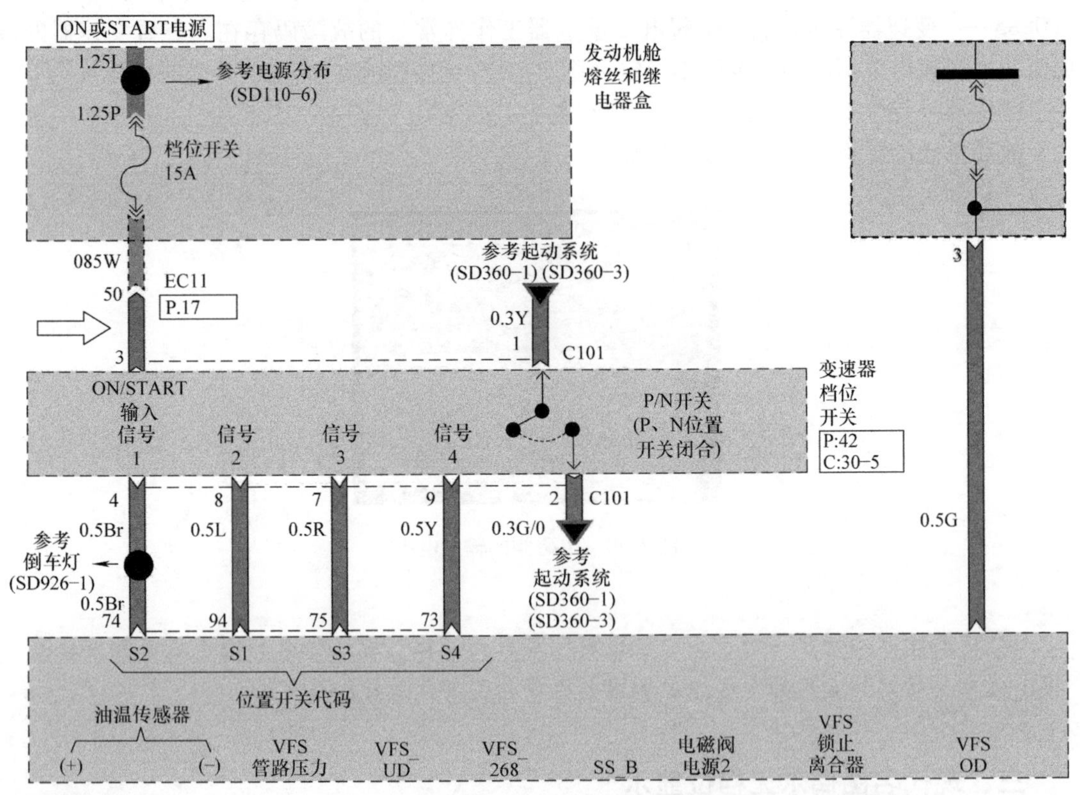


图 7-71　档位开关电路

以上检测排除了档位开关及其线路。那么只有 PCM、变速杆开关及其线路了。一般来说，PCM 坏的可能性较小，结合这个故障现象，怀疑变速杆开关或者其线路的可能性比较大。于是打算尝试调换变速杆总成，为了谨慎起见，换之前先把电路排查一下（图 7-72）。

变速杆开关（图7-72中运动模式开关）有4根线，其中3根是档位信号线，1根接地。打开点火开关，分别测量运动模式开关的3、7、8号脚，发现7、8号脚有12V电压，3号脚无电压。按照常理，3号脚也应该有12V电压。为了进一步确认，找试驾车对比，发现试驾车3号脚有12V电压，这证明已经离故障点不远了。根据电路图，首先检查线路连接器，看有无虚接现象。当拆下位于左前A柱下方的EM11插头时，发现有一个插针歪斜（图7-73），对照电路图一看，就是图7-72中的EM11的35号脚。

**故障排除** 修复歪斜插针，装好试车，故障不再出现。

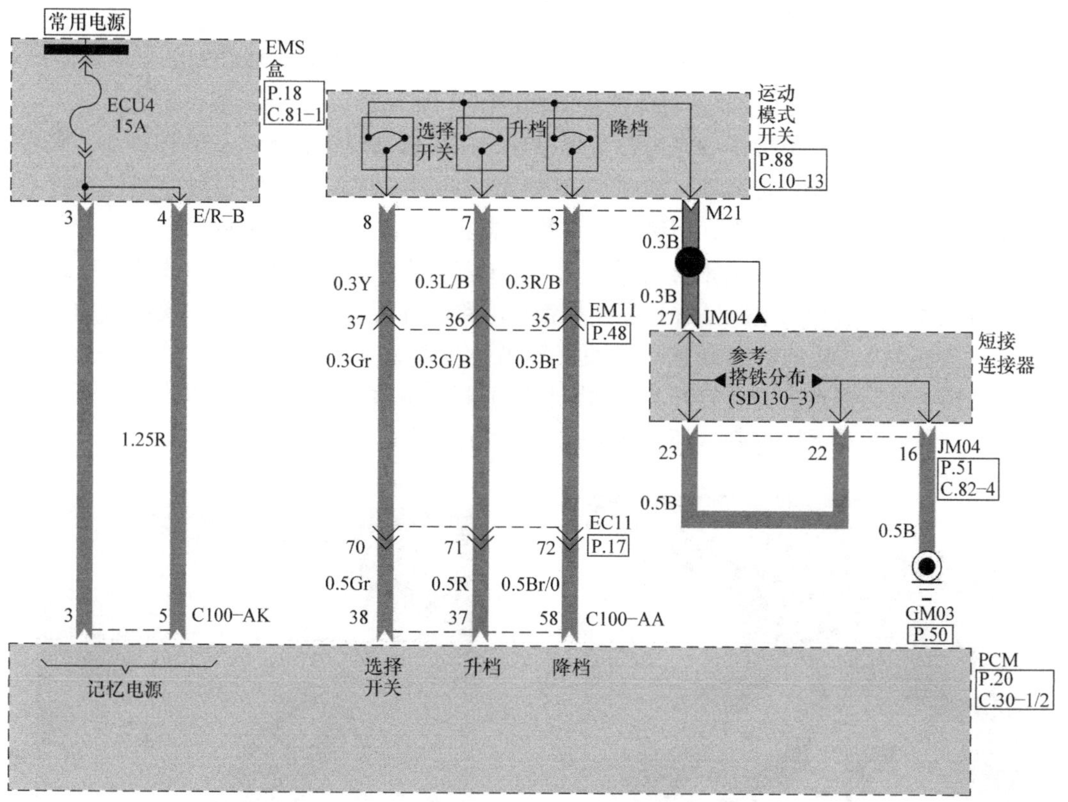


图7-72 运动模式开关电路

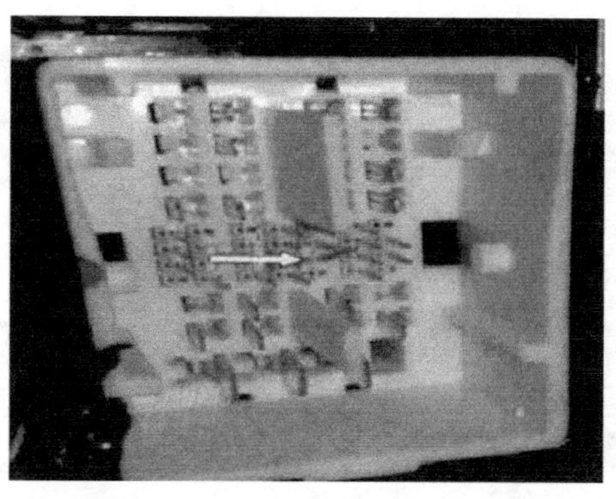

图7-73 EM11的35号插针歪斜

**技巧点拨**：这个故障为偶发性，而且持续时间短暂，给维修带来了一定的难度。对于这个故障一定要了解档位显示的原理与逻辑，有针对性地去检测相关部件或者电路，才能有效解决问题。回头想想，由于这个插针弯曲，它可能搭到周围线路上去，然后会给 PCM 提供一个手动减档的信号，所以 PCM 就会时不时地自动切换成运动模式，即“Sports Model”。

## 四、现代悦动变速器无法挂档

**故障现象** 一辆北京现代悦动，配置 1.6L 发动机，VIN 为 LBEHDAFBXDZ××××××，行驶里程 32742km。驾驶人反映车辆无法从 P 档退出（图 7-74），已经不能行驶了。

**故障诊断** 维修人员接车后先进行常规检查，用手扳动变速杆无法从 P 档移出，采用应急按钮解锁后，档位能正常移动，如图 7-75 所示。同时发现踩制动踏板时变速杆处听不到 P 档解锁电磁阀的“嗒嗒”声，但制动灯正常点亮。

检查 P 档锁止电磁阀供电正常（图 7-76），试着更换 P 档锁止电磁阀（图 7-77），还是不能正常工作。查看相关电路图并根据换档锁止电路图分析。电磁阀由室内接线盒的后雾灯熔丝供电（正常），接地由车身控制模块（BCM）控制，如图 7-78 所示。维修人员分析，满足换档锁止控制需点火开关打开和制动踏板踩下两个条件。既然实际测量中以上两点条件都能满足，最后还是无法控制，那就怀疑是 BCM 故障了。

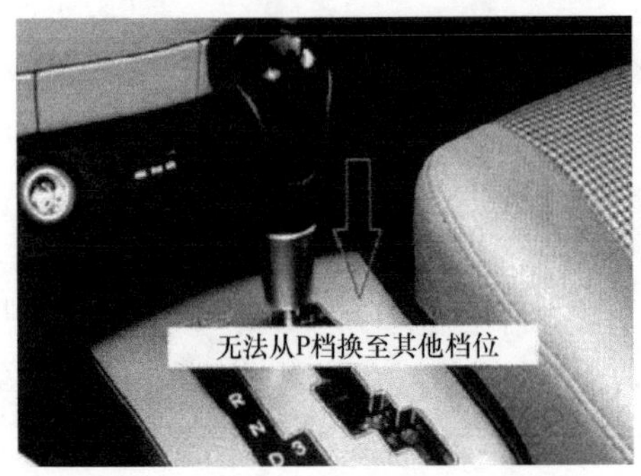


图 7-74 故障现象

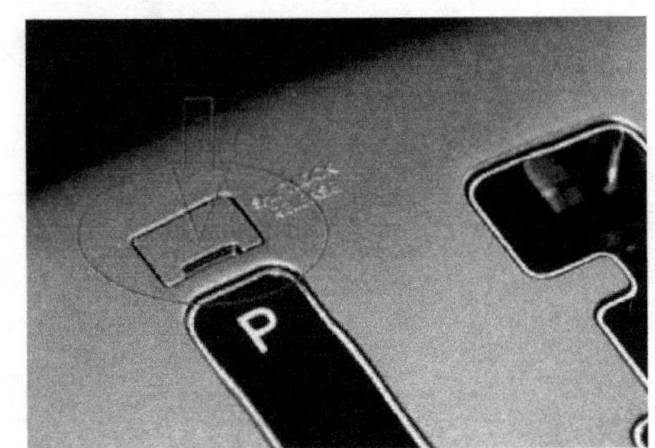


图 7-75 应急解档

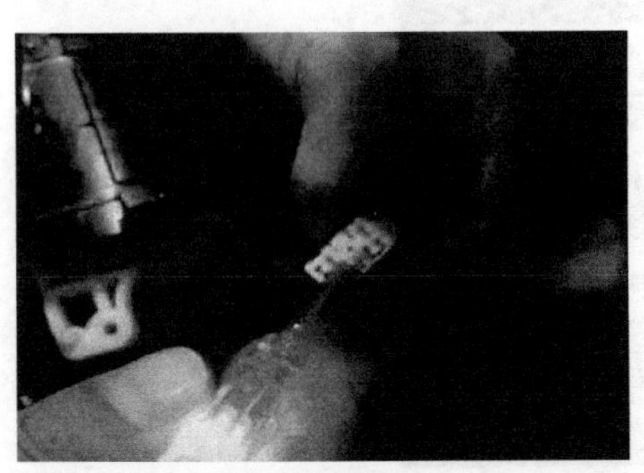

图 7-76 电磁阀供电正常

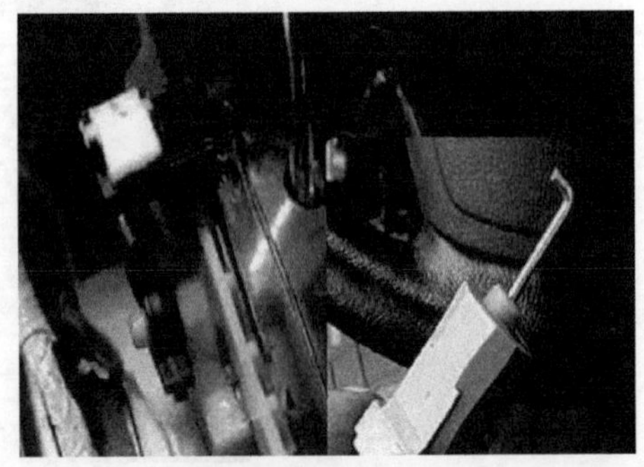

图 7-77 电磁阀

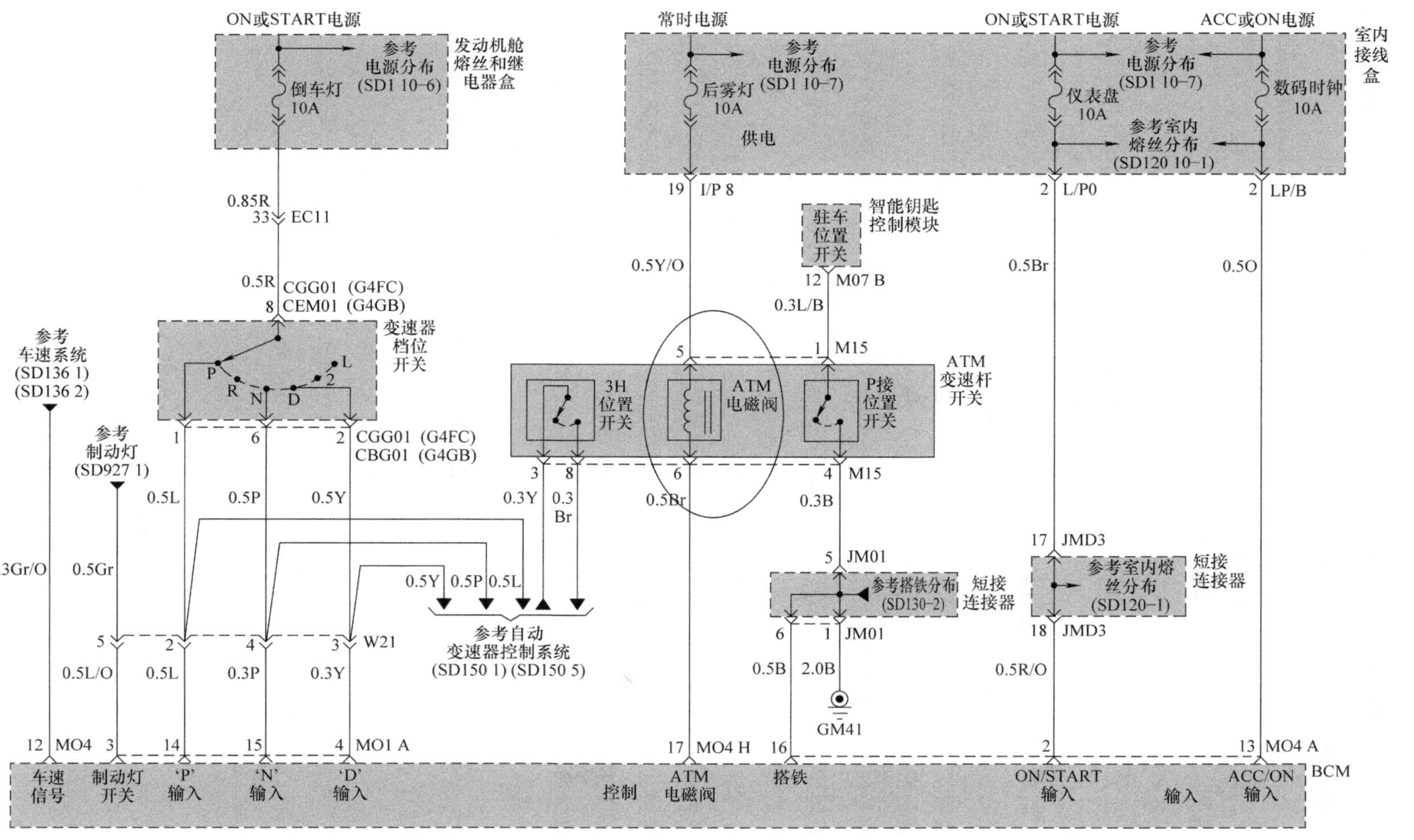
ON或START电源
参考电源分布 (SD1 10-6)
倒车灯 10A
发动机舱熔丝和继电器盒
常时电源
参考电源分布 (SD1 10-7)
后雾灯 10A
供电
ON或START电源
ACC或ON电源
参考电源分布 (SD1 10-7)
仪表盘 10A
数码时钟 10A
参考室内熔丝分布 (SD120 10-1)
室内接线盒
19 I/P 8
2 L/P0
2 LP/B
0.85R
33 EC11
智能钥匙控制模块
驻车位置开关
0.5Y/O
12 M07 B
0.5Br
0.5O
0.3L/B
0.5R CGG01 (G4FC)
8 CEM01 (G4GB)
变速器档位开关
P R N D 2 L
参考车速系统 (SD136 1) (SD136 2)
5
1 M15
ATM 变速杆开关
3H 位置开关
ATM 电磁阀
P接位置开关
1 6 2 CGG01 (G4FC) CBG01 (G4GB)
参考制动灯 (SD927 1)
3 8
6
4 M15
0.5L 0.5P 0.5Y
0.3Y 0.3 Br
0.5Br
0.3B
17 JMD3
0.3Gr/O 0.5Gr
5 JM01
参考室内熔丝分布 (SD120-1)
短接连接器
0.5Y 0.5P 0.5L
参考搭铁分布 (SD130-2)
短接连接器
5 2 4 3 W21
参考自动变速器控制系统 (SD150 1) (SD150 5)
6 1 JM01
18 JMD3
0.5L/O 0.5L 0.3P 0.3Y
0.5B 2.0B
0.5R/O
GM41
12 MO4 3 14 15 4 MO1 A
17 MO4 H 16
2
13 MO4 A
车速信号
制动灯开关
'P' 输入
'N' 输入
'D' 输入
控制
ATM 电磁阀
搭铁
ON/START 输入
输入
ACC/ON 输入
BCM
图 7-78 换挡锁止电路

但判断 BCM 是否有故障，还要先检查制动灯输入信号是否正常。根据制动灯电路图分析，制动灯开关有两组信号，分别由两个熔丝进行供电（1 个传感器、1 个制动灯）。当维修人员用万用表检查时，发现传感器信号熔丝已经熔断，如图 7-79 所示。

究竟是什么原因导致传感器信号熔丝熔断呢？在更换熔丝前，维修人员首先要做的就是检查熔丝到制动灯开关的线路，以及制动灯开关到 BCM 的线路是否可靠，有无搭铁短路现象。经测量，线路可靠没有短路问题。

于是放心地更换了熔丝，然后踩制动踏板，能听到换档锁止电磁阀的动作声音，变速杆能从档位正常移出，维修人员很高兴，故障被轻松排除。但来回移动变速杆再返回 P 档后又无法挂档了，再次检查熔丝，发现又熔断了，如图 7-80 所示。难道 BCM 有故障？

为了判断 BCM 内部是否短路，决定在断开制动灯开关与 BCM 连线的情况下做应急挂档试验。试验发现，当踩下制动踏板并保持时，不移动 P 档就不会烧熔丝，但只要一移出 P 档就立刻烧熔丝，如图 7-81 所示。这说明 BCM 没有故障，问题很可能出在换档电路上。

根据档位开关电路图分析，P 档移出的第一位置是倒档（倒车灯）（图 7-82），但倒车灯又是正常状态，而且传感器信号熔丝与倒档线路没有直接的关系。既然倒车灯线路正常，就不应该短路啊？再次对车辆进行仔细检查，发现倒车影像没有显示，呈故障状态。询问得知，该车的倒车影像是不久前刚加装的，加装后才出现的故障。

由此怀疑倒车影像模块或线路短路，维修人员随之查看了倒车影像的加装线路。发现为了线路的安全，设计了继电器控制电路，控制线路①并联在倒车灯上由倒档信号控制供电；而执行线路②却被连接到制动信号熔丝的常供电上，只要倒档信号送出倒车灯点亮，那么继电器就吸合，倒车影像开始工作，如图 7-83 所示。

**故障排除** 检查后确定线路连接正常，判断是倒车影像模块内部短路，导致传感器信号熔丝直接搭铁而熔断，拆除后故障消失。

**技巧点拨：**本车的实际故障为倒车影像模块短路，而只报修挂档故障，而且没有及时提及加装的倒车影像黑屏故障，导致维修人员不能及时纠正维修思路。

因为一般换档锁止打不开，在点火钥匙信号和制动灯信号正常的情况下，首先考虑换档锁止电磁阀故障。但该车为两根单独信号，两根单独熔丝，的确容易误导。所以维修中不要只按经验和常规思维考虑，最好先查相关车型资料，并详细询问以往的维修和加装信息，避免误诊误判。

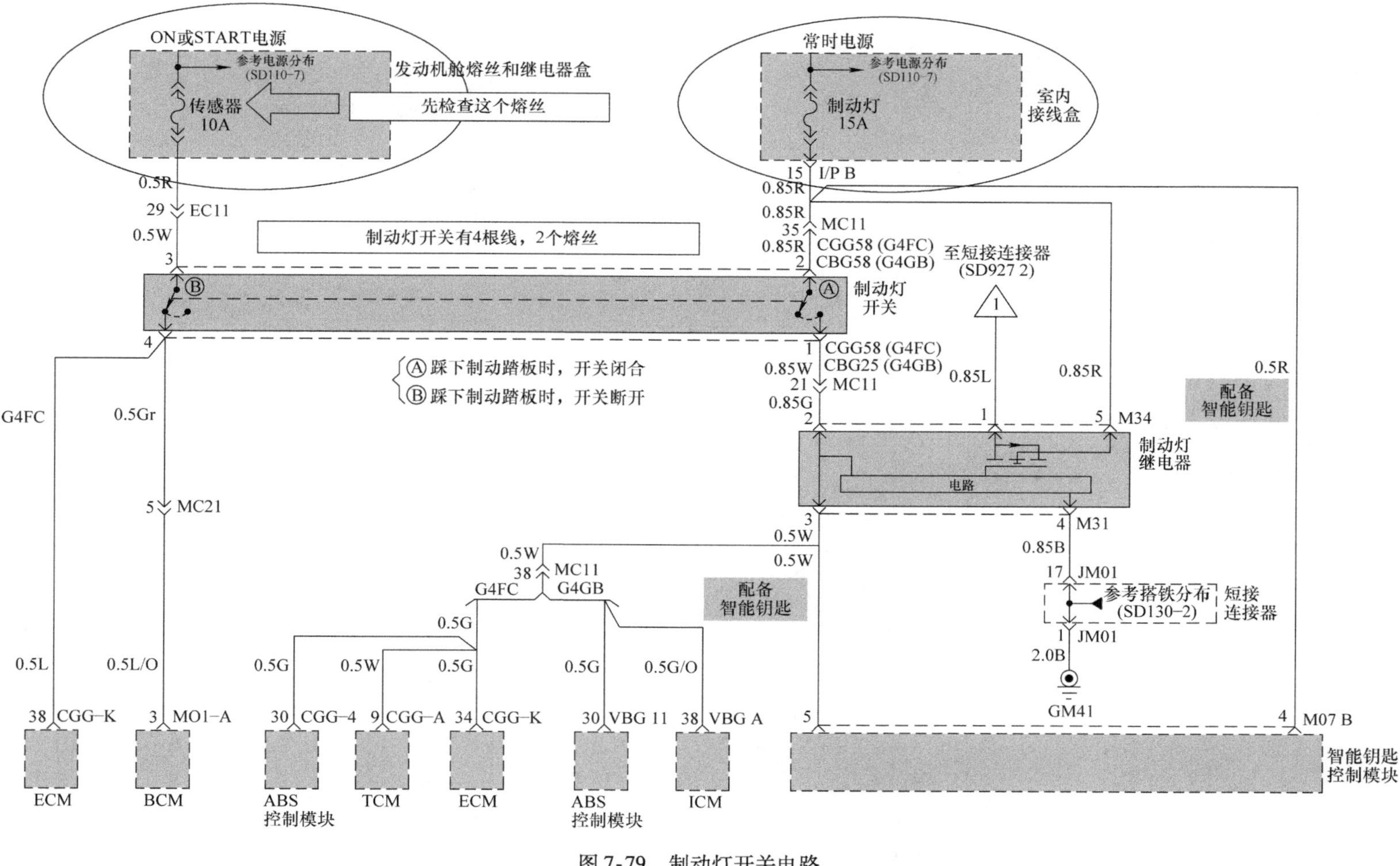


图 7-79 制动灯开关电路

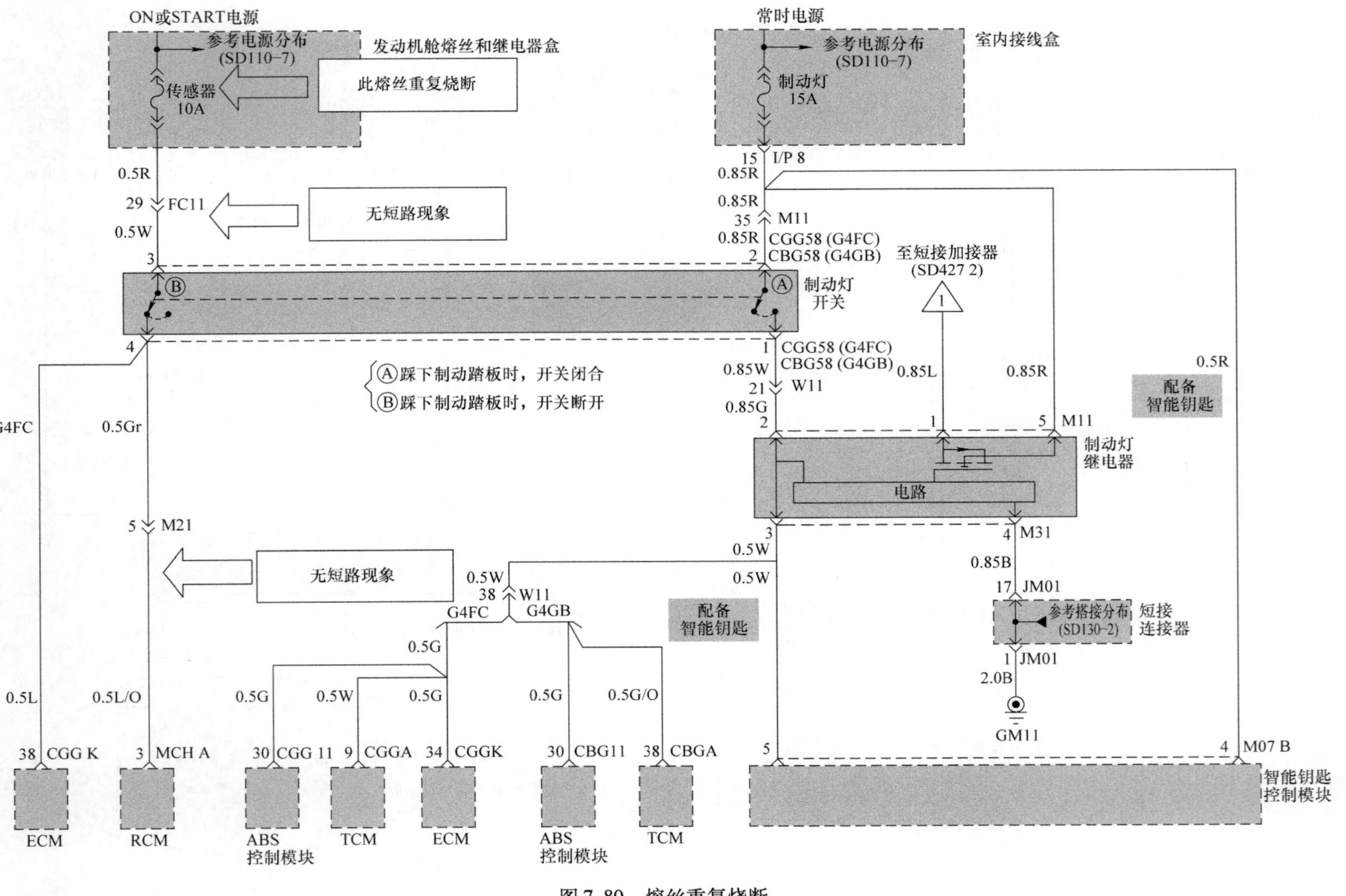

ON或START电源
参考电源分布 (SD110-7)
发动机舱熔丝和继电器盒
传感器 10A
此熔丝重复烧断
常时电源
参考电源分布 (SD110-7)
室内接线盒
制动灯 15A
无短路现象
制动灯开关
至短接加接器 (SD427 2)
Ⓐ踩下制动踏板时，开关闭合
Ⓑ踩下制动踏板时，开关断开
配备智能钥匙
制动灯继电器
电路
无短路现象
配备智能钥匙
参考搭接分布 (SD130-2)
短接连接器
ECM
RCM
ABS控制模块
TCM
ECM
ABS控制模块
TCM
智能钥匙控制模块


图7-80 熔丝重复烧断

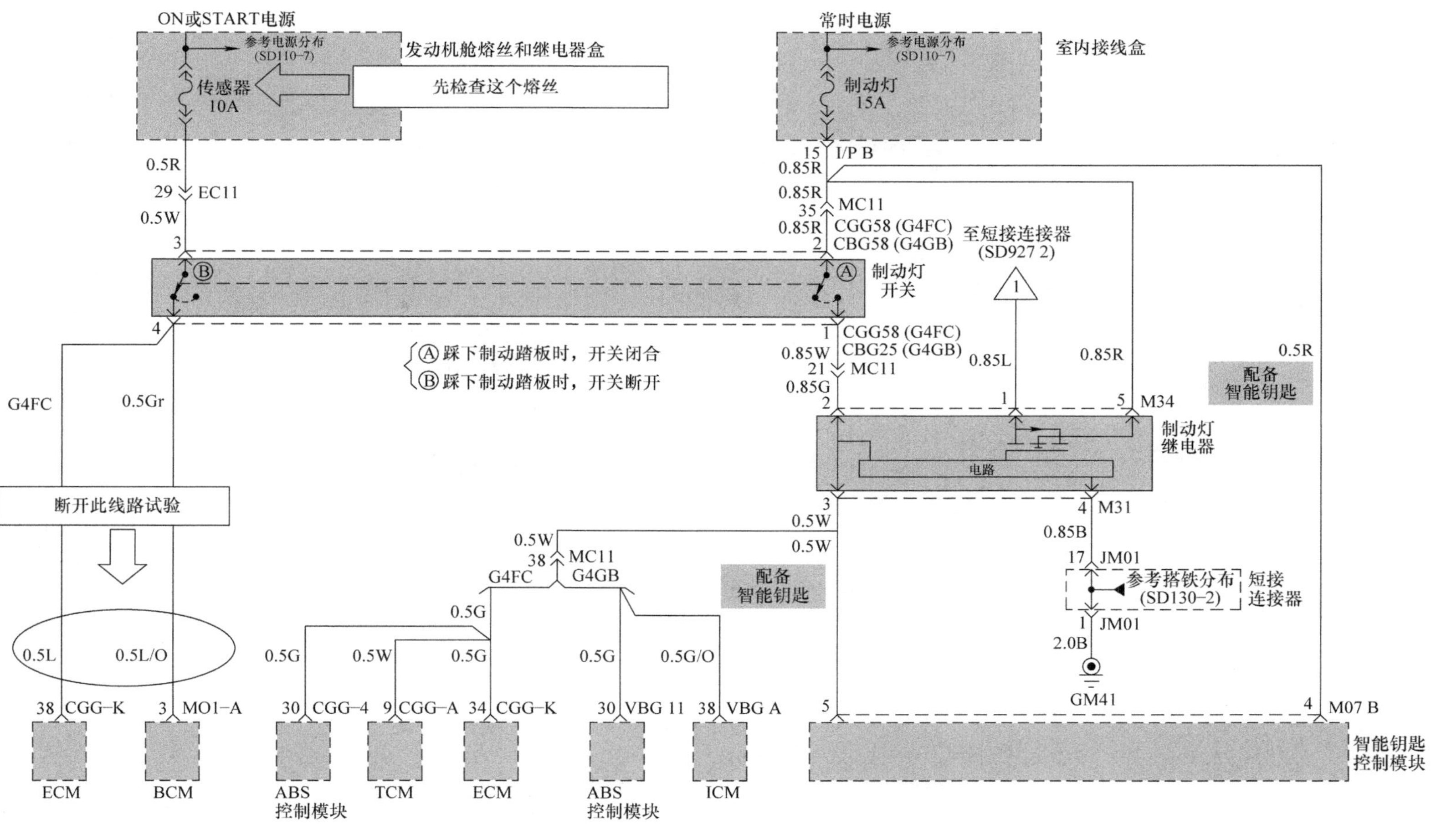
ON或START电源
参考电源分布 (SD110-7)
传感器 10A
发动机舱熔丝和继电器盒
先检查这个熔丝
常时电源
参考电源分布 (SD110-7)
制动灯 15A
室内接线盒
15 I/P B
0.85R
0.5R
29 EC11
0.5W
35 MC11
CGG58 (G4FC)
CBG58 (G4GB)
至短接连接器 (SD927 2)
制动灯开关
CGG58 (G4FC)
CBG25 (G4GB)
21 MC11
0.85W
0.85G
0.85L
0.85R
0.5R
M34
配备智能钥匙
制动灯继电器
电路
M31
0.85B
17 JM01
参考搭铁分布 (SD130-2)
短接连接器
1 JM01
2.0B
GM41
Ⓐ 踩下制动踏板时，开关闭合
Ⓑ 踩下制动踏板时，开关断开
G4FC
0.5Gr
断开此线路试验
0.5W
38 MC11
G4FC
G4GB
0.5G
0.5W
0.5G/O
0.5L
0.5L/O
38 CGG-K
3 MO1-A
30 CGG-4
9 CGG-A
34 CGG-K
30 VBG 11
38 VBG A
4 M07 B
ECM
BCM
ABS控制模块
TCM
ECM
ABS控制模块
ICM
智能钥匙控制模块

图 7-81 熔丝相关电路

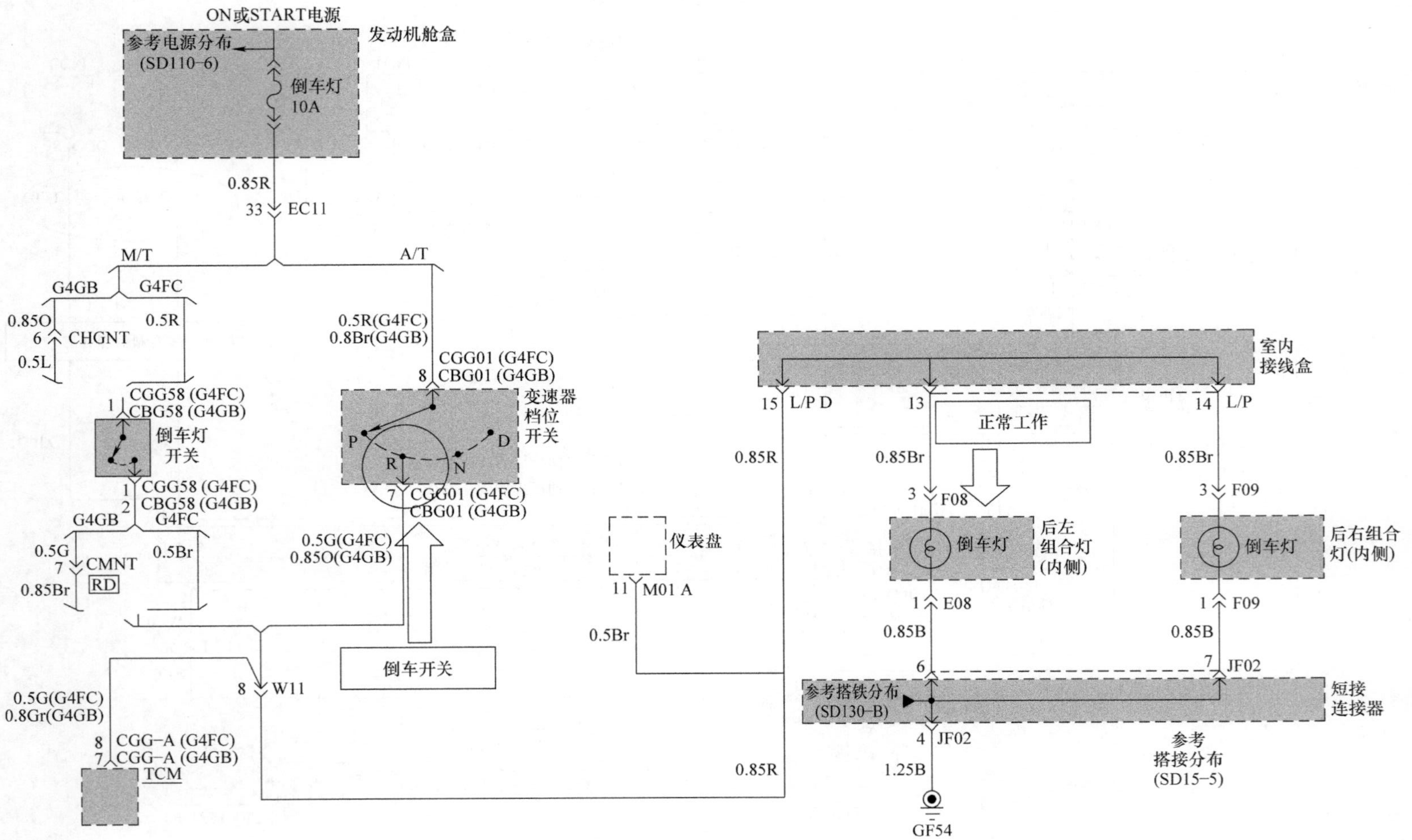

ON或START电源
参考电源分布
(SD110-6)
倒车灯
10A
发动机舱盒
0.85R
33
EC11
M/T
A/T
G4GB
G4FC
0.85O
6
CHGNT
0.5L
0.5R
0.5R(G4FC)
0.8Br(G4GB)
8
CGG01 (G4FC)
CBG01 (G4GB)
1
CGG58 (G4FC)
CBG58 (G4GB)
倒车灯
开关
变速器
档位
开关
P
R
N
D
1
2
CGG58 (G4FC)
CBG58 (G4GB)
G4GB
G4FC
7
CGG01 (G4FC)
CBG01 (G4GB)
0.5G
7
CMNT
RD
0.85Br
0.5Br
0.5G(G4FC)
0.85O(G4GB)
倒车开关
8
W11
0.5G(G4FC)
0.8Gr(G4GB)
8
CGG-A (G4FC)
7
CGG-A (G4GB)
TCM
仪表盘
11
M01 A
0.5Br
0.85R
0.85R
室内
接线盒
15
L/P D
13
14
L/P
正常工作
0.85Br
0.85Br
3
F08
3
F09
倒车灯
后左
组合灯
(内侧)
倒车灯
后右组合
灯(内侧)
1
E08
1
F09
0.85B
0.85B
6
7
JF02
参考搭铁分布
(SD130-B)
短接
连接器
4
JF02
参考
搭接分布
(SD15-5)
1.25B
GF54

图 7-82　倒车开关电路

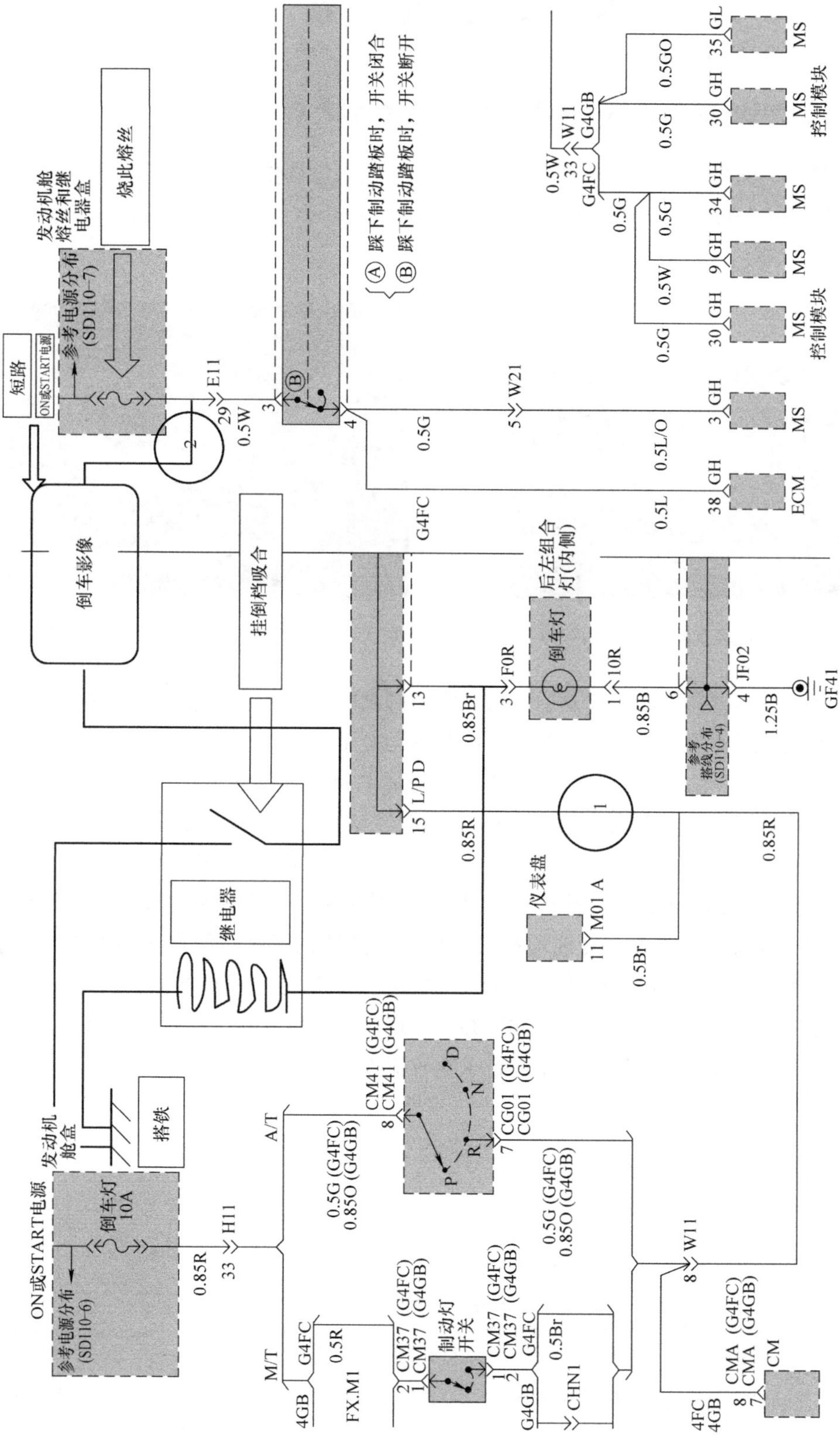

图 7-83 控制线路与执行线路

# 第七节　上 汽 车 系

## 一、名爵 MG6 档位显示“EP”，无法挂档行驶

**故障现象**　一辆名爵 MG6，车辆有时无法起动，仪表盘档位显示“EP”（图 7-84），有时起动后自动变速器故障灯点亮，档位在 P 档时 W 档指示灯点亮（图 7-85），无法正常挂档行驶。

图 7-84　仪表盘档位显示 EP

图 7-85　档位在 P 档时 W 档指示灯点亮

**故障诊断**　接车后发现该车起动后一切正常。因驾驶人反映自动变速器故障灯常点亮，故用故障诊断仪进行检测，发现自动变速器控制单元内无任何故障码存储。第 2 天早上起动车辆，档位显示“EP”故障再现，用故障诊断仪读取自动变速器的故障码，显示通信异常，通过扫描整车控制模块，发现除自动变速器控制模块（TCM）通信异常外，其余均可通信，发动机控制模块（ECM）内存储有故障码 P0693、P0691 和 P0646（图 7-86）。

因通信异常，故根据电路图（图 7-87）用万用表对相应熔丝及 TCM 的电源端子 EB052－6 及端子 EB052－24 进行了检查，发现均有 12V 电压，搭铁也正常，但是在测量线束端子结束后车辆却突然恢复正常，因当时维修技术人员触动了 TCM 的导线连接器，故怀疑 TCM 导线连接器接触不良，但多次晃动线束后故障并未再现。用故障诊断仪检测，自动变速器控制模块内无任何故障码存储，之后对该车进行了整车清除故障码。

控制器名称:发动机管理模块 1.8VCT
控制器版本信息:

| 硬件号 | 软件号 | 标定号 | Volcano号 |
|---|---|---|---|
| 3000003401 | 1006892701 | 1006892901 | 1000198701 |

故障码

| 故障码 | 故障码描述 | 故障码状态 |
|---|---|---|
| P0693 | 冷却风扇继电器控制电路对地短路（高速） | 42 |
| P0691 | 冷却风扇继电器控制电路对地短路（低速） | 42 |
| P0646 | A/C压缩机继电器控制电路对地短路 | 42 |

图 7-86　发动机控制模块中存储的故障码

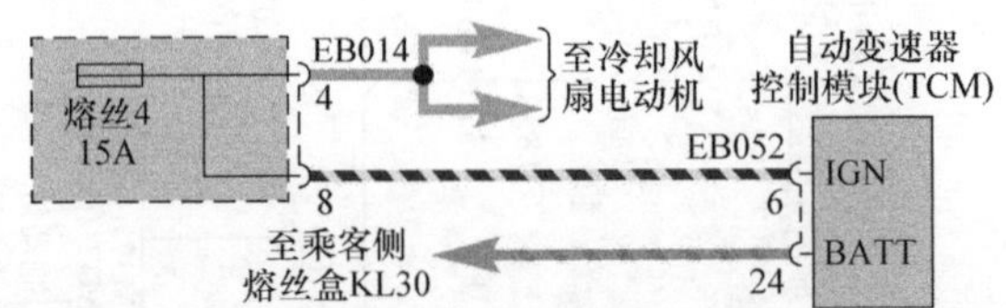


图 7-87　自动变速器控制模块（TCM）供电电路

反复起动车辆并试车，档位一切正常，半天后再次起动车辆，故障再现，此时用故障诊断仪再次进行了检测，发现ECM内的故障码再现，TCM无法通信，此次用试灯测试，发现端子EB052-6无电压。因ECM内的故障码再现，故对风扇电路进行检查，发现TCM和冷却风扇共用的发动机熔丝盒内的熔丝F4（图7-88），晃动熔丝F4，自动变速器故障灯熄灭，档位显示正常。最终检查确认为熔丝F4接触不良。

**故障排除** 修复发动机室熔丝盒对应的插孔，确认与熔丝接触良好后试车，故障排除。

图7-88 F4熔丝的位置

**技巧点拨：**汽车故障维修的最后一步永远都是“验证”。没有故障排除后的“验证”，就不能肯定故障已经排除，车辆维修作业就没有完成。

## 二、名爵MG3变速器故障灯点亮

**故障现象** 一辆2013年名爵MG3，搭载AMT变速器。驾驶人反映该车在行驶中，变速器故障灯突然点亮，接着车辆无法加速，只能低速行驶。

**故障诊断** 接车后试车，起动发动机，组合仪表上的变速器故障灯点亮（图7-89）。用故障诊断仪检测，在变速器控制模块（TCM）中读得历史故障码：P1743——离合器位置传感器（CPS）信号过高。

脱开离合器位置传感器导线连接器，发现该导线连接器内的端子已发霉；检查离合器位置传感器的端子，无腐蚀及变形。清洗离合器位置传感器导线连接器后装复试车，故障依旧。

查看相关电路（图7-90）得知，离合器位置传感器与变速器控制模块间有1个中间导线连接器（BY013和GB013）。依次测量离合器位置传感器与变速器控制模块间3条线路的导通性，发现离合器位置传感器导线连接器GB012端子1与变速器控制模块导线连接器BY113端子59间线路的电阻为111.2Ω，异常，而其他2条线路的导通性均正常。

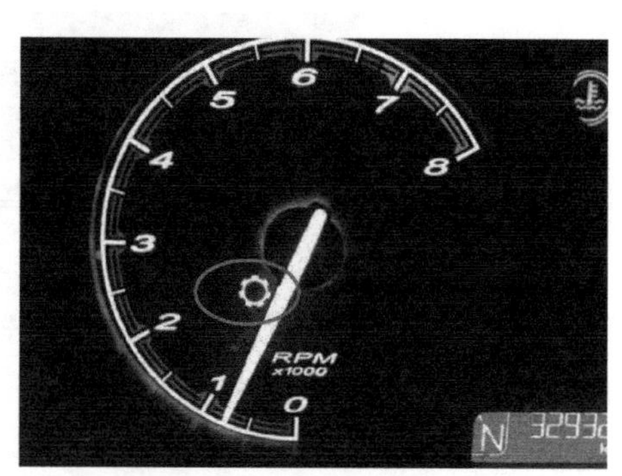


图7-89 变速器故障灯点亮

检查离合器位置传感器与变速器控制模块间的线束，脱开中间导线连接器（BY013和GB013），发现该导线连接器内部有液渍，且 BY013 端子 18 和 GB013 端子 18 均已发霉（图 7-91）。由液渍的颜色推断进入中间导线连接器的液体为发动机冷却液。仔细检查发现，该导线连接器旁边的发动机冷却液出液管的卡箍为非原装件。询问得知，几个月前该车前部发生过碰撞，为此更换了冷凝器、散热器、发动机冷却液出液管和进液管及其他附件。由此推断，上次事故维修时维修人员未做好防护，导致发动机冷却液顺着线束流进了中间导线连接器。

**故障排除**　清洗中间导线连接器后装复，清除 TCM 系统数据，完成变速器档位自适应学习后试车，故障排除。

**技巧点拨：** 汽车维修过程中带来新的故障，这是在维修过程中经常遇到的现象，特别是钣金和喷漆的过程中，由于拆卸部件、打磨清洗等均会造成新的故障，这就要求维修人员在工作过程中，尽量注意，避免带来新的故障。

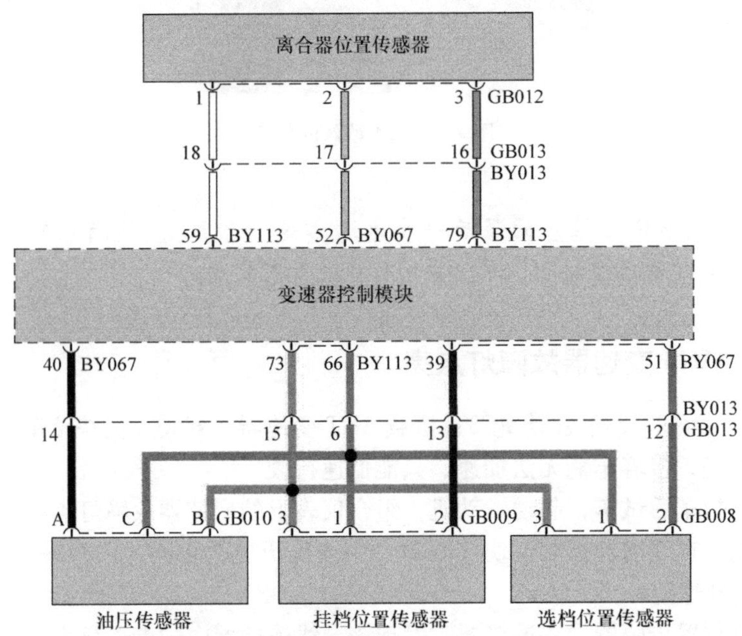


图 7-90　离合器位置传感器电路

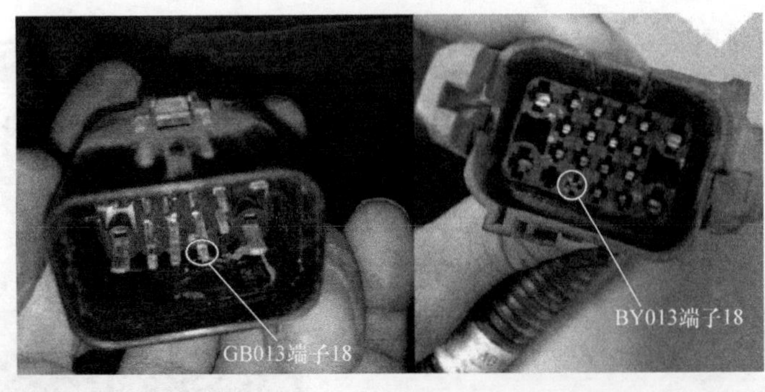


图 7-91　中间导线连接器端子 18 发霉

## 三、名爵 MG3 AMT 自动变速器起步脱档

**故障现象** 一辆装备 AMT 自动变速器的名爵 MG3，驾驶人反映该车在等红绿灯后起步时，1 档脱档，且自动变速器故障灯点亮，该故障现象一个月会出现 5 ~ 8 次，故障前无其他异常，将车辆熄火后再起动后正常挂档，自动变速器故障灯熄灭，1 档起步仍脱档，且自动变速器故障灯再次点亮。

**故障诊断** 用故障诊断仪读取自动变速器控制模块（TCM）中的故障码，存储有故障码：P060C——TCM 内部故障，故障码状态为历史故障，故障码能正常删除，在故障出现时故障码无法删除，断开点火开关后故障消失。

检查自动变速器控制模块（TCM）的标定版本，也正常，可排除因 TCM 问题导致的故障；查看自动变速器线束、制动灯开关等，为最新状态。由于当天试车故障未出现，要求在故障出现时不要熄火。第 2 天中午，该车在等红绿灯时故障再次出现，维修技术人员立即现场施救，用诊断仪读取故障码，故障码 P060C 的故障描述为确定，实时显示其他动态数据，都正常，发现离合器控制电磁阀（EV0）的驱动电流为 0mA（正常应为 700 ~ 1000mA）。图 7-92 所示为该车故障状态动态数据与正常时动态数据的对比情况。

维修技术人员查看 EV0 导线连接器的连接状况（图 7-93），正常；用手晃动 EV0 导线连接器，故障依然存在；测量导线连接器的供电电压为 5V，从而基本可以确定 EV0 内部有故障。拆下 EV0 并与新的 EV0 进行对比，摇晃故障车的 EV0，发现其内部晃动，但摇晃新的 EV0，其内部不动，从而说明 EV0 本身损坏。

| 选中显示项 | | |
|---|---|---|
| 1档自学习位置阈值 | 8.85 | mm |
| 2档自学习位置阈值 | 29.25 | mm |
| 3档自学习位置阈值 | 8.85 | mm |
| 4档自学习位置阈值 | 28.94 | mm |
| 5档自学习位置阈值 | 8.89 | mm |
| 倒档自学习位置阈值 | 28.98 | mm |
| 发动机转速 | 748.00 | rpm |
| 挂档失败次数 | 92.00 | |
| 挂档位置 | 17.36 | mm |
| 空档自学习位置阈值 | 18.33 | mm |
| 离合器闭合位置 | 26.12 | mm |
| 离合器电磁阀(EV0)不工作时电磁阀泄漏量 | 1.20 | mL/min |
| 离合器控制电磁阀(EV0)驱动电流 | 0.00 | mA |
| 离合器控制电磁阀(EV0)泄漏量(阈激活) | 7.20 | mL/min |

a) EV0故障时

| | | |
|---|---|---|
| 1档自学习位置阈值 | 8.85 | mm |
| 2档自学习位置阈值 | 29.25 | mm |
| 4档自学习位置阈值 | 28.94 | mm |
| 5档自学习位置阈值 | 8.89 | mm |
| 倒档自学习位置阈值 | 28.98 | mm |
| 发动机转速 | 744.00 | rpm |
| 挂档失败次数 | 92.00 | |
| 挂档位置 | 17.94 | mm |
| 空档自学习位置阈值 | 18.33 | mm |
| 离合器闭合位置 | 25.97 | mm |
| 离合器电磁阀(EV0)不工作时电磁阀泄漏量 | 2.40 | mL/min |
| 离合器控制电磁阀(EV0)驱动电流 | 787.80 | mA |
| 离合器控制电磁阀(EV0)泄漏量(阈激活) | 7.20 | mL/min |

b) EV0正常时

图 7-92 名爵 MG3 自动变速器动态数据对比分析

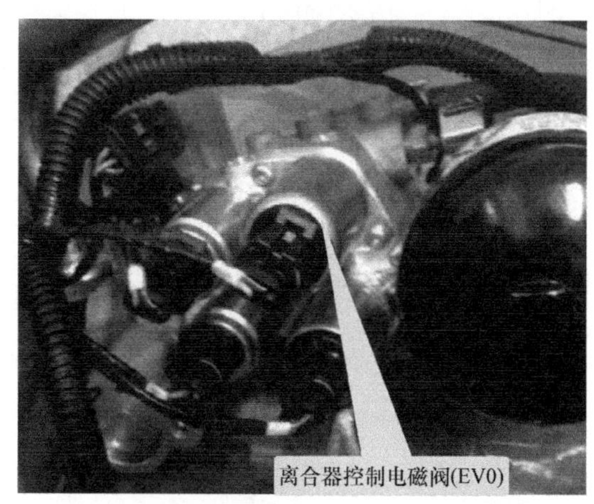


图 7-93 离合器控制电磁阀（EV0）的安装位置

**故障排除** 更换 EV0 后试车，自动变速器升降档一切正常，交车后继续跟踪回访 1 个月左右，故障未再出现，故障彻底排除。

**技巧点拨：** 该变速器的结构较为简单，控制过程稍加理解就能对类似的故障做出比较准确的分析和判断。

## 四、名爵 DCT 自动变速器一直处于 D1 档

**故障现象** 一辆装备 DCT 自动变速器的名爵轿车，仪表信息中心的自动变速器故障灯点亮，车辆行驶中，自动变速器档位一直处于 D1 档，最高车速为 20km/h。

**故障诊断** 用诊断仪检测，得到的故障码为 P1861 和 P1827（图 7-94）。故障码 P1861 为历史故障，清除后未能重现。故障码 P1827 无法清除，查看该车自动变速器数据和故障数据帧发现，自动变速器变速杆位置在 P 档时 2/4 档拨叉位置显示处于 95.81%（图 7-95），故障数据帧中 2/4 档显示“故障”（图 7-96），而正常车辆的拨叉位置为 25.97%（图 7-97）。查阅维修手册中的标准值，20% 左右时为 2 档，50% 左右时为空档，80% 左右为 4 档，结合维修手册可以判断该车数据 95.81% 已经超出实际 4 档位置。结合电路（图 7-98）检查相关线路，断开蓄电池负极桩头、自动变速器控制单元的 EB071 导线连接器和阀体控制单元的 EB070 导线连接器，测量导线连接器 EB071 的端子 12 至导线连接器 EB070 的端子 8 之间的线路，没有断路、短路现象，测量两个端子之间的电阻为 3.4Ω（正常值应小于 5Ω），正常。连接蓄电池负极后接通点火开关，根据电路（图 7-98）测量导线连接器 EB070 的端子 6 与搭铁之间的电压为 5V，正常，测量阀体的线束连接器 EB070 的端子 8（2/4 档位置传感器信号）与搭铁和电源之间的电阻为∞，正常。

故障码:

| 序号 | 故障码 | 故障类型 | 定义 | 状态 | MIL灯 |
|---|---|---|---|---|---|
| 1 | P1861 | 92 | 换档拨叉的运动与目标档位不一致（多路阀1） | 历史 | |
| 2 | P1827 | 29 | 2/4档位置传感器信号超出工作范围(电路故障) | 当前 | |

图 7-94 检测仪读取的故障码

选中显示项

| 项目 | 数值 | 单位 |
|---|---|---|
| 奇数离合器压力 | 0.875 | 巴 |
| 偶数离合器压力 | 0.875 | 巴 |
| 1/3档拨叉位置 | 51.71 | % |
| 2/4档拨叉位置 | 95.81 | % |

图 7-95 故障车自动变速器数据

P1827 2/4档位置传感器信号超出工作范围（电路故障） 当前

| 序号 | 项目 | 数值 | 单位 |
|---|---|---|---|
| 1 | 蓄电池电压 | 12.0 | 伏 |
| 2 | 里程表读数 | 5 | 千米 |
| 3 | 全局点火状态-辅助 | 关闭 | |
| 4 | 全局点火状态-运行 | 打开 | |
| 5 | 全局点火状态-发动机运行中 | 关闭 | |
| 6 | 全局点火状态-点火 | 关闭 | |
| 7 | 发动机冷却液温度 | 18 | 摄氏度 |
| 8 | 2/4档拨叉位置 | 95.79 | % |
| 9 | 2/4档拨叉位置故障状态 | 故障 | |
| 10 | 离合器温度传感器输出电压 | 1 | 伏 |
| 11 | 阀体温度 | 17 | 摄氏度 |
| 12 | 电磁阀温度原始值 | 17.12 | 摄氏度 |

图 7-96 故障车自动变速器故障数据帧

| 项目 | 数值 | |
|---|---|---|
| 偶数档换档中 | 关闭 | |
| 奇数档换档中 | 关闭 | |
| 奇数离合器压力 | 0.875 | 巴 |
| 偶数离合器压力 | 0.875 | 巴 |
| 1/3档拨叉位置 | 50.68 | % |
| 2/4档拨叉位置 | 25.97 | % |

图 7-97 正常车自动变速器数据

为了能更准确地判断故障点，对该车 2/4 档位置传感器导线连接器 EB071 的端子 12（信号线）用示波器测量其信号波形（图 7-99），发现和正常车测出的波形（图 7-100）有明显差异。怀疑故障点为拨叉位置传感器（永磁式非接触线性位移传感器）相对应的在拨叉上安装的磁铁脱落，正常车辆的磁铁安装在 2/4 档拨叉上，由于自动变速器不得拆卸，故无法进一步检查。

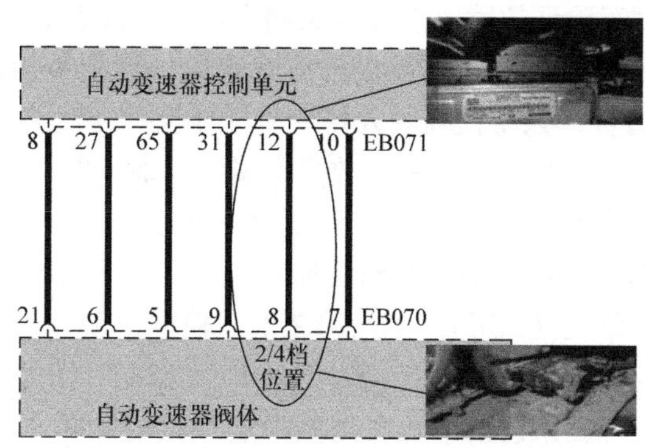


图 7-98　自动变速器阀体和自动变速器控制单元之间的连接电路

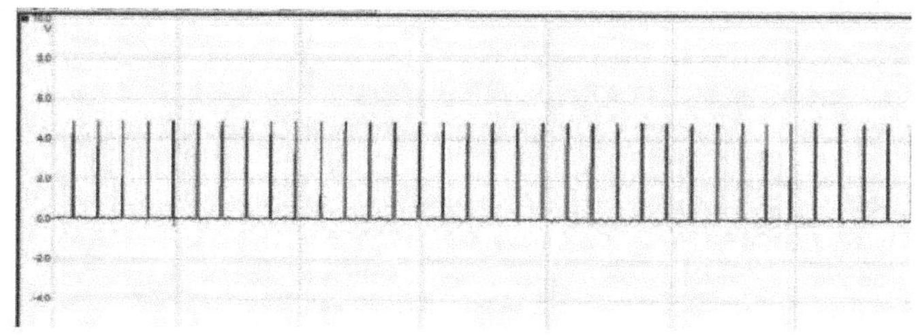

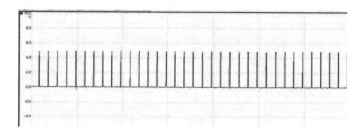

图 7-99　故障车 2/4 档位置传感器信号波形

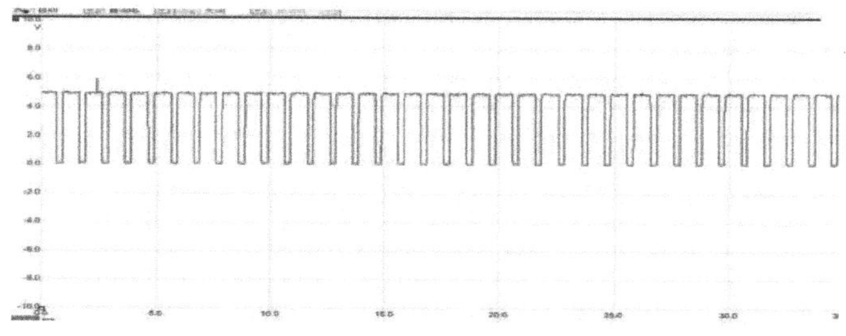

图 7-100　正常车 2/4 档位置传感器信号波形

**故障排除**　抱着对客户负责，按照既节约又环保的原则，征求客户同意，对自动变速器进行拆解检查，果然发现自动变速器安装在 2/4 档拨叉上的磁铁有问题，正确安装后试车，故障排除。

**技巧点拨：**维修人员思路清晰，方法得当，尽管维修过程有些小的曲折，最终还是较为顺利地排除了故障。

## 五、荣威 550 无法退出 P 档，发动机无法起动

**故障现象** 一辆 2013 年荣威 550，VIN 为 LSJW26G63DS××××××，行驶里程 1 万 km。一开始，该车偶尔出现 P 档无法退出的故障现象，故障发展到后期，不但档位无法退出 P 档，发动机也无法起动了。

**故障诊断** 接车后试车验证故障，故障现象确实存在，仪表上显示“EP”，且档位指示灯无显示。在故障发生的初期，维修人员根据故障现象，判断是换档机构有问题，但由于 4S 店内并无相关配件的备货，只得让驾驶人将变速杆饰板拆卸后将变速杆电磁阀拉杆推开，使变速杆退出 P 档，应急使用车辆。但是，故障发展到后来，出现了发动机无法起动的故障现象。尝试起动发动机，起动机仅运转约 0.5s 后就停止运转了，同时仪表上的档位显示由“P”变成“EP”。这说明故障点并不是换档机构。

尝试更换换档器控制单元（SCU），但故障依旧。根据 SCU 电路（图 7-101），测量 SCU 的导线连接器端子 2 上的电压，无电压；检查熔丝 F1（15A），正常；检查线路时发现地板下有积水，进一步检查发现线束内的节点在地板下腐烂接近断路（图 7-102）。车辆进水导致位于地板的线束节点腐烂是导致故障发生的直接原因，而找到进水点则是杜绝故障再次发生的关键。检查发现前风窗玻璃下方的排水槽堵塞，怀疑雨水经空调外循环进风口进入顺着空调管路进入驾驶室。

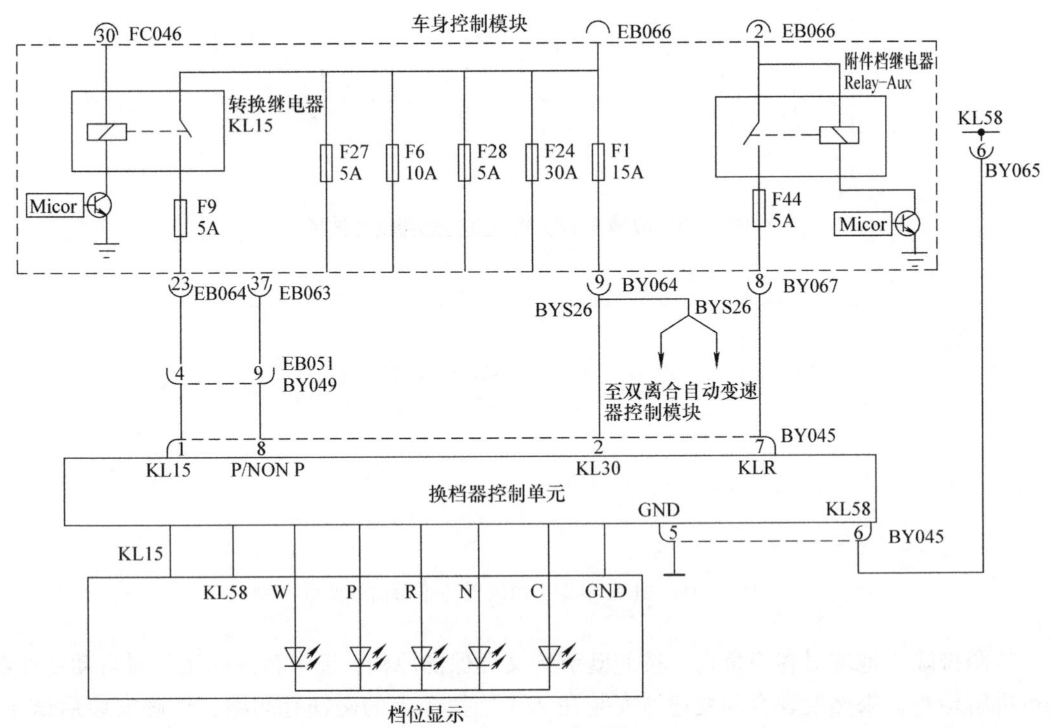


图 7-101 SCU 电路

最初，该车的故障只是偶发变速杆无法从 P 档移出的故障现象，此时相关线束已经存在进水腐蚀，只是问题不严重，线束节点虚接，使得工作电流较大的换档电磁阀有时无法正常

工作，而档位信号传感器所需的电流较小，所以仪表仍能正常显示档位信息。随着时间的推移，进水腐蚀不断加重，使得档位信号传感器也无法正常工作了，由于档位信号缺失，档位显示出现异常，起动机也不工作了。

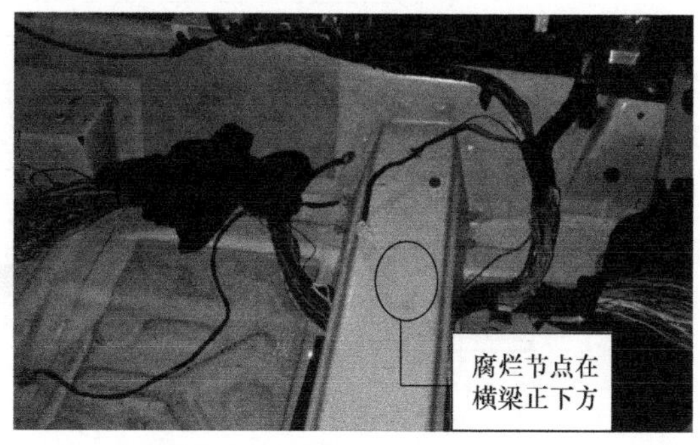

图 7-102　进水线束所在位置

**故障排除**　将地板烘干，对锈蚀的线束节点进行处理，然后重点对进水部位进行排查。清理排水孔，并对空调进风口罩边缘进行密封处理后，将车交还给驾驶人。后续回访，故障未再出现。

**技巧点拨：** 在实际车辆维修中，遇到车辆遥控锁门失效、行李舱无法手动开启、车辆进入防盗后偶发异常报警等偶发故障现象，均可能与车内进水，腐蚀地板下的 3 处线束内节点有关，且故障部位隐蔽，不易排查。

## 六、荣威 E550 混动版变速器打滑

**故障现象**　一辆 2016 年混动版荣威 E550，VIN 为 LSJW26765G×××××××，搭载 1.5L VTI－tech 发动机、智能电驱动单元（EDU）和 2 速混动变速器，行驶里程 64475km。驾驶人反映该车在电驱动模式下高速行驶时仪表台上的故障灯点亮（图 7-103），并显示混动系统故障，同时车辆行驶速度被限制在 20km/h 左右，踩加速踏板后车辆没有任何响应。

**故障诊断**　荣威 E550 混合动力系统（图 7-104）由发动机、发电机 ISG、电动机 TM 三个动力源组成。发动机和电机的最大综合功率为 147kW，最大综合转矩为 587N · m。HCU/TCU 通过对 EDU 和发动机的智能控制，根据动力需要能在纯电、串联、并联及换档之间进行无缝切换，确保在任何复杂的工况下都能实现理想的驾乘感受。

图 7-103　仪表台上的故障灯点亮

而 EDU（图 7-105）则主要由 TM（牵引电动机，主要作用为输出动力）、ISG（集成起动发电机，主要作用是起动发动机和给动力电池充电，极端情况下也作为辅助动力输出）、离合器 C1（属于常开离合器与发动机连接和 ISG 搭配工作）、离合器 C2（属于常闭离合器配合 TM 工作）、平衡轴式的齿轮组提供了 2 个齿轮速比及一个主减速比、液压控制模块（控制离合器的接合/分离和 EDU 的档位选择）组成。

纯电模式下 TM 通过 C2 将动力传递至输入轴，再经由同步器啮合的档位将动力通过差速器传递到车轮，当车速达到 40～60km/h 时，HCU/TCU 将限制 TM 的动力输出，通过液压控制模块将 C2 分离，并迅速地控制拨叉进行换档，换档结束后释放 C2 并恢复 TM 的动力

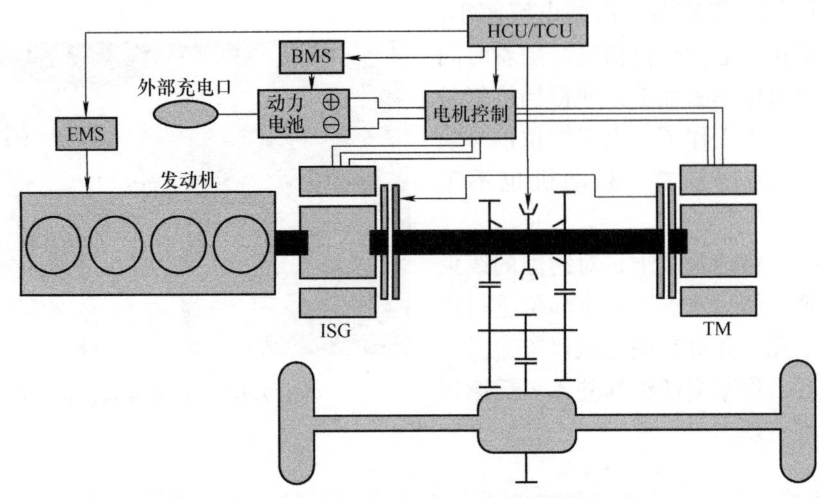


图 7-104　荣威 E550 混合动力系统工作示意图

HCU—混动控制单元　TCU—变速器控制单元　EMS—能量管理系统　BMS—电池管理系统　ISG—发电机

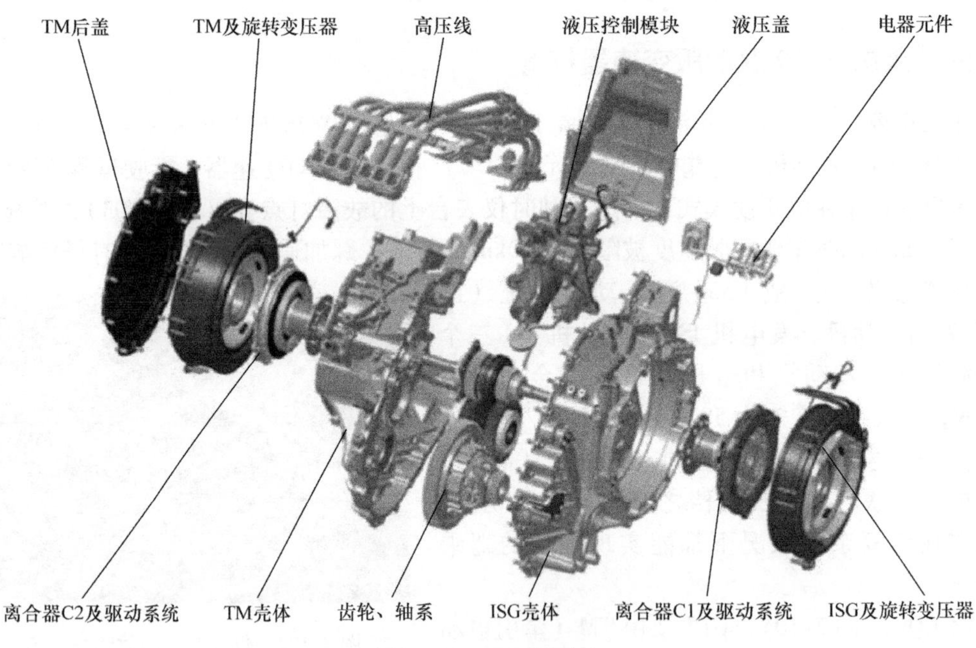


图 7-105　EDU 的结构

输出。

通过对上述内容的了解，连接诊断仪检测，混动系统内存有离合器 C2 打滑的故障码。能引起离合器 C2 打滑的故障原因主要有：离合器 C2 本身打滑；相关转速传感器故障；液压控制模块故障；HCU/TCU 故障。为此试车后调取了相关的转速数据（图 7-106）。

清除故障码后试车发现，该车只要是升到 2 档，大节气门开度时 TM 的转速就会不正常地升高，但输出的转速并没有变化，而且在车内能明显感觉到电动机空转的声音，此时的档位又在 2 档啮合，出现异常时也没有机械类的异响，因此排除了齿轮和同步器的故障。

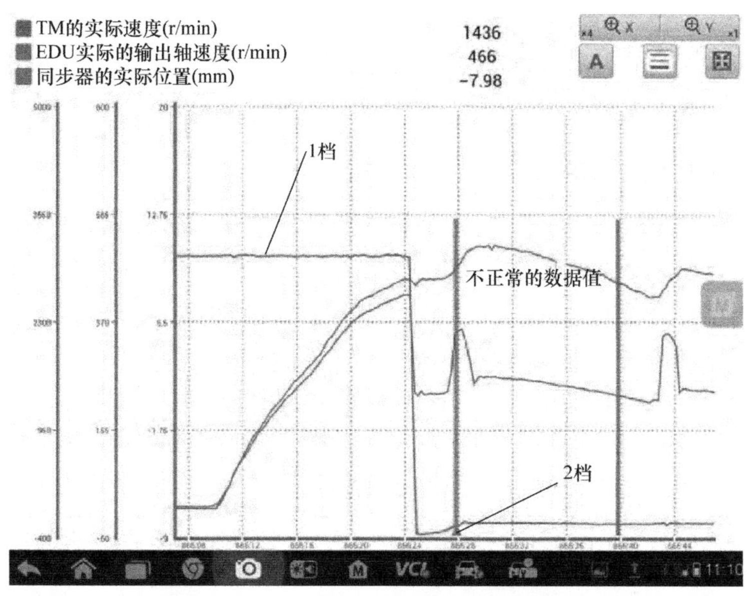


图 7-106 试车过程调取的相关转速数据

故障出现时，感官和诊断仪上调取的数据也能对应起来，所以认为控制单元的故障概率也不大。综合分析认为：齿轮部件 HCU/TCU 和传感器出现故障的可能性都被排除了，该车故障可能是离合器本身或液压控制模块工作不正常造成的。

为了找到故障点，将液压控制模块人为断电，并将档位锁在 2 档后试车，发现故障依旧，于是将故障点锁定在了离合器 C2 本身。由于混动车型维修保养时必须将车辆的高压系统断电，更换离合器 C2 的摩擦片及压盘的操作步骤如下：

1）关闭点火钥匙，并使车辆静置 5min 以上。

2）断开发动机舱内蓄电池的负极。

3）断开手动维修开关后，等待 5min 左右方可进行维修作业，该车的手动维修开关为橙黄色（图 7-107），安装在右后车轮的底盘处。

4）拆开 TM 的后盖，更换离合器 C2 的摩擦片及压盘。

图 7-107 橙黄色手动维修开关

**故障排除** 完全恢复后试车，一切正常，至此该车故障被彻底排除。

**技巧点拨：** 由于混合动力车型带有高压系统，需要经过相关的电工培训并获得资格证书者才允许维修此类车型。另外，维修过程中要严格遵守厂家的操作要求。由于排放要求越来越严苛，越来越多的车厂都在开发、生产和销售新能源车型，这对汽车维修行业从业人员的理论基础和安全操作又提出了新的要求。

# 第八节　长 城 车 系

## 一、长城腾翼 CVT 低速行驶异响

**故障现象**　一辆长城腾翼 CVT 自动档轿车，行驶里程 15000km，低速行驶异响，该车配置的是南京邦奇厂家生产的无级变速器。

**故障诊断**　维修人员通过试车对描述的故障现象进行确认，车辆在行驶过程中换到 D 档时，出现“咯咯”声，当速度达到 18km/h 时，声音变小。换到 R 档时有相同的“咯咯”声。根据故障表现，可能的故障原因有：①轮毂轴承磨损产生的噪声；②变速器油加注错误、进水或者油位过高、过低产生的噪声；③主动锥轮轴承磨损产生的噪声；④脏水通过呼吸盖进入变速器内部，污染润滑油导致带轮和传动带的磨损以及异常的传动带跳动等产生噪声。

行车过程中挂 D、R、S 档时车辆行驶过程中变速器内有明显的“咯咯”声，而怠速停车状态下声音消失，使用诊断仪检测发动机及变速器系统，无故障码，各项动态数据流均正常。将车辆举起后使其挂 D 档行驶，细听声音不是来自于轮毂轴承处，而是从变速器内部发出。

先检查变速器油的液面高度，在正常范围内，油液颜色正常。为彻底排除油液影响，检查油底壳有无杂质，直接更换了新的润滑油并清洗了油冷却器和滤清器，重新试车，故障依然存在。将车辆再次举起后挂档行驶，使用听诊器判断异响的具体部位。发现“咯咯”声来自于变速器内部，类似于钢带打滑磨损的声音。在保持恒定车速情况下从 D 档换到手动模式，噪声没有明显变化。可以基本排除主动锥轮轴滚珠轴承的问题。

在查找变速器序列号时发现变速器表面很脏，注意到变速器顶部的呼吸器盖处污染较严重（图 7-108），怀疑变速器内部已受污染。拆下主动锥轮端盖，发现呼吸口周围内壁黏附着大量外界杂质（图 7-109），初步判定为外界脏水通过呼吸盖进入变速器内部污染润滑油导致内部机件损坏。为验证内部损坏程度，将变速器整体拆下邮寄至厂家进行鉴定。

通过厂家拆解鉴定发现，主动锥轮工作端面有很深的磨损和划痕（图 7-110），传动带工作端面磨损严重（图 7-111），传动带跳动达到 2.2mm，正常的传动带跳动应在 0.65mm 以内。异常的磨损和传动带跳动可以充分证明带轮与传动带间润滑不良。这些是变质油品或变速器内部进入脏水所导致的。

**故障排除**　更换变速器，故障排除。

**技巧点拨：** 通过此次维修有以下心得：①在维修过程中遇到类似于本案例的故障现象时，不要盲目地拆解变速器，应先通过试车或观察车辆状况（了解驾驶人使用环境、机件的保养情况、故障发生时间）来确定几个故障点；②对于自动变速器的检测方法，因结构原理不同而不同，要熟练掌握针对具体型号变速器的检测方法，如检查液面高度、异响位置判定等；③对于油品劣化的主要原因是变速器内部进脏水，可能进水的部位有呼吸器、主接头线束、油冷器，所以应从这些部位入手进行逐项检查。

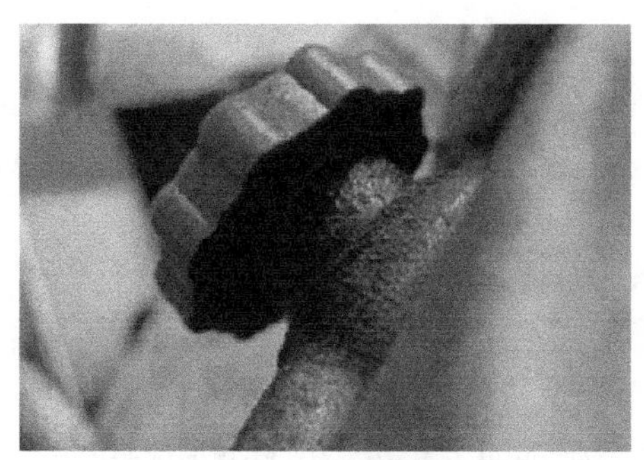

图 7-108 呼吸盖污染严重

图 7-109 呼吸口周围内壁黏附着大量外界杂质

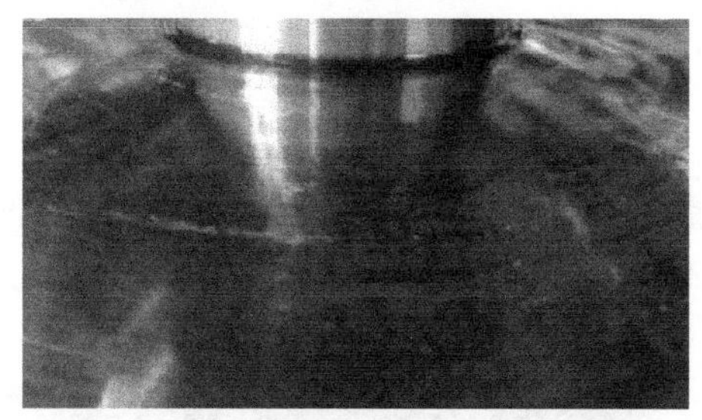

图 7-110 主动锥轮工作端面有很深的磨损和划痕

图 7-111 传动带工作端面磨损严重

## 二、长城哈弗 H6 行驶过程中动力突然中断

**故障现象** 一辆 2014 年哈弗 H6 运动型多功能车，配备 4 速自动变速器，行驶里程 5.4 万 km。驾驶人反映该车在行驶过程中动力突然中断，同时仪表板中的变速器故障灯点亮。停车后重新换入 D 档，但仪表显示仍为 N 档，车辆无法行驶；换入 R 档，仪表仍显示 N 档，但是车辆可以向后行驶，只是变速器冲击较大。

**故障诊断** 维修人员到达现场后，起动车辆发现又可以正常行驶了，于是小心地将故障车开回维修站进行详细检查。使用诊断仪检测发动机系统，显示无故障；检测变速器系统，读取到故障码：P0708——变速器驱动桥档位传感器 - 高压。

查阅该车型维修手册得知，当变速器档位传感器持续 10s 输出多个信号时，变速器控制模块（TCM）便会点亮变速器故障灯进行报警，并记录下 P0708 故障码。结合故障现象分析，可能的故障原因包括：档位传感器故障；档位传感器至 TCM 线路故障；TCM 故障；变速器总成故障。

按照维修手册的指导方案对档位传感器的线路进行检查（图 7-112），断开档位传感器的插接器，分别测量插接器线束端的 1 号、3 号、4 号、7 号、9 号及 10 号端子与车身搭铁间的电压均为 0V，8 号端子的电压为 12V，测量结果正常。进一步断开 TCM 的插接器，测量这段线束的导通性，电阻均为 0Ω。通过以上测量可以判定连接线束无故障。

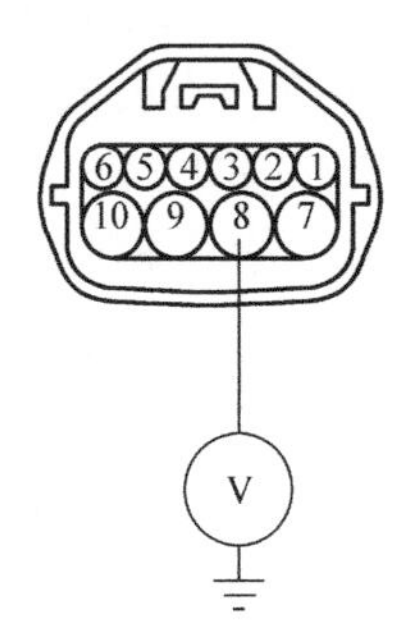


图 7-112 档位传感器插接器示意图
1—前进档 3—驻车档 4—空档
7—倒档 8—电源点火开关 1 9、10—起动电路

但在检查过程中，维修人员发现档位传感器及其插接器存在油污（图7-113），但是由于油量较少，无法通过颜色及气味判别油液种类，而发动机及变速器其他位置均无渗油痕迹。对油污进行清理后多次路试，故障均没有出现。由于未发现其他异常，且驾驶人着急用车，于是将车辆交还驾驶人。

数天后驾驶人反映故障现象再次出现，维修人员使用诊断仪检测，故障码仍然是P0708。再次对档位传感器进行检查，发现档位传感器的插接器处又有了油污，而清理油污后故障就会消失。由于此处反复出现油污，于是拆下档位传感器检查，发现传感器安装孔及换档轴上有明显油液（图7-114），且油液是由换档轴根部向上扩散，由此说明档位传感器内部的油污为变速器油。

**故障排除**　由于整车厂商禁止维修站拆解维修该变速器，于是更换了变速器总成，试车后确认故障彻底排除。

**技巧点拨：**由于变速器换档轴位置密封不良，外溢的变速器油进入档位传感器内部并造成了短路，使得传感器同时向TCM输出了多个档位信号，最终导致故障现象的发生。

图7-113　档位传感器的插接器存在油污

图7-114　变速器换档轴处存在漏油

## 三、长城哈弗M2档位错乱

**故障现象**　一辆搭载CVT变速器的长城哈弗M2，驾驶人反映该车档位错乱，有时从R档换入N档，松开制动踏板后车辆依然会向后行驶。

**故障诊断**　维修人员试车验证故障，发现车辆从D档换入N档后没有任何问题，但从R档换入N档后，如果立即松开制动踏板，车辆会继续向后行驶，故障确实存在。由于试车过程中仪表板上各个档位的显示均正常，因此首先可以排除档位传感器传递错误信号的可能性。进一步检查变速器油位也符合要求，油液无脏污和焦煳味，排除变速器油液的问题。

维修人员怀疑变速器换档操纵机构的机械部分存在故障，于是将车辆举升，检查换档臂无变形、换档拉索无卡滞。断开换档拉索，直接用手转动变速器上的换档轴，故障依旧，说明问题不在换档操纵机构上。

怀疑变速器自学习值有问题，于是用诊断仪将变速器控制模块的自学习值清空，然后重新进行变速器自学习，试车故障依旧。由于控制阀体内部油道脏污堵塞也可能导致此问题，于是拆下阀体用高压空气对内部油道进行清洁，重新装车试验故障依旧。

通过上述检查判定，故障应该是出在变速器内部的倒档离合器。车辆换入R档后，倒档离合器活塞挤压离合器摩擦片，从而实现动力传输；而在换回N档时，活塞在回位弹簧的作用下后退，离合器摩擦片分离，动力传输中断。拆解该变速器，发现活塞回位弹簧的固定卡簧已经脱出（图7-115），这样回位弹簧便失去了作用。当从R档换回N档时，倒档离合器仍旧处于半接合状态，因此车辆还会继续向后行驶。

图7-115 回位弹簧已经脱出

**故障排除** 由于整车厂商不允许对变速器进行拆解维修，于是更换变速器总成，试车故障排除。

**技巧点拨：** 对于变速器的整体故障诊断也需要在确定具体故障部位的情况下进行整体零部件的更换。

## 四、长城炫丽D档起步偶尔会熄火

**故障现象** 一辆长城炫丽轿车，搭载AMT变速器，行驶里程3万km。驾驶人反映该车在换入D档起步时，偶尔会出现熄火的故障。

**故障诊断** 维修人员接车后进行路试，发现在起步时偶尔会出现熄火，重新起动发动机后故障消失，且仪表上无故障灯提示。该车使用的是AMT变速器。由此分析其故障原因可能有：离合器控制器调整不当；离合器控制器故障；换档电动机故障；变速器控制模块（TCM）故障；发动机故障；制动灯开关故障。

本着从简到繁的原则，维修人员先检查了离合器控制器拉钩，未发现问题。打开点火开关，用万用表测量离合器位置传感器的1号和2号端子间有正常的5V电压，离合器接合和分离时信号线的电压差值在1.7～2.0V内，也正常。检查离合器控制电动机，电动机轴转动灵活，说明工作正常。

出现故障时发动机系统无故障码，原地踩加速踏板，发动机转速能够正常提升，初步判断发动机无故障。检查制动灯开关，也正常。再次对车辆进行路试，当故障出现时将变速器变速杆由D档切换到M档，发现仪表上显示变速器处于5档，而此时应该是在1档。怀疑是TCM故障，替换TCM后试车，故障依旧。

接下来重点考虑车辆在起步换档时需要哪些信号。查询电路图及相关资料得知，车辆起步时变速器若需挂入1档，除了需要离合器位置信号、档位信号和制动信号之外，还需要车速信号。为此，维修人员又重点检查了防抱死制动系统（ABS），确认其工作正常，于是怀疑重点就放到了车速传感器上。

**故障排除** 更换车速传感器，试车后故障排除。

**技巧点拨：**AMT 变速器的控制策略是 TCM 根据车辆行驶工况和驾驶人的驾驶意图选择合适的档位和换档时机，控制换档执行机构模拟熟练驾驶人的换档动作（包括对离合器、变速器和发动机的联合控制）进行选档和换档。

## 五、长城 C30 挂 D 档坡道起步无法行驶

**故障现象** 一辆长城 C30 轿车，搭载 CVT 变速器，行驶里程 2.7 万 km。驾驶人反映该车挂 D 档在坡道起步时，仪表板中无档位信息显示，车辆无法行驶。

**故障诊断** 维修人员接车后首先进行路试，将车辆停在坡道上，变速杆换入 D 档起步时，仪表板中无档位显示，且车辆无法行驶，但是变速器故障灯并未点亮。

分析该车可能的故障原因包括：①换档操纵机构卡滞或换档拉索故障；②驾驶模式传感器故障；③驾驶模式传感器至变速器控制单元（TCU）线束虚接；④TCU 故障；⑤变速器机械件故障。

本着由简到繁的原则，首先检查操纵拉索，无变形或破损。将变速器换档摇臂与换档拉索断开，用手操纵变速杆挂入各个档位，可以轻松完成，说明变速器换档操纵机构及拉索无损坏、卡滞故障。

考虑到仪表中的档位显示，是通过驾驶模式传感器将信号发至 TCU，再由 TCU 传至仪表控制单元，怀疑驾驶模式传感器存在故障，或者传感器到 TCU 的线束存在问题。驾驶模式传感器安装在变速器中，于是拆下油底壳进行检查，发现传感器安装螺栓并非原厂螺栓（图 7-116）。进一步检查，发现该螺栓存在松动的问题。

**故障排除** 更换原厂螺栓（图 7-117），并按规定力矩（9.50 ± 0.95）N · m 拧紧螺栓，试车后故障排除。

**技巧点拨：**该故障是由于此前维修变速器时，未使用原车的驾驶模式传感器固定螺栓，且未按照规定力矩拧紧，导致车辆在坡道时驾驶模式传感器弹簧片与异形板接触不良，造成信号失准，最终导致车辆无法行驶。

图 7-116 非原厂螺栓

图 7-117 原厂螺栓

## 六、长城风骏换入倒档后车辆无法行驶

**故障现象**　一辆长城风骏四驱轻便客货两用车，行驶里程 6047km。驾驶人反映该车换入倒档后车辆无法行驶，且传出“吱吱”的声音。

**故障诊断**　维修人员接车后进行路试，换入前进档能够正常行驶，但是换入倒档后车辆无法行驶，且传出“吱吱”的异响。分析该车故障的可能原因包括：①变速器倒档齿轮损坏；②分动器电动机故障；③分动器控制单元故障；④分动器线束故障；⑤分动器机械故障。

将车辆进行举升，起动发动机并换入前进档，可以看到前后传动轴都在转动，但是仪表板中的 4WD 灯却并没有点亮。换入倒档，4 个车轮均不运转，同时在变速器后部传出“吱吱”的声音。

检查变速器油液，正常。将分动器从车上拆下，换入倒档，用手转动变速器输出轴，发现无法转动，说明变速器倒档能够正常换入，且有动力输出，于是怀疑分动器出现故障。顺时针转动分动器输入轴，发现前后法兰盘都有动力输出；而逆时针转动时，前后法兰盘无动力输出，且有“吱吱”的声音传出，说明分动器存在故障。

在解体分动器时，发现四驱拨叉轴处于 4H 和 4L 的中间位置（图 7-118）。将拨叉轴转到 4H 位置后，再次逆时针转动分动器输入轴，有动力输出且异响消失。由此可见，是四驱系统的切换装置存在故障。分析认为，如果是位置编码器或分动器电动机损坏，以及线路断路或短路，四驱系统故障灯都会点亮，因此故障点应该在于四驱系统控制单元内部。

图 7-118　拨叉轴处于 4H 和 4L 中间位置

**故障排除**　更换四驱系统控制单元，试车后故障排除。

**技巧点拨**：该故障是由于四驱系统控制单元损坏，导致分动器电动机突然断电，四驱拨叉恰好运转至 4H 与 4L 之间，此时分动器内部的太阳轮与减速齿毂正处于似接合非接合的状态（图 7-119）。由于太阳轮尾部（图 7-120）与减速齿毂顶部（图 7-121）的接合部位均为斜齿，就出现了车辆前进时可以正常行驶，而倒车时却无法行驶的现象。

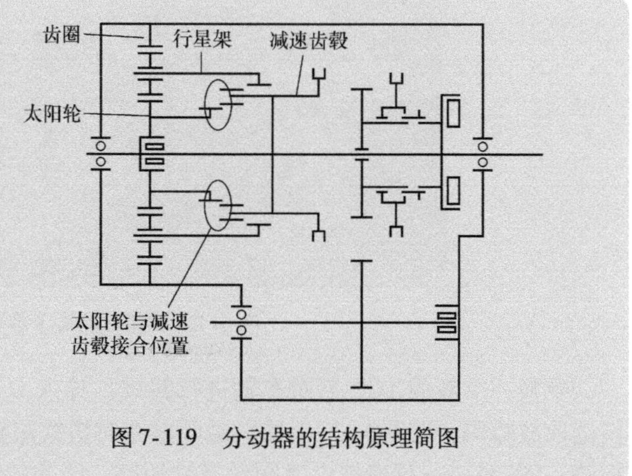

图 7-119　分动器的结构原理简图

图 7-120 太阳轮尾部结构

图 7-121 减速齿毂顶部结构

## 七、长城嘉誉加速行驶时升至 3 档后出现锁止

**故障现象** 一辆长城嘉誉多功能商务车，搭载 4 速自动变速器，行驶里程 4.2 万 km。驾驶人反映该车在加速行驶时，变速器升至 3 档后就会出现档位锁止的问题。

**故障诊断** 维修人员对车辆进行路试，挂入 D 档加速行驶，发现变速器升至 3 档后就不再升档。此后降速行驶直至车速降至 5km/h，档位均无变化，一直锁定在 3 档。使用手动模式换档模式操作，档位也不变化。

维修人员分析该车可能的故障原因包括：①变速器控制单元（TCU）线束插接器接触不良；②TCU 故障；③变速器内部阀体故障；④变速器内部线束断路。

维修人员连接故障诊断仪检测，发现无故障码。检查变速器油，液面高度在标准范围内，油液颜色正常。将 TCU 插接器拆下，发现 TCU 上的 73 号端子有烧蚀现象（图 7-122）。同时检测线束插接器上的 73 号端子至变速器 9 号端子之间的线路，无断路、短路问题，因此初步判断 TCU 损坏。为了确认此车的 TCU 是否损坏，将其装到其他车上进行路试，发现车辆直接进入跛行模式，说明 TCU 已经损坏。

图 7-122 插接器端子存在烧蚀现象

更换一个新的 TCU 后对车辆进行路试，挂入 D 档行驶，变速器故障灯点亮。使用诊断仪读取故障码：P0760——2 档电磁阀电路对搭铁短路；P0755——低速档电磁阀电路对搭铁短路；P0765——超速档电磁阀对搭铁短路。清除故障码后试车，故障码再次出现。

经过分析，当出现多个电磁阀故障时，一般是由于电源线或搭铁线存在问题。于是检测

TCU 插接器的 61、62、43、31 号端子的电源线，以及 2、3、24、25、50、86 号端子的搭铁线，均无断路、短路故障。为了确认阀体是否损坏，测量了变速器上 4、10 号端子之间的电阻值为 3.79Ω，3、9 号端子之间的电阻值为 3.78Ω，5、9 号端子之间的电阻值为 3.80Ω，均正常。

经过上述检查，说明 TCU 插接器的电源线、搭铁线无故障，变速器阀体上的电磁阀也正常。联想到检测 TCU 插接器时 73 号端子有烧蚀现象，怀疑是线束插接器存在虚接现象。

**故障排除** 更换变速器控制单元（TCU）及新的发动机舱线束，试车后故障排除。

**技巧点拨：**该案例是由于 TCU 线束插接器端子烧蚀，导致 TCU 损坏。更换新的 TCU 后，仪表板中的变速器故障灯点亮，使用诊断仪读出变速器系统存在多个故障码。在检测 TCU 线束插接器时，虽然使用万用表测量针脚无短路、断路故障，但在车辆上使用仍然存在问题。因此遇到此类故障时，应该认真检查变速器控制单元（TCU）及线束插接器。

## 第九节 其他系列

### 一、林肯 MKC 挂档不走

**故障现象** 一辆 2017 款林肯 MKC，装备 2.0L Eco Boost L4 6F35 发动机，行驶里程 2000km。驾驶人反映该车在正常行驶时仪表盘提示“检修制动系统”，将车辆靠边停车后再换入 D 档或 R 档，车不走；将车辆熄火后等待约 10min，再次起动后车辆恢复正常。

**故障诊断** 接车后路试验证故障现象，车辆一切正常。用故障诊断仪读取故障码，读得的故障码：U300A——29－28。对故障码做定点测试，问题指向 ABS 模块。检查 ABS 模块的供电和搭铁，无异常。怀疑是 ABS 模块的控制逻辑出错，随即对 ABS 模块做了原厂建造。清除故障码后再次试车，车辆在行驶了 30km 后故障再现，故障确实如驾驶人所述，仪表盘上提示“检修制动系统”，并且仪表盘上的侧滑灯、ABS 灯点亮。将车辆靠边停车等待，换入 D 档后，踩加速踏板车辆不走，感觉车像是被什么拖住了一样，再次换档，在释放电子驻车制动的过程中，发现驻车制动有时无法真实释放，虽然仪表盘上的驻车制动灯熄灭了，但驻车制动电动机并未作动，后轮依然处于抱死状态，从而导致换入 D 档后车不走。

查看相关电路（图 7-123），按照电路测量驻车制动开关到 ABS 模块的各个线路，未发现异常；检查驻车制动开关，无异常；测量 ABS 模块到驻车制动电动机的各个线路，未发现异常；测量驻车制动电动机的电阻，也正常。在排除了上述线路和元件存在故障的可能性后，初步把怀疑对象锁定为 ABS 模块。更换 ABS 模块后试车，故障再次出现。重新梳理思路，因为故障是有时出现，因此怀疑是线路存在虚接而导致的间歇性故障，于是决定将故障检查的重点放在线路及熔丝上。检查蓄电池熔丝盒中熔丝 F7、熔丝 F8、熔丝 F19 给 ABS 模块的供电情况，并在测量过程中不停晃动线束，当测量由熔丝 F19 给 ABS 模块供电的端子 35 时，发现测试灯在闪烁，用万用表欧姆档测量熔丝 F19 至 ABS 模块端子 35 之间线束的电阻，电阻也不稳定，而检查熔丝 F7 和熔丝 F8 给 ABS 模块的供电情况，并未出现上述现象。拔下熔丝 F19 检查，发现熔丝 F19 下面的线路插脚一高一低（图 7-124），从而导致熔丝

F19 的一个插脚接触不良，从而造成上述故障出现。

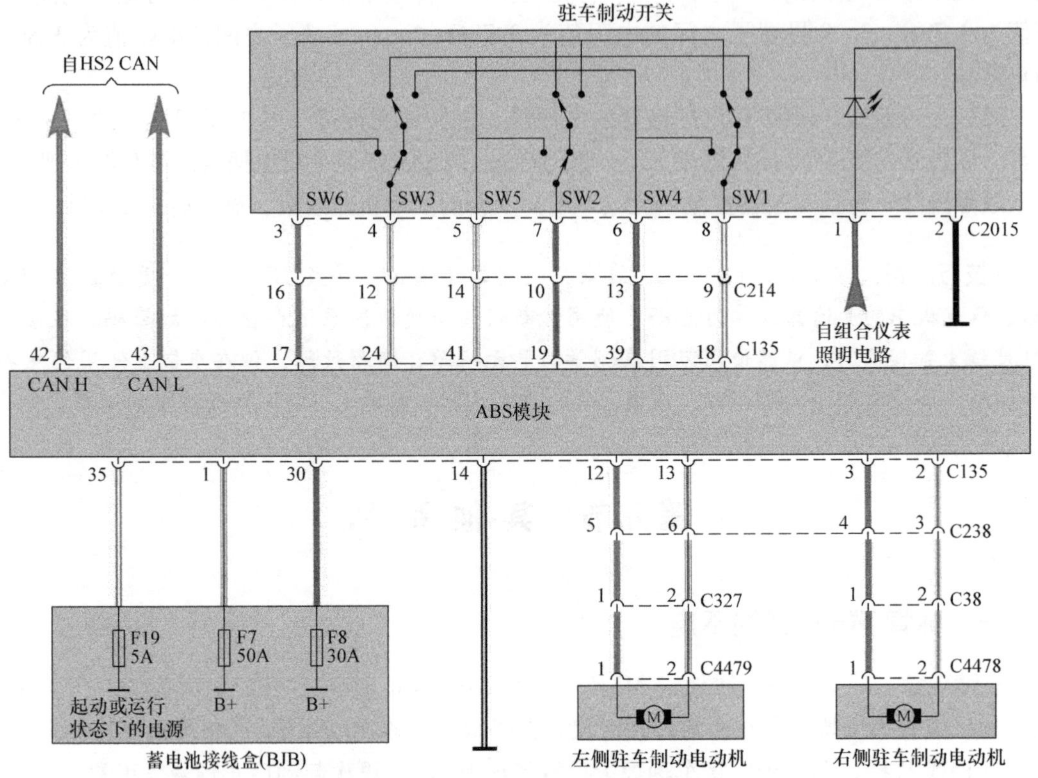


图 7-123　驻车制动系统控制电路

图 7-124　熔丝 F19 下面的线路插脚一高一低

**故障排除**　对熔丝 F19 下面的线路插脚进行处理，装配好后再次试车，故障不再出现。

**技巧点拨：** 对于现代汽车的诊断与检测，第一步要做的就是要检测熔丝的好坏，这是要做的常规工作。熔丝熔断、熔丝接触不良以及熔丝规格不配套等问题要首先排除。

## 二、捷豹 XF 自动变速器 3 -4 档冲击

**故障现象** 一辆 2014 年生产的进口捷豹 XF，搭载 2.0T 发动机，与之匹配的是德国 ZF 公司生产的 8HP70 自动变速器，行驶里程 47100km。因驾驶人反映变速器换档质量有问题将车辆送厂维修。

**故障诊断** 接车后首先连接诊断仪进行全车扫描，发现并没有和变速器相关的故障码。中小节气门开度试车，与正常车辆相比，1 -2 档时有些硬，2 -3 档和 3 -4 档也不是很舒服，发动机转速波动较大，有轻微打滑现象。经和驾驶人沟通，得知故障容易在较大节气门开度时出现。将加速踏板踩到 75% 以上试车，3 -4 档出现了严重的换档冲击，冲击两下才完成换档，离合器的接合和释放明显不同步。将加速踏板踩到底试车，3 -4 档时发动机突然失去了负荷，变速器处于完全打滑状态，同时组合仪表信息显示屏上提示“变速器故障”，随后变速器进入故障保护状态。

连接诊断仪读取全车故障码，发现发动机控制模块有故障码：U0402 -00——接收到来自变速器控制模块的无效数据；变速器控制模块有故障码：P07DD -07——从 2 档进行的换档操作不正确。

初步怀疑故障部位有控制阀体（控制模块、电磁阀、滑阀）故障和变速器内部问题（油路泄漏、离合器烧片）。按要求先检查了变速器的油位正常，油质较好，看不到烧片的迹象，也未闻到烧片的气味。经询问得知，油质较好的原因是刚在其他修理厂更换过变速器油。因没有强有力的证据证明变速器内部烧片，同时也为了不扩大维修，决定先由简到繁，先对阀体（电磁阀和滑阀箱）进行维修（由专业公司进行维修）。

阀体维修完毕后装车试验，清除自适应值和做完自适应后 1 -2 档、2 -3 档和 3 -4 档好了很多，大节气门开度时也无冲击了。但加到节气门全开时，第一次出现了冲击，第二次就又出现了失去负荷打滑的情况，随即组合仪表提示“变速器故障”，变速器进入保护模式。读取变速器控制模块故障码为 P07DD -07。与最初的故障一样。

看来有必要对变速器解体进行检查。征得驾驶人同意，将变速器从车上拆下来并解体检查，果然发现了问题：离合器 E 已经烧片（图 7-125）。更换烧坏的离合器片，并按大修标准更换相关密封件，对变矩器进行切割，将变速器装复完毕后试车，在进行自适应学习的过程中起初还算正常，但随着时间的推移发现 5 -6 档有轻微冲击。清除自适应值重新做升降档匹配，得到的结果是试车时间越长，5 -6 档反而冲击更严重了，甚至升完档后变速器就进入了保护模式，组合仪表提示“变速器故障”。读取变速器控制模块的故障码：P07E0 -07——从 5 档进行的换档操作不正确；P2787-4b——离合器温度太高。将车辆熄火后重新再打着试车，变速器只要一升 6 档，就会进入保护模式，设置故障码 P07E0 -07（P2787-4b 不一定出现）。试车过程中发现最初的大节气门开度时 3 -4 档打滑和冲击的故障不存在了，同时还发现随着试车时间的增加，3 -2 档也出现了明显的冲击。

**故障排除** 变速器机械部分装配出问题的可能性极小，况且若要检查又得再次将变速器从车上拆下并解体，费时费力。出于坚信自己的判断，也本着由易到难，认为问题还是出在阀体上（电磁阀和滑阀箱）。为了加快维修进度，找另外一家阀体维修公司置换了一块阀体，装车做完升降档匹配后，故障排除。

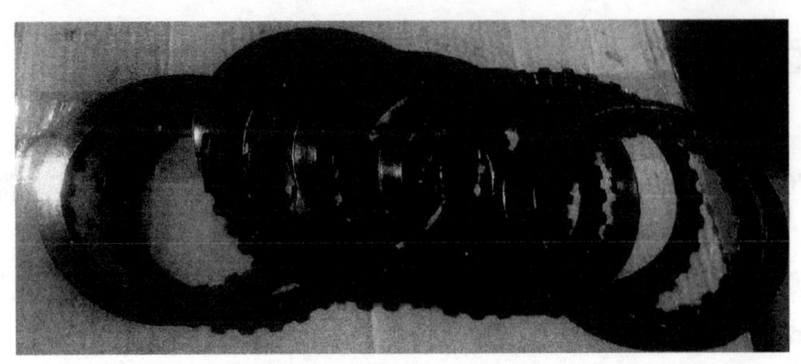

图 7-125　离合器片

**技巧点拨**：若有足够理由直接打开变速器检查，一次维修成功，一次即可排除故障。另外，在维修过程中没有注意对数据流（如各离合器油液加注时间、加注压力等）的使用。根据此款变速器动力传递路线（图 7-126）和各档位执行元件（表 7-2），在由 P/N 档挂入 D 档并从 1 档升到 8 档的过程中，离合器 A 工作 2 次（接合和释放各算一次）、离合器 B 工作 1 次、离合器 C 工作 6 次、离合器 D 工作 1 次、离合器 E 工作 5 次。离合器 E 工作频率较高且在 2 档、3 档、4 档接合，这 3 个档位车辆正处在提速阶段，转矩大，再加上激烈驾驶，容易导致阀体损伤后烧片。

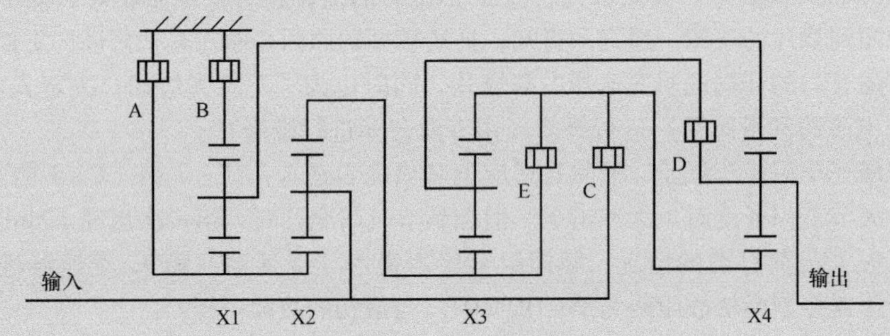


图 7-126　动力传递路线

**表 7-2　各档位执行元件**

| 档位 | 1 | 2 | 3 | 4 | 5 | 6 | 7 | 8 | 倒档 |
|---|---|---|---|---|---|---|---|---|---|
| 多盘式离合器 A | × | × | ○ | ○ | ○ | ○ | × | × | × |
| 多盘式离合器 B | × | × | × | × | × | ○ | ○ | ○ | × |
| 多片式离合器 C | × | ○ | × | ○ | × | × | × | ○ | ○ |
| 多片式离合器 D | ○ | ○ | ○ | × | × | × | × | × | × |
| 多片式离合器 E | ○ | × | × | × | ○ | × | ○ | × | ○ |
| 传动比 | 4.714 | 3.143 | 2.106 | 1.667 | 1.285 | 1.000 | 0.839 | 0.667 | -3.317 |

注：○—已打开；×—已关闭。

## 三、广汽传祺 GS5 变速器存在异响

**故障现象**　一辆 2014 款广汽传祺 GS5，搭载 55-51SN 型爱信 5 速变速器，行驶里程 7 万 km。驾驶人反映该车因事故维修后，车速在 50~60km/h 时，就会出现“嗡嗡”的异

响，怀疑是变速器存在异响。

**故障诊断**　接车后，用诊断仪读取数据流和故障码，未发现数据流异常，且无故障码。上路试车，发现车速在 50 ~ 60km/h 时，车辆确实出现“嗡嗡”的异响，且异响时，向右打转向盘，异响明显减弱，转向盘回正时，异响特别明显。回维修车间把车升到举升机上，检查异响部位，发现“嗡嗡”的异响在变速器和右边轮胎轴承位置特别明显。

“嗡嗡”的异响在变速器和轮胎轴承位置特别明显，初步判断轮胎轴承有磨损产生异响。另外转向盘向右打时，故障明显减弱，方向回正，异响特别明显，同时异响在变速器的差速器位置特别明显，所以也怀疑异响是由变速器的差速器引起的。

与驾驶人沟通后了解到，该车因事故撞到轮胎，更换了轮胎、下摆臂、减振器等零部件，仔细检查这些零部件的安装情况。通过检查发现，检查发现之前更换的下摆臂、减振器的尺寸与原车的不一致，如图 7-127 和图 7-128 所示。

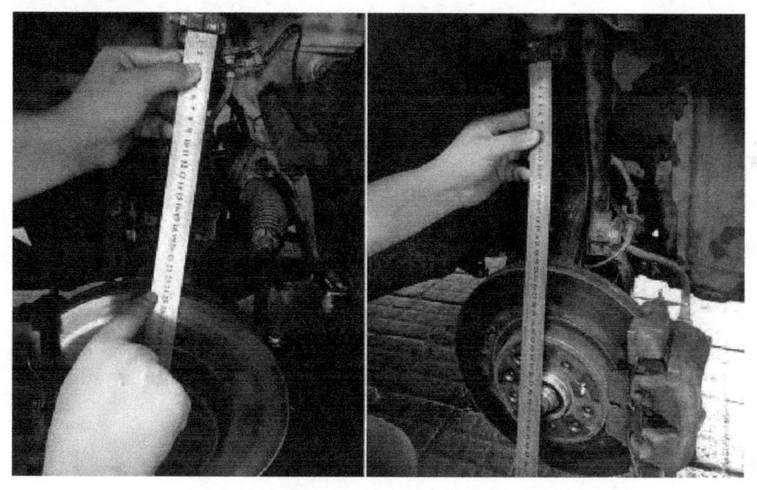

图 7-127　之前更换的下摆臂尺寸与原车不一致

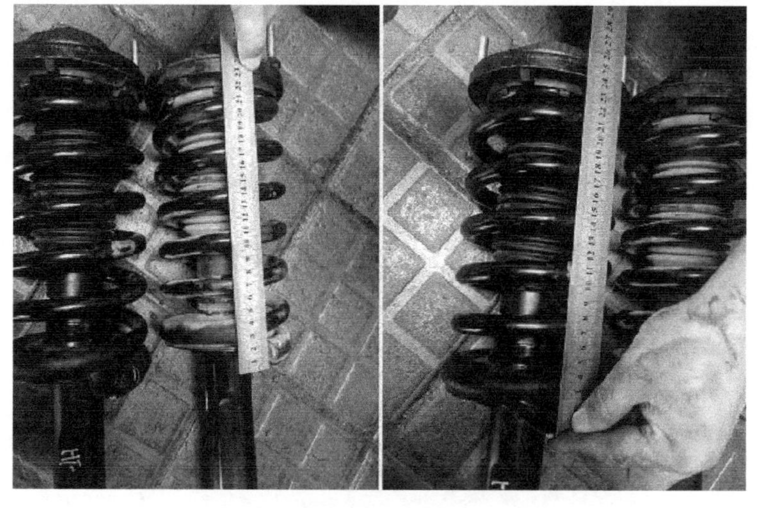

图 7-128　之前更换的减振器尺寸与原车不一致

拆解右边轮胎轴承发现轴承座磨损明显（图 7-129）。根据轴承座的磨损情况判断该轴承一定会产生异响。

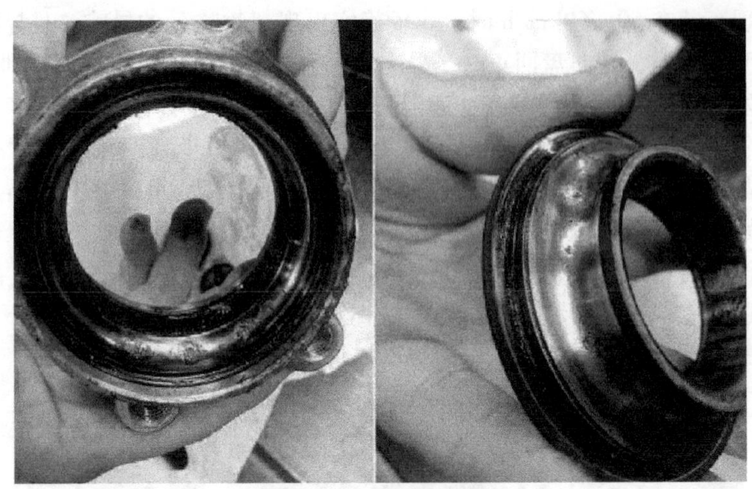

图 7-129　轴承座磨损明显

**故障排除**　重新更换下摆臂、减振器和右边轮胎轴承后试车，异响故障明显减轻，但是在来回打方向时，还是有不同程度的异响。根据故障现象和特性，判断异响来自变速器差速器。抬下变速器，更换差速器，装车路试，该车异响的故障被彻底排除。

**技巧点拨：**该车异响故障实际上是由两个部位引起的，分别来自轮胎轴承和变速器差速器。此类故障的诊断难度相对比较大，需要维修人员耐心地逐一进行仔细检查和诊断，才能彻底排除故障。

## 参 考 文 献


[1] 薛庆文．自动变速器故障维修案例分析与经验集锦［M］．北京：机械工业出版社，2013.

[2] 薛庆文，温宗明．2011 款奥迪 A4L 无级变速器为何久修未好［J］．汽车维修技师，2014（8）：70－72.

[3] 姜宁．汉兰达车挂倒挡时 R 挡和 D 挡指示灯同时点亮［J］．汽车维护与修理，2017（7）：39－40.

[4] 薛庆文．这辆路虎发现为何在自动变速器养护后倒车功能失效［J］．汽车与驾驶维修（维修版），2018（2）：53－55.

[5] 王启文．2016 款上汽通用威朗 GF6 变速器换挡冲击［J］．汽车维修与保养，2019（5）：46－47.

[6] 谢兴海．奔驰 GL350 无法挂挡［J］．汽车维修技师，2015（8）：87.

[7] 雨山．奔驰 S300 车辆无法换档［J］．汽车维修技师，2018（6）：87－88.

[8] 薛庆文．这辆奥迪 A4 为何仪表板上的挡位显示总是红屏［J］．汽车与驾驶维修，2018（3）：44－45，47.

[9] 薛庆文．这辆奥迪为何在空挡都推不动［J］．汽车与驾驶维修（维修版），2018（1）：56－58.

[10] 薛庆文，房长瑞．这辆奥赈灾 A4L 为何在起步时爬行能力差［J］．汽车与驾驶维修（维修版），2017（6）：52－53.

[11] 薛庆文．2014 年奥迪 A7 变速器为何越修越糟糕［J］．汽车维修技师，2018（7）：76－78.

[12] 柳泉冰．宝马 mini 不升挡［J］．汽车维修与保养，2015（11）：57.

[13] 商爱鹏．2014 年捷豹 XF 8HP70 自动变速器 3－4 挡冲击［J］．汽车维修技师，2017（12）：82－83.

[14] 戴晓明．大众速腾车无法换挡［J］．汽车维护与修理，2018（7）：32－34.

[15] 叶文海，李火坚．2015 款别克威朗车换档杆无法移出 P 档［J］．汽车维护与修理，2019（2）：75－76.

## 参考文献


[1] [illegible][M]. 北京: 机械工业出版社, 2015.

[2] [illegible] 2011 款奥迪A4L [illegible][J]. 汽车维修技师, 2014 (8): [illegible]

[3] [illegible][J]. [illegible]

[4] [illegible] 2011 (2): [illegible]35.

[5] [illegible] 2016 款 [illegible] GPF [illegible][J]. 汽车维修与保养, 2019 (3): [illegible]

[6] [illegible]

[7] [illegible] 2018 (6): 37-38.

[8] [illegible] 2018 (8): [illegible]

[9] [illegible] 2018 (12): 56-58.

[10] [illegible] (5): 52-53.

[11] [illegible] 2014 [illegible] 2018 (9): [illegible]

[12] [illegible] 2017 [illegible]

[13] [illegible] 2019 (12): 52-53.

[14] [illegible] 2019 (7): 42-44.

[15] [illegible] 2019 [illegible]